应用型高等院校经管类规划教材

西方经济学

Economics

（精简版）

主　编　王　恒　赵友萍
副主编　江　依　吴海琪　陈靓秋
参　编　缪　思　袁　艺　孟　静

WUHAN UNIVERSITY PRESS
武汉大学出版社

图书在版编目(CIP)数据

西方经济学:精简版/王恒,赵友萍主编．—武汉:武汉大学出版社,2016.8
应用型高等院校经管类规划教材
ISBN 978-7-307-18482-4

Ⅰ.西…　Ⅱ.①王…　②赵…　Ⅲ.西方经济学—高等学校—教材
Ⅳ.F091.3

中国版本图书馆 CIP 数据核字(2016)第 182509 号

责任编辑:唐　伟　　　责任校对:李孟潇　　　版式设计:马　佳

出版发行:**武汉大学出版社**　(430072　武昌　珞珈山)
(电子邮件:cbs22@whu.edu.cn 网址:www.wdp.com.cn)
印刷:黄石市华光彩色印务有限公司
开本:787×1092　1/16　印张:19.75　字数:467 千字　插页:1
版次:2016 年 8 月第 1 版　　2016 年 8 月第 1 次印刷
ISBN 978-7-307-18482-4　　定价:34.00 元

前　言

西方经济学是适应市场经济发展的需要而产生与发展的经济学说。由于市场经济最初出现在西方国家，适应市场经济发展的经济学说也就自然而然地在西方资本主义国家中产生并发展起来，因此我们通常把这种学说称为西方经济学。

在经济全球化的背景下，西方经济学在经济学教学中的地位是不言而喻的，是经济学学科的基础课程。本教材主要适用于应用技术型高等院校经济类专业及相关专业的学生。

随着市场经济的不断发展，本教材在框架与结构上的安排力求能适应现代市场经济发展对人才知识结构的要求，并在编写过程中力争从以下几个方面突出自身的特色：

（1）与时俱进，突出实践性。本教材尽可能地反映国内外经济发展的最新成果，使教学内容紧跟时代步伐，通过补充附录的形式将最新的经济学研究成果和实践案例介绍给学生。同时，本教材注重介绍我国的国情和现实情况，有利于学生更好地理解经济实务，增强实践性。

（2）系统精练。本教材立足于经济学理论基础性内容，强调学生对经济学基本知识、基本理论的掌握，注重内容体系的精练概括，做到简明扼要、重点突出。

（3）针对性强。本教材将经济学理论教学和案例分析有机结合，促使学生在掌握经济学理论的基础上强化分析问题和解决问题的能力，适应应用技术型高等院校人才培养目标的要求。

本教材共十三章，由王恒拟定编写大纲，并与参编人员共同讨论后修改完成。本教材撰写分工如下：第一章至第五章，赵友萍；第六章，陈靓秋；第七、八章，王恒；第九章，江依；第十章，袁艺；第十一章，吴海琪；第十二章，孟静；第十三章，缪思。全书最后由王恒修改定稿。

在本书的编写过程中，我们参考了大量的相关文献及研究成果，在此谨向有关作者表示感谢。在本书的编写过程中，我们得到了武汉大学出版社的大力支持，在此表示诚挚的谢意。由于编者水平所限，难免有纰漏和不足之处，还望广大读者和专家不吝指正。

编　者

2016 年 5 月

目 录

第一章 导论

开篇语

什么是经济学？经济学跟我们的生活有什么关系？看起来，经济学离我们很遥远，经济似乎是政府要关心的事。其实，经济问题就在我们身边。比如，今年的大学生就业比十年前困难；今年的房价比去年似乎又高了一些；手机的功能越来越多但价格却越来越便宜；富人可以拿几亿元去买私人飞机，而穷人还在为吃饱穿暖而奔波……为什么会出现这样的情况？谁在“左右”房价和就业率？市场上商品的价格是如何决定的？贫富差距是如何产生的？……正是基于对这些问题的思考，经济学应运而生。

经济学成为一门独立的学科，始于1776年亚当·斯密发表的《国民财富的性质和原因的研究》（简称《国富论》），他在这本著作中对经济学问题进行了系统的阐述。今天，经济学已经成为社会科学的重要组成部分，被称为社会科学的“皇后”。

那么，经济学到底研究什么呢？经济学家采用什么样的方法去研究呢？经济学试图解决什么问题呢？本章主要阐述这些问题。

第一节 经济学概述

一、经济学的含义

1776年，英国著名经济学家亚当·斯密《国富论》的出版标志着西方经济学的诞生。那时，英国正处于资本主义的成长时期，英国手工制造业开始向大工业过渡，英国产业的发展，还在很大程度上受着残余的封建制度和流行一时的重商主义限制政策的束缚。处在“青年时期”的英国资产阶级，为了清除它前进道路上的障碍，正迫切要求一个自由的经济学说体系为它鸣锣开道。亚当·斯密的《国富论》，就是在这个历史时期，负有这样的阶级历史任务而问世的。这本书总结了近代初期各国资本主义发展的经验，并在批判吸收了当时有关重要经济理论的基础上，就整个国民经济运动过程作了较系统、较明白的描述。亚当·斯密的这部经济学论著，从其剖析资本主义生产关系方面来看，无疑存在着不少矛盾和错误的庸俗论点，但作为成长过程中的资产阶级的经济学代表著作来看，它确实表现出许多科学成分，是在批判以往经济理论基础上建立起来的资产阶级古典经济学的科学研究成果。西方经济学诞生至今已有两百多年的历史。那么，什么叫经济学呢？

“经济”一词来源于希腊语，意思是“管理家庭”。中国古代的“经国济民”、“经国济世”之说都与人类的日常生活有关。

人类进入21世纪之后，科学技术日新月异，社会财富日益增多，但生存和发展的问题始终没有得到很好的解决，经济失衡、贫富分化、饥饿、失业、通货膨胀、金融危机、生态危机、资源匮乏等种种问题，仍然是世界各国面临的普遍难题。因此，高效率地发展经济，是人类解决各种难题所面临的首要选择。经济学就是研究社会如何使稀缺资源达到最优配置的学科。

二、人类社会的基本矛盾——欲望无限而资源稀缺

（一）人类欲望的无限性

相对于其他动物来说，人是有需求、有欲望的，饿了想吃，冷了想穿，吃饱了想吃好，穿暖了想穿漂亮。这些欲望可能产生于生理需求，也可能产生于心理需求。清代有位诗人写了首名为《不知足》的诗：“终日奔波只为饥，方才一饱便思衣。衣食两般皆具足，又想娇容美貌妻。娶得美妻生下子，恨无田地少根基。买到田园多广阔，出入无船少马骑。槽头扣了骡和马，叹无官职被人欺。县丞主簿还嫌小，又要朝中挂紫衣。作了皇帝求仙术，更想登天跨鹤飞。若要世人心里足，除是南柯一梦西。”可见，人不但有欲望，而且欲望无限，一种欲望满足了，又产生新的欲望，永无止境。

美国心理学家A. 马斯洛把人的需要分为5个层次。

第一层次是生理需要，这是人类维持自身生存的最基本要求，包括衣食住行性等基本生存条件的需要。这是人最基本的欲望。

第二层次是安全需要，这是人类要求保障自身安全、摆脱失业和丧失财产威胁、避免职业病的侵袭、接触严酷的监督等方面的需要。他认为，人的整个有机体是一个追求安全的机制，人的感受器官、效应器官、智能和其他能量主要是寻求安全的工具，甚至可以把科学和人生观都看成是满足安全需要的一部分。这种欲望实际上是生理需求的延伸。

第三层次是情感和归属的需要，或叫社交需要。包括友爱的需要，即人人都需要伙伴之间、同事之间关系融洽或保持友谊和忠诚，人人都希望得到爱情，希望爱别人，也渴望接受别人的爱；归属的需要，即人都有一种归属于一个群体的感情需要，希望成为群体中

的一员，并相互关心和照顾。这种欲望产生于人的社会性，是一种较高层次的欲望。

第四层次是尊重的需要。包括自尊与来自别人的尊重。人人都希望自己有稳定的社会地位，要求个人的能力和成就得到社会的承认。自尊包括对获得信心、能力、本领、成就、独立、自由等的愿望；来自他人的尊重包括威望、承认、接受、关心、地位、名誉和赏识。这是人的更高层次的一种欲望。

第五层次是自我实现的需要。这是最高层次的需要，它是指实现个人理想、抱负，发挥个人的能力到最大程度，接受自己也接受他人，解决问题的能力增强，自觉性提高，善于独立处事，完成与自己的能力相称的一切事情的需要。这是完善自己的追求，实现自己理想与抱负的欲望，是人类最高层次的欲望。

（二）资源的稀缺性

人有欲望，因此就需要用各种各样的物质产品和劳务来满足。而物质产品和劳务需要用各种资源来进行生产，俗话说，巧妇难为无米之炊。但是每个人都知道，一个国家资源再怎么丰富，也总是有限的。资源是稀缺的、有限的，譬如说，生产粮食的土地是有限的，生产建筑房子用的钢材所需要的铁矿石是有限的，汽车用的石油是有限的……相对于人类社会的无限需求来说，或者说相对于人的欲望的无限性来说，资源总是不足的，有限的。这种欲望无限而资源有限的特点，就是经济学所说的稀缺性。

资源的稀缺性有两层含义：首先是资源的绝对稀缺性，即在任何一个国家，无论资源多么丰富，其绝对数量都是有限的；其次是资源的相对稀缺性，即相对于人的欲望的无限性而言，资源总是稀缺的。稀缺性是人类面临的永恒问题，稀缺性的存在是绝对的，它存在于人类历史的各个时期和一切社会，无论是古代还是现代，无论是贫穷的非洲国家还是富裕发达的欧美国家，都存在资源的稀缺性。

因此，资源的稀缺性与人们需求的无限性之间的矛盾是人类社会最基本的矛盾。

三、经济学要解决的基本问题

任何一个经济社会，无论是发达的工业化国家，还是一个孤立的部落社会，都面临着如何利用稀缺资源来最大化地满足无限需要的问题，或者说，都必须面对和解决三个基本经济问题，即都必须通过某种方式决定生产什么，如何生产以及为谁生产。事实上，经济学的这三个基本问题：生产什么、如何生产和为谁生产，在人类文明的昨天、今天和明天一样关键，而且是永恒的问题。

（一）生产什么，生产多少

由于资源有限，用于生产某种产品和服务的资源多一些，用于生产其他产品和服务的资源就会少一些。人们必须做出选择：在诸多可能的物品和劳务中，每一种应该生产多少以及何时生产？是生产大炮还是黄油？生产多少大炮？生产多少黄油？在现代市场经济中，生产什么、生产多少的问题主要由市场决定，有时政府也起一定作用。

（二）如何生产

一个社会必须决定，用什么样的方法、使用何种资源来生产大炮和黄油，是多用资本、少用劳动，用资本密集型方法来生产，还是少用资本、多用劳动，用劳动密集型方法来生产？或者说采用何种生产技术，用水能发电，还是用太阳能发电？或用石油、煤炭发电，还是用核能发电？允许较多的污染，还是允许较少的污染？

（三）为谁生产

为谁生产？或者换言之，谁来享受经济活动的成果，或者说生产出来的劳动成果按照什么样的原则在不同的居民之间进行分配。

这三个难以回答的问题，都是经济学要解决的问题。经济学研究的对象都是由资源的稀缺性引起的选择问题，即资源配置问题。也正是在这种意义上，经济学也被定义为稀缺资源配置与利用的一门科学。

既然经济学要回答上述问题，那么，我们可以说，经济学必须面临选择的问题。对于国家而言，有限的资源用于生产大炮还是用于生产黄油？对于学生而言，有限的零用钱是用于买书还是用于买零食？对于家庭而言，收入中的多大比重用于即期消费，多大比重储蓄起来？选择无处不在，所以说，任何国家或者个人总会面临选择，需要权衡取舍。在选择的时候，机会成本和边际成本是必须考虑的两个因素。

四、机会成本与边际成本

（一）机会成本

机会成本就是把一定资源用于生产甲产品时所放弃的能够生产乙产品的收益，也就是在作出一种选择时所必须放弃的另一种选择的最高收益。由于资源稀缺，人们在选择时必须考虑机会成本。机会成本有三个前提条件：（1）资源本身有多种用途；（2）资源可以自由流动而不受任何限制；（3）资源得到了充分利用。简言之，机会成本就是为了得到某种东西所必须放弃的东西。例如，银行存款的年利率是5%，如果你把手里的10000元拿去购买心仪的包，那你就损失了一年后的500元收益。因为，如果你不把钱拿去买背包，就可以将之存入银行一年，这样一年后你就能得到500元的利息收入。也就是说，拿现在的10000元去买包，所产生的机会成本就是500元。如果你这10000元面临的选择不仅包括存入银行、买包，还包括购买理财产品，若某理财产品年收益是10%，则现在去买包损失的收益就是1000元。那么，500元利息和1000元投资收益到底哪一个是机会成本呢？答案是1000元投资收益，因为机会成本是我们在选择时所放弃的另一选择的最高收益。为什么利率高的时候，人们愿意储蓄，而利率低的时候，人们愿意选择即期消费。用机会成本的思路来解释，利率高的时候，进行即期消费的机会成本太高，所以人们会放弃即期消费转而将钱储蓄起来；反之，利率低的时候，即期消费的机会成本很低，人们会放弃储蓄转而进行即期消费。下面的案例让我们进一步学会用机会成本来思考问题。

案例 1

该不该“下海”

在“下海”的浪潮中，某服装公司处长小王与夫人用20万元资金开了一家服装店。一年后，会计拿来了收支报表。当小王正看报表时，他的一个经济学家朋友小李来了。小李看完报表后说，我的算法和你的会计不同。小李也列出一份收支报表。这两份报表如表1-1所示。

表1-1　　**收支报表**　　单位：万元

会计的报表		经济学家的报表	
销售收入	100	销售收入	100
设备折旧	1	设备折旧	1
店面租金	5	厂房租金	5
原材料	60	原材料	60
水电费	3	水电费	3
职工薪酬	10	职工薪酬	10
贷款利息	15	贷款利息	15
—	—	小王和夫人应得的工资	8
—	—	自有资金利息	2
总成本	94	总成本	104
利润	6	利润	-4

在这个案例中，之所以出现经济学家算出的利润为亏损了4万元，原因在于他列支了两项机会成本：小王和夫人应得的工资、自有资金利息。这种机会成本因为没有实际的货币支出，所以常常被忽略。但这其实是不应该忽视的，因为小王和他夫人在创业前，上班是有工资收入的，他们选择创业就放弃了原本的工资收入。如果单从现期收益的角度来看，会计师认为小王的服装店是盈利的；但是，从经济学家的角度来看，小王的服装店则是亏损的。

请同学们想一想，生活中当我们面临一些选择的时候，是否应该考虑机会成本呢？

（二）边际成本

生活中的许多决策很少是“黑”与“白”的选择，而往往涉及“灰色阴影”部分。当你想减肥的时候，你面临的选择不是吃不吃饭，而是是否再多吃一块薯片。当考试临近时，你的选择不是放弃考试或学习24小时，而是是否多花一小时复习功课而不看手机。

经济学家用边际变动这个术语来描述对现有行动计划的微小增量调整。“边际”指“边缘”，因此，边际变动是围绕你所做的决策的边缘的调整。

案例 2

航空公司应该亏本卖票吗

假设一架有200个座位的飞机在国内飞行一次，航空公司的成本是10万美元。在这种情况下，每个座位的平均成本是500美元。马上有人得出结论：航空公司的票价决不应该低于500美元。但实际上，航空公司可以考虑通过边际量而增加利润。设想一架飞机起飞时仍有10个空位，而在登机口等待退票的乘客愿意支付300美元买一张票。航空公司应该卖给他吗？

答案是当然应该。如果飞机有空位，多增加一位乘客的成本几乎是微乎其微的。虽然一位乘客飞行的平均成本是500美元，但边际成本仅仅是这位额外的乘客将免费消费的一包花生米和一罐软饮料的成本而已。只要等待退票的乘客所支付的钱大于边际成本，卖给他机票是有利可图的。

同学们想一想，你的生活中有没有这样的例子呢？学习了边际成本的概念，是否会帮助你做出更好的决策？

五、经济学的三个基本前提假设

第一个基本前提假设是理性人假设，又称经济人假设，或最大化原则，是西方经济学中最基本的前提假设。这一假设条件认为：经济生活中的每一个人，其行为均是利己的，他在做出一项经济决策时，总是深思熟虑地通过成本—收益分析或趋利避害原则来对其所面临的各种可能的机会、目标以及实现目标的手段进行比较，都力图以自己最小的经济代价去追求自身利益的最大化。按理性人假设，市场中每一个人的行为都是力图以自己最小的经济代价去追求自身利益最大化的过程。无论是买者还是卖者都是如此。

第二个基本前提假设是信息完全假设，即消费者在每个时点上都了解市场各种商品的全部可能价格，以及他自己的偏好、存货，并能够在每个个人的环境状态（偏好和资本）和市场价格基础上计算出超额需求。同样，厂商也知道生产要素、价格与投入产出之间各种形式的可能组合配置。这样，消费者与生产厂商之间在任何时点都能了解市场各种商品的供求状态，于是，出现市场均衡价格。价格机制是传递供求信息的经济机制，信息完全假设具体体现在自由波动的价格上。最大化原则加上完全竞争假设才能推导出信息完全假设。

第三个基本前提假设是市场出清假设，它与前两个基本前提假设具有明确的因果关系，是前两者的逻辑推论。市场出清假设是说，无论劳动市场上的工资还是产品市场上的价格都具有充分的灵活性，可以根据供求情况迅速进行调整。有了这种灵活性，产品市场和劳动市场都不会存在超额供给。因为一旦产品市场出现超额供给，价格就会下降，直至商品价格降到使买者愿意购买为止；如果劳动市场出现超额供给，工资就会下降，直至工资降到使雇主愿意为所有想工作的失业者提供工作为止。因此，每一个市场都处于或趋向于供求相等的一般均衡状态，即没有资源的闲置或浪费现象存在。

现代经济学的发展围绕着对这三个基本前提假设的反思来展开。西方经济学从以上三个基本前提假设出发，通过数学演绎推理，得出结论。

六、经济学的分支

经济学的分支很多，这里按照研究对象、研究内容和研究方法，把经济学分为两大类：微观经济学和宏观经济学。

（一）微观经济学

微观经济学是以单个经济实体作为考察对象，研究单个生产者、单个消费者、单个资源拥有者的经济行为，单个市场变化规律，所以微观经济学又称作经济个量分析，它所要解决的是资源配置问题。

微观经济学研究的内容就是分析和解决单个经济单位如何根据市场供求关系变化，通过价格机制作用实现社会资源的合理配置问题。微观经济学的主要内容包括：均衡价格理论、消费者行为理论、生产者行为理论、市场结构理论、生产要素价格理论、一般均衡理论与福利经济学、市场失灵与微观经济政策等。

（二）宏观经济学

宏观经济学是以整个国民经济为出发点，研究社会就业量、物价水平、经济增长速度、经济周期波动等全局性的问题，宏观经济学研究的是资源利用问题。

宏观经济学研究的内容主要包括：国民收入决定理论、失业与通货膨胀理论、经济周期与经济增长理论、宏观经济政策、开放经济理论等。

微观经济学和宏观经济学的研究内容和研究方法虽然很不相同，但两者都是研究市场经济活动参与者的行为及其后果的，并主要依靠需求曲线和供给曲线的关系，来决定价格与产量的。只不过微观经济学主要研究的是个体经济的供求状况，而宏观经济学通过分析社会的供求关系状况，研究整个社会的价格水平和产出水平。

第二节　资源配置方式的类型

一、资源的种类及其特点

生产各种物品和劳务的资源多种多样，它们不仅包括诸如机器、厂房、设备、土地、森林、矿石、水等这样的有形产品，同时也包括诸如知识、技术、信息、能力、文化、价值观等这样的无形产品。一般来说，资源就是指满足人们需要的各种物品，包括以土地为代表的自然资源，以资本为代表的人造资源，以劳动力为代表的人力资源，以企业家为代表的风险资源。

以土地为代表的自然资源不仅指能够生长庄稼、种植树木、修造房子的土地，而且包括土地上生长的森林，地底下的矿藏、石油、天然气等，甚至还包括海水，海中的鱼类，海底下的石油、天然气和矿藏等资源。

以资本为代表的人造资源包括厂房、机器设备、原料、材料、燃料等有形产品，还包括商标、品牌、信誉、企业文化等无形产品。除此以外，投入了生产过程的货币也包含在资本的范畴之中。如航空公司的飞机、运输用的车辆、公司的商标及其他各种设备等，均属于该公司的资本资源。

以劳动力为代表的人力资源包括具有一定教育、知识、文化水平的劳动者，更重要的是劳动者的创造、发明能力。如高素质的企业员工，就成为企业在激烈竞争中最重要的资源。

以企业家为代表的风险资源主要指管理水平、管理能力和管理组织，它需要有一定数量的具有风险意识和创新水平的企业家做基础。如果管理水平高，一个企业、一个单位的效益就好，相反，效益就差，甚至会导致企业破产倒闭，因此这种资源具有很强的风险性。

二、经济体制与资源配置方式的类型

人类利用有限的资源去生产什么？生产多少？如何生产？为谁生产？这是经济学的核心问题。

资源的配置在不同的时候、不同的背景下用不同的方式。在自然经济条件下，资源是采取自然配置的方式，小农生产者和手工业生产者以家庭为单位，为满足自身的需要自己决定生产什么、生产多少、如何生产。而在现代社会复杂的经济条件下，资源的配置方式主要有计划方式、市场方式及混合方式。

（一）计划方式

计划方式又可以称为计划经济，是由计划经济体制支撑的，指整个资源的配置和使用依靠政府的一系列计划来实现。在计划经济中，所有的经济决策，包括资源利用的水平、生产的组合和分配以及生产的组织形式都是由中央计划或地方计划当局所决定的。企业归政府所有，并按政府的指令进行生产，即由政府计划决定企业生产什么，如何生产以及为谁生产的问题。

（二）市场方式

诺贝尔经济学奖得主、美国麻省理工大学经济学教授萨缪尔森和诺德豪斯在其著名的《经济学》教材中对市场经济作了如下简明定义：“市场经济是这么一种经济，在这一经济中，（生产）‘什么’、‘如何’（生产）以及‘为谁’（生产）有关资源配置问题主要是由市场供需所决定的”。也就是说，市场经济是由市场调节作为资源配置的主要手段或工具的一种经济。

市场机制中最重要的就是价格体系。价格就像一只“看不见的手”协调着人们的经济行为及其活动。市场机制之所以会使经济活动有序地进行，就在于价格在市场经济中有两大相关的功能。第一，价格提供了信息。价格的相对高低在市场经济中反映了商品和生产要素的稀缺程度，它为消费者、生产者以及中间商提供了各自所需的信息。第二，价格提供了激励。正是价格所提供的信息，加上企业的利润动机，生产者便要决定生产什么、生产多少以及如何生产。

市场经济解决三大基本经济问题的方式：生产什么是由消费者的“货币选票”所决定的，企业之间的竞争决定着如何生产的问题，为谁生产的问题是由生产要素的价格所决定的。

（三）混合方式

混合方式是既有计划、又有市场，将公共决策和私人决策混合在一起，既发挥市场的力量，又发挥政府的力量。混合经济体制是带有政府干预的市场经济或者带有市场经济特点的计划经济。

这三种资源配置方式的差别主要表现在三个方面。

第一，决策机制不同。市场经济条件下，选择的决策由参与经济的千千万万的个人和企业分散地自主独立作出；而计划经济条件下，选择的决策由中央计划机构集中作出。

第二，协调机制不同。市场方式由价格来协调千百万人的决策，使这些决策一致；计划方式则是个金字塔式的等级体系，用自上而下的命令来贯彻决策，保证决策的协调。

第三，激励机制不同。市场经济的激励以个人物质利益为中心，计划经济的激励以集体主义的精神为中心，而混合方式则介于市场和计划两种配置方式之间。

第三节　经济学的研究方法

一、经济模型分析方法

经济学作为一门科学，人们在研究经济问题时，运用科学方法，建立模型就是其中重要的方法之一。经济模型是用来描述与所研究的经济现象有关的经济变量之间的相互关系的理论结构，是经济现实的简化表述。

研究经济问题，基本步骤如图 1-1 所示。

（1）定义。就是对所要研究的经济变量规定出明确的含义，如什么是供给，什么是需求等。

（2）假设。假设是建立经济模型的前提条件。现实世界非常复杂，一个经济现象往往直接或间接地受到许多因素的影响，一个经济模型不可能对所有因素逐一分析，所以要首先提出假设，对需要讨论的范围进行限定和简化。例如，一种商品的需求量受许多因素

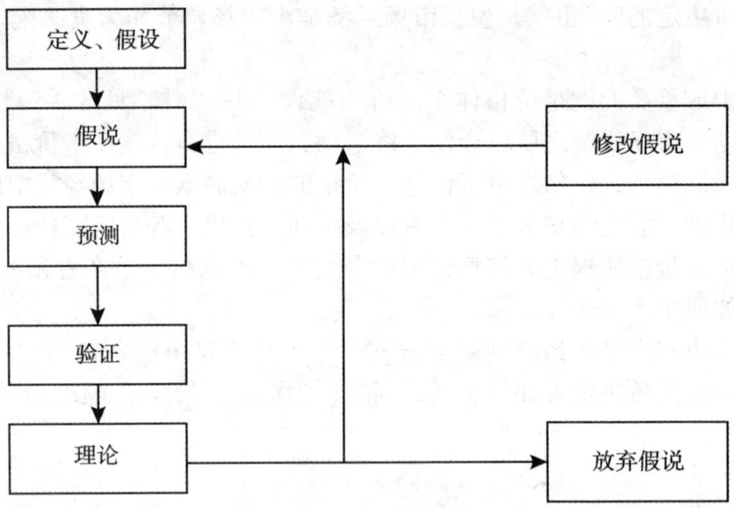

图 1-1　研究经济问题的基本步骤

的影响，但是，在建立需求的经济模型时，一般都要假定其他条件不变，以分析价格是如何影响需求量的。亚当·斯密研究经济学，首先也是提出了三大假设，即人是理性的，市场是完全竞争的，信息是充分的。而实际上，这些假设并不是现实存在的。假设是理论所适用的条件，任何理论都是有条件的、相对的，所以在理论的形成中，假设非常重要。诸如阿基米德所说，如果给我一个支点，我可以撬动地球，这就是一个假设。

（3）假说。在一定的假设条件下，利用定义去说明经济变量之间的关系，它是一种未经证明的理论。在理论形成的过程中，提出假说十分重要，它往往是对某些现象的经验性概括或总结。但是，必须经过验证才能说明它是否能成为具有普遍意义的理论。因此，假说并不是凭空产生的，它仍然来源于实际。

（4）预测。根据假说对未来的发展趋势进行预测，预测是从假说得出的必然结论。科学的预测是一个有条件的说明，其基本形式是："如果……就会……"。例如，如果需求量增加，那么在其他情况不变的条件下，价格就会上升。

因此，要建立一种模型，首先应该明确定义，然后在假设条件下提出假说，并根据这一假说对未来进行预测或对现实和历史进行解释，最后还要用经验事实来验证预测。如果预测是对的，就肯定这个模型；反之，如果预测是错的，就应该否定这个模型，或者对这个模型进行修正，以形成正确的模型。

二、实证分析与规范分析

实证分析是指对经济现象进行客观描述，企图超脱或排斥一切主观价值判断，回答"是什么"的问题。"是或不是"可通过观察、度量或实验进行检验。

规范分析是指以一定的主观价值判断为基础，提出某些标准作为分析处理经济问题的根据，作为建立经济理论的前提和制定经济政策的依据，并研究如何才能符合这些标准，要回答“应该是什么”的问题。

三、均衡分析与边际分析

均衡分析是指均衡经济决策者相互作用、相互影响从而达到的稳定状态，在这种状态下，每一个参与者均达到了利益最大化，在外部条件没有改变的情况下，这种状态不会发生变化。均衡分为局部均衡与一般均衡。

边际分析主要用边际的概念去分析问题。边际指的是一个微小增量所带来的变化，即数学中的微分的含义，例如边际收益、边际成本。

四、静态分析、比较静态分析、动态分析

静态分析是分析经济现象的均衡状态及达到均衡状态所需具备的条件，却不论及实现均衡的过程，是静止地、孤立地考察经济现象的方法。

比较静态分析是分析在已知条件发生变化后，均衡状态如何变化。

动态分析是论述均衡调整变化的实际过程，通常把经济运动过程划分为连续的分析期间，考察有关经济变量在各个期间的变化，即引入时间变量。

本章小结

1. 西方经济学的产生是源于资源稀缺与人类欲望无限的矛盾。

2. 经济学要解决的三个问题：生产什么，生产多少；如何生产；为谁生产。

3. 经济学是研究社会如何使用稀缺资源生产各种产品或劳务，并按照一定的方法进行分配的学科。

4. 机会成本和边际成本是人们面临选择时要考虑的重要因素。

5. 西方经济学包括微观经济学和宏观经济学两大部分内容，微观经济学研究资源配置问题，宏观经济学研究资源利用问题。

6. 资源的配置有三种方式：计划方式、市场方式、混合方式，对应于计划经济、市场经济、混合经济这三种经济体制。

7. 西方经济学的两个主要分支是微观经济学和宏观经济学。

8. 西方经济学的三个基本假设包括：理性人假设、信息完全假设、市场出清假设。

9. 经济学的研究方法很多，主要包括经济模型分析法、实证分析法、规范分析法、均衡分析法、边际分析法等。

复习思考题

一、名词解释

1. 微观经济学

2. 资源稀缺

3. 机会成本

4. “看不见的手”

5. 实证分析

二、选择题

1. 经济学研究的是（　　）。

A. 企业如何赚钱的问题　　B. 如何实现稀缺资源的有效配置问题

C. 用数学方法建立理论模型　　D. 政府如何管制的问题

2. 下列短语可以用机会成本予以解释的是（　　）。

A. 杀鸡焉用宰牛刀　　B. 物以稀为贵

C. 买卖不成仁义在　　D. 薄利多销

3. 下列事物中哪些不是稀缺的（　　）？

A. 空气　　B. 矿泉水　　C. 食物　　D. 安全保卫

E. 新东方课程班

4. 区分宏观经济学和微观经济学的关键在于（　　）。

A. 微观经济学研究个体经济行为，宏观经济学研究总体经济现象

B. 微观经济学研究厂商行为，宏观经济学研究政府行为

C. 微观经济学研究产品市场，宏观经济学研究失业问题

D. 微观经济学研究范围狭小，宏观经济学研究涉猎广泛

5. 经济学家讨论“人们的收入差距大一点好还是小一点好”这一问题属于（　　）所要研究的问题。

A. 实证经济学　　B. 规范经济学　　C. 宏观经济学　　D. 微观经济学

6. 经济学家所谈到的“混合经济”是指（　　）。

A. 生产者与消费者相互作用　　B. 宏观经济学与微观经济学同时存在

C. 消费者和生产者都要做出决策　　D. 政府和个人都要做出决策

7. 人们在资源有限而需求无限时必须（　　）。

A. 使个人利益优于公共利益　　B. 做出选择

C. 降低期望　　D. 以国家利益为重

8. “世上没有免费的午餐”的说法的前提是（　　）。

A. 任何事物都有机会成本　　B. 人是自私的

C. 政府不总是补贴食品生产　　D. 不应出现食品银行

9. 现有资源不能充分满足人们的欲望这一事实被称作（　　）。

A. 经济物品　　B. 资源的稀缺性　　C. 机会成本　　D. 人类欲望的无限性

10. 经济物品是指（　　）。

A. 有用的物品　　B. 稀缺的物品

C. 要用钱购买的物品　　D. 有用且稀缺的物品

三、思考题

1. 你上大学的机会成本是多少？

2. 计划经济、市场经济、混合经济这三种经济体制有什么区别？各有什么优劣？
3. 经济学的研究内容是什么？

扩展阅读

近现代西方经济学理论发展历史上的六次革命

综观近现代西方经济学的发展历史，可以说，从近代重商主义学说以来，西方经济理论发展大约一共经历了六次“革命性”的变化。

1. 1776 年亚当 · 斯密代表作的产生是近现代西方经济理论发展史上的第一次革命

1776 年，亚当 · 斯密出版了他的经典传世之作《国富论》。在这部划时代的巨著中，他批判了当时居于统治地位的重商主义的思想和政策主张，力主实行经济自由主义，反对国家干预经济生活，第一次创立了比较完整的古典政治经济学理论体系。《国富论》为古典政治经济学奠定了理论基础，开辟了进一步研究的方向。亚当 · 斯密的这部巨著开创了一个崭新的经济学时代。所以，亚当 · 斯密《国富论》的正式出版标志着西方经济学史上的第一次革命。

2. 19 世纪 70 年代以后出现的“边际主义革命”是近现代西方经济理论发展史上的第二次革命

19 世纪 70 年代初，英国的威廉 · 斯坦利 · 杰文斯、瑞士的莱昂 · 瓦尔拉斯和奥地利的卡尔 · 门格尔，几乎同时在不同的国家、各自独立地提出了主观效用价值论和边际分析方法，从而对古典经济学的劳动价值论和费用价值论提出了质疑和否定。这就是西方经济理论发展史上的“边际主义革命”（简称“边际革命”）。“边际革命”影响了 20 世纪初期英国经济学家阿尔弗雷德 · 马歇尔的经济学体系，最终形成了“新古典经济学体系”。事实上，从“边际革命”起，直到 20 世纪初，新古典经济学一直居于支配地位，这也为现代微观经济学奠定了理论基础。所以，“边际革命”被认为是西方经济学史上的第二次革命。

3. 20 世纪 30 年代的“凯恩斯革命”是近现代西方经济理论发展史上的第三次革命

1936 年英国经济学家约翰 · 梅纳德 · 凯恩斯出版了《就业、利息和货币通论》，引发了西方经济理论发展史上的第三次革命，也就是西方经济学家所说的“凯恩斯革命”。“凯恩斯革命”在经济学研究的理论、方法和政策三个方面，对传统的新古典经济学进行了变革。

理论上，凯恩斯反对代表基本传统理论观念的“萨伊定律”，强调总需求对决定国民收入的至关重要的作用。他提出在三大心理规律（消费倾向规律、流动偏好规律和资本边际效率规律）作用下，有效需求不足将导致大规模失业和生产过剩，而市场自动调节的机制将无法发挥有效作用，来纠正这种失调。

方法上，凯恩斯复活了重商主义曾经使用过的宏观总量分析方法，克服了此前将货币经济和实物经济分开的“二分法”，将货币经济和实物经济合为一体。

政策上，凯恩斯反对“自由放任”和“无为而治”的传统做法，主张国家通过财政政策和货币政策对经济生活进行积极干预和调节。特别是，他创新性地提出了功能性的财政预算政策，主张以赤字财政政策来解决大的经济萧条和危机问题。

凯恩斯经济理论体系的出现使西方经济学发生了极大的变化，促成了现代宏观经济学的产生。这也正是“凯恩斯革命”的主要影响所在。

4. 20 世纪 50 年代货币学派的产生是近现代西方经济理论发展史上的第四次革命

20 世纪 50—60 年代，以美国经济学家米尔顿·弗里德曼为代表的现代货币主义者发起了对“凯恩斯革命”的反革命。这就是西方经济学家们所说的西方经济理论发展史上的第四次革命。

弗里德曼认为，资本主义经济体系的不稳定，主要是货币因素的扰动造成的。货币是支配资本主义经济中产量、就业和物价变动的唯一重要因素。因此，经济学理论中最重要的就是货币问题。从政策方面来说，弗里德曼认为财政政策对经济只能起到负面作用，只有适当的货币政策才能稳定经济，让市场自动调节的机制充分发挥作用，实现充分就业。

弗里德曼在反对凯恩斯主义经济理论体系时提出了两大思想：其一，货币供应量的增加是通货膨胀的根源；其二，短期内，货币政策比财政政策对产量具有更大的效应。这些观点后来被绝大多数经济学家所接受。现代货币主义的革命使凯恩斯主义在第二次世界大战后的正统地位发生了动摇。

5. 20 世纪 60 年代的斯拉法革命是近现代西方经济理论发展史上的第五次革命

1960 年，英国经济学家皮罗·斯拉法出版了《用商品生产商品》，在学术界产生了很大的影响。该书篇幅不大，但思想深刻，斯拉法在复兴古典政治经济学思想路线的基础上，提出了生产价格理论，对新古典经济理论体系进行了批判。斯拉法的这本书被认为是一部划时代的理论著作。它造成的影响不亚于一场“革命”。所以，斯拉法这本书的出版被认为是西方经济学说史上的第五次革命。

6. 20 世纪 70 年代以后理性预期学派的挑战是近现代西方经济理论发展史上的第六次革命

在 20 世纪 70 年代反对凯恩斯主义经济学的过程中，产生了西方经济理论发展史上的第六次革命。这就是所谓的“理性预期革命”。

理性预期学派在批评凯恩斯主义理论体系的过程中，着重强调宏观经济学的微观基础问题。他们认为，人们都是理性的“经济人”，都具有最大化自己利益的行为和理性预期。因此，对于任何宏观经济政策，他们都会有相应的对策来避免或化解对自己的不利，从而会造成宏观经济政策的无效。据此，理性预期学派（新古典宏观经济学派）反对凯恩斯主义的各种国家干预的政策，主张由市场机制对经济自行加以调节，最终使经济达到自然率的水准。

理性预期的概念已经被大多数经济学家所接受，并对以往的宏观经济理论模型和政策效果分析产生了重要的影响。正是由于这个原因，理性预期学派的出现被认为是对西方经济理论界的又一次革命。

以上六次革命大致上反映了西方经济理论体系的基本发展变化，特别是后面的四次革命反映了现代西方经济学各主要流派产生、发展和变化的基本过程。

资料来源：人大经济论坛，http：//bbs. pinggu. org/zyzt/1578896/1/

第二章 需求、供给与均衡

开篇语

西瓜、草莓、荔枝等水果在刚上市的时候总是很贵，进入旺季就开始跌价。虫草的价格不断翻番，产量却在下降。移动硬盘的价格不断下跌，产量却在增加。是什么力量在左右着这些变化呢？以上这些问题都是由于市场上的供求关系发生变化引起的。

在市场经济制度里，生产资源的配置是利用和依靠价格通过市场进行的。一方面需求与供给决定着商品的价格，另一方面价格又反过来影响供求。正是这种价格和供求的相互作用，使经济资源得到合理的配置。在市场经济中，价格是由供给和需求关系决定的，同时价格又会反过来影响供给与需求，所以供给与需求是最重要的概念，价格理论是微观经济学的核心内容。本章主要介绍需求、供给、均衡价格的决定。

第一节 需求理论

一、需求

（一）需求的概念

需求是指消费者在某一特定时期内，在每一价格水平下愿意而且能够购买的商品和劳务的数量。

从需求的概念我们可以看出，对于厂商而言，市场上的有效需求应该具备两个条件：（1）消费者要具有购买欲望；（2）消费者要具有购买能力。

（二）影响需求的因素

1. 商品本身的价格

商品需求量与其价格之间呈反方向变动。在一般情况下，一种商品的价格越高，该商品的需求量就会越小；反之，价格越低，该商品的市场需求量就越大。这就是商品降价会起到促销的作用的原因。

2. 相关商品的价格

商品之间的相互关系有两种：互补关系与替代关系。

（1）互补关系，或称互补品，是指两种商品互相补充共同满足人们的同一种欲望，完成同一消费功能。互补品价格与需求量之间的关系：一种商品的价格上升，消费者对另一种商品的需求就会减少；反之亦然。即一种商品的价格与其互补品的需求量呈反方向变动。

（2）替代关系，或称替代品，是指两种商品可以互相替代来满足同一种欲望。如茶叶与咖啡、猪肉与牛羊肉。两种替代商品之间价格与需求量呈同方向变动。一种商品的价格上升，消费者对另一种商品的需求就会增加；反之亦然。例如，猪肉的价格上升，牛羊肉的需求量上升。

3. 消费者的偏好

当消费者对某种商品的嗜好程度提高时，该商品的需求量就会增加；相反，消费者对某种商品的嗜好程度降低，某种商品的需求量就会减少。因此，社会消费风尚的变化对需求的影响很大，例如，某年流行红色，红色色调的服装销量就会增加。

培养消费者的消费嗜好，是企业营销的主要内容。诱人的广告在一定程度上会影响消费者的嗜好，因此许多企业会不惜成本地投放广告，通过培养消费者的消费偏好来增加销量。

4. 消费者的收入水平

对于多数商品来说，当消费者的家庭收入水平提高时，就会增加对商品的需求量；当消费者收入水平下降时，就会减少对商品的需求量。所以，增加国民收入，就能够起到扩大内需、刺激生产的作用。

5. 消费者对未来的预期

消费者对未来的预期如果是乐观的，他对商品的消费需求就可能增加；相反，如果对未来预期是悲观的，对商品的消费需求就可能减少。这种预期，包括对自己收入水平、商品价格水平，以及对未来宏观经济的发展等。如果预期未来收入水平上升，商品价格上升，就会增加现在的消费需求；反之，如果预期未来收入水平下降，商品价格水平下降，就会减少现在的消费需求。例如，由于我国社会保障体系尚不健全，消费者偏向于储蓄养老，对现在的消费需求比较保守，银行里的居民储蓄居高不下；而一些社保体系相对健全的国家，因为老有所养，消费者敢于今天花明天的钱。

6. 人口数量和结构的变动

人口数量的增加会使需求数量增加，人口数量减少会使需求数量减少。中国有13亿多人口，这里是世界上最大的市场，很多外国企业就相中中国这个巨大的市场，纷纷进军中国市场来销售他们的商品。

人口结构的变动主要影响需求的构成，从而影响某些商品的需求量。例如，老龄化社会的到来，就会直接影响到整个社会对消费品的需求量，时髦服装、化妆品、儿童用品等商品的需求量就会大幅减少，但适用于老年人需要的保健用品、养老院、疗养院等的需求量有可能会大幅增加，因此，面对老龄化社会的到来，政府必须充分考虑其对经济发展带来的影响，并采取应对措施。例如，我国为了改善现阶段的人口结构，于 2015 年全面放开二孩政策。

总之，影响需求的因素是多种多样的，甚至政府政策、天灾、气候变化、社会制度、风俗习惯等，都可以对消费者的需求产生影响。

二、需求表、需求曲线、需求函数

（一）需求表

需求表是表示某种商品的不同价格与其所对应的需求量之间的关系的表格。某超市荔枝的需求表如表 2-1 所示。

表 2-1 某超市荔枝的需求表

	A	B	C	D	E
价格（元/斤）	15	12	10	8	5
需求量（公斤）	50	80	100	120	150

结合前文关于商品价格对其需求量的影响，可以得出结论：荔枝的需求量与价格成反比。价格越高，需求量越小；价格越低，需求量越大。

（二）需求曲线

需求曲线是某种商品价格与其需求量之间关系的图形表示形式，是表示商品价格与其需求量之间关系的曲线。将表 2-1 中的数据描述在坐标图上，可以描出荔枝的价格与需求量之间的关系。某超市荔枝的需求曲线图如图 2-1 所示。

（三）需求函数

需求函数是表示一种商品的需求数量和影响该需求数量的各种因素之间的相互关系的函数。其中，影响需求数量的各个因素是自变量，需求数量是因变量。

需求函数的数学表达式为：

$$Q^d=f(a, b, c, d, n)$$

其中，a，b，c，d，…，n 代表影响需求的一系列因素。但是，我们对影响需求的所有因素同时进行分析，就会使问题变得非常复杂。因此，为了使问题简化，可以假定其他因素不变，而把注意力集中在一个影响因素上。在这里，为了凸显价格对需求的影响，我们假设其他因素不变，只考虑价格变动对需求的影响，此时需求函数就可以表示为：

$$Q^d=f(p)$$

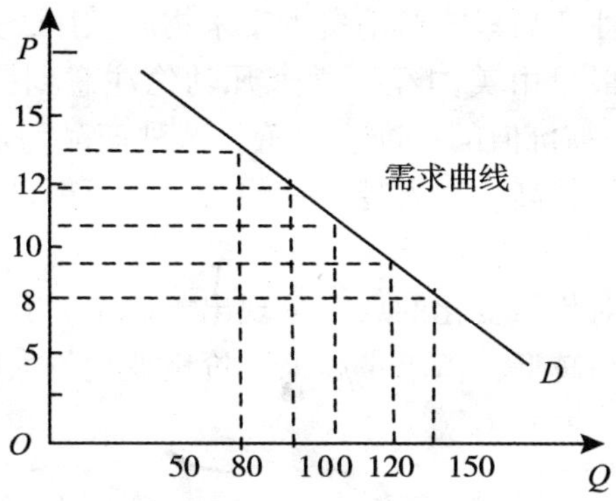

图 2-1　某超市荔枝的需求曲线图

其中，p 表示商品的价格，Q^d 表示某种商品的需求量。

图 2-1 中的需求曲线是一条直线，实际上，需求曲线可以是直线型的，也可以是曲线型的。当需求函数为线性函数时，相应的需求曲线是一条直线，直线上各点的斜率是相等的。当需求曲线为非线性函数时，相应的需求曲线是一条曲线，曲线上各点的斜率是不相等的。在微观经济分析中，为了简化分析过程，在不影响结论的前提下，大多使用线性需求函数。线性需求函数的通常形式为：

$$Q^d = a - bP$$

其中 a、b 为常数，且大于 0。a 为横轴上的截距，是与价格 P 无关的自发性需求；b 为斜率倒数，表明需求量与价格成反比例关系。

假设某种商品的需求函数为 $Q^d = 20 - 5P$，当 $P = 2$ 和 $P = 3$ 时，其需求量分别是多少？

三、需求定理及其例外情况

（一）需求定理

需求定理是说明某种商品价格与其需求量之间关系的理论。其基本内容是：在其他条件不变的情况下，某种商品的需求量与价格之间呈反方向变动，其需求量随着商品本身价格的上升而减少，随商品本身价格的下降而增加。

（二）需求定理的例外

绝大部分的商品都是遵循需求定理的，即需求量与价格呈反方向变动，但是也有一些例外的情况。

1. 吉芬物品

英国人吉芬发现 1845 年爱尔兰发生灾荒，土豆价格上升，但需求量却反而增加。这种现象在当时被称为“吉芬难题”，原因是土豆涨价引起爱尔兰靠工资生活的低收入者购买更多的土豆，而不是买得更少。

2. 炫耀性商品

凡勃伦认为，非炫耀性商品只能给消费者带来物质效用，炫耀性商品则给消费者带来虚荣效用。由于这一现象最早由美国经济学家凡勃伦注意到，被命名为凡勃伦效应（也叫做炫耀性商品）。例如，高价值的首饰、古董，这种商品为定位性物品，具有显示财富的效应。这类商品通常价格越高，富人越愿意购买，从而彰显自己的富有。

3. 投机性商品

投机性商品的需求量对价格变化的反应呈现出不确定。有时候，价格越高，消费者需求量越大，也有时候，价格越低，需求量越大，价格变化不太确定。

案例 1

炫耀性消费

一个朋友狠下心买了辆高档轿车，结果不到一年轿车价格下跌几万元，我对他深表同情。但是朋友却说他心疼的不是那几万块钱，而是价格下跌后，他爱车的档次也跌了下来。这位朋友没说出来的潜台词是，爱车的档次跌下来之后，他的面子也跟着跌了下来。

很多时候，我们买一样东西，看中的并不完全是它的使用价值，而是希望通过这样东西显示自己的财富、地位或者其他，所以，有些东西往往是越贵越有人追捧，比如一辆高档轿车、一部昂贵的手机、一栋超大的房子、一顿天价年夜饭……制度经济学派的开山鼻祖凡勃伦将这种行为称之为炫耀性消费，他认为，那些难以种植并因此昂贵的花并不一定比野生的花漂亮，对于牧场和公园，一头鹿显然没有一头牛有用，但人们喜欢前者是因为它更加昂贵。

后来的经济学家们将这种炫耀性消费的商品称为凡勃伦物品，甚至画出了一条向上倾斜的需求曲线——价格越高，需求量越大。经济学家们发现，凡勃伦物品包含两种效用，一种是实际使用效用，另外一种是炫耀性消费效用，而后者由价格决定，价格越高，炫耀性消费效用就越高，凡勃伦物品在市场上也就越受欢迎。

按照凡勃伦物品的定律，如果价格下跌，炫耀性消费的效用就降低了，这种物品的需求量就会减少。对于一位凡勃伦物品的崇拜者来说，同样是一部 20 万元的手机，如果 1 万元卖给他，他也许根本不会瞧一眼，同样是一顿 20 万元的年夜饭，如果请他免费品尝，大概也会被拒绝。因为这些物品只剩下实际使用效用，不再有炫耀性消费效用。

四、需求量的变动与需求的变动

（一）需求量的变动

需求量的变动是指其他条件不变，商品的需求量随其自身的价格变动而变动。它表现为点在需求曲线上的移动。某电影院电影票提高价格的需求变动如图 2-2 所示。

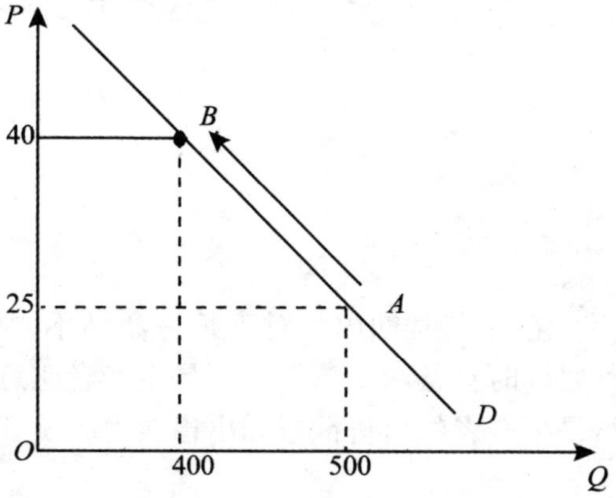

图 2-2　某电影院电影票提高价格后的需求变动

（二）需求的变动

需求的变动是指除商品自身价格之外的其他因素的变动所引起的需求量与价格之间的关系的变动。它表现为需求曲线位置的移动。需求的变动如图 2-3 所示。

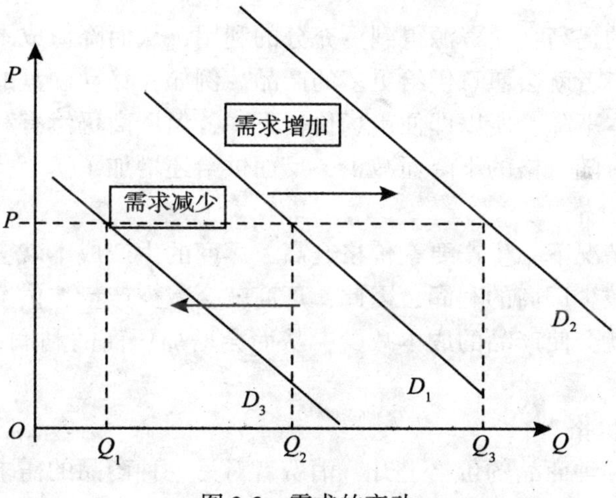

图 2-3　需求的变动

概括起来，需求变动与需求量变动的区别如表 2-2 所示。

表 2-2　**需求的变动与需求量的变动**

	价格	其他因素	图形表现
需求量的变动	变化	不变	同一条曲线上点的移动
需求的变动	不变	不变	整条曲线的位移

第二节 供给理论

一、供给

（一）供给的概念

供给是生产者（厂商）在一定时期内，对于某一商品不同的价格水平，愿意并且能够提供的商品数量。供给要同时具备两个条件：一是生产者愿意出售；二是生产者有提供能力。因此，有效的供给是生产者的出售欲望和出售能力的统一。

（二）影响供给的因素

1. 商品本身的价格

一般来说，厂商是以盈利为目的的，因此商品本身价格越高，厂商盈利空间越大，厂商愿意供给的数量越多；反之，商品本身价格越低，厂商盈利空间越小，厂商愿意供给的数量越少。

2. 生产技术水平

生产技术水平的提高会使资源得到更充分的利用，从而降低成本或增加产出，并增加生产者的利润，生产者就会愿意供给更多的产品。例如，移动硬盘的供给，由于生产技术进步，厂商生产成本下降，所以即便市场价格下降，但厂商仍然有利可图，因此移动硬盘市场的供给不仅没有随价格的下降而减少，反而供给还增加了。

3. 生产要素的价格

在既定资源的情况下，生产要素价格升高，厂商的生产成本就会增加，在产品价格不变的情况下，就会减少厂商的利润，因此，厂商就会减少产量，供给就会减少；反之，生产要素价格下降，就会使产品的成本减少，从而会增加厂商的利润，厂商就会增加产量，供给就会增加。

4. 相关商品的价格

对于互补品，一种商品的价格上升，消费者对另一种商品的需求就会减少，引起这种商品的价格下降，因而供给减少；反之亦然。即一种商品的价格与其互补品的供给呈反方向变动。例如，手机与充电器，手机与手机壳、手机套等。手机的价格下降，消费者对手机壳和手机套的需求量增加，引起手机壳和手机套的价格上涨，从而厂商愿意增加手机壳和手机套的生产来增加自已的利润。

对于替代品，一种商品的价格上升，消费者对另一种商品的需求就会增加，从而引起这种商品的价格上升，进而供给增加；反之亦然。即一种商品的价格与其替代品的供给呈同方向变动。例如，苹果和橘子、牛肉和羊肉。当苹果价格上涨的时候，消费者就会增加对橘子的需求，从而引起市场上橘子价格上涨，厂商因为橘子价格上涨而愿意增加橘子的供给。

5. 厂商对未来的预期

厂商对未来的预期包括多个方面。一方面，厂商对未来经济发展持乐观态度，会扩大规模增加供给；持悲观态度，则会缩小规模，减少供给。另一方面，厂商预期某种商品的价格会上涨，就会囤积居奇，从而减少该商品当期的供给量；反之，如果预期未来价格下跌，则会大量抛售该商品，从而增加当期的供给量。

6. 政府的政策

政府的经济政策，特别是产业政策和税收政策会对产业结构和产品结构产生重要影响，从而影响商品的供给。政府如果实施鼓励投资生产的政策，如减税，就可以刺激生产增加供给；反之，政府采用限制投资与生产的政策，如增税，就会抑制生产减少供给。

7. 自然条件

农产品受自然条件的影响很大，风调雨顺则供给增加，反之遭遇自然灾害时供给则会减少。

除此之外，社会条件和其他因素也会对产品的供给产生影响。总之，影响供给的因素比影响需求的因素要复杂得多，在不同的时间、不同的市场上，供给要受多种因素的综合影响，诸如时间的长短、厂商的目标、卖者的数量、社会风俗习惯的变化等，都会对供给产生影响。

二、供给表、供给曲线和供给函数

（一）供给表

供给表是某种商品的各种价格和与各种价格相对应的该商品的供给数量之间关系的数字序列表。某超市荔枝的供给表如表 2-3 所示。

表 2-3　　**某超市荔枝的供给表**

	A	*B*	*C*	*D*	*E*
价格（元/斤）	15	12	10	8	5
供给量（公斤）	150	120	100	80	50

结合前面关于商品本身价格对其供给量的影响，可以得出结论：荔枝的供给量与价格成正比。价格越高，供给量越大；价格越低，供给量越小。

（二）供给曲线

供给曲线是用来表示商品的供给量与价格关系的曲线。某超市荔枝的供给曲线如图 2-4 所示。

（三）供给函数

把影响供给的各种因素作为自变量，把供给作为因变量，可以用函数关系来表示影响

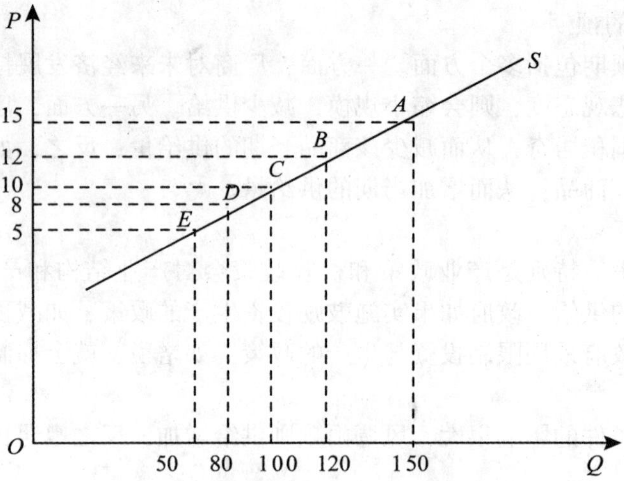

图 2-4　某超市荔枝的供给曲线图

供给的因素与供给之间的关系，即供给函数。供给函数的数学表达式为：

$$Q^s=f\ (a,\ b,\ c,\ d,\ n)$$

a，b，c，d，…，n 代表上述影响供给的因素。但是，如果我们对影响供给的所有因素同时进行分析，就会使问题变得非常复杂。因此，为了使问题简化，可以假定其他因素不变，而把注意力集中在价格对供给的影响上，此时供给函数就可以表示为：

$$Q^s=f\ (p)$$

其中，p 表示商品的价格，Q^s表示某种商品的供给量。

图 2-4 中的供给曲线是一条直线，实际上，供给曲线可以是直线形的，也可以是曲线形的。当供给函数为线性函数时，相应的供给曲线就是一条直线，直线上各点的斜率是相等的。当供给曲线为非线性函数时，相应的供给曲线则是一条曲线，曲线上各点的斜率是不相等的。在微观经济分析中，为了简化分析过程，在不影响结论的前提下，大多使用线性的供给函数。线性供给函数的通常形式为：

$$Q^s=-a+bP$$

其中 a，b 为常数，且大于 0。

三、供给定理及其例外情况

（一）供给定理

供给定理的基本内容是：在其他条件不变的情况下，某种商品价格上涨，供给量就会增加，价格下降，供给量就会减少，即商品价格与其供给量呈同方向变动。例如，当市场上某一年的棉花价格较高时，棉农第二年会愿意多种棉花；反之，若第二年棉花价格回落，到了第三年很多棉农又不愿意种棉花了。这其实就是棉农根据上一年的价格决定下一年的耕种，农产品以及其他许多产品的供给大多遵循了供给定理。

（二）供给定理例外

1. 劳动的供给曲线

劳动的供给者要在消费 R 和闲暇中作出选择，预算约束是用全部时间工作所得到的收入。替代效应会使人减少闲暇，增加劳动供给；而收入效应会使人减少劳动供给。刚开始时，工资比较低，收入很少，此时替代效应>收入效应，当工资提高时，同样的劳动投入所能消费的量越高，相当于消费的价格下降，而闲暇价格升高。从替代效应来说，消费者必然减少闲暇，更多工作，从而增加劳动供给。

随着工资的上升，收入效应逐渐增大，闲暇作为一种普通商品，需求会随着收入增多而增多，此时收入效应>替代效应，劳动供给减少。当工资水平上升到一定程度后，劳动者对货币的需求并不迫切了，这时工资再提高，劳动者会减少劳动，增加闲暇，因此劳动的供给曲线是一条向后弯曲的曲线。当然，这里劳动的供给曲线向背后弯曲，只是一种可能的情况，并非绝对。劳动的供给曲线如图 2-5 所示。

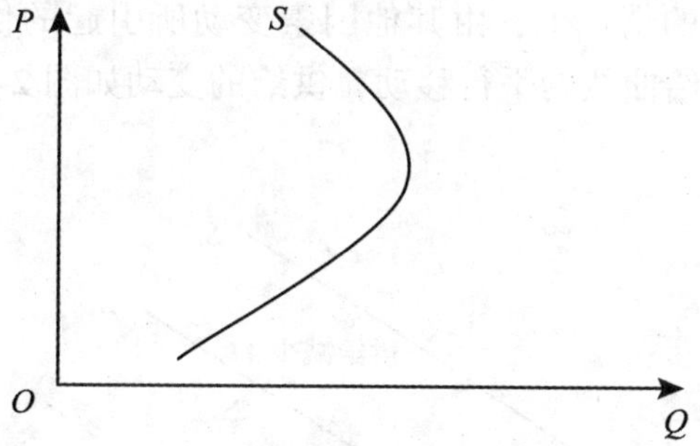

图 2-5　劳动的供给曲线

2. 有些商品的供给量是固定的

名画、古玩这类商品无论价格如何上涨，供给也不可能增加，因此，这类商品的供给曲线是一条垂直于横轴的直线。

3. 具有规模效应的厂商

某些厂商在大规模生产时平均成本锐减，这时商品价格虽有所下降，但厂商仍愿意提供更多的商品。此类商品往往是那些可适于机械化大批量生产的高新技术产品，如小汽车和电视机等。这类商品的供给曲线是向右下方倾斜的。

四、供给量的变动与供给的变动

（一）供给量的变动

在其他条件不变的情况下，商品本身的价格变动所引起的供给数量的变动称为供给量的变动。供给量的变动表现为同一供给曲线上点的移动，供给量的变动如图 2-6 所示。

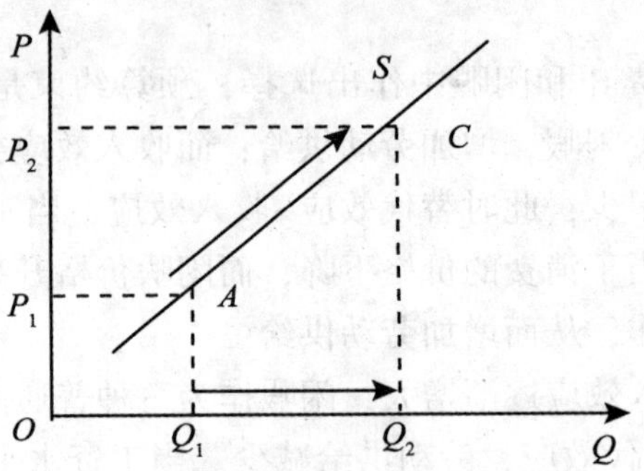

图 2-6 供给量的变动

（二）供给的变动

在商品本身价格不变的情况下，由其他因素变动所引起的供给的变动称为供给的变动。供给的变动表现为供给曲线的平行移动，供给的变动如图 2-7 所示。

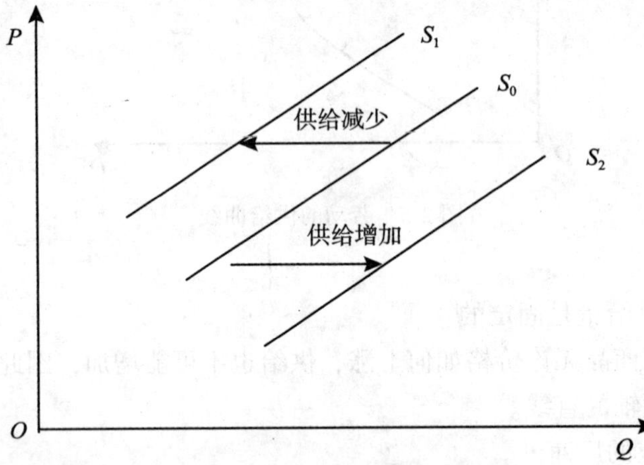

图 2-7 供给的变动

概括起来，供给的变动与供给量的变动的区别如表 2-4 所示。

表 2-4 **供给的变动与供给量的变动**

	价格	其他因素	图形表现
供给量的变动	变化	不变	同一条曲线上点的移动
供给的变动	不变	不变	整条曲线的位移

第三节　均衡价格及其应用

经济学里面所讲的均衡是指没有任何变化趋势的状态，这是从物理学搬来的概念。大家在中学阶段学过牛顿力学，知道均衡在物理学里是指一个物体受力均衡，处于静止或者匀速直线运动的状态。例如，放在桌上的书处于静止状态，是因为它此时受两个力的作用，一个是地心吸力，另一个是讲台对它的支撑力。这两个力的大小一样，但作用的方向刚好相反，因此书是受力平衡的，处于静止的状态。

经济学家把物体受力均衡的概念从物理学搬过来，引出了经济学里均衡的概念，指的是经济力量大小一样、作用方向相反时，经济活动就处于静止的状态。例如，本章所讲的供求理论，分析的就是市场上最典型的两种经济力量——买方对商品的需求与卖方对商品的供给。这两种力量的作用方向是相反的，买方的需求使价格趋于上升，卖方的供给使价格趋于下降，当他们大小一样时，价格就会稳定下来静止不动。

一、均衡价格的决定

（一）均衡价格的概念

均衡价格是指一种商品的市场需求量和市场供给量相等时的市场价格。此时，该商品的需求量等于供给量，称为均衡数量。均衡是供求相等的状态，从几何意义上来讲，均衡点是市场上某种商品的供给曲线与需求曲线的交点。

（二）均衡价格的形成

在市场经济体制中，均衡价格是在市场上通过供求双方在竞争过程中自发调节形成的，其形成的过程也是价格决定的过程。当市场价格背离均衡价格时，由于供求关系的相互作用，市场价格有自动恢复均衡的趋势。市场上某种商品均衡价格的形成如图 2-8 所示。

分析图 2-8 中的曲线可知：当市场上的价格是 P_1 的时候，和市场上的需求曲线相交于 A 点，和供给曲线相交于 B 点。因为高于均衡价格 Q_E，厂商可以获得更多的利润，厂商愿意供给的数量是 Q_2，而高价格超出了部分消费者的支付能力，因此消费者的需求数量为 Q_1。Q_2 和 Q_1 之间的距离表示市场上这种商品目前是供过于求的，厂商为了避免积压和浪费，通常会降低价格来增加需求，经过若干次的调整后，价格降到 P_E，此时实现供求均衡，厂商不会再降价。反之，若价格低于均衡价格，市场出现短缺，供不应求，厂商会提高价格，直到价格提高到 P_E 后，实现供求均衡。

我们将荔枝的需求表和供给表进行对比，来考察荔枝的均衡价格，如表 2-5 所示。

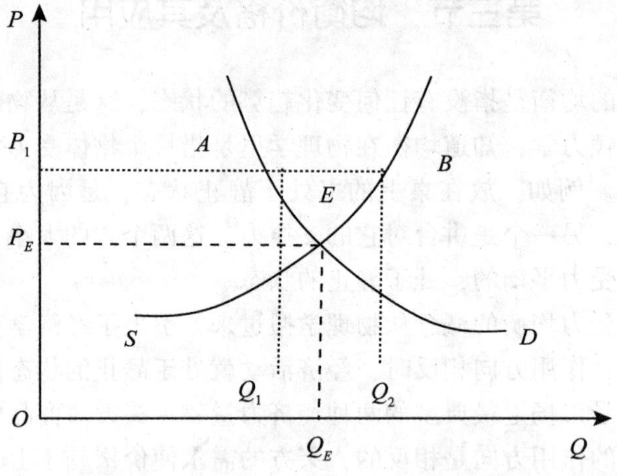

图 2-8　市场上某种商品均衡价格的形成

表 2-5　　**某超市荔枝的供求表**

	A	*B*	*C*	*D*	*E*
价格（元/斤）	15	12	10	8	5
需求量（公斤）	50	80	100	120	150
供给量（公斤）	150	120	100	80	50

显然，从表 2-5 中可以看出，荔枝的均衡价格在 10 元，超过这个价格，供过于求；低于这个价格，供不应求；只有等于这个价格的时候，供求相等，买卖双方都没有动力去调整，从而实现供求均衡。

案例 2

2015 年回顾：棉花供给充裕需求疲弱　国内现货价格弱势下跌

2015 年，纺织行业遇到了前所未有的挑战。国内经济总体下行，纺织消费低迷，订单大幅减少，产能严重过剩。全球经济复苏缓慢，纺织品出口形势持续恶化，数量和金额明显下滑，企业经营困难，停产、限产、倒闭现象时有发生，纺织用棉量下降。尽管 2015 年全国棉花面积和产量双减少，但国储棉库存居高不下，国内棉花供给充裕，需求相对较弱，现货市场成交清淡，皮棉销售迟缓，价格小幅回落，棉花企业亏损情况加剧。2015 年中国棉花现货价格出现连续阴跌走势，尽管部分时段因纺织企业集中补库而弱势反弹，但均较为短暂。年初，中国棉花价格指数（CCIndex 3128B）在 13600 元/吨左右，之后开始持续下跌，12 月 31 日收于 12922 元/吨，全年下跌 683 元，跌幅为 5%。

棉农收益减少，面积产量下降

2014年，我国启动新疆棉花目标价格改革试点项目，内地实行定额补贴。棉农收益较前三年收储时期减少，尤其是内地棉农减幅更大，棉农植棉积极性持续受挫。国家统计局数据显示，2015年全国棉花总产量560.5万吨，比2014年减少57.4万吨，下降9.3%。棉花产量减少主要由于种植面积减少。分地区看，新疆主产区地位进一步巩固，黄河、长江流域主要棉区减产较多。2015年新疆棉花产量350.3万吨，占全国的比重为62.5%，比2014年提高3%；播种面积占全国的比重为50.1%，比2014年提高3.9%；单产122.6公斤/亩，高于全国平均水平，棉花生产区位优势进一步提升。

新棉收购总体顺利，价格同比下跌。

新棉上市以来，新疆子棉收购秩序总体稳定，初期因质量下降、价格下跌，企业收购谨慎，造成一些低长度、低品级的棉花不能正常交售，交售进度受到一些影响。随着中期花逐步上市，皮棉质量有所好转，棉农交售速度加快，与上年持平。内地棉花开秤价格低，棉花产量少，棉农普遍对后市价格信心不足，交售积极。截至12月底，全国平均交售进度为93.26%，同比加快5%，其中新疆采摘交售全部结束，同比加快2%；黄河流域交售进度为53.35%，同比下跌3.36%；长江流域交售进度为86.18%，同比加快11.32%。受市场需求不足、质量下降等因素影响，子棉收购价格有所下降，中国棉花协会统计，9—12月全国400型棉花加工企业3128B级子棉平均收购价格为5.45元/公斤，同比下跌7.8%。截至2016年1月3日，新疆实际加工皮棉累计342万吨，新体制棉花公检317万吨，进入专业监管仓库累计324万吨。

棉花销售进度缓慢。

由于国内棉花现货资源整体充裕，加上市场预期国储棉将出库销售，价格处于下行通道，棉花企业销售普遍缓慢。尽管企业执行快收快销策略，以化解市场风险，但整体销售进度仍慢于往年。中国棉花价格指数（CCIndex 3128B）已降至目前的12900元/吨左右，接近企业的加工成本。如果未来销售依然不畅，资金成本和库存成本会持续增加，企业将不可避免出现亏损。棉花骨干企业在新棉收购过程中发挥了主导作用，棉农利益得到保障，但销售进度迟缓，价格下跌，企业经营普遍出现困难，亏损面扩大，资金周转困难，发展面临困境。

纺织行业需求低迷。

2015年纺织品服装内需和出口均出现下滑。据海关最新统计，2015年全年纺织品服装出口出现下跌，其中纺织纱线、织物及制品出口金额累计6797亿元，同比下跌1.3%；服装及衣着附件出口金额累计10822亿元，同比下跌5.4%。受世界经济整体下行影响，纺织品消费持续低迷，而原油价格近几年大幅下跌，化纤产品相比棉花更具成本优势，纺织企业持续增加化纤在纺织制成品中的比重，加上内外棉价差依然存在，低价进口棉纱冲击国内市场，也部分减少了国产棉的使用量，我国棉花消费量由前几年的1000万吨左右降至目前的不足800万吨。国内主要纺纱聚集地区的中小型企业因订单不足，开工率普遍低于50%，大量小微企业关停、倒闭。

目标价格试点稳步推进。

2015年是新疆棉花目标价格改革试点的第二年，各项工作进展顺利，2014年补贴分四批已发放至基本农户和农业生产经营单位，棉农基本收益得到保障，棉花价格回归市场机制，达到预期目的。2015年，在综合考虑棉花生产成本收益、市场供求等因素后，目标价格水平为每吨19100元。在总结2014年棉花年度目标价格改革试点经验的基础上，相关部门对试点工作进行了优化完善，将年度可用补贴总额的10%用于向南疆四地州基本农户兑付面积部分补贴，90%用于兑付全区实际种植者交售量部分补贴，补贴资金分两次兑付。11月底，首批2015年度棉花目标价格改革补贴资金已预拨至各县市（区），预拨资金总额80亿元，补贴兑付标准为每公斤1.2元，目前部分棉农反映资金已到账，剩余补贴将在2016年2月底下拨。

资料来源：http：//www.China-cotton.org/，2016-01-19.

二、均衡价格的变动

一种商品的均衡价格是由该商品市场的需求曲线和供给曲线的交点决定的。因此，当影响需求或供给的因素发生变化时，需求曲线或供给曲线的位移又会使均衡价格发生变动。分析某个因素如何影响一个市场时，我们按照以下三个步骤进行：第一，确定该因素是使供给曲线移动，还是使需求曲线移动，或者是使两条曲线都移动。第二，确定曲线是向右移动，还是向左移动。第三，用供求图形来考察这种移动对均衡价格和均衡产量的影响。

（一）需求变动对均衡的影响

某商品市场，需求发生变动对均衡产生的影响如图2-9所示。该商品市场最初的供求均衡点为E_0，此时，均衡价格为4，均衡数量为100。假设供给不变，但影响需求的其中一个因素发生变化，如消费者收入水平下降，需求减少，需求曲线从原来的D_0移动到D_1，新的均衡点在E_1点，此时均衡价格为3，均衡数量为50；反之，若需求增加，则需求曲线从D_0移动到D_2，新的均衡点为E_2，均衡价格是5，均衡数量是150。

从图2-9以及上文的分析可以看出，当供给不变，需求增加使均衡价格上升，均衡数量增加；需求减少时，均衡价格和均衡数量都出现了下降。

（二）供给变动对均衡的影响

某商品市场，供给发生变动对均衡产生的影响如图2-10所示。该商品市场最初的供求均衡点为E_0，此时，均衡价格为4，均衡数量为100；假设需求不变，但影响供给的其中一个因素发生变化，如生产要素价格上升，供给减少，供给曲线从原来的S_0移动到S_1，新的均衡点在E_1点，此时均衡价格为5.5，均衡数量为80；反之，若供给增加，则供给曲线从S_0移动到S_2，新的均衡点为E_2，均衡价格是2.5，均衡数量是120。

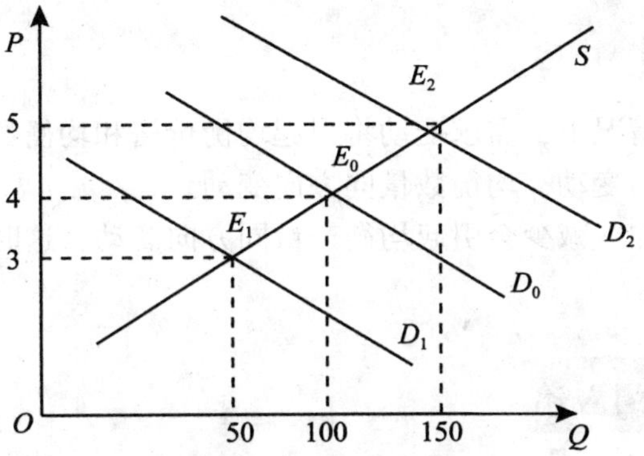

图 2-9　需求变动对均衡价格的影响

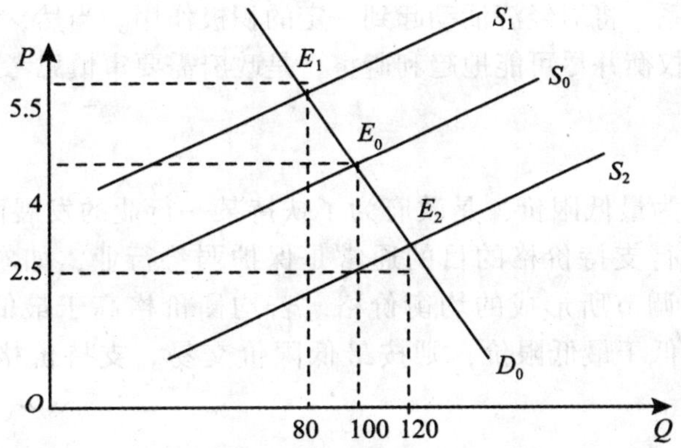

图 2-10　供给变动对均衡的影响

从图 2-10 以及上文的分析可以看出，当需求不变时，供给增加使得均衡价格下降，均衡数量增加。需求不变，供给减少，使得均衡价格上升，均衡数量下降。

（三）需求与供给同时变动对均衡的影响

1. 供给、需求同向变动

（1）供需同时增加。供需同时增加肯定使均衡产量增加，均衡价格的变动方向不能确定，它取决于两种情况下哪一个价格上升或下降的幅度更大。

（2）供需同时减少。供需同时减少会使均衡产量减少，均衡价格不定。

2. 供给、需求反向变动

（1）供给增加，需求减少。新的均衡价格肯定下降，但均衡产量变动方向则不一定，它取决于两种情况下哪一个数量上升或下降的幅度更大。

（2）供给减少，需求增加。此时均衡价格上升，均衡产量变动不定。

三、供求定理

在其他条件不变的情况下，需求变动将引起均衡价格和均衡数量同方向变动；供给变动将引起均衡价格反方向变动、均衡数量同方向变动。

需求与供给同时增加或减少会引起均衡产量同方向变动，这时均衡价格有提高、降低或保持不变三种可能。

四、均衡价格的应用

在一个充分竞争的市场中，价格机制自发地调节市场，需求和供给共同作用并形成均衡价格，而均衡价格又影响着供求的变化。因此，在现实经济生活中，运用均衡价格理论来调整社会的供求关系，将对经济活动起到一定的积极作用。当然，任何一项经济政策都会利弊共存，要如何权衡并尽可能地趋利避害，是政府需要审慎思考的。

（一）支持价格

支持价格，又称为最低限价，是政府为了扶持某一行业的发展而规定的该行业产品的最低价格。政府实行支持价格的目的通常是保护弱势行业，如农产品，这个最低价格通常高于市场自发调节所形成的均衡价格。若均衡价格高于最低限价，则按均衡价格交易；若均衡价格低于最低限价，则按最低限价交易。支持价格的供求状况如图 2-11 所示。

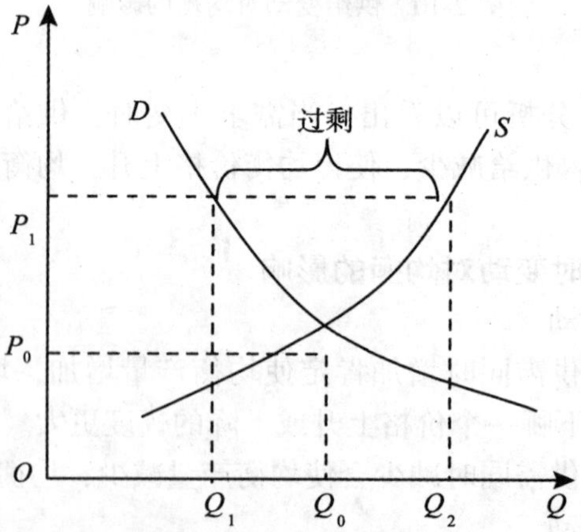

图 2-11　支持价格

从图 2-11 中可以看出，实行支持价格以前，市场自发调节所形成的均衡价格为 P_0，均衡数量为 Q_0；实行支持价格以后，政府规定的最低限价为 P_1，高于 P_0，按照 P_1 这个价格，市场上的需求量为 Q_1，供给量为 Q_2，Q_1 和 Q_2 之间的这一部分是过剩，即供过于求。

一旦出现过剩，若政府不加干预，对部分厂商反而不利。此时，政府通常拿出财政来收购过剩的这部分产品，使市场形成新的均衡。

政府实行支持价格政策的影响如下：（1）造成结构性过剩；（2）厂商获益；（3）消费者受到不利影响，消费者需要付出更高的价格来购买所需要的产品；（4）政府要付出财政补贴，以处理过剩问题。

支持价格政策的有效实行的前提条件或配套措施如下：（1）必须实施必要的边境保护措施，从而使得实施支持价格政策所带来的好处只为国内生产者所得。（2）需求价格弹性要很小，乃至近似无弹性。因为只有在这个条件下，从市场上取出一个数量不大的供给，就可以引起价格有一个较大幅度的上升。（3）支持价格与出口价格之差或者支持价格与降级使用所能取得的价格之差不应太大，否则实行价格支持政策的成本将太大。

（二）限制价格

限制价格，又称为最高限价，是指政府为限制某些生活必需品的物价上涨而规定的最高价格。限制价格一般低于均衡价格，是政府为保护消费者利益而制定的最高限价。限制价格的供求状况如图 2-12 所示。

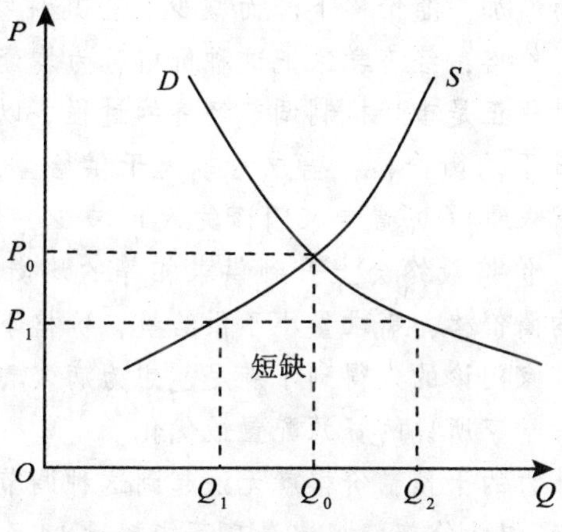

图 2-12　限制价格

从图 2-12 中可以看出，实行限制价格以前，市场自发调节所形成的均衡价格为 P_0，均衡数量为 Q_0；实行限制价格以后，政府规定的最高限价为 P_1，低于 P_0，按照 P_1 这个价格，市场上的供给量为 Q_1，需求量为 Q_2，Q_1 和 Q_2 之间的这一部分是短缺，即供不应求。一旦出现短缺，若政府不加干预，对部分消费者反而不利，会滋生“黑市”交易。此时，政府通常实行配给制，来解决短缺的问题。

制定限制价格有利于社会平等的实现，有利于社会的安定。但是这种政策会产生严重的负面影响，这些负面影响包括：（1）价格水平低不利于刺激生产，从而使产品长期存在短缺现象。(2) 价格水平低不利于抑制需求，从而会在资源缺乏的同时又造成严重的浪费。(3) 限制价格之下所实行的配给制会引起社会风尚败坏，会产生“黑市”交易，会出现“走后门”现象。

案例3

票贩子屡禁不止的原因

看过病的人都知道，在北京协和医院、同济医院等这些三甲医院挂专家门诊号有多难！价钱倒不贵，协和医院正教授级专家门诊号不过14元，但数量有限，半夜去也不一定能挂上号。要看专家门诊也不难，花100元左右就可以从票贩子手中买到票、挂上号。尽管公安部门一直加大打击力度，但票贩子仍屡禁不止。其原因不是公安部门打击不力，而是这种限制价格的方法违背了市场经济规律。

市场经济中独立决策的个人与企业作出相关的消费与生产决策。这些个别决策是通过市场上价格的调节得以协调一致的。用价格协调经济活动称为市场机制或价格机制。价格是由需求与供给自发决定的。需求是消费者愿意而且能够购买的某种物品量，随价格上升而减少，随价格下降而增加。供给是生产者愿意而且能够供给的某种物品量，随价格上升而增加，随价格下降而减少。当某种物品的需求与供给相等时，就决定了该物品的市场价格，经济学家把这种价格称为均衡价格。

均衡价格形成的过程正是市场机制调节经济的过程。以专家门诊号为例。如果医院开始时确定的价格低于均衡价格，需求量就大于供给量，这时存在价格上升的压力。随着价格上升，需求量（想看专家门诊的人）减少，供给量（想为病人提供专家门诊的医生）增加，价格最终会上升到供求相等的均衡水平。反之，如果医院开始时确定的价格高于均衡价格，需求量小于供给量，价格下降，直至供求相等。当价格达到均衡时，想看专家门诊的人得到了满足，想为病人看专家门诊的专家也得到了满足，这就实现了经济学家所说的资源配置最优化。

但是，如果受到外力的干预，价格就无法起到这种调节作用。比如，假定专家门诊的均衡价格为60元，但物价部门规定最高不能超过14元。这种由政府规定的最高价格就是限制价格，或称价格上限。由于价格低于均衡价格，且不能上升，必然存在超额需求或供给短缺，挂号费为14元时许多人看不上专家门诊正是这种情况。

在这种情况下，解决供小于求的方法有三种：配给（由医院决定给谁）、排队（按先来后到的原则）和“黑市”。票贩子和病人之间的交易正是“黑市”交易。票贩子或者拉帮结伙装作病人挂号，或者与医院有关人员勾结挂号。然后以供给不增加情况下“黑市”的均衡价格（比如100元）卖给病人。只要存在限制价格，票贩子倒票有利可图，无论再“严打”也是“野火烧不尽，春风吹又生”。钻价格政策的空子是票贩子的理性行为，但票贩子的存在既损害了消费者（病人）的利益，又损害了生产者（专家）的利益。病人不得不付出高价，这种高价又不由专家所得。在我们的例子中，限制价格为14元，这也是医院能得到的价格，病人却付出了100元，其间差额86元就归票贩子及其同伴所得。有关部门制定限制价格的意图也许是在于维护消费者利益，但实际却损害了消费者利益。这种事与愿违的结果就在于违背了市场经济的基本规律，人为地破坏了价格自发地调节供求的作用。从经济学的角度看，消除票贩子的办法不是“加大打击力度”云云，而只是取消对挂号费的限制价格政策。一旦价格放开，挂号费上升，想看专家门诊的人减少（当价格低时，什么小病都想让专家看），而愿意从事专家门诊的专家增加（收入增加愿意每周多看几次门诊），最终会使双方满意。这样简单的做法为什么不试试呢？

资料来源：http：//blog. cnlinfo. net/12365173_ 75480. htm

（三）对支持价格和限制价格的评价

经济运行的规律告诉我们，市场通常是组织经济活动的一种好方法，因此，赞成市场经济的经济学家们几乎总是反对价格控制，无论是支持价格还是限制价格。经济学家们主张让市场自发调节经济，通过供求关系来确定商品的均衡价格，价格再反过来影响市场的供求，从而在一个竞争的环境中实现资源的优化配置。

但是，市场有时也会出现失灵。当“看不见的手”不能使资源优化配置的时候，政府这只“看得见的手”就可以发挥作用，通过政府的宏观调控才能改善市场失灵的结果。政府之所以对某些产品实行价格控制，是因为完全依靠市场调节，会在体现效率的同时而牺牲公平。价格控制的目标往往是帮助穷人，帮助弱势群体。例如，前文所讲的对农产品实行价格补贴或保护价，目的正是保护农民的利益，使广大的农民可以有稳定的收入，可以享受付出带来的回报。建设廉租房、经济适用房，也是为了帮助低收入群体能在城市中有自己的立足之地，共享城市的繁华。对火车票、医院专家号这类产品实行限制价格的目的，同样是想保护弱势群体，无论贫富，都可以通过排队这样相对公平的方式，以较低的价格买到回家的车票、挂到专家号，这样更能体现公平。

第四节　弹性理论及其应用

在1881—1882年冬季的某一天，经济学家马歇尔一定非常快乐，因为他刚刚把弹性概念引入经济学里。

弹性概念描述的是因变量相对变化同自变量相对变化的比率，若价格上升50%将导致需求量下降20%，那么需求的价格弹性就是0.4。这个概念在一百年后的今天已经被经济学家们广泛接受并使用，但在当时它绝对是新颖的和激动人心的。那时，经济学家们已经注意到需求（或供给）变化与价格变化的幅度常常并不一致，进一步的研究需要把这种不一致明确地表示出来。弹性概念完美地做到了这一点。

一、需求价格弹性

（一）需求价格弹性的含义

需求价格弹性简称需求弹性，它是指一种商品价格变动的比率所引起的需求量变动的比率，即需求量变动对价格变动的反应程度。需求量变动的比率与价格变动的比率的比值就是需求价格弹性系数 E_d，用来表示某种商品的弹性大小。

需求价格弹性系数值可以是正，但一般情况是负。两个变量的变动方向若是反方向变动，加负号，便于比较。

（二）需求价格弹性的计算

需求价格弹性分为弧弹性和点弹性。需求的价格弧弹性表示某商品需求曲线上两点之间的需求量的变动对价格变动的反应程度，即两点之间的弹性。

当需求曲线两点之间的变化量趋于无穷小时，需求的价格弹性和点弹性的本质是相同的。它们的区别仅在于：弧弹性表示价格变动较大时，需求曲线上两点之间的弹性，而点弹性是表示价格变动无穷小时，需求曲线上某一点的弹性。此时，需求弹性的计算公式为：

$$E_d=\frac{\text{需求量变动的百分比}}{\text{价格变动的百分比}}=\frac{\Delta Q/Q}{\Delta P/P}=-\frac{\Delta Q}{\Delta P}\times\frac{P}{Q}$$

$$E_d=\lim_{\Delta P\to 0}\frac{\Delta Q}{\Delta P}\times\frac{P}{Q}=\frac{\mathrm{d}Q}{\mathrm{d}P}\times\frac{P}{Q}$$

1. 弧弹性的计算

例 1：假定某种冰淇淋的价格从 3.5 元上升到 4 元，你购买该冰淇淋的数量从每月 10 杯减少为 8 杯，求冰淇淋的需求价格弹性。

$$E_d=-\frac{\Delta Q}{\Delta P}\times\frac{P}{Q}=-\frac{(8-10)}{4-3.5}\times\frac{3.5}{10}=1.4$$

例 2：假定冰淇淋的价格从 4 元下降到 3.5 元，你购买的冰淇淋从每月 8 杯增加为 10 杯，求冰淇淋的需求价格弹性。

$$E_d=-\frac{\Delta Q}{\Delta P}\times\frac{P}{Q}=-\frac{(10-8)}{(3.5-4)}\times\frac{4}{8}=2$$

显然，例 1 和例 2 的计算结果说明，在既定的两点之间，降价和涨价产生的需求价格弹性系数值是不相等的。原因在于，上式中的 ΔQ 和 ΔP 的绝对值相等，但 P 和 Q 所取的基数值不同。如果仅仅是一般地计算需求曲线上某一段的需求价格弧弹性，而不是具体地强调这种需求的价格弧弹性是作为涨价还是降价的结果，则为了避免不同的计算结果，一般取两点的平均值（P_1+P_2）/2 和（Q_1+Q_2）/2 作为基数，这种方法叫做中点法。

还是上面的例子，若采用中点法，则在 3.5 元和 4 元之间的需求弹性系数为：

$$E_d=-\frac{\Delta Q}{\Delta P}\times\frac{P}{Q}=-\frac{(10-8)}{(3.5-4)}\times\frac{(3.5+4)/2}{(8+10)/2}=1.67$$

由此可见，需求价格弧弹性的计算可以有三种情况，涨价时的 E_d、降价时的 E_d 和中点法计算的 E_d。至于应该采取哪一种计算方法，试具体情况而定。

2. 点弹性的计算

想要计算出某种商品的点弹性，通常要先知道该商品的需求价格函数。

例 3：设某商品的需求函数为：$Q= 30-5P$

$\because dQ/dP=-5$

$\therefore E_d=| -5\times P/Q | =5P/(30-5P)$

这表明点弹性 E_d 是价格 P 的函数。

若 $P=2$，则 $Q=20$，此时 $E_d=0.5$。

若 $P=3$，则 $Q=15$，此时 $E_d=1.0$。

若 $P=4$，则 $Q=10$，此时 $E_d=2.0$。

从上面的计算可以看出，对一个既定的需求函数而言，不同的价格点会有不同的弹性值。

（三）需求弹性的种类

由于商品的属性不同，因此，不同商品的需求弹性系数不同，有些商品价格变动幅度小，而需求量变动幅度大，有些商品价格变动幅度大，而需求量变动幅度小。根据需求价格弹性系数的大小，需求弹性可以分为 5 种类型：完全有弹性、富有弹性、单位弹性、缺乏弹性、完全无弹性。

1. 需求完全有弹性

当 $E_d\to\infty$，需求完全有弹性，即当价格为既定时，需求量无限。这种需求变化是价格以外的因素引发的，比如银行以一固定价格收购黄金，不论有多少黄金都可以按这一价格收购，银行对黄金的需求是无限的，高于这一价格则需求量为 0。这时的需求曲线是一条与横轴平行的直线（见图 2-13）。

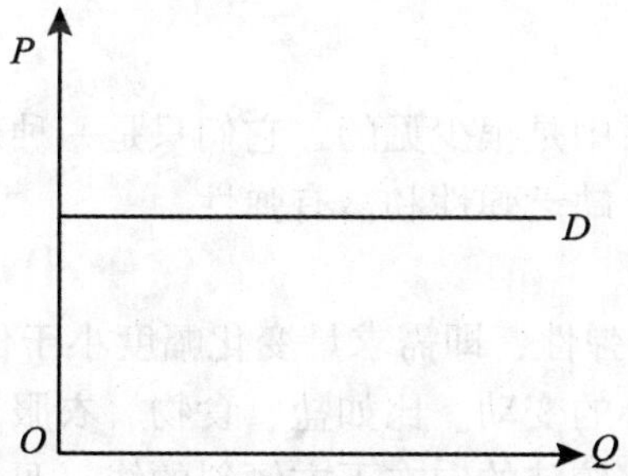

图 2-13　$E_d\to\infty$

2. 需求完全无弹性

当 $E_d=0$ 时，需求完全无弹性，即无论价格如何变化，需求量都不变，这时的需求曲线是一条和横轴垂直的线（见图 2-14）。比如对特定人群而言，胰岛素、救心丸、殡葬费等近似于无弹性。

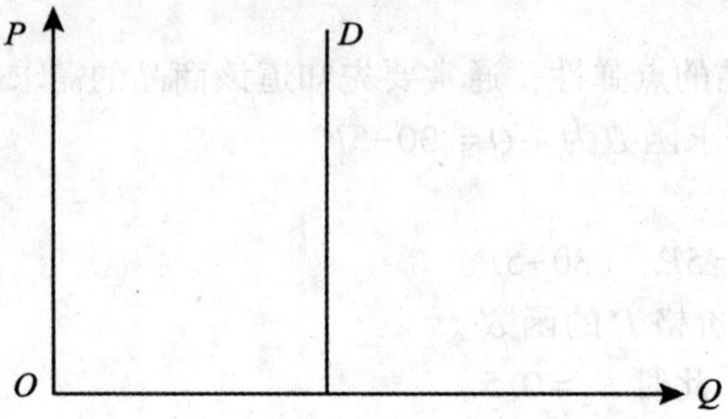

图 2-14　$E_d=0$

3. 单位需求弹性

当 $E_d=1$ 时，需求为单位弹性，价格变动的比率等于需求量变动的比率。没有一种商品永远都是单位弹性，但是各种类型的商品在一定时期内都会出现这种情况。这时的需求曲线是一条正双曲线（见图 2-15）。

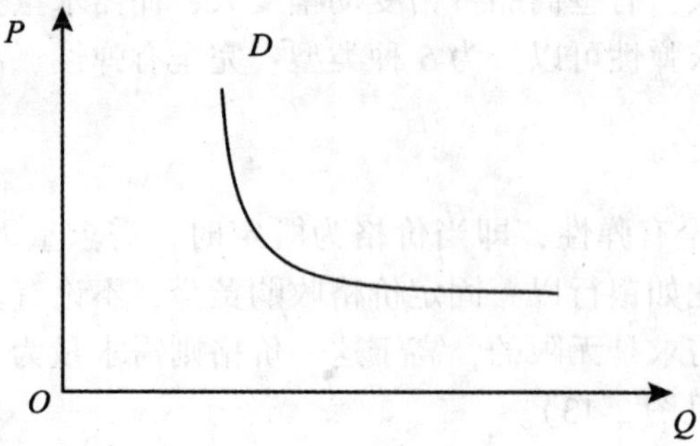

图 2-15　$E_d=1$

上述三种情况在现实生活中是很少见的，它们只是一种理论上的假定。在日常生活中比较常见的是以下两种类型：缺乏弹性和富有弹性。

4. 需求缺乏弹性

当 $0<E_d<1$ 时，需求缺乏弹性，即需求量变化幅度小于价格变化幅度。价格有一个较大的变动，需求量有一个较小的变动。比如盐、食物、衣服、农产品、住房、饮料、保险等。这时的需求曲线是一条比较陡的向右下方倾斜的线（见图 2-16）。

5. 需求富有弹性

当 $E_d>1$ 时，需求富有弹性，即需求量变化幅度大于价格变化的幅度。价格有一个较小的变动，需求量有一个较大的变动。比如汽车、机票、旅游等奢侈品。这时的需求曲线是一条比较平坦的向右下方倾斜的直线（见图 2-17）。

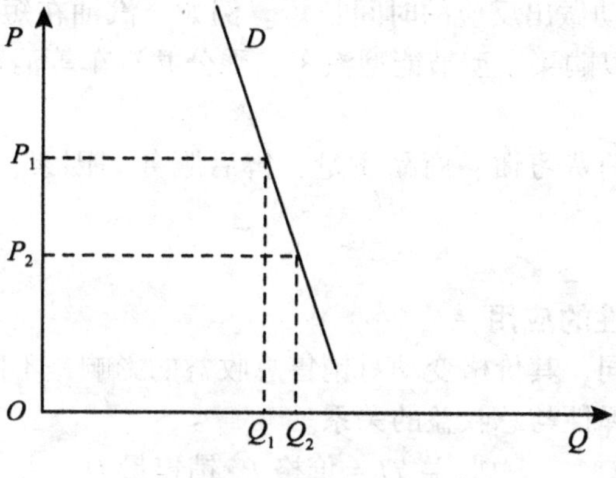

图 2-16　$0<E_d<1$

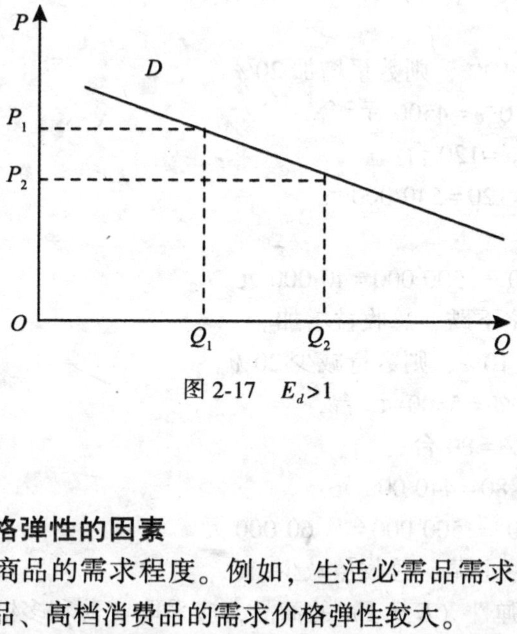

图 2-17　$E_d>1$

（四）影响需求价格弹性的因素

（1）消费者对某种商品的需求程度。例如，生活必需品需求程度大而稳定，因此需求价格弹性小；而奢侈品、高档消费品的需求价格弹性较大。

（2）商品的可替代程度。某种商品可替代品越多，可替代程度越高，需求价格弹性则越大；反之则越小。例如，食用盐的可替代程度低，因此需求几乎无弹性；而旅行、机票可替代程度较高，弹性较大。

（3）商品消费支出占消费者收入的比重。比重小，需求价格弹性就小；反之则越大。例如，珠宝、空调等物品在家庭支出中所占比例较大，其需求弹性就大；食品支出在家庭支出中所占比例较小，其需求弹性相对就小。

（4）商品本身用途的广泛性。用途广、弹性大，用途窄、弹性小。例如，电力的用途广泛，其需求弹性较大；而大米、小麦的用途相对单一，需求弹性较小。

（5）商品使用的时间长短。使用寿命长的耐用品的需求弹性大；而使用寿命短的非耐用品的需求弹性小。例如，在美国，冰箱、汽车这类耐用品的需求弹性在 1.2~1.6；而报纸这样看完就无用的印刷品需求弹性只有0.1。

(6) 人们对价格变动做出反应的时间长短。例如，汽油在短期内需求非常缺乏弹性，在长期内弹性较大，可以购买小型节能型汽车、乘公共汽车等消费方式，减少对汽油的需求。

此外，地域差别、消费习惯、商品质量、售后服务等因素，也会影响需求的价格弹性。

(五) 需求价格弹性的应用

商品的价格弹性不同，其价格变动对销售总收益的影响是不同的。在此，先介绍厂商的总收益，并考察需求弹性与总收益的关系。

$$总收益\ TR=价格\ P\times销售量\ Q$$

1. 需求富有弹性的商品（$E_d>1$）

例4：笔记本电脑 $E_d=2$，$P_1=5000$ 元/台，$Q_1=100$ 台，如果价格调节10%，收益状况分析如下。

(1) 如果价格下调10%，则数量增加20%，

$P_2=5000-5000\times10\%=4500$ 元/台，

$Q_2=100+100\times20\%=120$ 台

$TR_2=P_2\times Q_2=4500\times120=540\ 000$ 元

$TR_1=500\ 000$ 元

$TR_2-TR_1=540\ 000-500\ 000=40\ 000$ 元

$TR_2>TR_1$，表明价格下跌，总收益增加。

(2) 如果价格上调10%，则数量减少20%。

$P_3=5000+5000\times10\%=5500$ 元/台，

$Q_3=100-100\times20\%=80$ 台

$TR_3=P_3\times Q_3=5500\times80=440\ 000$ 元

$TR_3-TR_1=440\ 000-500\ 000=-60\ 000$ 元

$TR_3<TR_1$，表明价格上调，总收益减少。

因此，对需求富有弹性（$E_d>1$）的商品，应采取“薄利多销”的定价策略，需求的价格弹性大于1，卖者适当降低价格能增加总收益。因为，当需求量变动的比率大于价格变动的比率时，价格下调，总收益增加，对生产者有利；价格上调，总收益减少，对生产者不利。

2. 需求缺乏弹性的商品（$E_d<1$）

例5：假设小白菜的弹性系数 $E_d=0.5$，$P_1=2$ 元/斤，$Q_1=100$ 斤。如果价格下调10%，收益状况分析如下。

(1) 价格下调10%，则数量增加5%，

$P_2=2-2\times10\%=1.8$ 元/斤，

$Q_2=100+100\times5\%=105$ 斤

$TR_1=P_1\times Q_1=2\times100=200$ 元

$TR_2 = P_2 \times Q_2 = 1.8 \times 105 = 189$ 元

$TR_2 - TR_1 = 189 - 200 = -11$ 元

$TR_2 < TR_1$，表明价格下跌，总收益减少。

（2）价格上调 10%，则数量减少 5%。

$P_3 = 2 + 2 \times 10\% = 2.2$ 元/斤，

$Q_3 = 100 - 100 \times 5\% = 95$ 斤

$TR_3 = P_3 \times Q_3 = 2.2 \times 95 = 209$ 元

$TR_3 - TR_1 = 209 - 200 = 9$ 元

$TR_3 > TR_1$，表明价格上调，总收益增加。

因此，对于需求缺乏弹性（$Ed < 1$）的商品，应采取"限量涨价"的定价策略，价格变动的百分比大于需求量变动的百分比时，提高价格会增加总收益。因为，当需求量变动的比率小于价格变动的比率时，价格上调，总收益增加，对生产者有利；价格下调，总收益减少，对生产者不利。

思考：

需求单位弹性（$E_d = 1$）的商品怎么样能增加总收益？需求完全无弹性和需求完全有弹性的商品呢？采取什么样的价格策略能增加总收益？试画图说明。

二、需求的收入弹性

影响需求的因素，除了商品本身的价格以外，消费者的收入水平也会对需求产生重要的影响。需求收入弹性是指收入变动的比率所引起的需求变动的比率，即需求变动对收入变动的反应程度。需求收入弹性是以收入为自变量，需求为因变量的弹性。需求收入弹性的大小用收入弹性系数 E_m 来表示。

需求收入弹性系数的计算：

$$E_m = \frac{\frac{\Delta Q}{Q}}{\frac{\Delta M}{M}} = \frac{VQ}{VM} \times \frac{M}{Q}$$

式中，M 表示消费者的收入水平。例如，当消费者的收入水平上升 10%时，对某种商品的需求增加 20%，则该种商品的需求收入弹性 $E_m = 2$。大部分商品的需求都会随着收入的增加而增加，随着收入的减少而减少，因此，收入弹性一般为正值。

（一）需求收入弹性的类型

根据收入变动后所引起的不同商品的增减变动幅度，我们将商品分为正常商品、中性商品和劣等品。消费者对正常商品的需求通常随着消费者收入的增加而增加，消费者对中性商品的需求通常随着消费者收入的增加而不变，消费者对劣等品的需求通常随着消费者收入的增加而减少。根据各种商品的收入弹性系数大小，可以把需求收入弹性细分为富有弹性、单位弹性、缺乏弹性、无弹性和负弹性五类。

1. 收入富有弹性（$E_m>1$）

收入富有弹性的商品，是指需求增加的百分比大于收入增加的百分比。例如，收入增长10%，对某种商品的需求增长20%，这类商品我们通常归类为收入富有弹性，见图2-18中的M_1。消费者对奢侈商品的需求增长，有时会超过收入增长的幅度。

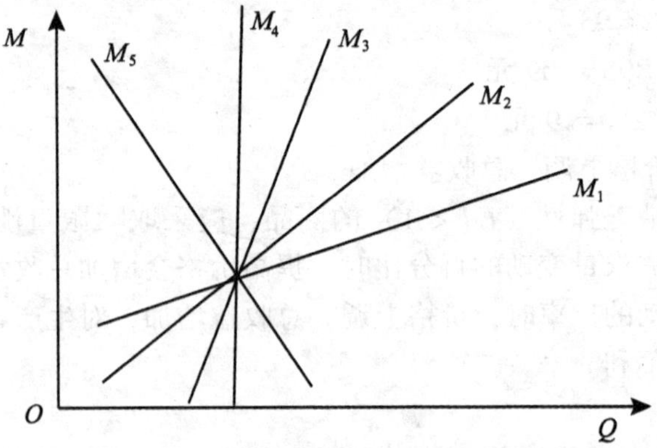

图2-18 需求收入弹性的类型

2. 收入单位弹性（$E_m=1$）

收入单位弹性的商品，是指需求量随收入变动为相同的百分比。例如，消费者收入增长10%，对某种商品的需求也增长10%，如图2-18中的M_2所示。

3. 收入缺乏弹性（$0<E_m<1$）

收入缺乏弹性的商品，是指需求变动的百分比小于收入变动的百分比。例如，某商品的需求收入弹性$E_m=0.5$，则消费者收入增长10%，对某种商品的需求增长5%，如图2-18中的M_3所示。一般来说，生活必需品会表现出收入缺乏弹性。

4. 收入无弹性（$E_m=0$）

收入无弹性的商品，是指消费者收入变化后，对某种商品的需求量完全没有变化。如图2-18中的M_4所示。例如，无论消费者收入增加或减少多少，对食用盐的需求是不变的。

5. 收入负弹性（$E_m<0$）

收入负弹性的商品，是指消费者收入增加时，对这种商品的需求量反而减少。如图2-18中的M_5所示。这类商品通常称为劣等品，例如，地摊上或者夜市的衣服，快餐店的盒饭等，这类商品在消费者收入水平较低的时候，需求量比较大；相反，随着消费者收入水平的提高，对这类商品的需求不仅不会增加，反而会减少。原因是消费者收入提高后，有了更多更好的选择，这时就会减少甚至放弃对这类商品的需求。

这里要提醒大家注意的是，不同商品在一定的收入范围内具有不同的收入弹性，同一商品在不同的收入范围内也具有不同的收入弹性。收入弹性并不取决于商品本身的属性，而取决于消费者购买时的收入水平。比如，快餐店的盒饭对富人而言是劣等品，但对正在挨饿的乞丐而言则是正常品。另外，同样的商品，在不同的时间其属性也不同。比如，在20世纪六七十年代，自行车是高档商品，而现在对于大部分的城市居民而言都属于低档品。

（二）需求收入弹性与恩格尔定律

1. 恩格尔定律的概念

德国统计学家恩格尔·厄恩斯特因发现恩格尔曲线和恩格尔定律闻名于世。恩格尔早年与法国社会学家弗雷德里克·勒普莱交往甚密，勒普莱对家庭问题很感兴趣，这使恩格尔开展了对家庭消费结构的调查。这些调查所搜集到的开支数据使恩格尔确信，在家庭收入与用于食物和其他项目的支出之间，存在着一定联系。这是经济学中最早确立的定量函数关系之一。不仅如此，他还发现，收入较高的家庭用于食物的支出一般多于贫穷的家庭，但食物开支在总预算中所占比重一般同收入成反比。这就是后来闻名于世的恩格尔定律：随着家庭和个人收入的增加，收入中用于食品方面的支出比例将逐渐减小。反映这一定律的系数被称为恩格尔系数。

恩格尔系数=食品支出总额/消费支出总额

恩格尔定律表明，食物开支占总消费支出比重越大，恩格尔系数越高，生活水平越低；反过来，食物开支占总消费支出比重越小，恩格尔系数越低，生活水平就越高。整个社会经济发展水平越高，用于食物消费部分支出的比重就越小。

国际上常常用恩格尔系数来衡量一个国家和地区人民生活水平的状况。根据联合国粮农组织提出的标准，恩格尔系数在60%以上为贫困，50%~59%为温饱，40%~50%为小康，30%~40%为富裕，低于30%为最富裕。

随着时间的推移，经济学家们对恩格尔定律做了若干补充，恩格尔定律的内容有所增加。目前西方经济学对恩格尔定律的表述如下：①随着家庭收入的增加，用于购买食品的支出占家庭收入的比重（即恩格尔系数）会下降；②随着家庭收入的增加，用于家庭住宅建设和家务经营的支出占家庭收入的比重大体不变；③随着家庭收入的增加，用于服装、交通、娱乐、卫生保健、教育方面的支出和储蓄占家庭收入的比重会上升。

2. 恩格尔定律的适用范围

恩格尔定律的适用范围是有条件的。首先，假定其他一切变量都是常数。其次，对食物支出要有统一的定义，即维持生活所需要的食物支出。除此之外，在现代经济中运用恩格尔定律，还必须考虑城市化的影响、饮食业的影响以及食物本身构成的变化等。尽管这样，恩格尔定律仍然被普遍认为是分析消费结构的有用工具。

对不同国家和地区所处的发展阶段进行比较时，人们习惯把恩格尔系数作为重要的参考指标。恩格尔系数的计算结果受到商品价格因素、居民消费观念、消费偏好、消费习惯等多种因素的影响。

案例 4

王保安：2015 年恩格尔系数下降到 30.6%

新华网北京 1 月 19 日电 国务院新闻办公室今日举行新闻发布会，国家统计局局长王保安介绍 2015 年国民经济运行情况并答记者问。王保安将 2015 年全年经济总结为总体平稳、稳中有进、进中有创和创中提质。

在总体平稳方面，王保安解释道，首先是速度稳，今年四个季度的 GDP 增速没有太大的波动。其次是就业稳，新增就业人数包括大学生就业在增长。大城市调查失业率在 5.1%左右。再次是物价稳，全年 CPI 上涨 1.4%，12 月份上涨 1.6%。最后是居民收入稳定增加。农村居民人均可支配收入实际增长 7.5%，城镇居民增长 6.6%，全国居民的人均可支配收入增长 7.4%。

稳中有进则是从三方面表现。首先，产业结构升级，GDP 中第三产业比重已经占到 50.5%，比第二产业高了 10%。其次，需求结构改善，消费对 GDP 的贡献达到了 60%以上。最后，居民的消费结构进一步改善，近几年恩格尔系数持续下降，从 2013 年的 31.2%降到 2014 年的31%，2015 年则下降到 30.6%。

在进中有创方面，王保安介绍称主要表现在创新。2015 年高技术产业的增加值增速比规模以上工业高 4.1 个百分点；非公企业增速较快，其工业增加值增速高于国有控股企业。“新兴产业、新型业态和新的商业模式蓬勃发展，“三新”的发展让市场活力进一步被激发。

而创中提质则表现为要素扩张进一步向提质增效转变，可持续发展进一步增强。2015 年单位 GDP 的能耗较去年下降了 5.6%，王保安表示：“这是一项来之不易且比较显眼的成绩，证明了我国贯彻绿色发展和增强发展的可持续性的方针政策。”

资料来源：新华网，2016-01-19.

另外，每个国家的风俗习惯、消费习惯不同，对恩格尔系数也会有影响。在有的国家，居民会将大部分的资金储蓄起来或用于购买不动产，这样用于食品支出的比例就会相对较低；而另外一些国家可能社会保障体系完善，居民没有储蓄的习惯，则会有相对较多的钱用于消费，在整个纯消费的金额中，食品支出的比重就可能看起来较大。因此，大家要学会辩证地看恩格尔系数。

三、需求交叉弹性

除了商品本身的价格、消费者收入水平对需求产生的影响之外，相关商品的价格变动也会对需求产生影响。这种相关商品价格变动对某商品需求所产生的影响，我们称为需求交叉弹性。需求交叉弹性表示一种商品的需求量变动对另一种商品价格变动的反应程度。

计算公式：

$$E_{xy}=\frac{\text{X 商品需求量变动的百分比}}{\text{Y 商品价格变动的百分比}}=\frac{\Delta Q_x/Q_x}{\Delta P_y/P_y}=\frac{\Delta Q_x}{\Delta P_y}\times\frac{P_y}{O_x}$$

需求交叉弹性具有以下特点：

（1）互补商品之间 $E_{xy}<0$。对于互补商品来说，一种商品需求量与另一种商品价格之间呈反方向变动，所以其需求交叉弹性系数为负值。

（2）替代商品之间 $E_{xy}>0$。对于替代商品来说，一种商品需求量与另一种商品价格之间呈同方向变动，所以其需求价差弹性系数为正值。

（3）独立品 $E_{xy}=0$。若两种商品的需求交叉弹性系数为零，则说明一种商品的需求量并不随另一种商品的价格变动而发生变动，两种商品既不是替代品，也不是互补品，而是无关商品。

四、供给弹性

（一）供给价格弹性的概念及计算

供给价格弹性是指商品价格变动的比率所引起的供给量变动的比率，它反映了供给量变动对其价格变动反应的敏感程度。通常用 E_s 表示供给价格弹性，简称供给弹性。一般用供给弹性系数来表示弹性的大小。

$$E_s=\frac{\text{供给量变动的百分比}}{\text{价格变动的百分比}}=\frac{\Delta Q/Q}{\Delta P/P}=\frac{\Delta Q}{\Delta P}\times\frac{P}{Q}$$

通常情况下，商品供给量和商品价格成同向变动。供给的变动量和价格的变动量的符号是相同的。

（二）供给弹性的种类

当商品价格发生变动时，不同的商品，厂商作出的反应也不同。根据供给弹性的不同大小，一般可以将供给弹性分为以下五类。

1. 供给完全无弹性（$E_s=0$）

供给完全无弹性是一条垂直于横轴的直线，表示无论价格怎样变化，供给量都固定不变（见图 2-19）。比如土地、文物、某些艺术品的供给。

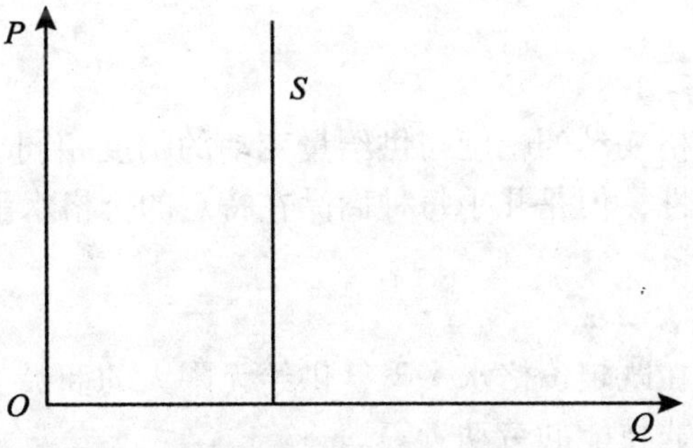

图 2-19　供给完全无弹性

2. 供给缺乏弹性（ $0< E_s<1$）

供给缺乏弹性表示供给量变动的幅度小于价格变动的幅度（见图 2-20）。如果生产能力受到严格限制，例如，南非金矿的开采，即使黄金价格急剧上升，南非的黄金产量也只会增加少许。

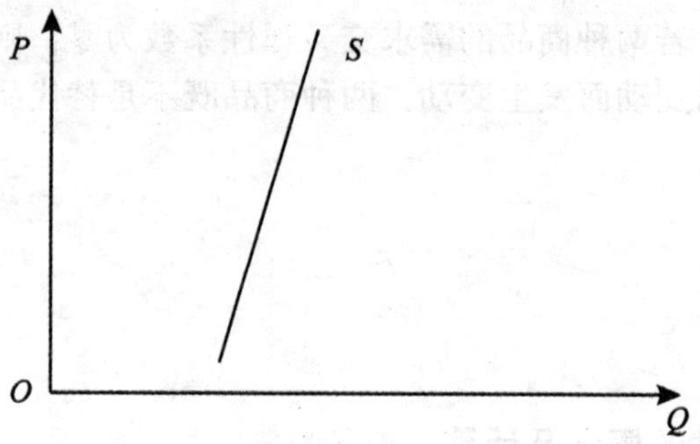

图 2-20　供给缺乏弹性

3. 供给富有弹性（$E_s>1$）

供给富有弹性表示供给变动的幅度大于价格变动的幅度（见图 2-21）。例如，一些工业化程度比较高的产品，价格上升后，产量会更大幅度地上升。

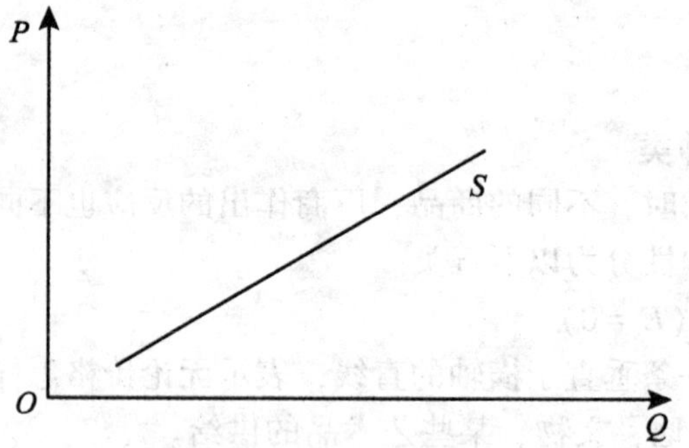

图 2-21　供给富有弹性

4. 单位供给弹性（$E_s=1$）

单位供给弹性表示价格变动的幅度与供给量变动的幅度相同（见图 2-22）。没有哪种产品的供给一直是单位弹性，但是几乎每种商品在特定的价格水平都会存在供给单位弹性的情况。

5. 供给完全有弹性（$E_s=\infty$）

供给完全有弹性是指在既定价格水平下，供给无限大的商品（见图 2-23）。例如，海边的沙子、电话接线员和非技能的劳动者等。

（三）影响供给弹性的因素

（1）供给时间的长短。通常，短期内，供给弹性较小；长期内，供给弹性较大。其原因为，短期内尽管价格上升，厂商愿意多生产来获取更多的利润，但是往往受制于现有规模下的最大产能，所以能增加的产量是有限的，表现在市场上就是供给在短期内不会大幅度增加。但是从长期来看，情况则不同，在更长的时间里，厂商可以根据市场的需要扩

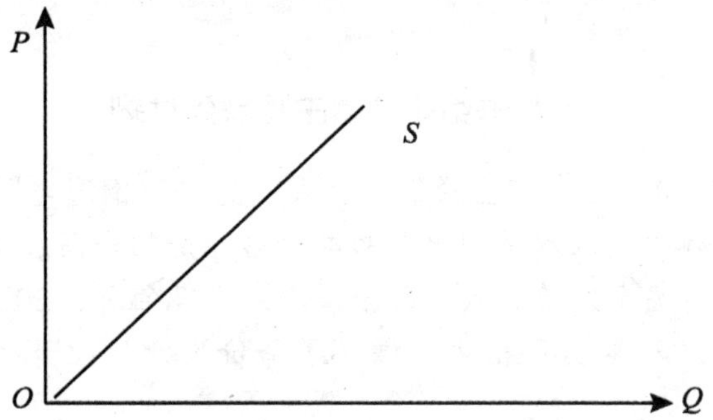

图 2-22　单位供给弹性

图 2-23　供给完全有弹性

大现有的规模，进入门槛不高的行业，还会有潜在的厂商加入，从而表现出产品的供给大幅度增加。

（2）生产的难易程度。一般来说，容易生产、生产周期短的商品供给弹性大；反之，不易生产且生产周期长的商品供给弹性小。生产的难易程度还包括产品的生产技术，某些产品受工艺条件限制，较长时期内无法大量生产。较长时期内供给都缺乏弹性。

（3）生产成本的变化。如果产量增加引起成本增加，供给弹性就小，反之就大。一些规模受益递减的行业，产量增加后成本会更大幅度的增加，这类商品就会表现出供给缺乏弹性。

（4）生产要素的供给情况。生产要素的供给充足，或生产要素的价格较低，供给弹性就大。反之，供给弹性就小。例如，别墅。随着富人的数量增加，对别墅的需求量大增，别墅的价格虽然不断上涨，但是受制于土地政策的限制，供应量一直无法满足市场的需求。

（5）生产周期。一定时期内，生产周期较短的产品，供给弹性较大；生产周期较长的产品，供给弹性较小。农产品受其自然属性的影响，生产周期性更明显，因此在单个生产周期内供给必然缺乏弹性。

案例 5

从供给弹性看由短缺到过剩

20世纪80年代初，彩电相当紧俏，有人就是靠“倒彩电”发了财。尽管国家控制着价格，但与当时的收入水平相比，彩电价格还是相当高。买彩电凭票，据说有的彩电厂把彩电票作为奖金发给工人，每张票卖到好几百元。20世纪90年代，彩电供求趋于平衡，再后来彩电卖不出去，爆发了降价风潮，拉开了中国彩电“价格战”的序幕。

20世纪80年代，随着人们收入的增加，彩电成为首选的奢侈品，能买得起一台14英寸彩电的人相当多，于是彩电需求剧增。当时彩电价格仍受到严格控制，因此无法用调高价格来抑制需求。彩电生产受到生产能力的制约，供给无法迅速增加，这就产生过度需求或供给不足，为“倒彩电”和彩电票变成货币创造了条件。这告诉我们，像彩电这样的产品在需求迅速增加、价格上升（或变相价格上升）时，供给是无法立即大量增加的。

彩电的短缺激发了国内各地引进彩电生产线，建设彩电厂的热情。彩电业在全国开花，除西藏外各省市都有了彩电厂。这就引起彩电市场走向均衡，甚至很快又走向过剩。这个过程说明在需求增加、价格（或变相的价格）上升后，供给的变动是与时间长短相关的。我们可以用供给弹性的概念来说明这一点。

某一种物品供给弹性的大小与生产所需的生产要素与技术相关。所以，不同行业产品的供给弹性是不同的。一般来说，所用设备先进和生产规模一旦确定就不易改变的重工、化工、电子、汽车等行业的产品往往供给缺乏弹性，需求增加时，供给难以马上增加，需求减少时，供给也难以马上减少。彩电的情况就是这样。20世纪80年代彩电需求激增时，彩电厂受生产规模限制，产量难以很快增加，但20世纪90年代彩电供大于求时，彩电产量也难以有大幅度减少。正因为如此，这些行业要确定一个最优规模。规模小会失去赚钱的机会，规模大又会造成生产能力过剩。彩电行业现在的困境正在于当年“遍地开花”导致的生产能力过剩。

对同一种产品来说，供给弹性也不是一成不变的，而与时间长短相关。对许多产品来说，当需求与价格变动时，供给变动的可能性很小。例如，即使彩电涨价100%，在短时期内，产量也难以增加，因为设备与生产能力是固定的，原料与人力也难以增加，除了把库存投入市场外，供给变动不大。这就是说在短期内，供给弹性几乎是零。在短期内，尽管设备与生产能力不能变，但可增加原料与劳动力，产量还是可以增加的，这时供给缺乏弹性。长期中，设备与生产能力可以根据市场需求与价格预期来调整，供给是富有弹性的。20世纪80年代到90年代，彩电由短缺走向平衡正是供给弹性随时间而加大的过程，以后的过剩局面则是在调整长期生产能力时预期失误的结果。

一般来说，企业在投资时要根据长期市场需求和行业规模经济特点确定最优规模。短期内要根据暂时的市场变动做出反应。在做出这种决策时一定要考虑到供给弹性这个因素。

资料来源：梁小民《微观经济学纵横谈》，生活·读书·新知三联书店2000年版。

五、弹性理论的应用：禁毒与毒品犯罪

前文讲过，市场上某种商品的供给数量和需求数量受多种因素影响。因此，在实际生活中，政府在制定相应政策，想要达到某种效果的时候，要综合考虑各种影响因素。

案例6

禁毒是增加还是减少了与毒品相关的犯罪

社会面临的一个长期问题是非法毒品的使用，如海洛因、可卡因和大麻。这些毒品的使用有一些不利影响，如：毒品会摧毁吸毒者的健康及其家庭的生活，吸毒上瘾的人往往进行抢劫、行窃或其他暴力犯罪，等等。为了限制毒品的使用，政府每年投入大量资金来减少毒品的流入。下文将通过供给、需求和弹性来考察，禁毒是增加还是减少了与毒品相关的犯罪。

假设，政府增加了禁毒人员的数量，毒品市场会发生什么变动？

分析某个事件如何影响一个市场上的均衡时，可按以下三个步骤进行。

第一，确定该事件是使供给曲线移动，还是使需求曲线移动，还是使两者都移动。

第二，确定曲线移动的方向。

第三，用供求图说明这种移动如何改变均衡价格和均衡数量。

假设过程如下。

第一，禁毒的目的是减少毒品使用，但其直接影响的是毒品的卖者而非买者，所以供给曲线移动。

第二，当政府制止毒品进入国内并逮捕更多的贩毒者时，增加了销售毒品的成本，从而减少了任何一种既定价格时的毒品供给量，所以供给曲线向左移动，而需求曲线保持不变。

第三，通过图2-24可以看出：当供给曲线从 S_1 左移到 S_2 时，毒品数量从 Q_1 减少到 Q_2，毒品价格从 P_1 上升到 P_2，表明禁毒减少了毒品的数量。毒品的供求曲线如图2-24所示。

但是，与毒品相关的犯罪情况如何呢？这需要考虑吸毒者为购买毒品所支付的总货币量。毒品价格上升而根除自己毒瘾的瘾君子很少，所以，很可能的情况是，毒品的需求缺乏弹性。如果需求是缺乏弹性的，那么，价格上升就会使毒品市场的总收益增加。换句话说，禁毒引起的毒品价格上升的比例大于毒品数量减少的比例，所以增加了吸毒者为毒品支付的总货币量。那些已经以抢劫、行窃或其他暴力犯罪来维持吸

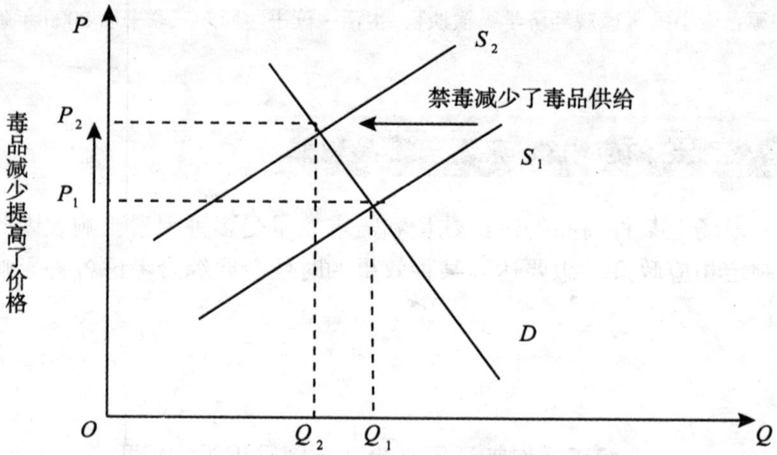

图 2-24　毒品的供求曲线

毒的瘾君子为了更快更多地得到毒资，会变本加厉地犯罪。因此禁毒会增加与毒品相关的犯罪。

由于禁毒存在上述负面影响，专家提出了另一种解决毒品问题的方法：实行禁毒教育——通过减少对毒品的需求，而不是减少毒品的供给。

成功的禁毒教育效应如图 2-25 所示。

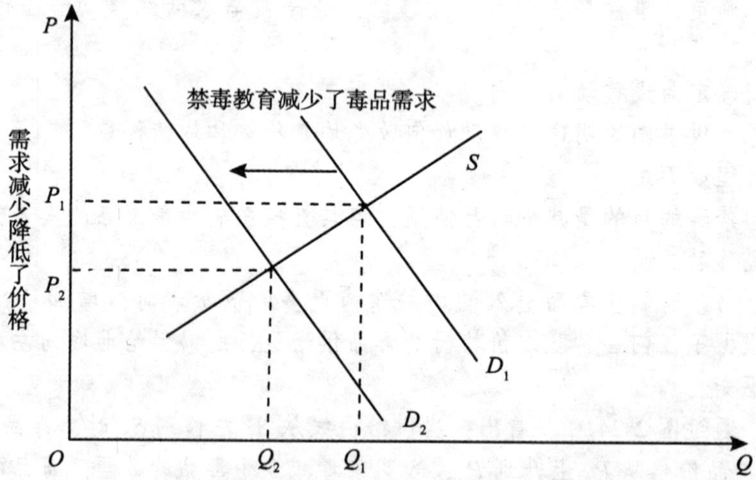

图 2-25　毒品的供求曲线

需求曲线从 D_1 左移到 D_2 时，毒品数量从 Q_1 减少到 Q_2，毒品价格从 P_1 下降到 P_2，而总收益，即价格乘以数量（$P \times Q$）也减少了。因此与禁毒相比，禁毒教育可以减少吸毒者和与毒品相关的犯罪。

当然，禁毒的长期效应与短期效应是不同的，因为需求弹性取决于时间的长短：

短期中，毒品需求也许是缺乏弹性的，因为高价格对已有的瘾君子没有实质性影响；长期中，毒品需求也许是富有弹性的，因为高价格会限制年轻人中尝试吸毒的人数，从而随着时间推移，减少未来瘾君子的数量。这种情况下，禁毒在短期中增加了与毒品相关的犯罪，而在长期中又减少了这类犯罪。

资料来源：http：//blog. sina. com. cn/s/blog_14e274deb0102wumq. html.

本章小结

1. 需求是购买意愿与支付能力的统一。

2. 影响需求的因素包括：商品本身的价格、相关商品价格、消费者偏好、消费者预期、消费者收入水平、人口数量与人口结构等。

3. 需求定理是指在其他因素不变的情况下，价格与需求量之前呈反向变动关系。

4. 需求量的变动是由价格变化引起的，而需求的变动是价格以外的因素引起的。

5. 供给是生产意愿与生产能力的统一。

6. 影响供给的因素包括：商品本身的价格、生产技术水平、生产要素的价格、相关商品的价格、厂商的预期等。

7. 供给定理是指在其他因素不变的情况下，价格与供给量之前呈同向变动关系。

8. 供给量的变动是由价格变化引起的，而供给的变动是价格以外的因素引起的。

9. 供给曲线与需求曲线相交的点即为均衡点，在供求均衡时，市场是出清的。

10. 在其他条件不变的情况下，需求变动将引起均衡价格和均衡数量同方向变动；供给变动将引起均衡价格反方向变动、均衡数量同方向变动。需求与供给同时增加或减少会引起均衡产量同方向变动，这时均衡价格有提高、降低或保持不变三种可能。

11. 支持价格和限制价格是政府干预价格的两种方法，两种方法均能解决一些问题，但通常也会产生一些负面的影响。

12. 需求价格弹性，简称需求弹性，反映需求量变化对价格变化的反应程度。需求弹性包括五种类型，最常见的是需求富有弹性和需求缺乏弹性，弹性不同的商品在定价策略上应有所区别。

13. 需求收入弹性反映需求变化对收入变化的反应程度。恩格尔系数通常作为联合国衡量一国贫富程度的参考指标之一。一国恩格尔系数越低，通常代表该国富裕程度越高。

14. 供给价格弹性，简称供给弹性，反映供给量变化对价格变化的反应程度。供给弹性也分为五种类型，最常见的是供给富有弹性和供给缺乏弹性。

复习思考题

一、名词解释

1. 需求定理

2. 供给定理

3. 均衡

4. 需求价格弹性

5. 供给价格弹性

二、单项选择题

1. 需求定理说明（　　）。

A. 药品的价格上涨会使药品质量提高

B. 计算机价格下降导致销售量增加

C. 丝绸价格提高，游览公园的人数增加

D. 羽毛球的价格上升，球拍的销售量增加

2. 当出租车租金上涨后，对公共汽车服务的（　　）。

A. 需求增加　　B. 需求量增加　　C. 需求减少　　D. 需求量减少

3. 对大白菜供给的减少，不可能是由于（　　）。

A. 大白菜种植技术简单　　B. 政策限制大白菜的种植

C. 大白菜的价格下降　　D. 化肥价格上涨

4. 下面违背供给定理的是（　　）。

A. 生产技术提高会使商品的供给量增加

B. 政策鼓励某商品的生产，会导致该商品供给量增加

C. 原材料价格上升，会使该商品的供给上升

D. 某商品价格上升将导致该商品的供给量增加

5. 需求的减少不可能是下列哪个原因（　　）？

A. 商品本身价格上涨　　B. 商品本身价格下降

C. 相关商品价格变化　　D. 社会风俗习惯的变化

6. 政府把价格限制在均衡价格以下可能导致（　　）。

A. 黑市交易　　B. 大量积压

C. 买者都能买到希望购买的商品　　D. 都有可能

7. 政府把价格提高到均衡价格以上可能导致（　　）。

A. 黑市交易　　B. 大量积压

C. 卖者都能卖出希望出售的商品　　D. 抢购

8. 均衡价格随着（　　）。

A. 需求和供给的增加而上升　　B. 需求和供给的减少而上升

C. 需求的减少和供给的增加而上升　　D. 需求的增加和供给的减少而上升

9. 下列选项中通常哪种商品是需求收入负弹性的（　　）。

A. 海鲜　　B. 金银珠宝　　C. 商场的服装　　D. 跳蚤市场的商品

10. 假设某商品的需求曲线为 $Q=40-9P$，市场上该商品的均衡价格为 4，那么，当需求曲线变为 $Q=50-9P$ 后，均衡价格将（　　）。

A. 大于 4　　B. 小于 4　　C. 等于 4　　D. 小于或等于 4

E. 无法确定

11. 当商品的供给和需求同时增加后，该商品的均衡价格将（　　）。

A. 上升　　B. 下降　　C. 不变　　D. 无法确定

12. 如果某商品涨价后，销量下降，但总收益反而增加，则该商品的需求价格弹性是（　　）。

A. 缺乏弹性　　B. 富有弹性　　C. 单位弹性　　D. 无弹性

13. 如果需求曲线为向右下方倾斜的直线，则当价格从高到低不断下降时，卖者的总收益（　　）。

A. 不断增加　　B. 开始增加，当达到最大时开始减少

C. 开始减少，当达到最小时开始增加　　D. 不断减少

14. 若 X 相对于 Y 的产品交叉价格弹性是-2，则（　　）。

A. X 和 Y 是替代品　　B. X 和 Y 是正常品

C. X 和 Y 是劣等品　　D. X 和 Y 是互补品

15. 富有弹性的商品，应该（　　）来增加收益。

A. 降价促销　　B. 限量涨价　　C. 维持原价　　D. 都可以

三、计算题

1. 已知某一时期内某商品的需求函数为 $Q_d=50-5P$，供给函数为 $Q_s=-10+5P$。

（1）求均衡价格 P_e 和均衡数量 Q_e，并作出几何图形。

（2）假定供给函数不变，由于消费者收入水平提高，使需求函数变为 $Q_d=60-5P$，求出相应的均衡价格 P_e 和均衡数量 Q_e，并作出几何图形。

（3）假定需求函数不变，由于生产技术水平提高，使供给函数变为 $Q_s=-5+5P$，求出相应的均衡价格 P_e 和均衡数量 Q_e，并作出几何图形。

（4）利用（1）（2）（3），说明需求变动和供给变动对均衡价格和均衡数量的影响。

2. 已知某产品的需求函数为 $Q_d=14-2P$，供给函数 $Q_s=2+6P$。

（1）求该商品的均衡价格，以及均衡产量。

（2）若 $Q_s=6+6P$，新的均衡会有什么样的变化？

3. 一种高级冰激凌价格为 9 元时需求量为 11 吨，价格为 11 元时需求量为 9 吨，求需求价格弹性。

4. 假定笔记本电脑的需求价格弹性为 2，其价格现为每台 8000 元，试问笔记本电脑价格上涨多少元才能使其消费量减少 10%？

四、简答题

1. 影响商品需求价格的因素有哪些？

2. 影响商品供给的因素有哪些？

3. 需求的变动和需求量的变动有什么不同？画图说明。

4. 影响商品需求价格弹性的因素有哪些？

5. 供给价格弹性有哪五种情况？

扩展阅读

从“需求跟随”向供给引导转轨

一斤钢材不到一块钱，仍然乏人问津，一个日本马桶盖，售价高达数千元，却引得“海淘族”抢购，这两样商品虽不是同一个品类，却恰恰代表了需求侧和供给侧这两极。不同于原来市场需要什么，就生产什么，供给侧正主动提供新的增长点，引导和激活市场需求。

从过剩的桎梏中走出来，重获供给侧优势，首先要做的是正本清源，淘汰落后产能。“十二五”期间，我省关停195家高耗能企业，拒绝了245个高耗能项目，折合工业产值上百亿。以壮士断腕的决心杜绝“黑色GDP”，这体现出的是供给侧对发展质量的坚持。

而“十三五”时期，我省“去产能”要面临的拦路虎不仅仅是小焦炉、小煤矿、小化工厂，还有不在少数的“僵尸企业”，这些企业长期亏损、扭亏无望，靠政府补贴和银行续贷过日子，占用大量资源，却不产生经济效益。下一步，是否能找到有效方式，清理“僵尸企业”，腾出资源和市场，将关系着我省“供给侧改革”的成效。

而对企业来说，旧产能的淘汰和“出清”只是第一步，更重要的是通过“腾笼换鸟”实现升级。尤其对钢铁、水泥等行业里包袱较重的企业来说，加大技改投入，重塑生产系统，已不再是市场倒逼，而是主动作为，不迅速转变思想，市场寒冬下将再无突围机会。

当然，要培育新动能，供给侧改革还需要进一步做加法，即增加有效供给，生产出更多引领消费潮流的“湖北造”。这样的转换，创新自然是第一驱动力，而从我省情况来看，汽车、智能制造装备、生物医药等优势产业，正力争在“十三五”期间实现关键核心技术的突破，在供给侧持续发力。

“沉舟侧畔千帆过，病树前头万木春”，去产能、再创新，必将使我省经济结构更趋协调，发展再添动力。

资料来源：刘爽．湖北之声，2016-01-18.

第三章 效用论与消费者行为

开篇语

美国经济学家萨缪尔森列过一个“幸福方程式”：幸福=效用/欲望。如果人的欲望是既定的，效用越大就会越幸福。效用是人从消费物品与劳务中获得的满足程度。效用也是一种感觉，有欲望并得到满足就是效用。有些经济学家认为，金钱带给人的幸福感仅仅占20%，甚至更少。对低收入者而言，金钱与幸福的关系更为密切；但对高收入者而言，金钱与幸福的关系就要疏远得多。

郎咸平曾经就“幸福方程式”举了一个例子：如果你男友发奖金，拿到1000块，可你期望他给你买10000块的LV包，那么1000/10000，幸福感只有0.1，但如果你的期望是让男友请自己吃顿200块的西餐，那么1000/200，幸福感是5。

其实人的幸福并不是效用或收入的一元函数，而是一个多元函数。决定幸福的不仅仅有金钱，还有其他因素。比如，美满的家庭生活，带来乐趣的工作，受到他人和社会的尊重等。如果人的效用是既定的，那么，欲望越大，人越不幸福。如果欲望无限大，有再大的效用也不幸福。幸福是人的一种感觉，一个人幸福还是不幸福完全取决于个人的主观感觉。人的感觉往往与用以比较的参照物有关。因此，幸福是相对的，要想更幸福，必须增加效用，或降低欲望。从萨缪尔森的“幸福方程式”来看，控制欲望也是获取幸福的一种途径。所以，知足常乐，要想幸福，控制欲望比增加效用更容易，订立终极目标比与他人比较更容易控制欲望，获得幸福。

第一节 基数效用论

基数效用论是19世纪和20世纪初期西方经济学普遍使用

的概念。其基本观点是：效用是可以计量并加总求和的。表示效用大小的计量单位被称为效用单位（Utility Unit）。因此，效用的大小可以用基数（1、2、3……）来表示，正如长度单位可以用米来表示一样。基数效用论采用的是边际效用分析法。基数效用论认为效用大小是可以测量的，其计数单位就是效用单位。

西方经济学效用理论的思想渊源，也许可以追溯到以边沁和密尔为代表的英国功利主义哲学，但其直接理论基础却产生于19世纪50—70年代的“边际革命”。在此期间，德国的戈森、英国的杰文斯、奥地利的门格尔以及法国的瓦尔拉斯等人差不多同时发现了“边际效用递减规律”。边际效用学说建立在效用可以直接计量的假设之上，因此也被称为“基数效用论”。

一、效用

（一）效用的概念及特征

效用是消费者从消费某种物品中所得到的满足程度。英文utility表示效用，之后都是用U表示效用。效用具有以下几个特点。

（1）主观性，即使是同一种商品或服务，也会因人、因时、因地而不同。主观性是一种主观感受，完全取决于消费者的感觉。例如，辣椒具有刺激胃口的客观效用，对爱吃辣椒的人来说，不怕辣甚至怕不辣，具有很高的主观效用，但对怕吃辣椒的人来说，主观效用却是负数，越辣越难受。

（2）效用的“零伦理道德”属性。效用无任何伦理道德含义，只要消费者从消费某种商品或服务的过程中感到了满足，这种商品或服务就具有效用。例如，大家都知道吸烟或者吃垃圾食品对健康不利，但是因为其能满足消费者的特定需求，因此消费者会明知不该而仍然消费这类商品。

（3）效用取值范围的广泛性。如果效用的大小可以用具体数值来衡量，则其取值范围可以是正值、零、负值，取值范围非常广。

（二）总效用和边际效用

消费者消费某种商品获得满足程度的高低主要通过总效用和边际效用这两个指标来衡量。

总效用（Total Utility，TU）是指消费一定量某种物品所得到的总满足程度。

边际效用（Marginal Utility，MU）是指对某种物品的消费量每增加一单位所增加的满足程度。边际效用的计算公式如下：

$$MU_x = \Delta TU/\Delta X$$

边际的含义是增量，指自变量增加所引起的因变量的增加量。在西方经济学中，边际分析方法是最基本的分析方法之一。边际量=因变量的变化量/自变量的变化量。

下面通过消费者消费某种商品的效用表（见表3-1）来描述总效用和边际效用的数量关系。

表 3-1　　　　　　　　　　　**消费者消费某种商品的效用表**

商品的数量	总效用	边际效用
0	0	—
1	10	10
2	18	8
3	24	6
4	28	4
5	30	2
6	30	0
7	28	−2

我们将表 3-1 所描述的消费者消费某种商品所获得的总效用和边际效用绘制在坐标图中，某商品的效用曲线如图 3-1 所示。

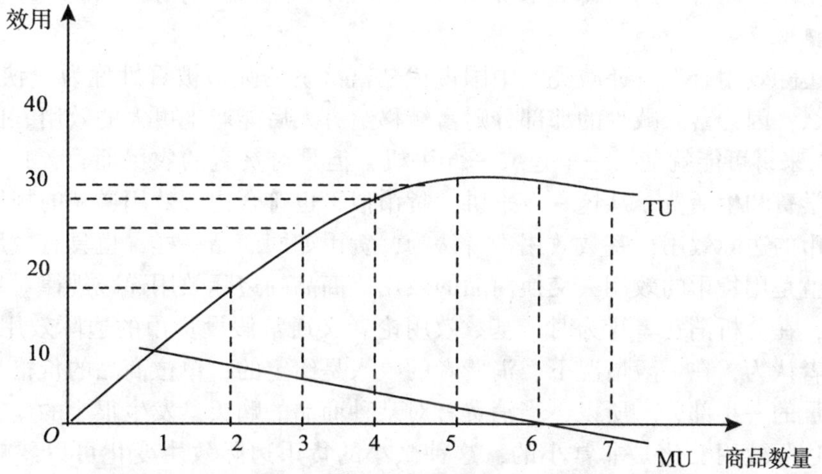

图 3-1　某商品的效用曲线图

图中的横轴表示商品的数量，纵轴表示效用量，TU 曲线和 MU 曲线分别表示总效用曲线和边际效用曲线。在图中，MU 曲线是向右下方倾斜的，而 TU 曲线则是经历了先上升后下降的过程。MU 曲线之所以向右下方倾斜，反映了边际效用的递减规律，也正是因为边际效用递减，才导致总效用先递增后递减的基本趋势。MU 曲线和 TU 曲线之间的关系是：当边际效用大于零时，总效用增加；当边际效用等于零时，总效用达到最大；当边际效用小于零时，总效用减少。

（三）边际效用递减规律

边际效用递减规律是指在一定的时间内，在其他商品的消费数量保持不变的条件下，随着某种物品消费量的增加，消费者从该物品连续增加的消费单位中所得到的边际效用是递减的。

边际效用递减的现象在生活中普遍存在，比如说一个人在饥饿的时候去吃包子，第一个包子带给他的效用是最大的，随着他所吃包子数量的增加，会越来越饱，总效用逐渐增加并达到最大，但是边际效用却是逐个递减的。直到吃饱时，总效用达到最大，继续吃，撑的感觉并不好，带给消费者负的效用，此时吃下去的包子不仅不会增加总效用，反而会减少总效用。

边际效用为什么会递减呢？可以用以下两个理由来解释。第一，生理或心理的原因。人对外界的重复刺激的反应会逐渐减弱。上述吃包子的例子体现了生理上边际效用递减的现象，不管是包子还是别的什么食物，消费者在一定的时间内食量有限，自然就会出现边际效用的递减现象；从心理上来说，出于物以稀为贵的普遍心理，当我们消费某种数量较少的物品的时候，会很珍惜，这时候这种商品的边际效用是很高的，但是当我们拥有数量很多的物品的时候，就没那么珍惜了，也体现了边际效用的递减规律。第二，物品本身用途的多样性。人们在使用一定数量的某种物品时，总是按用途的重要性来安排。

边际效用递减规律在生活中普遍存在，但有没有违背边际效用递减规律的商品呢？例如，对集邮爱好者而言，随着邮票收集数量的增加，每收集一张邮票得到的效用可能递增。

货币的边际效用有没有递减呢？中国古代劫富济贫的强盗被百姓称为“侠盗”，满含褒扬，为什么？因为富人减少的那部分财富转移给穷人后能产生更大的效用。比如今天的1万元对富人来讲可能就是买一个包或一部手机，但是对贫穷的农民而言，1万元可能是孩子一年的学费和生活费。从这一点来讲，货币似乎也符合边际效用递减的规律。

关于货币的边际效用，基数效用论者认为，货币如同商品一样，也具有效用。消费者购买商品，就是用货币的效用去交换商品的效用。商品的边际效用递减规律对货币也同样适用。但是，在分析消费者行为时，基数效用论者又通常假设货币的边际效用是不变的。基数效用论者认为，在一般情况下，消费者的收入是给定的，单位商品的价格只占消费者总货币收入量的一小部分。所以，当消费者对某种商品的购买量发生很小的变化时，所支出的货币的边际效用变化是非常小的，这种微小的货币边际效用变化可以忽略不计。这样，货币的边际效用便是一个不变的常数，即基数效用论者假设货币的边际效用不变。

案例 1

从春晚看边际效用递减规律

自1983年（农历1982年除夕）开始，春晚就已经逐渐和年夜饭、福字、鞭炮一样，成为人们“新春大餐”中不可或缺的一道佳肴。1982年第一届春节联欢晚会的出台，在当时娱乐事业尚不发达的中国引起了极大的轰动，晚会的节目成为全国老百姓茶余饭后津津乐道的题材。

晚会年复一年地办下来了，投入的人力、物力越来越多，技术效果越来越先进，场面设计越来越宏大，节目种类也越来越丰富。但不知从哪一年起，人们对春节联欢晚会的评价却越来越差了，原先的赞美之词变成了一片骂声，春节联欢晚会成了一道众口难调的大菜，晚会也陷入了“年年办，年年骂；年年骂，年年办”的怪圈。

春晚本不该代人受过，问题其实与边际效用递减规律有关。在其他条件不变的前提下，当一个人在消费某种物品时，随着消费量的增加，他（她）从中得到的效用是越来越少的，这种现象普遍存在，就被视为一种规律。边际效用递减规律虽然是一种主观感受，但在其背后也有生理学的依据：反复接受某种刺激，反应神经就会越来越迟钝。第一届春节联欢晚会让我们欢呼雀跃，但举办次数多了，由于刺激反应弱化，尽管节目本身的质量在整体提升，但人们对晚会节目的感觉却越来越差了。

边际效用递减规律时时在支配着我们的生活，尽管有时我们并没有意识到。在大多数情况下，边际效用递减规律决定了第一次最重要。难怪人们最难忘的是自己的初恋，最难忘恋爱中第一次约会的地点。大部分的娱乐节目，也是第一季反响最好，比如2013年来比较火的娱乐节目《中国好声音》、《爸爸去哪儿》。

资料来源：http：//3y. uu456. com/bp-66c95518c5da5oe2524d7faO-2. html

二、消费者均衡

消费者均衡是指消费者在收入和物品价格既定的情况下，做出实现效用最大化的消费选择。也可以说，它是研究单个消费者在既定收入下实现效用最大化的均衡条件。此时，消费者既没有动力增加这种商品的购买量，也没有动力去减少这种商品的购买量。经济学中，这种相对静止的状态称为均衡。

（一）消费者均衡实现的假设条件

（1）消费嗜好是既定的；

（2）消费者收入是既定的，每单位货币的边际效用都相等；

（3）物品的价格是既定的。

（二）消费者均衡的原则

消费者均衡的原则是消费者用全部收入所购买的各种物品所带来的边际效用，与为购买这些物品所支付的价格的比例相等，或者说每1单位货币所得到的边际效用都相等。用公式表示为：

$$P_x \cdot Q_x + P_y \cdot Q_y = M \tag{1}$$

$$\frac{MU_X}{P_X} = \frac{MU_Y}{P_Y} = \lambda \tag{2}$$

上述式（1）是限制条件，式（2）是消费者均衡的条件，λ 为货币的边际效用。

为什么当$\frac{MU_X}{P_X}=\frac{MU_Y}{P_Y}$的时候，消费者效用最大？如果$\frac{MU_X}{P_X}<\frac{MU_Y}{P_Y}$或$\frac{MU_X}{P_X}>\frac{MU_Y}{P_Y}$，为什么

就没有实现消费者均衡呢？出现上述情况，消费者会如何调整自己的消费结构？

当$\frac{MU_X}{P_X}>\frac{MU_Y}{P_Y}$时，说明同样的 1 元钱购买 X 商品所获得的效用大于购买 Y 商品所获得的效用，即 X 商品的购买量不足，Y 商品的购买量过剩，消费者将增加对 X 商品的购买，减少对 Y 商品的购买，直至$\frac{MU_X}{P_X}=\frac{MU_Y}{P_Y}$为止。

相反，当$\frac{MU_X}{P_X}<\frac{MU_Y}{P_Y}$时，消费者将增加对 Y 商品的购买，减少对 X 商品的购买。由于边际效用递减规律的作用，最终实现$\frac{MU_X}{P_X}=\frac{MU_Y}{P_Y}$。

（三）消费者均衡举例

设 $M=100$ 元，$P_X=10$ 元，$P_Y=20$ 元，消费者消费 X 与 Y 的数量及边际效用如表 3-2 所示，问：在什么条件下，才能使总效用达到最大？最大的总效用是多少？

表 3-2　**消费某种商品的边际效用**

商品的数量	1	2	3	4	5	6	7	8	9	10
MU_X	5	4	3	2	1	0	−1	−2	−3	−4
MU_Y	6	5	4	3	2	—	—	—	—	—

从表中可知，当 $Q_X=4$，$Q_Y=3$ 时，符合 $P_X \cdot Q_X+P_Y \cdot Q_Y=M$，且 $MU_X/P_X=MU_Y/P_Y$，说明此时消费者的购买达到最大化。$TU_{max}=(5+4+3+2)+(6+5+4)=29$

（四）消费者均衡的推广

由购买两种物品推广到购买多种物品，设各种物品的价格为：P_1、P_2…，P_n；购买量为：Q_1，Q_2，…，Q_n；各种物品的边际效用为 MU_1，MU_2，…，MU_n，但消费者收入还是 M，则消费者均衡的条件可以写为：

$$P_1Q_1+P_2Q_2+\cdots+P_nQ_n=M \quad (3)$$

$$\frac{MU_1}{P_1}=\frac{MU_2}{P_2}=\frac{MU_3}{P_3}=\cdots\cdots\frac{MU_n}{P_n} \quad (4)$$

三、从边际效用递减到需求曲线的推导

基数效用论建立在边际效用递减规律的基础上，以消费者追求的效用最大化为基础，可以推导出消费者的需求曲线。

商品的需求价格是指消费者在一定时期内对一定量的某种商品所愿意支付的最高价格。消费者愿意为某商品支付的价格不取决于这个商品本身的价值，而取决于该商品带给

消费者的效用有多大。比如钻石，钻石本身是没有价值的，但是它经过商家的宣传包装，看做是爱情和永恒的象征，于是钻石能带给消费者很大的满足感，因此消费者愿意为钻石支付高昂的价格。但是，消费者是不是愿意为每一颗钻石支付高昂的价格呢？根据边际效用递减规律，随着消费者拥有的钻石数量的增加，消费者愿意为每颗增加的钻石支付的价格也应该是递减的。不光钻石是这样，其他多数商品也是这样，同一个商品，消费者愿意为其支付的价格是越来越低的，这意味着消费者的需求曲线是向右下方倾斜的。消费者的需求曲线如图 3-2 所示。

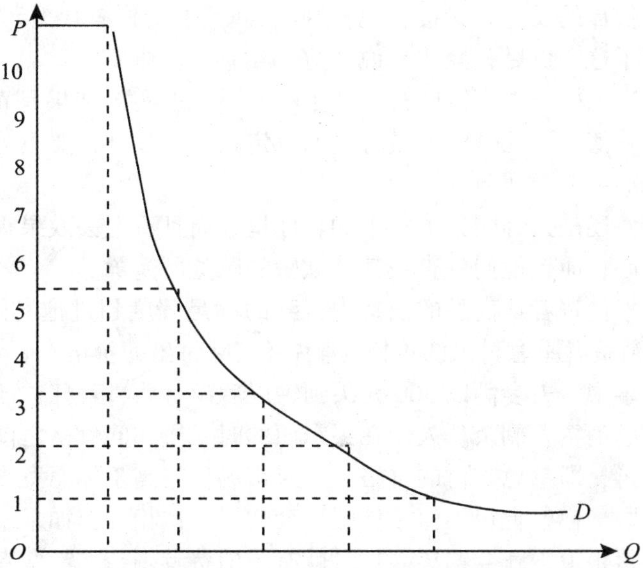

图 3-2　消费者的需求曲线

当商品的价格为 10 元时，消费者愿意购买一件；当价格为 5 元时，消费者愿意购买 2 件；价格下降为 3 元时，消费者愿意购买 3 件，以此类推。为什么会这样呢？可以通过边际效用递减规律来解释这种情况。

如果消费者的货币收入是固定的，即每单位货币给他带来的效用都是相等的，那么，他对某物愿意付出的价格就以该物品的边际效用为标准。其原因是消费者对物品的价格评价，取决于他对该物品的效用认可。如果这一物品的边际效用大，消费者愿意付出的价格高，反之，结果相反。这样，消费者对某物品的需求量与价格呈反方向变动。所以，基数效用论者认为，需求量与价格呈反方向变动的根源在于边际效用递减规律。

四、消费者剩余

在介绍消费者剩余的概念前，先来看一个故事。

有一对夫妻，花了 3 个月的时间才找到了一只他们非常喜爱的古玩钟，他们商定只要售价不超过 600 美元就买下来。但是，当他们看清古玩钟上面的标价时，丈夫却犹豫了。

“哎哟，”丈夫低声说，“上面的标价是800美元，你还记得吗？我们说好了不超过600美元，我们还是回去吧。”“我记得，”妻子说，“不过我们可以试一试，看店主能不能卖便宜点？毕竟我们已经寻找了这么久才找到了。”

夫妻俩私下商量了一下，由妻子出面，试着与店方讨价还价，尽管她认定600美元买到这只钟的希望非常小。

妻子鼓起勇气，对钟表售货员说：“我看到你们有只小钟要卖，我看了上面的标价，我还看到价标上有一层尘土，这给小钟增添了几许古董的色彩。”停顿了一下，她接着说：“我想给你的钟出个价，只出一个价。我肯定这会使你震惊的，你准备好了吗？”她停下来看了一下售货员的反应，又接着说：“哎，我只能给你300美元。”

钟表售货员听了这个价后，爽快地说“好！给你，卖啦！”

你猜妻子的反应怎样？夫妻俩欣喜若狂了吗？不，事实的结果是正好相反。“我太傻了，这钟本来恐怕就值不了几个钱，或者里面肯定缺少了零件，要不为什么那么轻呢？再要么就是质量低劣……”妻子越想越懊恼。

尽管后来夫妻俩还是把钟摆到了家中的客厅里，而且看上去效果很好，美极了，但她和丈夫总觉得不放心，而且他们一直被某种欺骗的感觉所笼罩。

消费者剩余是指消费者从商品的消费中得到的满足程度超过他实际付出的价格部分。即：消费者剩余=消费者愿意付出的价格-消费者实际付出的价格。

在上面这个故事中，夫妻俩以300元买到钟以后没有欣喜若狂，而是感觉被欺骗，是因为他们获得了负的消费者剩余。人们在买东西的时候，在问价格之前，通常心里已经对商品有一个主观评价，即愿意支付的价格。如果市场价格高于你愿意支付的价格，这时你的消费者剩余是负数，你就觉得不值，你就不会购买了；相反，如果市场价格低于你愿意支付的价格，你觉得很值，就会购买，这时就有了消费者剩余。消费者剩余是主观的，并不是消费者实际货币收入的增加，仅仅是一种心理上满足的感觉。买了消费者剩余为负的商品时感觉也不是金钱的损失，而是心理上被骗的感觉而已。就是我们对所买的东西说值不值的含义。

而在刚刚这个夫妻买钟的故事中，由于售货员很轻易地答应把钟的价格从800美元降到300美元，造成妻子主观上认为“这钟本来恐怕就值不了几个钱，或者肯定里面缺少了零件，要不为什么那么轻呢？再要么就是质量低劣……”此时，这对夫妻愿意接受的价格不再是600美元了，而是低于300美元的某个价钱。那么当他们花300美元买回这个钟以后，实际上消费者剩余是负数，他们会觉得这个钟买得不值。因此，他们会产生被欺骗的感觉。

如果我们把故事情节稍作改动，当妻子报价300美元的时候，售货员表示震惊，经过艰难的讨价还价后最后以500美元成交。这样，夫妻俩还会有被欺骗的感觉吗？我想，肯定不会了，相反，他们会有占便宜的感觉，因为此时他们愿意支付的价格是600美元，而实际支付的价格是500美元，还获得了100美元的消费者剩余。这样这个钟就是一件买得很值的商品，恐怕妻子不仅不会觉得被欺骗，反而会津津乐道自己的砍价能力呢！

由此可见，消费者剩余更多时候是一种主观感觉，是否获得消费者剩余不仅取决于商品本身的价格，还取决于消费者的支付意愿。

第二节　序数效用论

序数效用论是为了弥补基数效用论的缺点而提出来的另一种研究消费者行为的理论。其基本观点是：效用作为一种心理现象无法计量，也不能加总求和，只能表示出满足程度的高低与顺序，因此，效用只能用序数（第一，第二，第三……）来表示。

例如，消费者消费了电影与自助餐，他从中得到的效用是无法衡量，也无法加总求和，更不能用基数来表示，但他可以比较从消费这两种物品中所得到的效用。如果他认为消费一场电影所带来的效用大于消费一顿自助餐所带来的效用，那么就称一场电影的效用是第一，一顿自助餐的效用是第二。

正是由于序数效用论克服了基数效用论的缺点，所以从 20 世纪 30 年代起，序数效用论成为西方研究消费者行为的主要理论。

一、消费者偏好的假设

序数效用论者认为不同商品或服务带给消费者的效用可以用序数来表示。在这里，这个理论的成立实际上要建立在对消费者偏好的一系列假设之上。

（1）假定消费者的偏好具有完全性，即消费者在心目中能给不同的商品（或商品组）按照偏好排列一个顺序。比如，消费者去买水果的时候，苹果、梨子、香蕉还有很多其他水果在一起的时候，消费者可以按照偏好进行排序：香蕉、苹果、梨子等。绝大部分消费者可以准确地表达自己的偏好，但是也有少数消费者会表现得失去偏好，比如去餐厅点餐时，看完菜单却不知道吃什么好，最后来了句“随便”，这就属于偏好不完全的情况了。

（2）假定消费者的偏好具有可传递性。

（3）假定所有的商品都是“多比少好”。

基于上述假设，消费者可以根据自己的收入水平，结合商品的价格、自己的偏好来制订预算计划，作出最佳的消费组合，寻求效用最大化。

二、无差异曲线

无差异曲线是指用来表示两种商品不同数量的组合给消费者带来的效用完全相同的一条曲线，也称等效用曲线。通常，我们获得消费者均衡的消费组合并不是唯一的，比如买蔬果的时候，“一个黄瓜+两个番茄”或者“一个番茄+两个黄瓜”带给消费者的效用可能是相同的。类似的，我们在表 3-3 中给出某消费者不同消费组合下获得的同等效用（见表 3-3）。

表 3-3　　　　　　　　　　**两种商品消费数量组合示意表**

组合方式	X 商品数量	Y 商品数量
A	5	30
B	10	18
C	15	13
D	20	10
E	25	8
F	30	7

从表 3-3 中可以看出，从 A 组合到 F 组合，随着 X 商品数量的增加，Y 商品的数量是逐渐减少的。为什么会这样呢？因为在考虑总效用的情况下，基于“多比少好”的假设，X 商品的数量增加会增加消费者的总效用，此时要减少一些 Y 商品的消费量来减少同样的效用，从而使总效用不变。将表 3-3 中 X、Y 商品的数量变化以及每个组合带给消费者的效用描绘在坐标图上，如图 3-3 所示。

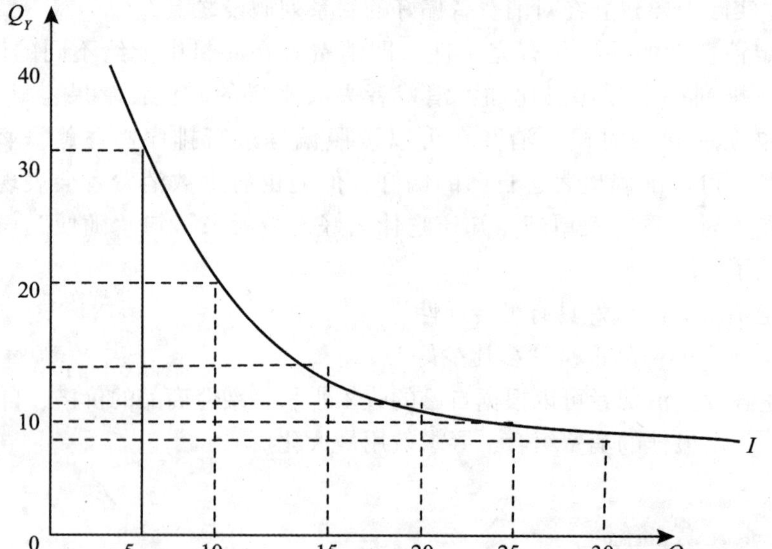

图 3-3　两种商品的消费组合的无差异曲线

（一）无差异曲线的特征

（1）无差异曲线是一条向右下方倾斜且凸向原点的曲线，其斜率为负值。这就表明，在收入和价格既定的条件下，消费者要得到相同的总效用，在增加一种商品的消费时，必须减少另一种商品的消费，两种商品不能同时增加或减少。为什么无差异曲线凸向原点呢？因为根据边际效用递减规律，随着一种商品数量的逐渐增加，每增加的一件商品的边际效用是越来越小的；相反，随着另一件商品数量的逐渐减少，每减少的一件商品的边际效用是越来越大的，这就是我们后面要讲的边际替代率递减规律。边际替代率递减规律决定了无差异曲线的斜率的绝对值是递减的，因此无差异曲线的形状才会凸向原点。

（2）同一个平面图上可以有无数条无差异曲线。同一条无差异曲线代表相同的效用，不同的无差异曲线代表不同的效用。基于消费者偏好“多比少好”的假设，通常情况下，离原点越远的无差异曲线，所代表的效用越大；离原点越近的无差异曲线，所代表的效用越小。

（3）在同一平面图上，任意两条无差异曲线不能相交。因为在交点上两条无差异曲线代表了相同的效用，与第二个特征相矛盾。同一平面上的 I_2、I_1 本来代表的效用应该是不同的，在交点以前，I_1 的效用应该是高于 I_2 的，但是交点处两条无差异曲线的效用却相等，说明消费者对 X、Y 商品的偏好是不稳定的，这就违背了我们前面关于消费者偏好完全性的假设。

（二）两种极端的无差异曲线

第二章介绍需求与供给的时候，曾经说到影响需求的因素包括相关商品的价格，并将相关商品分成了替代品和互补品。但是，进一步细分，替代品又可以分为完全替代品和部分替代品，互补品也包括完全互补品和部分互补品。具有部分替代和部分互补的商品，其无差异曲线的形状如图 3-3 所示。但是，完全互补和完全替代的两种商品，其无差异曲线的形状则不是这样的。

1. 两种完全替代品的无差异曲线（见图 3-4）

图 3-4　完全替代品的无差异曲线

如果 X、Y 两种商品是完全替代性质的，则边际替代率不变，无差异曲线就是一条从左上方向右下方倾斜的直线。比如，有些人喝咖啡和喝茶都能起到提神醒脑的作用，而且偏好上是一样的，那么对于该消费者而言，咖啡和茶就是完全替代品。有的人夏天喜欢喝凉茶，但是并没有品牌偏好，那么加多宝、王老吉以及其他的凉茶则相互之间也是可以完全替代的。

2. 两种完全互补品的无差异曲线

如果 X、Y 两种商品是互补性质的，则边际替代率等于零，无差异曲线就是一条直角折线。比如，对于近视的人来说，眼镜框和眼镜架就是完全互补的两种商品，通常没有人愿意为了增加镜架的数量而放弃镜片的数量。

三、边际替代率

（一）边际替代率的概念

商品的边际替代率（Marginal Rate of Substitution，MRS），是消费者在消费两种商品保持效用水平不变时，减少一种商品的消费量与增加另一种商品的消费量之比。

$$MRS_{XY} = -\frac{\Delta Y}{\Delta X}$$

由于无差异曲线是向右下方倾斜的，即表明边际替代率小于零，所以无差异曲线的斜率就是边际替代率。

（二）商品的边际替代率递减规律

1. 边际替代率递减规律的内容

在维持效用水平不变的前提下，随着一种商品消费数量的连续增加，消费者为得到每一单位的这种商品所需要放弃的另一种商品的消费数量是递减的。一种商品对另一种商品的边际替代如图 3-5 所示。

2. 边际替代率递减的原因

物以稀为贵，越是稀缺的物品，人们越是珍爱它，有时不惜一切代价。随着 X 商品的增加，它的边际效用在减少，而 Y 商品的减少，它的边际效用却在增加。这样，每增加一定数量的 X 商品，所能代替的 Y 商品的数量就越来越少，或者说，当分母不变时，分子在不断减少，从而分数值就在减少了。

3. 边际替代率递减的几何意义

商品的边际替代率递减表示无差异曲线的斜率的绝对值是递减的，决定了差异曲线的形状凸向原点。

（三）边际替代率和边际效用的关系

基数效用论者提出了边际效用的概念，并证明了边际效用的递减规律；而序数效用论者提出了边际替代率的概念，边际替代率也是递减的。那么，边际替代率与边际效用之间

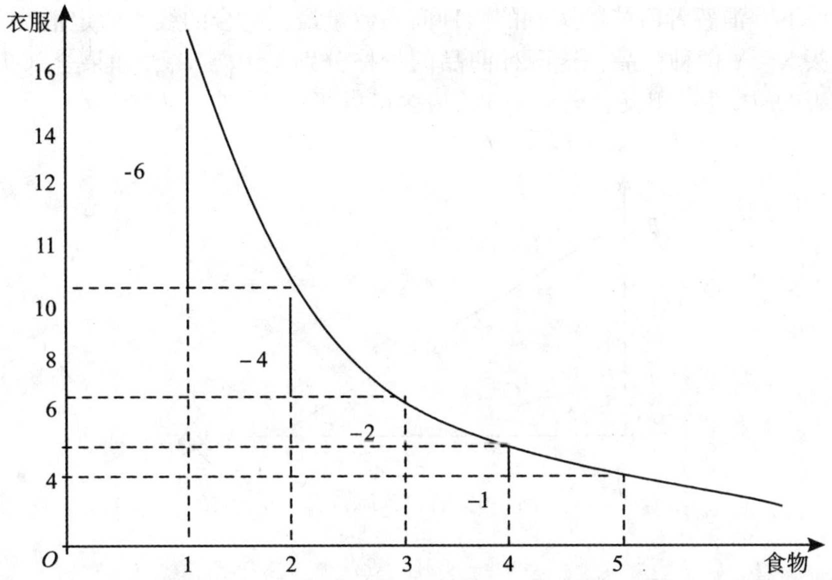

图 3-5　一种商品对另一种商品的边际替代

有什么关系呢？

序数效用论用边际替代率这一概念来取代基数效用论的边际效用概念。根据边际替代率和边际效用的定义，两种商品的边际替代率之比等于它们的边际效用之比。

因为，$MRS_{XY}=-\frac{\Delta Y}{\Delta X}=-\frac{\frac{\Delta TU}{MU_Y}}{\frac{\Delta TU}{MU_X}}=-\frac{MU_X}{MU_Y}$

（上式中，因为 $MU_Y=\Delta TU/\Delta Y$，转换过来就是 $\Delta Y=\Delta TU/MU_Y$）

所以，$MSR_{XY}=-\frac{MU_X}{MU_Y}=-\frac{\Delta Y}{\Delta X}$

四、消费者预算线

我们在导论中讨论过人的欲望的无限性这个问题，事实上，我们往往也希望买更多更好的东西来满足自己的物质需要，比如，我们想买更大的房子、更好的汽车、更多的衣服等。但是，我们常常不能随心所欲，要受很多限制，最大的限制就来自于我们的收入。大部分时候，我们的收入都是有限的，所以，只能在有限的收入中去安排我们所需要购买的商品或者服务，也就是说，消费者也需要像政府一样在花钱之前先做好预算，这就产生了消费者的预算线。

（一）消费者预算线的概念

消费者预算线，又称家庭预算线，或消费可能线，是一条表明在消费者收入与商品价格既定的条件下，消费者所能购买到的两种商品数量最大组合的线。假定消费者全部的收入是 M，要买 X、Y 两种商品，这两种商品的价格分别是 P_X，P_Y，如果全部买 X 商品的话，最多能买 M/P_X件；相反，全部买 Y，最多可以买 M/P_Y件（见图 3-6）。

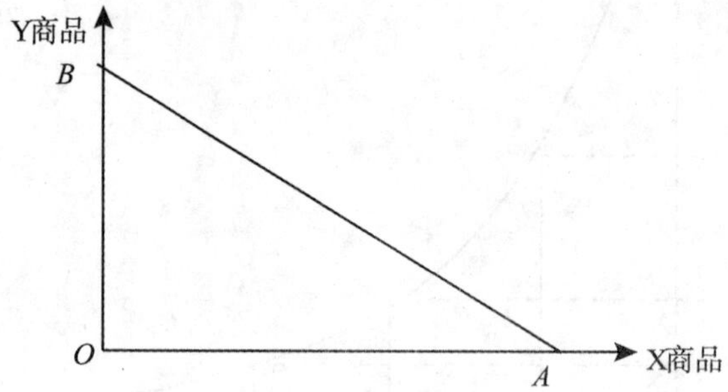

图 3-6　消费者预算线

A 点表示全部买 X 商品，无法买 Y 商品；B 点表示全部买 Y 商品，无法买 X 商品。

（二）消费者预算线的数学表达式

消费者预算线的数学表达式为：

$$P_X \cdot Q_X + P_Y \cdot Q_Y = M$$

“世界杯”期间，武汉的球迷喜欢边看“世界杯”边喝啤酒吃鸭脖子，假设啤酒 5 元一瓶，鸭脖子 25 元一斤，某消费者一晚的预算是 50 元。50 元全部买啤酒可以买 10 瓶，全部买鸭脖子可以买 2 斤。当然，除了这两种极端情况外，消费者可以在啤酒和鸭脖子中间进行消费组合，比如买一斤鸭脖子 25 元，再加 5 瓶啤酒 25 元，只要是在预算内就行。至于要怎么组合，看消费者个人的偏好。

（三）消费者预算线与消费习惯

中国传统的消费观念讲的是量入为出、量力而行，西方人则主张负债消费，花明天的钱圆今天的梦。负债消费是一种超越暂时经济能力的消费行为，或者叫超前消费。今天，中国也有越来越多的年轻人接受西方的消费观念，成为“负翁”、“月光族”。当然，也有不少人仍然是传统的量入为出的消费观念，消费和储蓄并重。

（四）消费者预算线的变化

哪些因素发生变化会引起消费者预算线的变化呢？结合消费者预算线的数学表达式 $P_X \cdot Q_X + P_Y \cdot Q_Y = M$ 可以看出，商品的价格 P 和消费者的收入水平 M 发生变化时，消费者的预算线会发生变化。

1. 商品价格不变，消费者的收入水平发生变化（见图 3-7）

在图 3-7 中，当商品 X、Y 的价格均不变时，若消费者的收入增加，预算线会从原来的 A_0B_0 平行往外移动至 A_1B_1；相反，若消费者的收入减少，预算线则会从 A_0B_0 平行往内

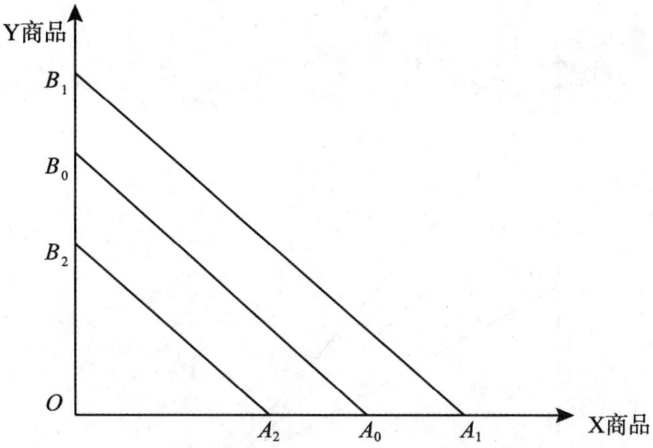

图 3-7　收入变化后的预算线

移动至 A_2B_2。例如，某消费者升职加薪了，可支配收入会增加，预算线外移；相反，在经济不景气的时候，消费者失业或降薪则会减少可支配收入，预算线内移。每个人都希望能升职加薪，一方面升职是对自身工作的肯定；另一方面，归根结底是因为收入增加后可以拥有更多的可支配收入，从而增加消费来满足自己的欲望。

2. 收入不变，价格变动对消费可能线的影响

（1）M 不变，P_Y 不变，P_X 增加或 P_X 减少（见图 3-8）。

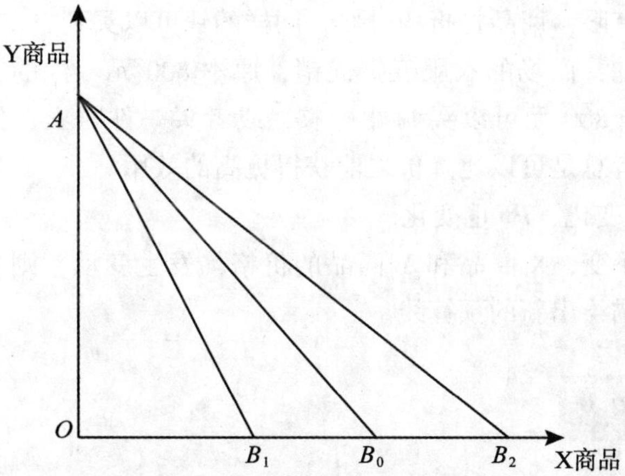

图 3-8　X 商品价格变化后的预算线

在图 3-8 中，当消费者的收入水平不变，Y 商品的价格也不变时，若 X 商品价格下降，消费者全部的收入 M 可以买更多的 X 商品，则消费者的预算线从 AB_0 移动到 AB_2；反之，若 X 商品价格上升，消费者全部的收入 M 只能买到更少的 X 商品，则消费者的预算线从 AB_0 移动到 AB_1。

（2）M 不变，P_X 不变，P_Y 增加或减少（见图 3-9）。

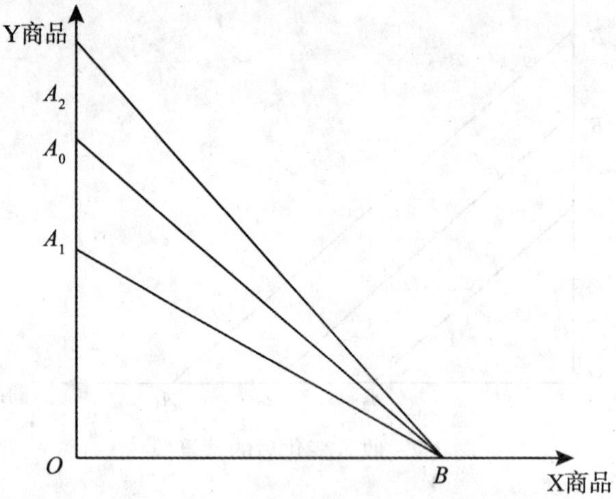

图 3-9　Y 商品价格变化后的预算线

在图 3-9 中，当消费者的收入水平不变，X 商品的价格也不变时，若 Y 商品价格下降，消费者全部的收入 M 可以买更多的 Y 商品，则消费者的预算线从 A_0B 移动到 A_2B；反之，若 Y 商品价格上升，消费者全部的收入 M 只能买到更少的 Y 商品，则消费者的预算线从 A_0B 移动到 A_1B。

上述两种预算线变化的情况可以解释生活中商品打折时，消费者抢购的现象。因为绝大部分消费者的预算有限，商品打折的时候，同样的钱可以买到更多的商品，从而带给消费者更高的效用。比如，商场的衣服五折促销，原本 800 元一件的衬衣，打折后只需要 400 元，那就意味着花 800 元可以买两件衬衣，或者买一件衬衣，另外 400 元买一条裤子。无论如何，消费者总是可以比降价之前获得更高的效用。

（3）M 不变，P_X 变化，P_Y 也变化。

当消费者的收入不变，X 商品和 Y 商品的价格均发生变动，则要考虑两种商品价格变动的方向，并据此描绘出新的预算线。

五、消费者均衡

用无差异曲线分析法进行分析，在什么情况下实现消费者均衡？

所谓消费者均衡，也就是效用最大化。在收入既定的情况下，效用最大化是指把钱花光，买到尽可能多的东西，追求最大的满足。

（一）无差异曲线分析法下的消费者均衡

结合前文所讲的无差异曲线和预算线，如果将两者放在同一个坐标轴中，会出现既定的预算线和不同效用水平下的无差异曲线相交、相切、相离三种情况。

消费者均衡曲线如图 3-10 所示，在图 3-10 中，AB 线是消费者的预算线，I_1、I_2、I_3 代表效用不同的三条无差异曲线。预算线 AB 与 I_1 相交于 C、D 两点，预算线 AB 与 I_2 相切于 E 点，F 点在 I_3 上，与预算线相离。

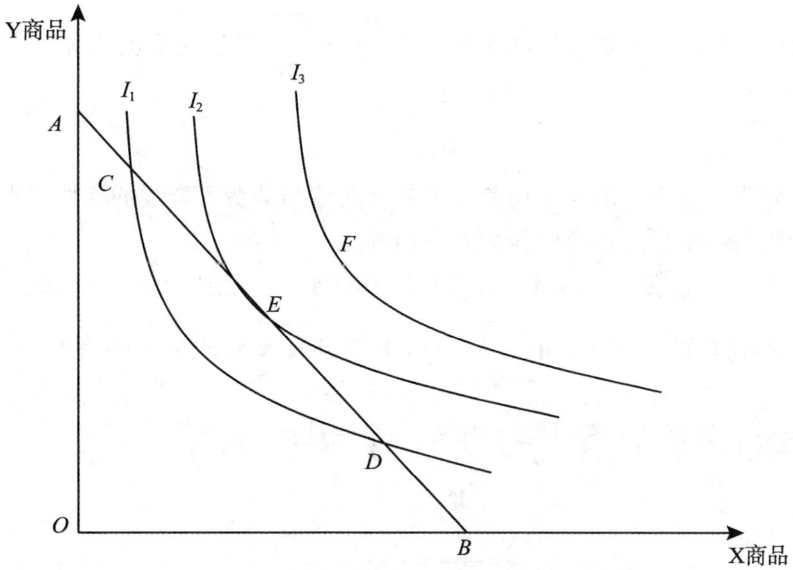

图 3-10　消费者均衡曲线

显然，E 点是消费者均衡点。因为，C、D 两点相对于 E 点来说，花的钱一样多（因为 C、D、E 三点都在同一条预算线上），但是获得了较低的效用水平，这是消费者消费组合不当引起的。F 点相对于 E 点来说，代表的效用水平更高，但是 F 点与预算线 AB 没有交点，表示现有的收入水平无法满足 F 点的消费组合所需要的资金。从这一点来讲，一些持有超前消费观念的人，其实就是在收入既定的时候，通过提前消费来达到更高的效用水平。

从数学的角度来讲，E 点上消费可能线的斜率与无差异曲线的斜率相等，此时是效用最大化的。

除了图 3-10 中预算线与无差异曲线的切点是消费者均衡点外，还要在给定效用函数的基础上，考察消费者均衡的条件，即两种商品的边际替代率等于两种商品的价格比率，其公式为：

$$\mathrm{MRS}_{XY}=\frac{P_X}{P_Y}$$

如果把两种商品的边际替代率解释为它们的边际效用之比，那么，序数效用论的消费者均衡就与基数效用论的消费者均衡完全一致，其公式为：

$$\frac{\Delta Y}{\Delta X}=\frac{\mathrm{MU}_X}{\mathrm{MU}_Y}=\frac{P_X}{P_Y}\text{或}\frac{\Delta Y}{\Delta X}=\frac{\mathrm{MU}_X}{R_X}=\frac{\mathrm{MU}_Y}{P_Y}$$

（二）无差异曲线分析法与边际效用分析法的比较

应该指出的是，运用无差异曲线分析法与边际效用分析法对消费者均衡条件的分析是完全相同的。

根据边际效用分析，消费者均衡的条件是$\frac{MU_X}{P_X}=\frac{MU_Y}{P_Y}$，该式子也可以写成：

$$\frac{MU_X}{MU_Y}=\frac{P_X}{P_Y} \tag{5}$$

根据无差异曲线分析，消费者均衡是无差异曲线与消费可能线的相切之点，即在这一点上消费可能线的斜率与无差异曲线的斜率相等。

从图 3-10 可知，消费可能线 AB 的斜率是 OB 与 OA 之比。OB 是全部收入 M 购买价格为 P_Y 的 Y 商品的数量，所以 $OB=\frac{M}{M_Y}$。OA 是全部收入 M 购买价格为 P_X 的 X 商品的数量，所以 $OA=\frac{M}{P_X}$，这样，消费可能线 AB 的斜率就是：

$$\frac{OA}{OB}=\frac{\frac{M}{P_Y}}{\frac{M}{P_X}}=\frac{M}{P_Y}\cdot\frac{P_X}{M}=\frac{P_X}{P_Y}$$

无差异曲线的斜率就是以 X 商品替 Y 商品的边际替代率 MRS_{XY}。所以，根据无差异曲线分析，消费者均衡的条件又可以写为：

$MRS_{XY}=\frac{\Delta Y}{\Delta X}=\frac{\frac{\Delta TU}{MU_Y}}{\frac{\Delta TU}{MU_X}}=\frac{MU_X}{MU_Y}$，而前面又推导出 $MRS_{XY}=\frac{P_X}{P_Y}$

于是，可以得出消费者均衡条件是：

$$\frac{MU_X}{MU_Y}=\frac{P_X}{P_Y} \tag{6}$$

式（5）是边际效用分析法得出的消费者均衡的条件，式（6）是无差异曲线分析法得出的消费者均衡的条件。这两个条件是完全相同的。也就是说，基数效用论和序数效用论虽然采用的是不同的分析方法，但是，消费者均衡的条件是相通的。

六、价格变化和收入变化对消费者均衡的影响

（一）价格-消费曲线

前文讲过，当消费者的收入不变、偏好不变，其他商品价格也不变的时候，当一种商

品价格发生变化，消费者就会产生新的预算线，并且通常会调整自己的消费组合，从而达到新的消费者均衡。将这些价格变化后所形成的消费者均衡点的轨迹连起来，就是消费者的价格-消费曲线。

弹性不同的商品，价格发生变化后，消费者的需求也会发生变化。一般来说，商品降价后消费者会增加购买量，但是，有的商品降价后消费者不会增加购买量，甚至会减少购买量。这里根据价格变化后消费者购买量的变化，将商品分为正常商品和低档商品。

1. 正常商品的价格-消费曲线（见图 3-11）

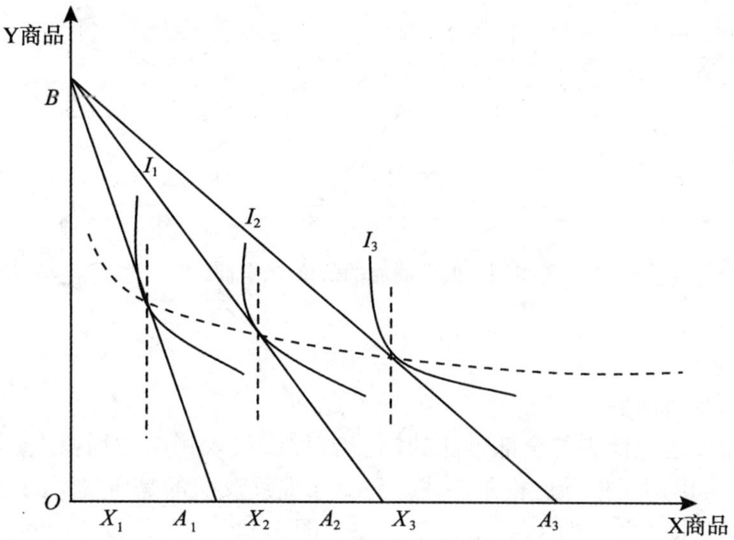

图 3-11　正常商品的价格-消费曲线

X 商品价格变化后，消费者有 A_1B、A_2B、A_3B 三条预算线，对应于消费者均衡条件下 X 商品的购买量分别是 X_1、X_2、X_3。显然，随着 X 商品的价格下降，消费者购买的 X 商品的数量越来越多。反之，涨价时，消费者就会少买 X 商品。据此，可以知道消费者对正常商品的需求曲线（图 3-11 中的深色虚线）是一条向右下方倾斜的曲线，表明随着商品价格的下降，消费者会增加对该商品的购买量。

2. 低档商品的价格-消费曲线（见图 3-12）

消费者对正常商品的需求与价格是成反比的，价格低的时候需求量大，价格高的时候需求量小。某些极端情况下，消费者对低档商品的需求则与价格成正比，价格低的时候买得更少，价格高的时候则买得更多。

在图 3-12 中，X 商品价格变化后，消费者有 A_1B、A_2B 两条预算线，对应消费者均衡条件下 X 商品的购买量分别是 X_1、X_2。显然，随着 X 商品的价格下降，消费者购买 X 商品的数量越来越少。反之，涨价时，消费者就会多买。这就表明这类低档商品，消费者对其需求是与价格成正比的。

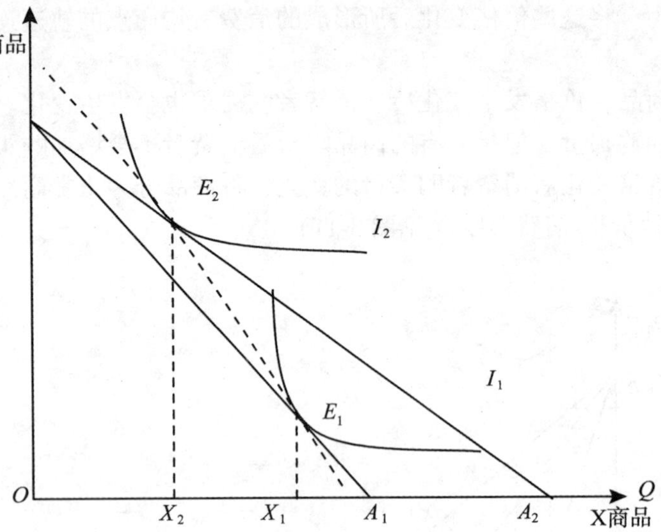

图 3-12　低档商品的价格-消费曲线

（二）收入-消费曲线

收入-消费曲线是把代表与全部可能的消费者货币收入相应的均衡点连接而成的一条曲线，这种曲线可以用于推导恩格尔曲线。恩格尔曲线反映的是所购买的一种商品的均衡数量与消费者收入水平之间的关系（见图 3-13、图 3-14）。它是以 19 世纪德国统计学家恩格尔的名字命名的，根据恩格尔定律推导所得。

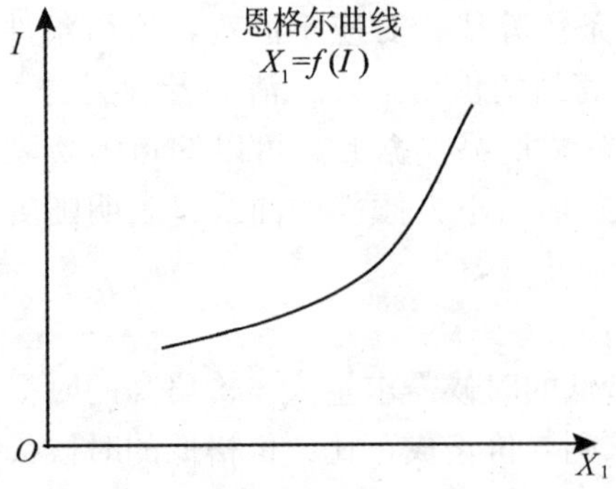

图 3-13　恩格尔曲线（1）

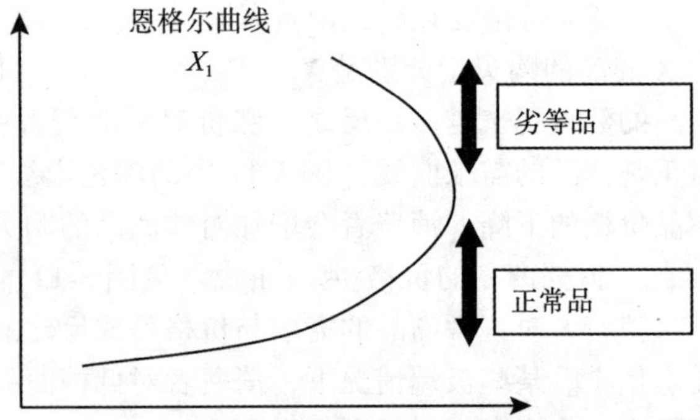

图 3-14　恩格尔曲线（2）

恩格尔曲线表示消费者在每一收入水平下对某商品的需求量。图 3-13 表示正常商品，图 3-14 表示由正常品转入劣等品的情形。正常品转为劣等品的情形生活中确实会有，例如 20 世纪 60 年代，拥有一台黑白电视机、一辆自行车都是很奢侈的事情，那时候黑白电视机和自行车都属于正常品中的奢侈品，消费者会随着收入的增加而多买这类商品。但是，黑白电视机现在彻底被市场淘汰，传统的自行车也变为劣等品了。当然，这里说的是传统的自行车，宝马公司生产的几万元一辆的自行车对于绝大部分消费者而言仍然是奢侈品。

第三节 收入效应和替代效应

当商品价格发生变化时，消费者持有的同样货币的购买力也会发生变化，从而引起消费者对该商品需求量发生变化。这种变化又分为替代效应和收入效应。但是，不同商品价格发生变化后所产生的替代效应和收入效应又有所不同。

一、收入效应和替代效应的含义

收入效应是指当消费者购买两种商品时，由于一种商品价格下降，使消费者现有货币收入购买力增强，从而可以购买更多的商品以达到更高的效应水平。收入效应表现为均衡点从原来的无差异曲线向更高水平的无差异曲线的移动。

替代效应是指当消费者购买两种商品时，由于一种商品价格下降，另一种商品价格不变，消费者在保持原来的效用水平的情况下，增加降价商品的购买量以代替价格相对上涨商品的现象。替代效应表现为均衡点在同一条无差异曲线上的移动。

总效应是指当消费者从一个均衡点移动到另一个均衡点时，该商品需求量的总变动。总效应是收入效应和替代效应的加总。

按照价格变动后消费者作出的反应不同，可以将商品分为正常商品和低档商品。下文将分别介绍正常商品和低档商品的收入效应与替代效应。

二、正常商品的收入效应和替代效应

正常商品价格下降时的收入效应与替代效应如图 3-15 所示。

在图 3-15 中，A_1B 是原来的预算线，代表较低水平的无差异曲线 I_1 与 A_1B 相切于 E_1，E_1 是降价前的消费者均衡点，此时消费者对 X 商品的需求量为 X_1。当 X 商品降价的时候，消费者全部的资金拿来买 X 商品的数量可以买到 OA_2 这么多，据此描绘出新的预算线 A_2B，代表更高水平的无差异曲线 I_2 与 A_2B 相切于 E_2 点，E_2 为降价后的消费者均衡点，此时消费者对 X 商品的需求量为 X_2，X_1X_2 是总效应，表示 X 商品降价后消费者所作出的全部反应。我们进一步将总效应分解为收入效应与替代效应。要做到这一点，必须先描绘一条补偿预算线。

补偿预算线是指当商品价格发生变化引起消费者的实际收入水平发生变化，用来表示以假设的货币收入的增减来维持消费者的实际收入水平不变的一种分析工具。补偿预算线是一条平行于 A_2B 的直线。也就是说，当商品价格下降引起实际收入水平提高时，假设可以取走消费者的一部分货币收入，使消费者的实际收入维持原来的水平，则补偿预算线就可以用来表示使消费者的货币收入下降到只能维持原有的无差异曲线的效用水平（即

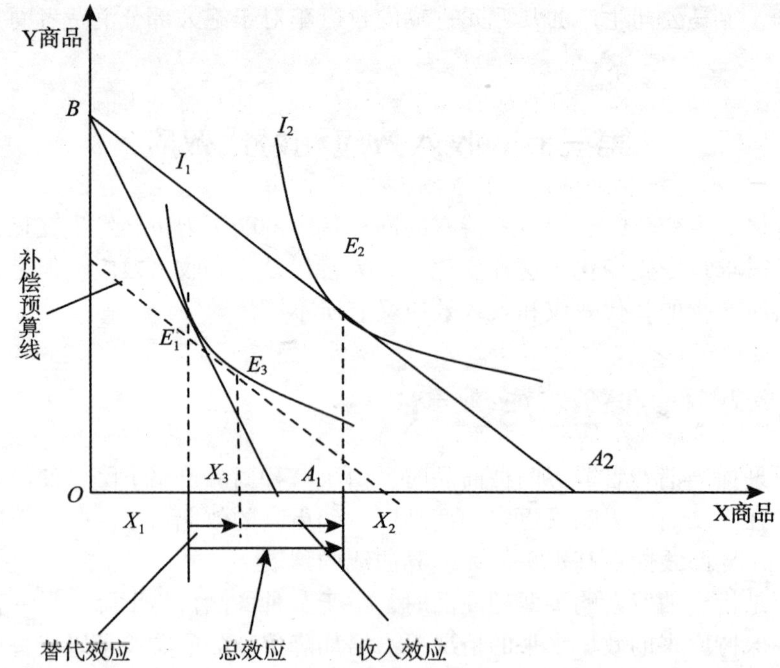

图 3-15　正常商品的收入效应与替代效应

原有的实际收入水平）。

在图 3-15 中，补偿预算线与 I_1 相切于 E_3 点，对应于 E_3 点 X 商品的需求量是 X_3。在同样的效用水平上，因为 X 商品降价，消费者调整消费结构，减少了 Y 商品的购买量，而增加了对 X 商品的购买量，增加的部分是 X_1X_3，这部分即为替代效应。替代效应的产生，是由于 X 商品降价，Y 商品维持原价就显得相对涨价，消费者要维持原来的效用水平，必然会做出消费结构的调整，增加对降价商品的购买量，减少对不降价商品的购买量。

接下来分析收入效应。当去掉人为描绘的补偿预算线时，消费者的预算线恢复到 A_2B。此时，由于 X 商品降价，购买同样数量的 X 商品（最初的 X_1）只需要较少的资金，相当于消费者增加了一部分收入。注意，这里消费的收入水平并没有增加，只是由于降价，消费者持有同样货币购买力增加了。例如夏天刚开始的时候西瓜是 2.5 元一斤，10 元钱只能买到四斤西瓜，而 7 月份西瓜大量上市时，西瓜的价格下降为 1 元一斤，此时购买四斤西瓜只需要 4 元，节约了 6 元，相当于消费者的收入增加了 6 元。

恢复到 A_2B 这条预算线后，消费者均衡点 E_2 相对于 E_3 来说，X 的购买量进一步增加至 X_2，X_3X_2 这部分增加的购买量即为收入效应。

$$总效应（X_1X_2）= 替代效应（X_1X_3）+ 收入效应（X_3X_2）$$

三、正常商品、低档商品、吉芬商品的替代效应和收入效应分析

（1）对正常商品而言，商品价格下降的替代效应和收入效应使得该商品的需求量增

加。正常商品的替代效应为正，收入效应也为正。

（2）对低档商品而言，价格下降的替代效应使商品需求量增加，但收入效应使得商品的需求量下降。低档商品的替代效应为正，收入效应为负。

（3）如果商品收入效应的绝对值大于替代效应，使得需求量随价格上升而上升，则该商品为吉芬商品。吉芬商品价格变动的替代效应为正，收入效应为负，并且收入效应大于替代效应，使得需求量随价格上升而上升。

本章小结

1. 效用是消费者在消费物品和劳务时所获得的满足，追求效用最大化是消费者消费的动机与目标。

2. 边际效用递减规律是指在一定的时间内，在其他商品的消费数量保持不变的条件下，随着某种物品消费量的增加，消费者从该物品连续增加的消费单位中所得到的边际效用是递减的。

3. 消费者剩余是指消费者从商品的消费中得到的满足程度超过他实际付出的价格部分。

4. 无差异曲线是指用来表示两种商品不同数量的组合给消费者带来的效用完全相同的一条曲线，也称等效用曲线。

5. 无差异曲线有三个特征：无差异曲线是一条向右下方倾斜且凸向原点的曲线，其斜率为负值；同一个平面图上可以有无数条无差异曲线；在同一平面图上，任意两条无差异曲线不能相交。

6. 消费者预算线是一条表明在消费者收入与商品价格既定的条件下，消费者所能购买到的两种商品数量最大组合的线。

7. 序数效用论所寻求的消费者均衡，是无差异曲线与消费者预算线的切点。

8. 收入效应是指当消费者购买两种商品时，一种商品价格下降，使消费者现有货币收入购买力增强，从而可以购买更多的商品以达到更高的效应水平。

9. 替代效应是指当消费者购买两种商品时，由于一种商品价格下降，另一种商品价格不变，消费者在保持原来的效用水平的情况下，增加降价商品的购买量以代替价格相对上涨商品的现象。

10. 总效应是指当消费者从一个均衡点移动到另一个均衡点时该商品需求量的总变动。总效应是收入效应和替代效应的加总。

复习思考题

一、名词解释

1. 效用

2. 边际效用

3. 消费者剩余

4. 无差异曲线

5. 预算线

二、单项选择题

1. 基数效用论运用（　　）来分析消费者行为。

A. 无差异曲线　B. 预算约束线　C. 边际效用论　D. 成本曲线

2. 基数效用论和序数效用论的主要区别是（　　）。

A. 边际效用是否递减　　B. 效用是否可以加总

C. 效用函数是否线性　　D. 效用是否客观

3. 无差异曲线的位置和形状取决于（　　）。

A. 消费者的偏好　B. 消费者的收入　C. 商品的价格　D. 效用的大小

4. 预算线的斜率取决于（　　）。

A. 消费偏好　　B. 商品价格

C. 无差异曲线的走势　　D. 消费者的支付能力

5. 对预算线的斜率说法错误的是（　　）。

A. 斜率是两种商品价格比率的负值

B. 斜率是两种商品价格的负比率

C. 斜率是两种商品价格比率的正值

D. 斜率的大小表明在不改变总支出数量的前提下，两种商品可以互相代替的比率

6. 消费者效用最大化的均衡条件是（　　）。

A. 商品边际替代率等于商品的价格之比

B. 商品边际替代率等于消费者的收入之比

C. 商品边际替代率等于商品的成本之比

D. 商品边际替代率等于消费者的偏好之比

7. 对正常物品而言，替代效应与价格成（　　）变动，收入效应与价格成（　　）变动。

A. 反方向，反方向　　B. 正方向，反方向

C. 反方向，正方向　　D. 正方向，正方向

8. 序数效用论者认为，商品的效用大小（　　）。

A. 无法准确计量　　B. 取决于它的价格

C. 不能比较　　D. 可以比较

9. 当总效用达到最大的时候，（　　）。

A. 边际效用也最大　　B. 边际效用为零

C. 边际效用大于零　　D. 边际效用小于零

10. 消费者剩余可以理解为（　　）。

A. 消费过剩的商品

B. 消费者得到的总效用

C. 支出货币的总效用

D. 消费者购买商品所得到的总效用减去支出货币的总效用

三、简答题

1. 基数效用论与系数效用论有什么区别?

2. 无差异曲线有哪几个特征?

3. 边际替代率的含义是什么?为什么它是递减的?

4. 举例说明你生活中边际效用递减的现象。

四、计算题

1. 已知某君每月收入中的120元全部花费用于X和Y两种商品，他的效用函数为$U=XY$，X的价格为2元，Y的价格为3元。

(1) 为使获得的效用最大，他购买X和Y各为多少?

(2) 货币的边际效用和他所获得的总效用各为多少?

(3) 如果X的价格提高44%，Y的价格不变，为使他保持原有的效用水平，收入必须增加多少?

2. 若消费者张某消费X和Y两种商品的效用函数$U=X^2Y^2$，张某收入为500元，X和Y的价格分别为2元和5元，

(1) 求张某的消费者均衡组合点。

(2) 若政府给予消费者消费X商品以价格补贴，即消费者可以以原价的50%购买X，则张某将消费X和Y各多少?

(3) 若某工会愿意接纳张某为会员，会员费是100元，但张某可以以50%的价格去购买X商品，张某是否应该加入该工会?

扩展阅读

国内首份企业家幸福白皮书：财富并非决定幸福水平绝对要素

2013年5月28日,《福布斯》与诺亚(中国)控股有限公司(以下简称“诺亚控股”)联合发布《中国企业家幸福指数白皮书》(以下简称《幸福白皮书》)。

这是全国首份针对企业家群体的幸福指数调研白皮书，由中国最大的独立财富管理公司诺亚控股携手《福布斯》共同完成。整个调研过程历时半年，深入全国各个城市实地探访，完成309份珍贵的企业家调研问卷和12份深度访谈。整份《幸福白皮书》真实记录了一线企业家的幸福状态。

值得一提的是，尽管受访者都是事业有成的企业家，但是他们都表示家庭、事业、健康是幸福感的三大主要支柱，而财富并非决定幸福水平的绝对要素。

十项要素衡量企业家幸福指数

记者获悉，在问卷与深度访谈的基础上，调研团队参考国际上一些对幸福感的测量方法和研究，从十个方面设定指标，试图“测量”企业家的幸福感。

这十个方面是：良好生活品质带来的满足感；家庭、婚姻、子女关系带来的满足感；健康带来的高质量生活；收入和财富带来的满足感和安全感；朋友与社交需求带来的满足感；事业成功带来的被尊重的感觉，以及拥有一定的特权带来的满足感；自

我实现（如从事公益、慈善事业）带来的种种满足感。

除了自我内心满足带来的满足感，还有三项个人不可控的外在因素——环境、社会、治理，也会对幸福感造成巨大的影响。

因此，本次《2013年中国企业家幸福指数》白皮书即以上述十个方面作为衡量幸福感的指标，来评估企业家群体的真实幸福感。

报告显示财富并非是决定企业家幸福水平的绝对要素

调研报告显示：(1) 中国的企业家在总体上是偏乐观的。无论是总体的幸福感，还是决定幸福感的各因素，他们多数打分的“负偏态分布”高峰都集中于8分（打分区间为1~11分）甚至以上。

(2) 同时，多数企业家也表示，他们处于明显的压力状态下。企业家中有近四成承受了“很大的压力”，而承受“一定压力”的占了近三分之一。

(3) 相较于2011年，2012年中国企业家整体幸福水平有所提升。

(4) 2013年，对于幸福感及幸福感的决定要素，中国企业家表现出一定的乐观预期。这可能是企业家们对整体环境的一种积极认可。

(5) 调研结果显示，女性企业家的整体幸福感略低于男性企业家。

(6) 与“女性更注重家庭生活”的传统观点相反，家庭幸福美满给男性企业家带来的幸福感高于女性企业家。数据显示，2012年“家庭幸福美满”是男性企业家幸福感的第二大驱动因素，占29.9%；而同年选择此项的女性企业家占比仅为15.3%，相差近一半。

(7) 此外，影响幸福水平的因素具有明显的年龄层特点。21~39岁的年轻一辈主要受到创业、发展与事业压力的影响；40~59岁的人群，专注事业之余，家庭生活也开始成为影响幸福感的重要因素；60岁及以上人群幸福感的来源则趋向于心态的平和与享受生活的状态，但是他们的幸福感却偏低。

(8) 尽管受访者都是事业有成的企业家，但是他们都表示家庭、事业、健康是幸福感的三大主要支柱，而财富并非是决定幸福水平的绝对要素。旅游、进修/读书、慈善公益是企业家热衷的排名前三的活动。九成企业家认为从事公益慈善活动可以带来更多的满足感。

(9) 管理大型企业的企业家，其社交圈满足感处于最高的状态。

(10) 所有影响企业家幸福感的因素中，“治理环境”与“自然环境”总体打分较低，这也是本次白皮书发现的两大问题。

(11) 近四成受访企业家表示对“治理环境不太关心”，他们更多着眼于实际。

(12) 相对于2011年，2012年超过一半（52.5%）的受访企业家认为自然环境恶化。

(13) 同时，近七成的受访企业家认为其所在城市的社会治安有所改善。绝大多数的受访企业家表示从未受到过真实的安全威胁（绑架、敲诈、恐吓等）。

(14) 作为高净值人群，中国的企业家群体具有大量财富管理需求。他们普遍对目前所接受的财富管理服务比较满意，但是没有达到非常满意的状态。在目前的家族财富管理需求上，企业家群体认为，“授人以鱼，不如授人以渔”，对子女的言传身教，和各种知识和技能的“传帮带”，要比只是安排好各类家族传承制度重要得多。

值得注意的是，调研团队表示，尽管本次调研的样本量较少，但是极具代表性。接受调研的企业家中，男性占比约71.3%，女性占比约28.7%。调研涉及管理不同规模企业的企业家，按照之前的划分，调研样本中，大型企业企业家占比约为13.2%，中型企业企业家占比约为26.8%，小型企业企业家占比约为28.9%，微型企业企业家占比约为31.1%。从区域分布上看，调研样本中企业家来自19个省（直辖市自治区）的共36个城市，其中一线城市样本量占比为6.5%，二线城市占比66.2%，三线城市占比27.3%。从行业覆盖方面看，接受调研的企业家来自制造业、工程机械、汽车、建筑建材、房地产、钢铁、冶金、能源、电子行业、信息通信、信息技术互联网、服务及咨询业、外贸、贸易、金融、纺织服装、化纤化工、餐饮业、食品加工、物流运输、医药医疗、农林牧渔、法律、印刷等共计24个行业。

资料来源：浙江在线-浙商网，2013-05-29.

第四章 生产与成本理论

开篇语

亚当·斯密在其名著《国富论》中根据他对一个扣针厂的参观列举了一个例子。他写道："一个人抽铁丝，另一个人拉直，第三个人截断，第四个人削尖，第五个人磨光顶端以便安装圆头；做圆头要求有两三道不同的操作；装圆头是一项专门的业务，把针涂白是另一项；甚至将扣针装进纸盒中也是一门职业。"

亚当·斯密认为，由于这种专业化，扣针厂每个工人每天生产几千枚针。他得出的结论是，如果工人选择分开工作，而不是作为一个专业工作者团队，"那他们肯定不能每人每天制造出20枚扣针，或许连一枚也造不出来"。换句话说，由于专业化，大扣针厂可以比小扣针厂实现更高人均产量和每枚扣针更低的平均成本。

亚当·斯密在扣针厂观察到的专业化在经济活动中普遍存在。例如，如果你想盖一个房子，你可以自己努力去做每一件事。但大多数人找建筑商，建筑商又雇佣木匠、瓦匠、电工、油漆工和许多其他工种的工人。这些工人专门从事某种工作，而且，这能让他们比作为通用型工人时做得更好。实际上，运用专业化实现规模经济是现代社会繁荣的一个原因。

第一节 短期生产函数

厂商理论研究的基本命题是生产者用最小的投入获得最大的产出。它包括两部分内容：一是从实物角度分析生产要素投入量和产出量之间的物质技术关系，这部分内容属于生产理论，即本章要介绍的内容；二是从价值及货币形态角度分析对应产量变动所消耗的一定数量的生产要素的变动情况，这部分内容属于成本理论，即下一章将要介绍的内容。

一、厂商及其组织形式

在西方经济学中，生产者也被称作厂商或企业，是指为了达到一定目的而从事商品生产或服务的单个经济决策单位。按所有者的多少和承担责任的大小，可以将企业分为以下三种组织形式。

（一）单人业主制企业

单人业主制企业也叫个人独资企业，是由单个人独资经营的厂商组织。由于出资人只有一个，并且法律没有注册资本的具体要求，因此单人业主制企业具有以下优点：（1）比较容易建立；（2）决策过程简单；（3）由于不具有法人资格，单人业主制企业只以个体工商户的名义缴纳个人所得税，而无须缴纳企业所得税。

单人业主制企业的缺点：（1）由于出资人和经营者是个体的自然人，因此往往在企业的发展决策中是个人说了算，决策不受限制；（2）由于没有注册资金的要求，出于对债权人的权益保障，我国法律规定单人业主制企业的所有者承担无限责任，即企业债务不因企业的消亡而终结，而应该由所有者及其家属继续偿还；（3）单人业主制企业注册时的所有者身故时，其所拥有的单人业主制企业也随所有者的死亡而结束。

（二）合伙制企业

合伙制企业是指两人以上合资经营的企业。相对单人业主制企业来说，合伙制企业仍然属于无限责任的企业。合伙制企业具有以下优点：（1）设立门槛低，容易建立；（2）有多个出资人，决策方式由出资人协商决定，所以决策方式多样化；（3）个别合伙人退出，其他合伙人仍可继续经营，企业继续存在；（4）不具有法人资格，因此只以个体工商户的名义交个人所得税，不交企业所得税。

合伙制企业的缺点：（1）因为有多个出资人，往往由于意见不一致导致难以形成统一意见；（2）所有者承担无限责任，不因企业的消亡而结束债务责任；（3）合伙人退出后企业虽能存续，但撤资会引起企业的资本短缺。

（三）公司制企业

公司制企业是指按《公司法》建立和经营的具有法人资格的厂商组织，通常包括有限责任公司、股份有限公司、国有独资企业、中外合资企业、中外合作企业等几种形式。公司制企业的优点：（1）所有者只以出资额为限承担有限责任；（2）因为有注册资金的要求，企业相对比较容易获得银行的贷款，筹资比较容易，筹资方式有银行借款、发行债券、发行股票等；（3）因为公司制企业通常委托有能力的职业经理人经营企业，出资人可以不直接参与企业管理，因此企业的管理不受所有者能力限制；（4）企业永远存在，不因出资人的身故而消亡。

二、生产者行为准则

按照西方经济学的传统理论，企业是追求利润最大化的。当然，有些企业为了追求长远利益，会忽略短期利润，但是不能因此就认为这些企业不是追求利润最大化的，其最终目标仍然是追求最大利润。基于厂商追求利润最大化的假定，生产者的行为准则是运用有限的资本，通过生产经营活动以取得最大的利润。利润是总收入（产出量与其价格之积）扣除总成本（使用的生产要素数量与其价格之积）之后的余额。即：

利润=收入-成本

生产是对各种生产要素进行组合以制成产品的行为。因此，具体到生产中，企业主要考察生产要素的投入与产出关系。所谓生产要素是指进行社会生产经营活动时所需要的各种社会资源，是维系国民经济运行及市场主体生产经营过程中所必须具备的基本因素。现代西方经济学将生产要素分为四大类：劳动力、土地、资本、企业家才能。随着科技的发展和知识产权制度的建立，技术、信息也将作为相对独立的要素投入生产。这些生产要素进行市场交换，形成各种各样的生产要素价格及其体系。

（一）短期和长期

经济学中，短期和长期的划分并非按照具体的时间长短，而是以生产者能否变动全部的要素投入数量作为标准。

短期（shout run）指生产者来不及调整全部生产要素投入数量，至少有一种生产要素投入数量是固定不变的时间周期。

长期（long run）指生产者可以根据环境的变化调整全部生产要素投入数量，对生产进行调整的时间周期。

（二）不变投入和可变投入

在短期和长期划分的基础上，相应地把投入要素分为不变投入和可变投入。

不变投入又称为固定投入，是指在所考察的时期内其数量不能改变的投入要素。不管产量如何变动，不变投入的数量都是固定的。例如厂房、机器设备、土地等。

可变投入是指在所考察的时期内其数量可以改变的投入要素。例如当产量变化时，工业生产过程中的直接生产工人、原材料、燃料等。

三、短期生产函数

（一）生产函数的概念

生产函数表示在一定时期内，在技术水平不变的情况下，生产中所用的各种生产要素的数量与所能生产的最大产量之间的关系。

若 Q 代表总产量，L、K、N、E 分别代表劳动、资本、土地、企业家才能，则生产函数的一般形式为：

$$Q=f\ (L、K、N、E)$$

在分析生产要素与产量的关系时，一般来说，以土地为代表的自然资源是既定的，企业家才能却难以估算。因此，生产函数又可以简化为：

$$Q=f\ (L、K)$$

这表明，在一定技术水平下，生产 Q 的产量，需要一定数量劳动与资本的组合。同样的，在劳动与资本的数量与组合为已知时，也可以推算出最大的产量。

根据概念，短期内至少有一种要素不能调整，因此若一种要素是可变的，另一种要素不变，则短期生产函数为：

$$Q=f\ (L、K_0)\ （劳动可变，资本不变）$$

$$或\ Q=f\ (L_0、K)\ （劳动不变，资本可变）$$

短期生产的主要问题是调整可变要素以达到与不变要素的最适比例，从而实现最大的产出。

(二) 总产量、平均产量和边际产量

1. 定义

(1) 总产量（Total Product，TP_L）：指与一定的可变要素劳动的投入量相对应的最大产量。公式：

$$TP_L=f\ (L)$$

(2) 平均产量（Average Product，AP_L）：是指平均每一单位可变要素劳动投入量所生产的产量。公式：

$$AP_L=\frac{TP_L}{L}$$

(3) 边际产量（Marginal Product，MP_L）：是指增加一单位可变要素投入量所增加的总产量。公式：

$$MP_L=\frac{\Delta TP_L}{\Delta L}$$

$$MP_L==\lim_{\Delta L\to 0}=\frac{\Delta TP_L}{\Delta L}=\frac{dTP_L}{dL}$$

当增量趋于零时，MP_L 是 TP_L 的导数。

根据以上的定义和公式，可以看出，总产量、平均产量和边际产量都是随劳动要素投入量的变动而变动，因为边际产量是总产量的导数，所以当边际产量大于零时，总产量将会上升；反之，当边际产量小于零时，总产量将会下降。平均产量和边际产量之间的关系则表现为：当边际产量大于平均产量时，平均产量继续增加；反之，当边际产量小于平均产量时，平均产量开始下降。下面以某企业短期内的要素投入及产出情况为例来进行说明。

案例 1

工人要素变化与产量变化关系

某企业用3台机床加工转盘，开始只雇佣1名工人，由于工人既要操作机床，又要进行必要的辅助工作，机床效率没有得到充分的发挥，日产量只有6件。当增加1名工人后，有1人做辅助工作，另外1人能够把大部分时间放在操作机床上，日产量增加至17件，人均8.5件，边际产量为11件。再增加1名工人后，就有2人操作2台机床，另外1人做辅助工作，日产量增加到31件，人均10.3件，边际产量为14件，再增加1名工人，就有3人操作3台机床，充分发挥了3台设备的效率，日产量增加到46件，人均11.5件，边际产量为15件，总产量以递增的速度增加。当增加到5人时，由于第5个人没有具体的分工，看哪个环节缺人就到哪儿帮忙，总产量虽然增加至60件，但边际产量却下降了。当增加到第6个人时，边际产量和平均产量相等，平均产量达到最大，总厂量继续上升。此后，随着劳动力不断增加，剩余时间越来越多，由于工人互相干扰，废品率也上升，结果平均产量不断下降，边际产量下降更快。直到总劳动力为9人时，总产量达到最大，边际产量降为0，总产量以递减的速度增加。若继续增加劳动力，便出现人浮于事、互相干扰的现象，废品率进一步增加，导致边际产量为负，平均产量继续下降，总产量也开始下降。

将案例中要素变化与产量的关系列在表4-1中（见表4-1），我们可以看到，短期内企业的资本投入量不变，始终是3台机床，而劳动投入量是不断增加的。随着劳动投入量 L 的增加，总产量 TP 先是递增，递增到86个以后，开始递减；边际产量 MP_L 也是随劳动投入量 L 的增加而先递增，递增到15个以后开始递减；平均产量 AP_L 也是随劳动投入量 L 的增加而先递增，递增到12个以后开始递减。这种产量随要素投入增加而先递增、后递减的现象称为边际收益递减规律。

表4-1　**总产量、平均产量和边际产量**

资本投入量（机床）K	劳动投入量 L	总产量 TP_L	边际产量 MP_L	平均产量 AP_L
3	1	6	6	6
3	2	17	11	8.5
3	3	31	14	10.3
3	4	46	15	11.5
3	5	60	14	12
3	6	72	12	12
3	7	81	9	11.5
3	8	86	5	10.8

续表

资本投入量（机床）K	劳动投入量 L	总产量 TP_L	边际产量 MP_L	平均产量 AP_L
3	9	86	0	9.6
3	10	80	-6	8

四、边际收益递减规律

边际收益递减规律是指在技术水平不变的情况下，当把一种可变的生产要素投入一种或几种不变的生产要素中时，最初这种生产要素的增加会使产量增加，当它的增加超过一定的限度时，增加的产量将要递减，最终还会使产量绝对的减少。

这一规律是前文消费选择理论中边际效用递减法则在生产理论中的应用，或其转化形态。

边际收益递减规律产生的原因是：在短期生产中，可变要素与不变要素之间在数量上都存在一个最佳配合比例，开始时，由于可变要素投入量小于最佳配合比例所需数量，随着可变要素投入量的逐渐增加，越来越接近最佳配合比例，此时，边际产量是呈递增的趋势。当达到最佳配合比例后，再增加可变要素 L 的投入，可变生产要素的边际产量就是呈递减趋势。例如案例 1 中 3 台机床搭配 4 个工人就是最佳技术比例，当劳动投入量低于 4 个的时候，随着劳动投入量的增加，增加的劳动投入量所产生的边际产量是递增的；当劳动投入量增加到 4 个以后，随着劳动投入量的继续增加，新增加的劳动投入量所产生的边际产量不仅没有增加反而减少了。

对边际收益递减规律的理解，需要注意以下几点：（1）边际收益递减是以其他生产要素投入不变，只改变一种生产要素的投入为前提的；（2）它以技术不变为前提，如果生产技术在要素投入改变的同时也发生改变，这一规律就会发生变化；（3）它是在某一要素的投入量增加到一定程度之后出现的；（4）它假定所有增加投入量的要素都是完全相同的，例如所有劳动者在技术、积极性等方面都没有差异，增加劳动的投入量所带来的产量的变化。

总产量、平均产量和边际产量之间的关系如下。

在总产量、边际产量、平均产量这三个指标中，边际产量是最先达到最高点的，当劳动投入量为 4 个时，边际产量最大，最大的边际产量是 15 个，之后边际产量开始下降。当劳动投入量为 6 个时，边际产量下降到 12 个，此时平均产量也是 12 个，即边际产量和平均产量相等，在两者相等以前，边际产量大于平均产量；两者相等以后，边际产量小于平均产量。原因是当边际产量大于平均产量时，新增加的边际产量会拉动平均产量继续递增；反之，当边际产量小于平均产量时，较小的边际产量会拉动平均产量开始递减。边际产量和平均产量相等以后，平均产量和边际产量都呈下降趋势，边际产量继续下降到 0，此时劳动投入量为 9 个，总产量达到最大，最大产量是 86 个。将上述随劳动投入量增加而变化的边际产量、平均产量和总产量的变动趋势描绘在坐标图中，如图 4-1 所示。

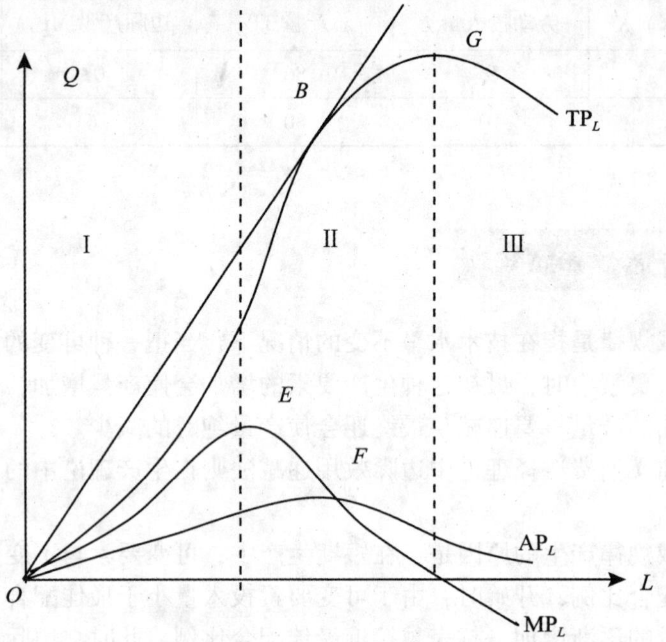

图 4-1　总产量、平均产量和边际产量的关系

从上图来看，TP_L，AP_L，MP_L 都是倒 U 形曲线。根据 MP 的变化规律，可以将一种生产要素增加所引起的产量变动分为三个阶段。

第一阶段：边际产量 MP_L 递增，总产量 TP_L 增加。

第二阶段：边际产量 MP_L 递减，产量 TP_L 增加。

第三阶段：边际产量 MP_L 为负，总产量 TP_L 开始减少。

（一）MP_L 与 TP_L 之间的关系

当 $MP_L>0$ 时，TP_L 继续增加；当 $MP_L=0$ 时，TP_L 达到最大；当 $MP_L<0$，TP_L 开始下降。如果连续增加生产要素，在总产量达到最大时，边际产量曲线与横轴相交。

为什么当 $MP_L=0$ 时，TP_L 达到最大值呢？用数学方法证明如下。

一阶条件：

$TP_L=f(L)$，$MP_L=dTP/dL$，

令 $dTP/dL=0$，即 $MP_L=0$。

所以当 $MP_L=0$ 时，TP_L 达到极值。

二阶条件：

$d^2TP_L/dL^2=dMP_L/dL$，

因为边际产量递减，所以 $dMP_L/dL<0$，

所以当 $MP_L=0$ 时，TP_L 达到极大值。

（二）MP_L 与 AP_L 之间的关系

当 $MP_L>AP_L$ 时，AP_L 继续增加；当 $MP_L<AP_L$ 时，AP_L 开始下降；当 $MP_L=AP_L$ 时，AP_L 达到最高点。边际产量曲线与平均产量曲线相交于 AP 曲线的最高点。

为什么当 $MP_L=AP_L$ 时，AP_L 达到最大值？用数学方法证明如下。

一阶条件：

$TP_L=f(L)$，$AP_L=TP_L/L$，$MP_L=dTP_L/dL$，

令 $dAP_L/dL=0$，

$$\frac{dAP_L}{dL}=\frac{L\times dTP_L/dL-TP_L}{L^2}=\frac{L\times MP_L-L\times AP_L}{L^2}=\frac{MP_L-AP_L}{L}=0$$

即 $MP_L-AP_L=0$，$MP_L=AP_L$，

所以当 $MP_L=AP_L$ 时，AP_L 达到极值。

五、一种生产要素的合理投入区域

在考察一种生产要素的合理投入区域时，根据三种产量和要素投入量之间的关系，以 AP_L 曲线的最高点，及以 $MP_L=0$ 为界，将要素投入量 L 的范围划分为三个阶段（见图 4-2）：第一个阶段（$MP_L>AP_L$），平均产出递增，生产的规模效益表现出来；第二个阶段（$AP_L>MP_L\geqslant 0$），平均产出递减，总产出增速放慢；第三个阶段（$AP_L>MP_L$，且 $MP_L<0$），边际产出为负，总产出绝对下降。下面来分析一下，一种生产要素的合理投入区域是在哪一个阶段。

第Ⅰ阶段，产量曲线的特征为：劳动的平均产量始终是上升的，且达到最大值；劳动的边际产量上升达到最大值后，开始下降，但劳动的边际产量始终大于劳动的平均产量；劳动的总产量始终是增加的。

在这一阶段，不变要素资本的投入量相对过多，生产者增加可变要素劳动的投入量是有利的，此时不变要素和可变要素还没有达到最佳的配合比例。换句话说，生产者只要增加可变要素的劳动投入量，就可以较大幅度地增加总产量。因此，任何理性的生产者都不会在这一阶段停止生产，而是连续增加可变要素劳动投入量，以增加总产量，并将生产扩大到第Ⅱ阶段。

第Ⅱ阶段：可变生产要素的平均产量下降，边际产量呈下降趋势，直至为零，但就整体而言，边际产量仍为正值，说明新增的劳动投入量仍然能为企业创造产出；尽管总产量的增速放缓，但仍在继续增加，直至达到最大值。在这一阶段，考察总产量的增加状况，生产者增加可变要素的投入量是有利的。

第Ⅲ阶段：可变要素的边际产量转为负值，说明新增的劳动投入量已经不能创造更多产出，因此总产量随着劳动投入的增加而下降。从图 4-2 中可以看出：生产者减少可变要素的投入量才是有利的。

由此可见，任何理性的生产者既不会将生产停留在第Ⅰ阶段，也不会将生产扩张到第Ⅲ阶段，所以，生产只能在第Ⅱ阶段进行。

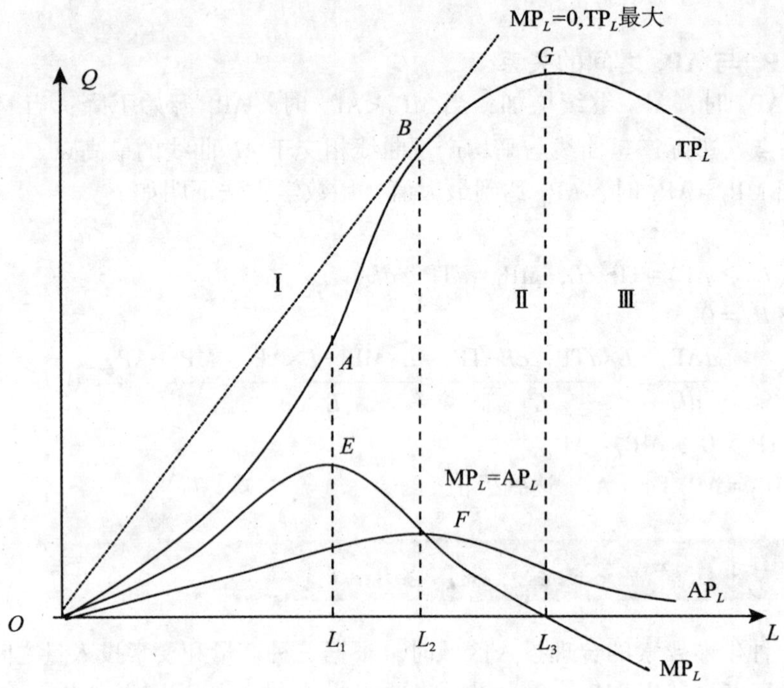

图 4-2　一种生产要素的合理投入区域

在生产的第Ⅱ阶段，生产者可以得到由第Ⅰ阶段增加可变要素投入所带来的全部好处，又可以避免将可变要素投入增加到第Ⅲ阶段所带来的不利影响。因此，第Ⅱ阶段是生产者进行短期生产的决策区。

在第Ⅱ阶段的起点处，劳动的平均产量曲线和劳动的边际产量曲线相交，即劳动的平均产量达最高点。在第Ⅱ阶段的终点处，劳动的边际产量曲线与水平轴相交，即劳动的边际产量等于零。

结合案例 1，劳动投入量应该为 6~9，请读者想一想，在决定聘请几个工人的时候，企业除了要考虑产出外，还要考虑哪些因素呢？

第二节　长期生产函数

长期生产函数相对于短期生产函数来说，最大的特点是所有的要素都能得到调整，即所有的要素都是可变要素，没有不变要素。前文曾经介绍过经济学将资源分为劳动、资本、土地、企业家才能这四类为了简化问题，下面以两种可变要素（资本 K、劳动 L）的生产函数来研究长期生产问题。那么长期生产函数为：

$$Q = f(L、K)$$

两种可变要素投入下，如何使要素投入量达到最优组合，使生产一定产量下的成本最小，或使用一定成本时的产量最大？要解决这一问题，先要了解等产量线、等成本线、边际技术替代率等相关概念。

一、等产量线

（一）等产量线的概念

等产量线是在技术水平不变的条件下，生产同一产量的两种生产要素投入量的各种不同组合的轨迹，即两种生产要素的不同数量组合可以带来相等产量的一条曲线。

比如传统的流水生产线，每个环节通常都需要一个工人，这样的生产要素组合属于较少的资本投入和较多的劳动投入；如果引进机械设备来代替部分或者全部生产环节的工人，则变成较多的资本投入和较少的劳动投入。通常，要完成既定的产量 Q^0，可以采取不同的要素组合方式，如表 4-2 所示。

表 4-2　**既定产量下生产要素的组合方式**

组合方式	资本 K	劳动 L	产量 Q
a	6	1	Q^0
b	3	2	Q^0
c	2	3	Q^0
d	1	6	Q^0

将表 4-2 中的数据描绘在以 L 为横轴、K 为纵轴的坐标图中，等产量曲线上任何一点所表示的资本与劳动不同数量的组合，都能生产出相等的产量，如图 4-3 所示。

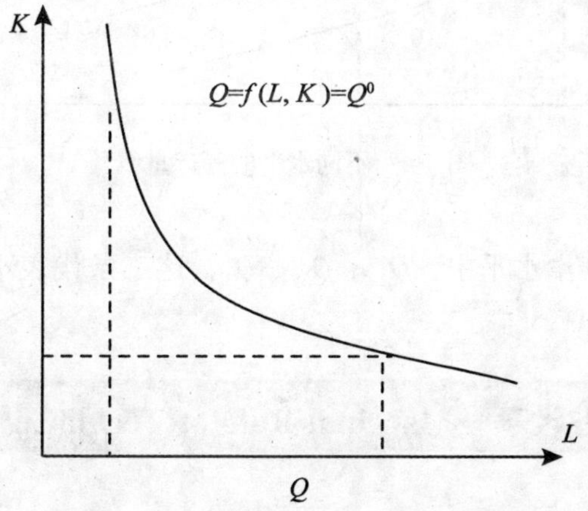

图 4-3　两种要素不同组合下的等产量线

（二）等产量线的特征

等产量线具有以下三个特征。

第一，等产量曲线是一条向右下方倾斜且凸向原点的曲线，斜率为负。这就说明要实现同样的产量，增加一种要素的同时就必须减少另一种要素。否则，如果同时增加两种要素就会增加产量，同时减少两种要素则会减少产量。也就是说，企业要实现既定的产量，要么以资本代替劳动，要么以劳动代替资本，这样，横轴的 L 和纵轴的 K 必然是此增彼减的，那么等产量曲线必然是凸向原点且向右下方倾斜。

第二，在同一平面上，可以有无数条等产量线，同一条等产量线代表相同的产量，不同的等产量线代表不同的产量水平。与无差异曲线相似，等产量曲线与坐标原点的距离大小表示产量水平的高低，离原点越近的等产量线代表的产量水平越低，离原点越远的等产量线代表的产量水平越高。

第三，在同一平面上，任意两条等产量线不会相交。这是因为不同的等产量线代表不同的产量水平，如果两条等产量线相交了，交点处代表相同的产量水平，即同一要素组合产生了两个不同的产量，这就和前文等产量线的特征相互矛盾。

下面通过不同水平的等产量线进一步说明等产量线的特征（见图 4-4）。

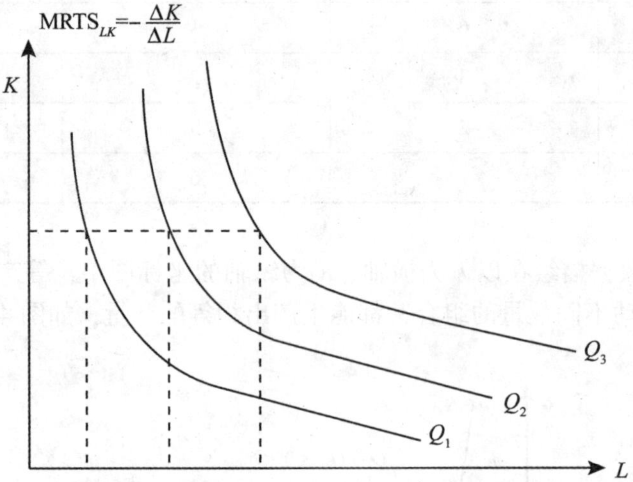

图 4-4　不同水平的等产量线

显然，三个不同的产量水平中，$Q_1 < Q_2 < Q_3$，这三条代表不同产量水平的曲线显然是不可能相交的。

二、边际技术替代率（Marginal Rate of Technical Substitution，MRTS）

（一）边际技术替代率的含义

边际技术替代率是指在保持产量水平不变的前提下，增加一单位某种要素的投入量而必须减少的另一种要素的投入量。它是与等产量曲线相联系的一个概念。

从等产量线的概念及特征可以看出，要实现同样的产量，可以有不同的要素组合。这就意味着，生产者可以通过两要素之间的相互替代，来维持一个既定的产量水平。例如，要实现既定的产量 Q_0，生产者可以投入更多的资本和更少的劳动，这种模式属于生产密集型；也可以投入更多的劳动和更少的资本，这种模式属于劳动密集型。到底采用哪种生产模式，主要取决于劳动和资本的价格，因为追求利润最大化的企业在产出既定的情况下一定会采用成本更低的方式来生产。

劳动 L 对资本 K 的边际技术替代率公式为：

$$\mathrm{MRTS}_{KL}=-\frac{\Delta L}{\Delta K}$$

式中，ΔK 分别表示资本投入量的变化量，ΔL 表示劳动投入量的变化量。公式中加一个负号是为了使 MRTS_{KL} 在一般情况下为正值，以便于比较。因为劳动和资本是相互替代的，即劳动和资本是一增一减的，那么劳动的变化量 ΔL 和资本的变化量 ΔK 必然是一正一负，在公式前面加一个负号，就变成正值了。

同样的，资本 K 对劳动 L 的边际技术替代率公式为：

$$\mathrm{MRTS}_{KL}=-\frac{\Delta L}{\Delta K}=-\frac{\mathrm{MP}_K}{\mathrm{MP}_L}$$

在上面的边际技术替代率公式中，如果要素投入量的变化量为无穷小，即 $\Delta L\to 0$ 时，则相应的边际技术替代率公式为：

$$\mathrm{MRTS}_{KL}=-\frac{dK}{dL}$$

反之，当 $\Delta K\to 0$ 时，

$$\mathrm{MRTS}_{KL}=-\frac{dL}{dK}$$

显然，等产量曲线上某一点的边际技术替代率 = 等产量曲线该点斜率的绝对值。

（二）边际技术替代率与边际产量的关系

边际技术替代率可表示为两种要素的边际产量之比。这是因为，要想实现既定的产量，增加劳动投入量所带来的总产量的增加量必须等于减少资本的投入量所导致的总产量的减少量。比如，增加 1 个单位的劳动投入能增加 5 个单位的产量，假设劳动对资本的替代率为 2，那就意味着减少两个单位的资本才会减少 5 个单位的产量。即：

$$|\Delta L\cdot \mathrm{MP}_L|=|\Delta K\cdot \mathrm{MP}_K|$$

将上式整理可得：

$$\mathrm{MRTS}_{LK}=-\frac{\Delta K}{\Delta L}=-\frac{\mathrm{MP}_L}{\mathrm{MP}_K}$$

或者资本对劳动的边际技术替代率为：

$$\mathrm{MRTS}_{KL}=-\frac{dL}{dK}$$

（三）边际技术替代率的递减规律

当一种生产要素的投入量不断增加时，每一单位的这种生产要素所能替代的另一种生

产要素的数量越来越少，这称为边际技术替代率递减规律。

正是因为边际技术替代率递减规律的普遍存在，所以等产量曲线凸向原点。

边际技术替代率递减的主要原因是：任何一种产品的生产技术都要求各要素投入之间有适当的比例，这意味着各要素之间的替代是有限的。超过这个适度比例后，继续用一种要素去替代另一种要素，不仅不会增加总产量，反而会减少总产量。边际技术替代率递减如图 4-5 所示。

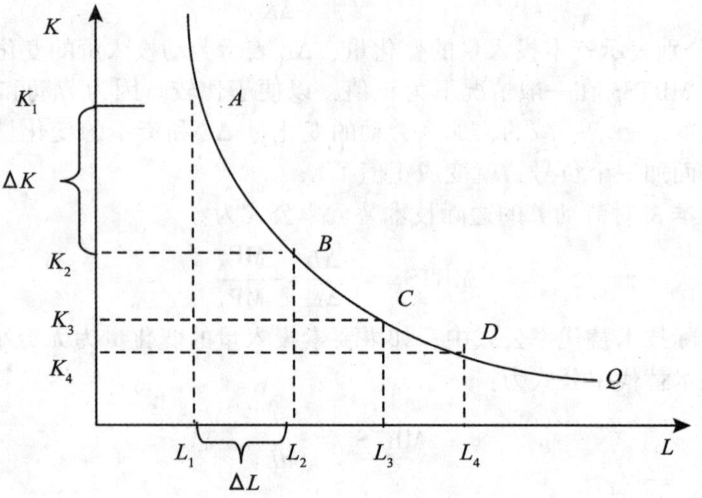

图 4-5　边际技术替代率递减

三、等成本线

（一）等成本线的含义

等成本线又称企业预算线，它是一条表明在生产者的成本与生产要素价格既定的条件下，生产者所能购买的两种生产要素数量的最大组合的线（见图 4-6）。

假定要素市场上既定的劳动价格——工资率为 P_L，既定的资本价格——利率为 P_K，厂商的成本为 C，则厂商的成本为：

$$C=P_L\times L+P_K\times K$$

全部成本都投入劳动中，则意味着资本投入量 K 为 0，劳动的投入量 $L=C/P_L$；

全部成本都投入资本中，则意味着劳动投入量 L 为 0，资本的投入量 $K=C/P_K$。

当然，这样极端的情况很少见，一般情况下，企业会进行要素组合，投入一部分成本到资本中，一部分成本到劳动中。

从图 4-6 中可以看出，等成本线的斜率始终为负数。在成本既定的情况下，每增加一个单位的 L 投入，就得减少（P_L/P_K）个单位的 K 的投入。则：

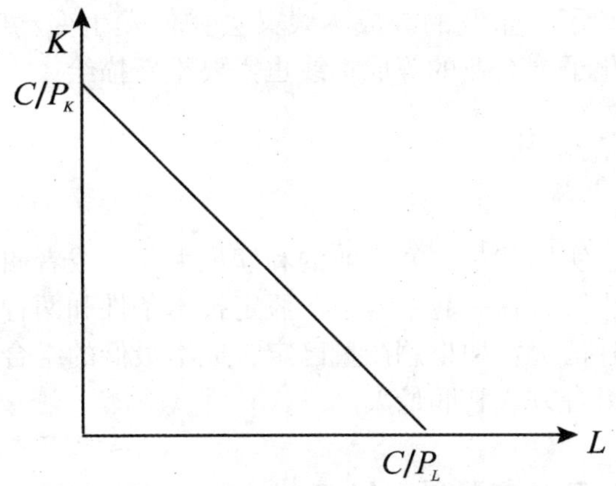

图 4-6　等成本线

$$\text{等成本线的斜率}=-\frac{OK}{OL}=-\frac{\frac{C}{P_K}}{\frac{C}{P_L}}=-\frac{P_L}{P_L}$$

（二）等成本线的变动

类似于消费者预算线，当消费者收入增加时预算线会往外移动，消费者收入减少时预算线会往内移动。等成本线也不是一成不变的，企业也会根据自身的财富积累以及市场状况来调整要素的投入数量，同样的，我们也可以在同一坐标平面上作出不同规模的等成本曲线（见图 4-7）。

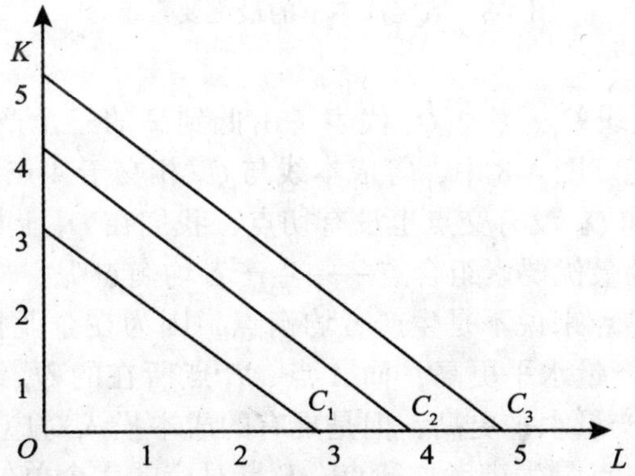

图 4-7　不同规模的等成本线

图 4-7 给出了不同规模下的三条等成本曲线 C_1、C_2、C_3。其中离原点最近的等成本线是 C_1，代表的成本水平是最低的；离原点最远的等成本线是 C_3，代表的成本水平是最高的。当要素价格不变的时候，不同规模的等成本线是平行的往内收缩或者往外扩张。

当要素价格发生变动了，企业的等成本线又会如何发生变动呢？假设资本的价格不变，劳动的价格发生变化了，企业的等成本线也需要重新描绘。

四、最优要素组合

研究最优要素组合，实质就是研究企业的利润最大化，或者叫生产者均衡，这就需要把的等产量线和等成本线结合在一起来考察。假定技术条件和两种要素的价格都不变，最优要素组合通常包含两种情况：如果总产量已定，成本最低的组合方式利润最大；如果总成本已定，产量最高的组合方式利润最大。

（一）成本既定条件下的产量最大化

成本 C 既定，劳动和资本的价格也既定，产量最大的组合为最优要素组合。把企业的等产量线和相应的等成本线画在同一个平面坐标系中，就可以确定企业的最优要素组合（见图 4-8），即生产的均衡点。

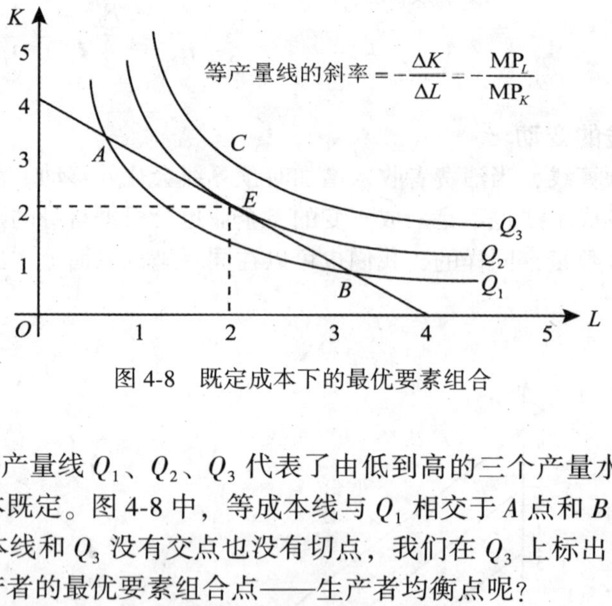

图 4-8　既定成本下的最优要素组合

在图 4-8 中，等产量线 Q_1、Q_2、Q_3 代表了由低到高的三个产量水平，只有唯一的一条等成本线表示成本既定。图 4-8 中，等成本线与 Q_1 相交于 A 点和 B 点，等成本线和 Q_2 相切于 E 点，等成本线和 Q_3 没有交点也没有切点，我们在 Q_3 上标出 C 点。A、B、C、E 这四个点哪个是生产者的最优要素组合点——生产者均衡点呢？

A 点和 B 点相对于 E 点来说不是生产者均衡点，因为在企业投入成本既定的情况下，E 点所在的 Q_2 线代表的产量水平更高，而 A 点、B 点所在的 Q_1 线代表的产量水平较低。C 点所在的 Q_3 线代表的产量水平更高，但是现有的成本投入对应的生产规模无法实现 Q_3 这个产量。因此，只有 E 点是生产者均衡点，E 点对应的 2 个单位的资本和 2 个单位的劳动投入是最优要素组合点。在等产量线与等成本线的相切点 E 点上，等产量线的斜率正好等于等成本线的斜率。

关于成本既定时，产量最大组合为生产者均衡的数学说明如下。

当 $\frac{MP_L}{P_L}>\frac{MP_K}{P_K}$ 时，增加 L 的投入，减少 K 的投入，总产量 TP 会增加；反之，增加 K

的投入，减少 L 的投入，总产量 TP 会减少。

当 $\frac{MP_L}{P_L}<\frac{MP_K}{P_K}$ 时，增加 K 的投入，减少 L 的投入，总产量 TP 会增加；反之，增加 L 的投入，减少 K 的投入，总产量 TP 会减少。

当 $\frac{MP_L}{P_L}=\frac{MP_K}{P_L}$ 时，变动投入组合方式，总产量 TP 只会减少不会增加。

（二）产量既定条件下的成本最小化

产量 Q 既定，劳动和资本的价格也既定，成本最小的组合为最优要素组合。把企业的等产量线和相应的等成本线画在同一个平面坐标系中，就可以确定企业的最优要素组合，即生产的均衡点。

关于产量既定条件下，成本最小为最优要素组合的绘图及数学解释同上。

（三）生产者均衡的条件

等产量曲线斜率的经济含义是两种生产要素的边际产量之比。

从前文的分析可以得出结论：等产量线和等成本线相切时的点为最优要素组合点，即在达到生产者的最优要素组合时，等产量线的斜率等于等成本线的斜率。生产者均衡或两种要素最优组合的条件是：

$$\frac{MP_L}{P_L}=\frac{MP_K}{P_K}\text{（均衡条件）}$$

$$P_L\cdot L+P_K\cdot K=C\text{（约束条件）}$$

或者，也可以写成：

$$\text{等成本线的斜率}=-\frac{P_L}{P_K}$$

这就表示，为了实现既定产量条件下的最小成本，企业应该通过对两要素投入量的不断调整，使花费在每一种要素上的最后一单位的成本支出所带来的边际产量相等。同理，要想实现既定成本下的最大产量，企业也要通过调整两种要素从而实现最大的产量。

第三节　成本和利润

一、成本

（一）机会成本与生产成本

生产一单位的某种商品的机会成本是指生产者所放弃的使用相同的生产要素在其他生产用途中所得到的最高收入。生产一单位某种商品的生产成本则是指生产过程中投入的各种生产要素的总成本。例如，当一个厂商决定投资 1000 万元用于发电，厂商需要购买原油、发电设备等生产要素若干，这些要素的成本就是生产成本。若这 1000 万元除了投资发电还可以有其他不同的用途，如制造化纤品或投资其他领域，假定投资化纤的收入是各种产品中收入最高的，则用 1000 万元投资发电的机会成本就是同一笔资金投资化纤产品的收入。

由此可见机会成本更多的是经济学家的思维，生产成本更多的是生产企业考虑的问题。利用机会成本概念进行经济学问题分析时要注意三个问题：第一，机会成本不等于实际成本，它不是作出某项选择时实际支付的费用或损失，而是一种观念上的成本或损失；第二，机会成本是作出一种选择时所放弃的其他若干种可能的选择中最好的一种；第三，不仅在生产问题上有机会成本，在消费问题上、在时间利用上等都有一个机会成本问题。

我们做出任何决策时都要考虑收益大于或至少等于机会成本。如果机会成本大于收益，则这项决策从经济学的观点看就是不合理的。

（二）显性成本和隐性成本

企业的生产成本包括显性成本与隐性成本两个部分。显性成本是指厂商在生产要素市场上购买或租用所需要的生产要素的实际支出，这些支出是在会计账目上作为成本项目记入账上的各项费用支出。它是一般会计学上的成本概念，包括厂商支付所雇佣的管理人员和工人的工资，所借贷资金的利息，租借土地、厂房的租金以及用于购买原材料或机器设备、工具和支付交通能源费用等支出的总额，即厂商对投入要素的全部货币支付。

隐性成本是对厂商自己拥有的并且被用于该企业生产过程的那些生产要素所应支付的费用。这些费用并没有在企业的会计账目上反映出来，所以称为隐性成本。例如厂商将自有的房屋建筑作为厂房，在会计账目上并无租金支出，不属于显性成本。但从机会成本角度看，隐性成本必须按照企业自有生产要素在其他最佳用途中的收入来支付，否则厂商会把自有资产转移到其他用途进而赚取更大的利益。

（三）增量成本和沉没成本

增量成本是指一项经济活动所引起的总成本的增加量，如增加投资必然带来总成本增加。我们应该认识到，对于一个运营中的企业来说，它在做决策时，必须考虑实际情况。现实条件可能有利于某一可选方案，“自制与外购”决策就是一个通常的例子。假定我们现在正在考虑将一个外购项目改为自制，并判断其可能性，那么非常重要的一点是我们是否有能力这样做？如果采用自制的方法，那么制造这个项目的增量成本将包括下列几项：劳力和材料的直接成本，动力和物质及其他实际净增量成本。机器、建筑物和进行监督管理的行政人员原来就有，如果生产这个项目，也不会因之改变。所以，我们绝不敢将平均制造成本这个会计师所运用的概念作为决策的基础，而只需考虑净增量成本。如果可利用的生产能力现在还不存在，那么净增量成本就必须包括为提供这些必需的生产能力而投资的成本。反之，如果我们计划将现在自制的某一项目改为购买，那么，我们就不能忽视这个项目的平均制造成本。建筑物和进行监督管理的行政人员并不因为将此项目改为外购而消失，因此，在通常情况下，所减少的增量成本要比平均制造成本低得多。

沉没成本也叫沉淀成本，是指已经发生而无法收回的费用。沉没成本是管理会计中的一个术语，主要用于项目的投资决策。沉没成本是一种历史成本，对现有决策而言是不可控成本，不会影响当前行为或未来决策。从这个意义上说，在投资决策时应排除沉没成本的干扰。

人们在决定是否去做一件事情的时候，不仅要看这件事对自己是否有好处，而且也要看是否已经在这件事情上有过投入，把这些已经发生不可收回的支出，如时间、金钱、精力等称为沉没成本。对企业来说，沉没成本是企业在以往的经营活动中已经支付的现金，而在现在或将来经营期间摊入成本费用的支出。因此，固定资产、无形资产、递延资产等均属于企业的沉没成本，这些成本不能计入生产成本和价格之中。

沉没成本是经济界最棘手的难题之一，处理不好很容易导致两种误区：害怕走向没有效益产出的“沉没成本”而不敢投入；对“沉没成本”过分眷恋，继续原来的错误，造成更大的亏损。

实际工作中，常常发生这样的事情：（1）策划或决策失误；（2）前期调研、评估、论证工作准备不足，造成中途出问题而无法进行下去；（3）有良好的策划、计划，但执行中偏离轨道，最终事与愿违；（4）执行中发现存在问题，但没有及时调整策略、方案而是一意孤行；（5）危机处理能力不足或措施不当，使事态扩大及蔓延。发生上述情况时，人们往往会对因为过去的决策造成大量设备积压、闲置，“大马拉小车”现象产生一定的心理负担，随之而来的相关决策，总是希望“能多少挽回点损失”。这是可以理解的，但最终的结果可能会事与愿违，甚至在错误决策的道路上越走越远。实际上，在“是否继续使用”的决策上，过去的采购成本已经作为沉淀成本的形式“固定下来”了，不会随未来决策的改变而改变，在制定决策时可以不予考虑。但在这些资产是否继续使用的决策里，必须注意到相关的成本仍会发生，如运营费用、维护费用等。因此，事关“未来”的决策一定要“向前看”，而不是“向后看”。

与对于机会成本“斤斤计较”的态度相反，经济学家主张对沉没成本采取“随它去”的超脱态度，“沉淀成本已经沉没”，“过去的就让它过去吧”。

二、利润

这里介绍三个关于利润的概念：会计利润、经济利润、正常利润。

（一）会计利润

会计利润，是指企业的总收益减去企业的会计成本，这里的会计成本仅仅是成本中的一部分——显性成本。

（二）经济利润

经济利润，是指厂商的总收益和总成本之间的差额。这里的总成本是包含了显性成本和隐性成本两部分的。厂商所追求的最大利润，指的就是最大的经济利润，经济利润也被称为超额利润。因此，经济学中的利润概念与会计学中的利润概念也不一样。由前文可知，隐性成本本质上是稀缺资源投入任一种用途中所能得到的正常的收入，如果在某种用途上使用经济资源所得的收入还抵不上这种资源正常的收入，该厂商就会将这部分资源转向其他用途以获得更高的报酬。

（三）正常利润

正常利润，是指厂商对自己所提供的企业家才能的报酬的支付。西方经济学中通常将隐性成本称为正常利润。

将会计利润再减去隐性成本，就是经济学中的利润概念，即经济利润。企业所追求的利润就是最大的经济利润。在西方经济学中经济利润对资源配置和重新配置具有重要意义。如果某一行业存在着正的经济利润，这意味着该行业内企业的总收益超过了机会成本，生产资源的所有者将要把资源从其他行业转入这个行业中。因为他们在该行业中可能获得的收益，超过该资源的其他用途。反之，如果一个行业的经济利润为负，生产资源将要从该行业退出。经济利润是资源配置和重新配置的信号。

第四节　短期总成本曲线

一、短期不变成本、可变成本和总成本

在短期内，厂商的成本可以分为以下三种。

1. 总不变成本（Total Fixed Cost，TFC）

总不变成本是指那些短期内无法改变的固定投入所带来的成本，这部分成本不随产量的变化而变化。一般包括厂房和资本设备的折旧费、地租、利息、财产税、广告费、保险费等项目支出。即使在企业停产的情况下，也必须支付这些费用。

2. 总可变成本（Total Variable Cost，TVC）

总可变成本是指短期内可以改变的可变投入的成本，这部分成本随产量的变化而变化。如原材料、燃料、动力支出、雇佣工人的工资等。当产量为零时，变动成本也为零，产量越多，变动成本也越多。

3. 总成本（ Total Cost，TC）

总成本是指短期内生产一定产量所付出的全部成本，厂商总固定成本与总变动成本之和。由于 TVC 是产量的函数，因此 TC 也是产量的函数。

只有在短期内，将成本分为固定成本和可变成本才是有意义的，因为在长期中，所有的成本都是可变成本。表 4-3 表示了短期内某生产者生产过程中固定成本、可变成本、总成本随着产量变化的关系（见表 4-3）。产量从 0 到 7 的增长过程中，固定成本始终保持在 12，而可变成本先递减性上升再递增性上升，总成本的变动趋势和总可变成本变动趋势是一样的。

表 4-3　　　　　　　　　　　　**短期内的各种生产成本**

产量	短期总固定成本	短期总可变成本	短期总成本
0	12	0	12
1	12	6	18
2	12	8	20
3	12	9	21
4	12	10. 5	22. 5
5	12	14	26
6	12	21	33
7	12	31	43

这三个成本概念之间的关系为 TC（Q）= TFC+TVC（Q）。如果在坐标平面上表示这三条成本线，它们的相对关系如图 4-9 所示。

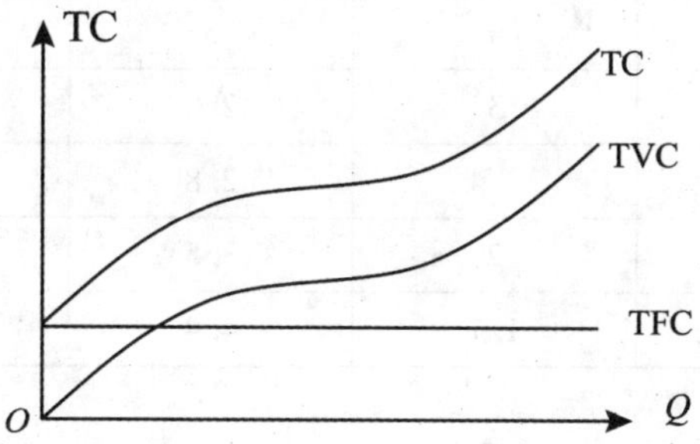

图 4-9　TC、TFC、TVC 曲线

二、短期平均成本与边际成本

平均总成本（Average Total Cost，ATC）是指厂商短期内平均生产每一单位产品所消耗的全部成本。在数值上，平均成本等于总成本除以产品数量。平均成本是企业中广泛使用的概念，通过比较平均成本和平均收益就可以知道企业是否获利。平均成本分为两个部分：平均不变成本和平均可变成本。其中平均不变成本（Average Fixed Cost，AFC）是指厂商短期内平均生产每一单位产品所消耗的固定成本。

可用公式表达为：$AFC=\dfrac{TFC}{Q}$。

平均可变成本（Average Variable Cost，AVC）是指厂商短期内生产平均每一单位产品所消耗的总变动成本。

可用公式表达为：$AVC=\frac{TVC}{Q}$。

除了总成本、平均成本概念之外，在经济学中还有一个非常重要的概念就是边际成本。边际成本（Marginal Cost，MC）是指厂商在短期内增加一单位产量所引起的总成本的增加。

可用公式表达为：$MC=\frac{\Delta TC}{\Delta Q}$，当 $\Delta Q \to 0$ 时，$MC=\lim_{\Delta Q\to 0}\frac{\Delta TC}{\Delta Q}=\frac{dTC}{dQ}$。

从公式可知：MC 是 TC 曲线上相应点的切线的斜率。我们可以从表 4-3 中的数据进一步算出 AVC、AFC、AC、MC 的结果，如表 4-4 所示。

表 4-4　　　　　　　　　　　**平均成本和边际成本**

产量	总成本	平均固定成本	平均可变成本	平均成本	边际成本
0	12	—	—	—	—
1	18	12	6	18	6
2	20	6	4	10	2
3	21	4	3	7	1
4	22.5	3	2.6	5.6	1.5
5	26	2.4	2.8	5.2	3.5
6	33	2	3.5	5.5	7
7	43	1.7	4.4	6.1	10

把这些结果描绘在一个坐标系上，可以看出它们变动的规律，如图 4-10 所示。

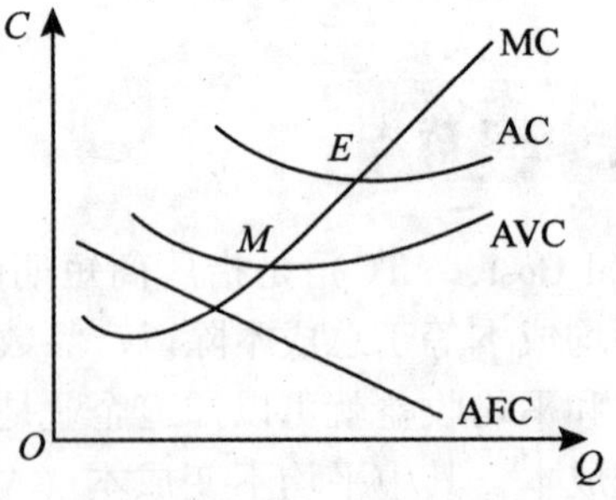

图 4-10　AFC、AVC、AC 和 MC 曲线

平均可变成本初期随着产量增加而不断下降，产量增加到一定量时，AVC 达到最低点，而后随着产量继续增加，开始上升。最低点的确定可以从原点引一条射线与 VC 相切，切点的左边，总可变成本增长慢于产量增长，因此 VC/Q 的值是下降的。在切点的右边，总可变成本快于产量增长，因此 VC/Q 的值是上升的。在切点对应的产量上，平均可

变成本达到最低点。

平均成本初期随着产量的增加，不断下降，产量增加到一定量时，ATC 达到最低点，而后随着产量的继续增加，ATC 开始上升。最低点的确定方法为从原点引一条射线与 TC 相切，切点的左边，总可变成本增长慢于产量增长，因此 TC/Q 的值是下降的。在切点的右边，总可变成本快于产量增长，因此 TC/Q 的值是上升的。在切点对应的产量上，平均总成本达到最低点。

这里 ATC 与 AVC 的变动规律相同，但有两点不同要特别注意。第一，ATC 一定在 AVC 的上方，两者的垂直距离永远是 AFC。当 Q 无穷大是，ATC 与 AVC 无限接近，但永不重合，不相交。第二，ATC 与 AVC 最低点不在同一个产量上，而是 ATC 最低点对应的产量较大。即 AVC 已经达到最低点并开始上升时，ATC 仍在继续下降，原因在于 AFC 是不断下降的。只要 AVC 上升的数量小于 AFC 下降的数量，ATC 就会继续下降。

最后边际成本曲线是总成本曲线上相应点的切线的斜率。MC 随着产量的增加，初期迅速下降，很快降至最低点，而后迅速上升，上升的速度快于 AVC、ATC。MC 的最低点在 ATC 由递减上升转入递增上升的拐点的产量上。

由于 TC=FC+VC，而 FC 始终不变，因此 MC 的变动与 FC 无关，MC 实际上等于增加单位产量所增加的可变成本。

$$MC=\frac{dTC}{dQ}=\frac{dVC}{dQ}$$

同类型的短期成本曲线相互之间的关系体现在以下几个方面。第一，边际成本先下降，尔后逐渐上升。第二，如果边际成本小于全部产量的平均成本，引起平均成本下降；如果边际成本大于全部产量的平均成本，引起平均成本上升。比如，平均成本如同你前面所学课程的总平均成绩，边际成本如同你新要考试课程的成绩。如果新要考试课程的成绩高于所学课程的平均成绩，必然会引起你的汇总平均成绩上升，反之，就会引起你的汇总平均成绩的下降。第三，边际成本线在上升阶段穿过平均成本最低点。

案例 2

刚过去的那几小时的运输成本是多少

某铁路区段过去一年内运货 10 万吨，每年折旧和贷款利息在内的全部成本 100 万元。我们可得出每运出一吨货的成本是 10 元，这就是平均成本的概念。这种方法被广泛运用在计划经济中，重要依据是过去的事物，并不反映当前的情况。一吨货的成本是 10 元，刚过去的那几小时的运输成本是多少？这就是边际成本，即每增加一单位的产量所增加的成本。这个案例中的平均成本只包括直接与运量有关的成本，如工资、材料、电力等。随着边际分析方法的不断发展，人们进一步懂得了使用边际成本的概念，在结合目前形势下的某些特点就可以更科学地对未来加以预测。案例中如果该区段铁路的运输能力已达饱和，再增加运量已无可能，除非要进行一些重大的技术改造，例如改用大马力的机车、加固路基等，如果这样做铁路运输的边际成本就会提高。这个例子说明边际成本的概念是时时分析，比平均分析更能提供有用的信息。

运用边际成本分析方法对工矿企业的产量决定有着重大意义。当产量很低时，再多生产一件产品的成本呈下降趋势；当产量增加时，边际成本由降变升；当产量超过设计能力时，边际成本急剧上升。案例中铁路运输的边际成本就符合这一规律。我国著名经济学家茅于轼说："我国大多数企业领导和会计师还不懂得边际成本的意义，更谈不上对边际成本曲线有什么研究。如果能改变这一局面，全国每年多创造几十亿利润是毫不费劲的事。"

资料来源：http：//www. docin. com/p-1407102266. html.

三、短期产量曲线与短期成本曲线之间的关系

（一）平均产量与平均可变成本的关系

第一，AP_L与 AVC 成反比。当 AP_L递减时，AVC 递增；当 AP_L递增时，AVC 递减；当 AP_L达到最大值时，AVC 最小。因此 AP_L曲线的顶点对应 AVC 曲线的最低点。如图 4-13 所示。

第二，MC 曲线与 AVC 曲线相交于 AVC 的最低点。由于产量曲线中 MP_L曲线与 AP_L曲线在 AP_L曲线的顶点相交，所以 MC 曲线在 AVC 曲线的最低点与其相交。

（二）边际产量与边际成本的关系

由 MC 的定义得：

$$MC=\frac{d\mathrm{TC}}{dQ}=\frac{d\left(W\cdot L(Q)+r\cdot \bar{k}\right)}{dQ}=w\cdot\frac{dL(Q)}{dQ}+0,$$

又因为 $MP_L=\dfrac{dQ}{dL(Q)}$，

所以 $MC=w\cdot\dfrac{1}{MP_L}$。

由上面的式子我们可以得到以下几个结论。第一，MC 与 MP_L成反比，二者的变动方向相反。由于 MP_L曲线先上升，然后下降，所以 MC 曲线先下降，然后上升，MC 曲线的最低点对应 MP_L曲线的顶点。

第二，从上式可看出，生产函数与成本函数存在对偶关系，可以由生产函数推导出成本函数。结合 MP 与 MC 的关系可知：当 TP_L曲线以递增的速度上升时，TC 曲线和 TVC 曲线以递减的速度上升；当 TP_L曲线以递减的速度上升时，TC 曲线和 TVC 曲线以递增的速度上升；TP_L曲线上的拐点对应 TC 曲线和 TVC 曲线上的拐点。

案例 3

旅行社在旅游淡季如何经营

某旅行社在旅游淡季推出从天津到北京世界公园一日游 38 元促销活动（包括汽车和门票），我的一位朋友说不信，认为是旅行社的宣传手段，他跟我提起这事，问我真的会这么便宜吗？38 元连世界公园的门票都不够。我帮他分析，这是真的，因为旅行社在淡季游客不足，而旅行社的大客车和工作人员这些生产要素是不变的，一个游客都没有，汽车的折旧费、工作人员的工资等固定费用也要支出。任何一个企业的生产经营都有长期与短期之分，从长期看如果收益大于成本就可以生产，更何况只收 38 元，旅行社也还是有钱赚的。旅行社的一辆大客车载客 50 人，共 1900 元，高速公路费和汽油费假定是 500 元，门票价格 10 元每人共 500 元，旅行社赚 900 元。在短期不经营也要损失固定成本的支出，因此只要收益弥补可变成本，就可以维持下去，换句话说，每位乘客的支付费用等于平均可变成本，就可以经营。另外公园在淡季门票也打折，团体票也会打折也是这个道理。

讨论题：

1. 什么是短期成本？什么是长期成本？
2. 什么固定成本？什么是可变成本？什么是平均的可变成本？
3. 旅行社在什么情况下就可以经营？

第五节　长期总成本曲线

一、长期总成本函数和长期总成本曲线

长期总成本是指长期中在各种产量水平上通过改变生产要素的投入量所能达到的最低总成本。它反映的是理智的生产者在追求利润最大化的驱动下通过改变生产要素的投入在不同产量点上成本的最低发生额。

1. 长期总成本曲线的推导

在短期内，对于既定的产量，由于生产规模不能调整，厂商只能按较高的总成本来生产既定的产量。但在长期内，厂商可以变动全部的生产要素投入量来调整生产，从而将总成本降至最低。长期总成本曲线的推导如图 4-11 所示。

在图 4-11 中，每一条短期总成本曲线与长期总成本曲线相切，在切点上，对应的产出水平所耗费的短期总成本也是最小。长期总成本曲线与短期总成本曲线具有相似的特征，长期总成本曲线也是随产量的增加而上升，并且先以递减的速率上升，后以递增的速率上升。二者图形的形状相同，区别在于短期总成本比长期总成本多了一个固定成本。

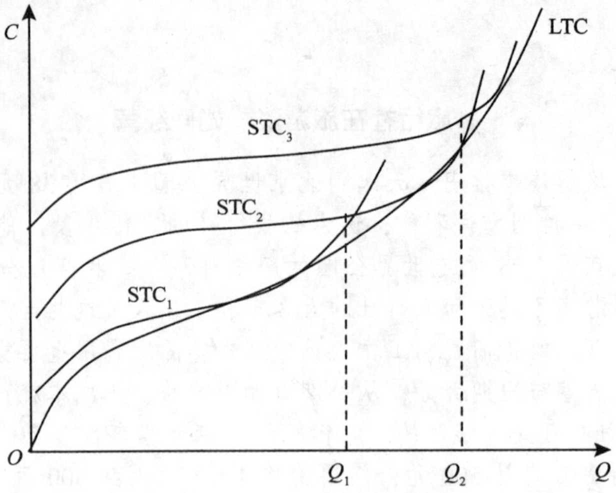

图 4-11　长期总成本曲线的推导

二、长期平均成本函数与长期平均成本曲线

长期平均成本是指厂商在长期内按产量平均计算的最低成本，LAC 曲线是 SAC 曲线的包络线。公式为：

$$LAC=\frac{LTC}{Q}$$

从上式可以看出，LAC 是 LTC 曲线连接相应点与原点连线的斜率。因此，把长期总成本曲线上每一点的长期总成本值除以相应的产量，便得到每一产量点上的长期平均成本值。再把每一产量和相应的长期平均成本值描绘在平面坐标图中，即可得长期平均成本线。长期平均成本线是由无数条短期平均成本曲线的包络线画出。

假设经济社会有一订单 Q_1，可供选择的有 n 个厂商，他们是 SAC_1……SAC_n（可设计为 Q_1 垂线上的 n 条曲线）。假设所有厂商都来生产该订单，短期内由于至少有一种生产要素不能调整，任一厂商的生产规模都不可能达到与该订单相匹配的最优状态。长期内，任一厂商都可以调整自己的全部生产要素，都可以达到与该订单最为匹配的最优生产规模——SAC_1。于是，厂商选择 SAC_1 进行生产，此时的成本 OC_1 是生产 Q_1 产量的最低成本。同理，如果生产 Q_2 产量，可供厂商选择的生产规模中，因为 SAC_2 的成本较低，所以厂商会选择 SAC_2 曲线进行生产，其成本为 OC_2。如果生产 Q_3，则厂商会选择 SAC_3 曲线所代表的生产规模进行生产。有时某一种产出水平可以用两种生产规模中的任一种进行生产，而产生相同的平均成本。例如生产 Q_1 的产量水平，即可选用 SAC_1 曲线所代表的较小生产规模进行生产，也可选用 SAC_2 曲线所代表的中等生产规模进行生产，两种生产规模产生相同的生产成本。厂商究竟选哪一种生产规模进行生产，要看长期中产品的销售量是扩张还是收缩。如果产品销售量可能扩张，则应选用 SAC_2 所代表的生产规模；如果产品销售量收缩，则应选用 SAC_1 所代表的生产规模。将与 Q_1、Q_2、Q_3 三个产量点对应的点连接起来所形成的曲线，就是 LAC 曲线（见图 4-12），即图中 SAC 曲线的实线部分。

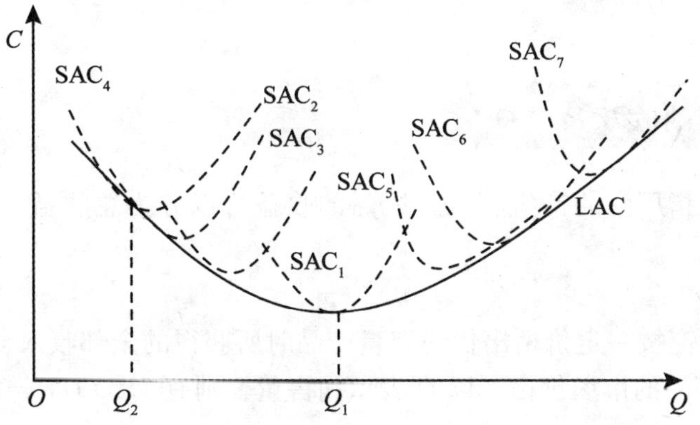

图 4-12　长期平均成本曲线

三、长期边际成本函数和长期边际成本曲线

长期边际成本是指长期中增加一单位产量所增加的最低总成本。公式为：

$\mathrm{LMC}=\frac{\Delta \mathrm{LTC}}{\Delta Q}$，当 $\Delta Q\to 0$ 时，$\mathrm{LMC}=\lim\limits_{\Delta Q\to 0}\frac{\Delta \mathrm{LTC}}{\Delta Q}=\frac{d\mathrm{LTC}}{dQ}$。

长期边际成本曲线怎样推导出来呢？从上式中可以看出 LMC 是 LTC 曲线上相应点的斜率，因此可以从 LTC 曲线推导出 LMC 曲线。其次也可以由短期边际成本曲线求出，因为长期总成本曲线是短期总成本曲线的包络线，对应于某一产量点，包络线上的长期总成本曲线与短期总成本曲线切点上斜率相等，即 LMC = SMC。将每一产量点上对应的 SMC 计算出来，再用一条平滑的曲线连起来，便可得到一条光滑的曲线，即长期边际成本 LMC 曲线（见图 4-13）。长期边际成本曲线呈 U 形，它与长期平均成本曲线相交于长期平均成本曲线的最低点。

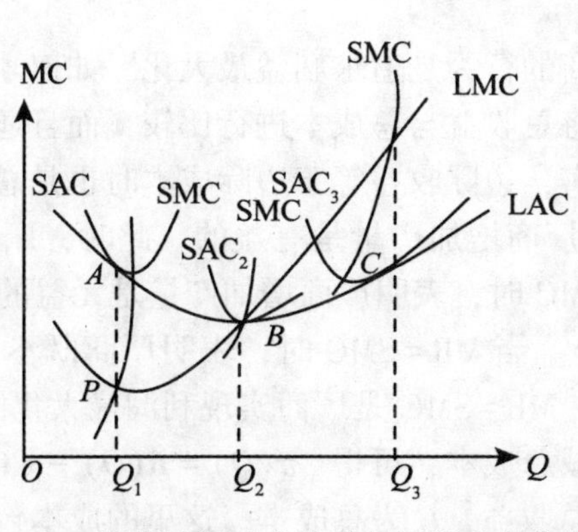

图 4-13　长期边际成本曲线与短期成本曲线

第六节　厂商的利润最大化

一、厂商的收益及其曲线

厂商收益就是指厂商的销售收入。厂商的收益可以分为总收益、平均收益和边际收益。

1. 总收益

总收益是指厂商按一定价格出售一定量产品时所获得的全部收入，即价格与销售量的乘积，以 P 表示商品的市场价格，以 Q 表示销售量，则有 $TR(Q)=P\times Q$。

2. 平均收益

平均收益是指厂商出售一定数量商品，每单位商品所得到的收入，也是平均每单位商品的销售价格。它等于总收益与销售量之比，也等于商品的单位价格。即 $AR(Q)=\frac{TR(Q)}{Q}=\frac{P\times Q}{Q}=P$。

3. 边际收益

边际收益是指厂商增加一单位产品销售所获得的收入增量。即 $MR=\frac{\Delta TR}{\Delta Q}$。

以线性的需求函数 $P=a-bQ$ 为例，此时总收益 TR 可表示为：

$TR=P\cdot Q=aQ-bQ^2$。

平均收益 AR 为：

$AR=TR/Q=a-bQ$。

边际收益 MR 为：

$MR=dTR/dQ=a-2bQ$。

二、厂商利润最大化的条件

市场经济社会里，厂商的行为是追求利益最大化。如何才能达成这一目标呢？现实生活中厂商的做法不仅仅是将总收益与总成本进行比较，而且还要将每一笔投资的边际收益与边际成本进行比较。其实，边际收益等于边际成本时也是总收益最大点。

当 MR>SMC 时，表明厂商增加产量是有益的。此时，厂商会不断地增加产量，直到 MR=SMC 为止。当 MR<SMC 时，表明厂商增加产量是无益的。此时，厂商会不断地减少产量，直到 MR=SMC 为止。当 MR=SMC 时，表明厂商既不增加产量也不减少产量。所以，在厂商的短期生产中，MR=SMC 是厂商实现利润最大化的均衡条件。

由于利润等于总收益减总成本，可得：$\pi(Q)=R(Q)-C(Q)$。

其中 π 为利润，R 为总收益，C 为总成本。这里的成本包括显性成本与隐性成本，而不仅仅是会计意义上的显性成本。由于收益与成本都是产出的函数，即 $R=R(Q)$，$C=$

$C(Q)$，所以利润也是产出的函数，即 $\pi=\pi(Q)$。从 $\pi(Q)=R(Q)-C(Q)$ 式的利润函数对产出求一阶导数，并令该导数值等于0，可以得到利润最大化的必要条件。

由 $\frac{d\pi}{dQ}=\frac{dR}{dQ}-\frac{dC}{dQ}=0$，得到 MR = MC。

其中 MR = dR/dQ，为某产量点的边际收益；MC = dC/dQ，为某产量点的边际成本，即厂商达到利润最大化的必要条件是生产推进到边际成本等于边际收益的产量点。

厂商利润最大化的必要条件为 MR = MC。在 MR = MC 的均衡点上，厂商可能是盈余的，也可能是亏损的。如果是盈利的，这时的利润就是相对最大利润；如果是亏损的，这时的亏损就是相对最小亏损。不管是盈还是亏，在 MR = MC 点上，厂商都处在收益曲线和成本曲线所能产生的最好的结果之中。

案例 4

福特公司产量的安排

对于许多企业来说，总成本分为固定成本和可变成本取决于时间框架。例如，福特汽车公司。在只有几个月的时期内，福特公司不能调整汽车工厂的数量与规模。它可以生产额外一辆汽车的唯一方法，是在已有的工厂中多雇佣工人。因此，这些工厂的成本在短期中是固定成本。与此相比，在几年的时期内，福特公司可以扩大其工厂规模，建立新工厂和关闭旧工厂。因此，其工厂的成本在长期中是可变成本。

由于许多成本在短期中是固定的，但在长期中是可变的，所以，企业的长期成本曲线不同于其短期成本曲线。长期平均总成本曲线是比短期平均总成本曲线平坦得多的 U 形曲线。此外，所有短期曲线在长期成本曲线之上。这些特点的产生，是因为企业在长期中有更大的灵活性。实际上，在长期中，企业可以选择合适的短期成本曲线。但在短期中，企业不得不用它过去选择的任何一条短期曲线。

当福特公司想把每天的汽车产量从1000辆增加到1200辆时，在短期中除了在现有的中等规模工厂中多雇工人之外别无选择。由于边际产量递减，每辆汽车的平均总成本从1万美元增加到1.2万美元。但是，在长期中，福特公司可以扩大工厂和车间规模，而平均总成本保持在1万美元的水平上。

资料来源：http：//www.docin.com/P-1407102266.html.

第七节　生产规模对收益的影响

在经济生活中，我们发现有的企业扩大规模后，收益以更快的速度增加；而有的企业扩大规模后，收益却只以较小的速度增加。这些现象可以从生产的规模收益中得到解释。

规模收益，又叫规模报酬，是指当所有投入同比例增加时，总产量的反应程度。规模收益可分为以下三种情况：规模收益不变、规模收益递增、规模收益递减。

一、规模收益不变

规模收益不变是表示所有投入的增加导致产出同样比例的增加，即产量增加比例=规模（要素）增加的比例。

例如：某企业劳动和资本投入分别为2个单位时，产出为100个单位。当劳动和资本分别为4个单位时，产出为200个单位。也就是说，该企业在规模扩大一倍的时候，产出也扩大一倍，即产出和投入同比例增加，这就是规模收益不变。

二、规模收益递增

（一）规模收益递增的概念

规模收益递增是指所有投入的增加导致产出水平以更大比例的增加，即产量增加的比例大于规模（要素）增加的比例。这是一种规模经济的现象，这类企业在扩大规模的时候获得了充分的收益。

例如：某企业劳动和资本投入为2个单位时，产出为100个单位；但生产200个单位产量所需的劳动和资本投入分别小于4个单位。也就是说，当劳动和资本扩大一个很小的倍数时，就可以使产出扩大很大的倍数，这种现象就是规模收益递增。

（二）规模经济的形成原因

关于规模经济的形成原因，一般认为主要包括内在原因和外在原因，对应的是西方经济学家所说的内在经济和外在经济。

1. 内在原因

（1）生产规模扩大以后有足够的资金引进先进技术、机器设备等生产要素，可以综合利用副产品和原材料，提高劳动生产率。

（2）劳动生产率的提高，相对减少管理人员、降低生产费用等，并使企业内部分工更加合理。

（3）能增加人们对该企业的信心，凝聚人气，便于企业融资。有了足够的资金企业才能进行新产品的研发，生产出适销对路的产品，在竞争中取得优势，从而获取丰厚利润。

（4）生产规模的扩大，总产量增大，其产品的广告宣传费用的降低，从而节约了生产成本，产生了规模收益。在生产系统的规模扩大时，从其自身内部所引起的成本节约和收益增加即为所谓的内在经济。但是，如果生产规模过大则会因自身内部引起收益的减少，这就是内在不经济。例如会引起管理不便，费用增高，效益降低等。

2. 外在原因

（1）企业追求自身利益最大化，彼此展开竞争与兼并的结果。

（2）政府产业组织政策推动的结果。由于整个行业规模扩大时给个别生产系统带来的收益增加即为所谓的外在经济。例如，整个行业生产规模的扩大，使个别生产系统在修理、人才、技术服务和信息等方面得到便利，获得较高的收益。外在经济性是实现内在经济性所需的外部有利条件，包括市场容量、资源条件、消费地分布、运输条件、资金筹措等。与外在经济相对的是外在不经济，它是指由于整个行业生产规模的扩大，会给个别生产系统带来损失，例如引起激烈竞争、销售困难、运输紧张以及造成环境污染等。内在不经济和外在不经济的存在，应引起决策者的充分重视。

三、规模收益递减

（一）规模收益递减的含义

规模收益递减是指所有投入的均衡增加导致总产出以较小比例增加，即产量增加比例小于规模（要素）增加比例。这是一种规模不经济的现象，这类企业在扩大规模的时候没有获得同等的收益。

例如：某企业在劳动与资本投入为 2 个单位时，产出为 100 个单位。当劳动与资本分别投入 4 个单位时，产出却低于 200 个单位，投入是原来的两倍，但产出却不及原来的两倍。也就是说，当劳动和资本扩大一个很大的倍数时，产出却只扩大一个很小的倍数，这种现象就是规模收益递减。

（二）规模不经济（规模收益递减）的原因

规模不经济是和规模经济相关的一个概念，它包括内在不经济和外在不经济两个方面。内在不经济是指企业规模扩大时，由于企业自身因素的变化而导致长期平均成本上升。外在不经济是指企业的长期平均成本随着行业规模的扩大而上升的现象，它根源于行业扩张引起的企业外界环境的恶化，比如要素价格的上升、销售市场行情的下跌等。具体来说，规模不经济的原因有以下几点。

（1）技术因素。企业规模是与一定的技术条件相适应的。企业规模的扩大必然导致生产能力的扩大，而生产能力的扩大又是以技术进步为前提的。企业规模既有伴随技术进步而逐步扩大的趋势，又受技术条件的制约。所以，企业规模只能是与生产技术密切相关的一种动态组合。

（2）市场供求。企业要想扩大规模，必须明确地把握时机，既要对市场供求状况及变动趋势做出正确的预测，又要对产品的相关行业及社会供求总量的平衡状况做出正确的判断。

（3）管理因素。一般来说，企业的规模与管理的难度成正比，与管理的效率成反比。大企业必须分设复杂的管理层次，设计众多的激励和监督机制，这就必然增加企业非生产人员和设备的数量，从而造成企业成本上升和费用增加。

（4）产品相关性因素。从事多种产品生产的企业，其产品之间的相关性越小，需要的技术设备和劳动投入就越多，产品成本也就越高。另外，产品的相关性越小，各类产品之间的管理体制就越不同，相互之间的协调配合也就越复杂，从而使管理和生产效率下降。

因此，每个企业在追求利益最大化的过程中，要适时关注企业的规模，力求在最优规模下实现企业的利益最大化。

本章小结

1. 企业的组织形式通常有三种：单人业主制、合伙制、公司制，每种组织形式各有利弊。

2. 厂商以追求利润最大化作为行为准则。

3. 生产函数是表示在一定时期内，在技术水平不变的情况下，生产中所用的各种生产要素的数量与所能生产的最大产量之间的关系。

4. 在短期内，企业所有的生产要素中，至少有一种要素的数量不能得到调整。

5. 边际收益递减规律是指在技术水平不变的情况下，当把一种可变的生产要素投入一种或几种不变的生产要素中时，最初这种生产要素的增加会使产量增加，当它的增加超过一定的限度时，增加的产量将要递减，最终还会使产量绝对的减少。

6. 总产量、平均产量和边际产量都是先递增后递减；平均产量与边际产量相等时，平均产量达到最大；边际产量为零时，总产量达到最大。

7. 等产量线是在技术水平不变的条件下，生产同一产量的两种生产要素投入量的各种不同组合的轨迹。

8. 等产量线有三个特征：等产量线是一条向右下方倾斜且凸向原点的曲线；同一平面中可以有无数条等产量线，不同的等产量线代表不同的产量；任意两条等产量线不可能相交。

9. 边际技术替代率是指在保持产量水平不变的前提下，增加一单位某种要素的投入量而必须减少的另一种要素的投入量。

10. 等成本线是一条表明在生产者的成本与生产要素价格既定的条件下，生产者所能购买的两种生产要素数量的最大组合的线。

11. 等产量线和等成本线的切点是生产者均衡点。

12. 经济学意义上的成本既包括会计成本（显性成本），又包括机会成本（隐性成本）。此外，增量成本和沉没成本也会影响企业的决策。

13. 短期总成本包含不变成本和可变成本。

14. 长期成本曲线是短期成本曲线的包络线。

15. 企业利润最大化的必要条件是 MC = MR。

16. 企业的生产规模会影响收益，不同企业在不同阶段会出现规模收益递增、规模收益不变和规模收益递减的情况，企业应选择自己的最适规模。

复习思考题

一、名词解释

1. 边际收益递减规律

2. 等产量线
3. 经济利润
4. 利润最大化
5. 规模收益递增

二、单项选择题

1. 理性的生产者选择的生产区域应在（　　）。
   A. MP>AP 的阶段　　B. MP 下降的阶段
   C. 总产量上升的阶段　　D. MP 与 AP 相交之点起至 MP 与横轴交点止
2. 下列说法中正确的是（　　）。
   A. 只要总产量递减，边际产量一定为正
   B. 只要 MP 减少，总产量一定减少
   C. MP 曲线必定交于 AP 曲线的最高点
   D. 只要 MP 减少，AP 也一定减少
3. 最优生产要素组合点上应该有（　　）
   A. 等产量曲线和等成本线相切　　B. 等产量线和等成本线相交
   C. 等产量曲线和等成本线相离　　D. 以上都有可能
4. 等产量曲线上任意两点的产量肯定是（　　）。
   A. 相等　　B. 不等　　C. 无关　　D. 以上情况都存在
5. 等产量线的特征不包括（　　）。
   A. 离原点越近的等产量曲线代表的产量水平越高
   B. 离原点越远的等产量曲线代表的产量水平越高
   C. 同一个等产量曲线图上任意两条等产量线不能相交
   D. 等产量线向右下方倾斜且凸向原点
6. 当其他生产要素不变，而一种生产要素连续增加时（　　）。
   A. TP 会一直增加　　B. TP 会一直减少
   C. TP 先增加后减少　　D. MP 会有一个最小值
7. 某企业采用最低成本进行生产，若资本的边际产量为 5，单位资本的价格为 20 元，单位劳动的价格为 8 元，则劳动的边际产量为（　　）。
   A. 1　　B. 2　　C. 3　　D. 4
8. 当生产函数 $Q=f(L，K)$ 的平均产量为正且递减时，边际产量可以是（　　）。
   A. 递减且为正　　B. 递减且为负
   C. 为零　　D. 上述任何一种情况都可能出现
9. 导致成本线发生变动的情况不包括（　　）。
   A. 劳动的价格上涨　　B. 利率和存款准备金率下调
   C. 经济不景气，收缩投资规模　　D. 稳健经营，保持投资规模不变
10. 产生规模经济的原因通常不包括（　　）。
    A. 企业内耗增加　　B. 劳动的专业化分工
    C. 副产品综合利用　　D. 储藏空间充分利用

11. 某厂商每年从企业的总收入中取出一部分作为自己所提供的生产要素的报酬，这部分资金被视为（　　）。

A. 显性成本　　B. 隐性成本　　C. 经济利润　　D. 固定成本

12. 对应于边际报酬的递增阶段，STC 曲线（　　）。

A. 以递增的速率上升　　B. 以递增的速率下降

C. 以递减的速率上升　　D. 以递减的速率下降

13. 在任何产量上的 LTC 决不会大于该产量上由最优生产规模所决定的 STC。这句话（　）。

A. 总是对的　　B. 肯定错了

C. 有可能对　　D. 视规模经济的具体情况而定

14. 在从原点出发的射线与 TC 曲线的相切的产量上，必有（　　）。

A. AC 值最小　　B. AC＝MC

C. MC 曲线处于上升阶段　　D. 上述都对

15. 在规模内在经济作用下的 LAC 曲线是呈（　　）。

A. 下降趋势　　B. 上升趋势　　C. 先下降在上升　　D. 先上升再下降

三、计算题

1. 已知生产函数 $Q=L^{2/3}K^{1/3}$，证明：

（1）该生产规模报酬不变。

（2）受报酬递减规律支配。

2. 假定某企业的短期成本函数是 TC（Q）＝$Q^3-5Q^2+15Q+66$。

（1）指出该短期成本函数中的可变成本部分和不变成本部分。

（2）写出下列相应的函数：TVC（Q）、AC（Q）、AVC（Q）、AFC（Q）和 MC（Q）。

3. 已知某厂商的生产函数为 $Q=0.5L^{1/3}K^{2/3}$，当资本投入量 $K=50$ 时资本的总价格为 500，劳动的价格 $P_L=5$。

（1）求劳动的投入函数 $L=L(Q)$。

（2）列出总成本函数、平均成本函数和边际成本函数。

（3）当产品的价格 $P=100$ 时，厂商获得最大利润的产量和利润各是多少？

4. 完全竞争行业中某厂商的成本函数为 $STC=Q^3-6Q^2+30Q+40$，假设产品价格为 66 元。

（1）利润最大化时的产量及利润总额各是多少？

（2）由于竞争市场供求发生变化，由此决定的新的价格为 30 元，在新的价格下，企业是否会发生亏损？如果会，最小的亏损额是多少？

（3）该企业在什么情况下才会退出该行业（停产）？

四、思考题

1. 一个企业主在考虑再雇佣一个工人时，劳动的边际产量和平均产量，他更关注哪一个？

2. 怎样区分固定比例生产函数和规模报酬不变的投入与产出之间的数量关系？

3. 如何理解边际报酬递减规律？试用该规律简要说明我国企业剩余劳动力转移的必

要性。

4. 比较消费者行为理论与生产者行为理论。

扩展阅读

马尔萨斯到底是对还是错

英国人口学家和政治经济学家马尔萨斯（1766—1834 年）曾经预言：随着人口的膨胀，越来越多的劳动力耕种土地，地球上有限的土地最终将无法提供足够的食物。一方面，劳动的边际产出与平均产出下降，另一方面，更多的人口需要更多的食物，因此，最终人口增长比例会超过食物供给增加比例，必然会产生大的饥荒。

马尔萨斯到底是对还是错，这取决于我们的政治体系，今天比粮食短缺更紧迫的问题，是政治智慧的短缺。

粮价问题还在全球蔓延，拉美各地发生粮食骚乱，非洲出现饥荒迹象，亚洲各国开始控制粮食出口，连欧美民众都开始感到粮价的负担……随着这些消息在媒体中频频出现，马尔萨斯这个幽灵一样的名字重新浮现在大众面前。

历史上大约没有多少人的声誉像马尔萨斯这样一波三折，在中国更是如此：人们先说他是对的，然后又说他是错的，接着又说他是对的，最后又说他是错的。现在，人们已经彻底糊涂了，这个 300 年前的老头到底是对是错呢？

马尔萨斯的人口论众所周知，他认为由于人口呈几何级数增长而粮食呈代数基数增长，为了避免饥荒、战争、瘟疫成为解决人口和粮食矛盾的方式，人类必须积极节育。

马寅初通过几年的调查，发现中国的人口增长率超过了 2.2%，担心人口过度膨胀所带来的大面积饥荒，于 1957 年提出控制人口的观点，被认为是支持马尔萨斯的人口理论，马尔萨斯成了“政治错误”的代名词。1979 年马寅初老师平反了，中国实行计划生育政策，于是马尔萨斯成了“政治正确”的代名词。近年来随着计划生育的一些弊端开始浮现，钟摆再次开始往回摆，很多人重新认为马尔萨斯就是错了。

据说马尔萨斯最大的“失算”在于没能预见到技术革命对粮食增产的作用，经典例子就是第二次世界大战之后的“绿色革命”。1961 年印度已经滑到了饥荒边缘，但是“绿色革命”中研发的一种大米品种让大米产量提高了 10 倍，印度不但从饥荒边缘转了回来，而且又增加了 7 亿人口。

马尔萨斯也没有预见到贸易全球化对抑制粮价的作用，具有自然和经济优势的国家产粮成本低，然后运到种粮成本高的地方，从而缓解供求矛盾。一个经典的例子就是 1846 年英国废除限制粮食进口的《谷物法》，结果在接下来的半个世纪里，英国粮价一跌再跌。

我倒觉得对马尔萨斯的“纠错”没有必要矫枉过正。“拆房子、揭瓦式”的计划生育当然要不得，但是积极控制生育的理念却未必错误。据说到 21 世纪中期世界人口会突破 90 亿，谁能保证不需要新的“绿色革命”就可以养活这么多人口？就算可以实现技术突破，谁又能保证它会及时到来？联合国秘书长潘基文最近指出，到2030年世界粮食产量必须增长50%才能避免饥荒。很多人已经论证，新的“绿色革命”会比上一次难得多，何况还有令百姓忧心忡忡的转基因食品问题。当前以及未来，石油紧缺使化肥成本急剧上升，水资源短缺使灌溉革新更加困难，就算“第二次绿色革命”出现，粮食供给总量够了，在全球贫富不均的情况下，谁又能保证这些供给会转化为穷国可以消费的“有效供给”？

总之，过去300年来证明马尔萨斯错误的那些机制，今后并非一定会继续发挥作用。所以马尔萨斯到底是对还是错，要回答这个问题，三百年可能还是太短。不过说到底，马尔萨斯到底是对还是错，还是取决于我们的政治体系，鼓励技术创新、保护自然环境、缩小贫富差距、调控金融风险等都是政治能够积极推动的，从这个意义上来说，今天比粮食短缺更紧迫的问题，是政治智慧的短缺。

资料来源：根据刘瑜2008年发表在《南方周末》的文章整理而成。

第五章 市场结构理论

开篇语

据悉，2016年国家继续在商品粮主产区吉林省实施大豆目标价格改革试点。日前，修改完善后的《吉林省大豆目标价格改革试点工作实施方案》已获国务院批复准予实施。就此项政策的实施，记者采访了省物价局有关负责同志。

基本原则是：①市场决定价格。大豆价格由市场供求形成，政府不干预市场价格。②保障基本收益。当市场价格低于目标价格时，政府通过财政补贴保障大豆种植者基本收益，稳定大豆生产。③坚持公平补贴。启动大豆目标价格补贴时，坚持实行公平补贴，即多种多补，少种少补，不种不补。

政策包含的主要内容是：在吉林省范围内取消大豆临时收储政策，政府不干预市场价格，价格由市场供求决定，并实施大豆目标价格补贴政策；以国家统一公布的大豆目标价格为标准，当市场价格低于目标价格时，对生产者给予适当补贴；当市场价格高于目标价格时，则不发放补贴；吉林省大豆目标价格补贴额采取与种植面积挂钩的方式核定。

在现实的市场机制下，不同市场的定价机制是不一样的。有些商品的价格由市场决定，有些商品的价格则要受政府干预，实施宏观调控。本章主要介绍几种不同的市场类型，并分析不同市场的厂商均衡。

第一节 厂商和市场的类型介绍

一、市场定义

什么是市场？市场是指由某种物品或劳务的买者与卖者组

成的一个群体。买者作为一个群体决定了一种产品的需求，而卖者作为一个群体决定了一种产品的供给。从本质上讲，市场是物品买卖双方相互作用并得以决定其交易价格和交易数量的一种组织形式。市场可以分为不同的类型：从商品的形态来看，市场可以分为产品市场和服务市场；从交易的时间特征来看，市场可以分为现货市场和期货市场；从市场结构来看，市场可以分为竞争市场和垄断市场；从生产要素投入的角度来看，市场可以分为劳动力市场、资本市场和土地市场等。

二、市场类型

与市场相对应的另一个概念是行业。行业是指为同一个商品市场生产和提供商品的所有厂商的总体。行业的类型与市场的类型是一致的。厂商均衡理论把市场结构分为四种类型：完全竞争市场、垄断竞争市场、寡头市场与完全垄断市场。市场结构理论主要研究这四种市场结构条件下，均衡的价格与均衡的产量如何决定。

完全竞争市场、垄断竞争市场、寡头市场和完全垄断市场这四种市场结构类型的不同之处可以从以下几个方面进行比较。第一，卖者和买者的集中程度或数量。一般而言，处于平等地位的买者和卖者数量越多，集中程度越低，竞争程度就越高。第二，不同卖者之间各自提供的产品的差别程度。各厂商提供的产品越相似，竞争就越激烈。第三，单个厂商对市场价格控制的程度。单个厂商若无法控制价格，表明市场竞争较为激烈。第四，厂商进入或退出一个行业的难易程度。如果厂商存在进入市场的障碍，意味着原有厂商拥有了一些新加入者不具备的有利条件；相反，若厂商的进入或退出较为容易，则市场的竞争程度比较高。四类市场的区别和特征如表 5-1 所示。

表 5-1 **不同市场类型的特征**

市场类型	厂商数目	产品性质	对价格的控制程度	进入或退出市场的难易程度	典型部门
完全竞争市场	很多	无差别	没有	非常容易	农产品
垄断竞争市场	较多	有差异性	有一些	较容易	轻工业
寡头市场	几家	少有或无差别	相当大	较困难	重工业
完全垄断市场	一家	唯一产品，且无替代品	很大程度，经常受到管制	几乎不可能	公用事业

为什么经济理论研究要区分不同的市场结构类型呢？这是因为在不同的市场条件下，厂商面临的产品需求曲线是不同的。我们知道，市场的均衡价格和均衡产量是由需求曲线和供给曲线共同决定的。同时，在不同的市场结构下，厂商面临的收益线和成本线也是不一样的，这两者是决定厂商利润最大化的条件。所以，在分析厂商的利润最大化决策时，必须区分不同的市场类型。

第二节　完全竞争厂商的相关理论

一、完全竞争市场的含义与条件

完全竞争又称为纯粹竞争。完全竞争市场是指竞争充分而不受任何阻碍和干扰的一种市场结构。完全竞争市场必须具备以下条件。

1. 市场上有大量的卖者和买者

作为众多参与市场经济活动的经济单位中的个别厂商或个别消费者，单个的销售量和购买量都只占很小的市场份额，其供应能力或购买能力对整个市场来说是微不足道的。这样，无论卖方还是买方都无法“左右”市场价格，他们是价格的接受者。

2. 产品具有同质性

这里的产品同质性不仅指商品之间的质量、性能等无差别，还包括在销售条件、装潢等方面是相同的。由于产品是相同的，对于购买商品的消费者来说，选择哪一个厂商生产的产品并不重要，他们没有理由偏爱某一厂商的产品，也不会为得到某一厂商的产品而必须支付更高的价格。

3. 所有的资源都可以在各行业之间自由流动

厂商可以无成本地进入或退出一个行业，即劳动可以随时从一个岗位转移到另一个岗位，或从一个地区转移到另一个地区；资本可以自由地进入或撤出某一行业。资源的自由流动使得厂商总是能够及时地进入获利的行业或及时退出亏损的行业。这样，效率较高的企业可以吸引大量的投入，效率较低的企业则会被市场淘汰。资源的流动是促使市场实现均衡的重要条件。

4. 参与市场活动的经济主体具有完全信息

市场中的每一个卖者和买者都掌握与自己决策或与市场交易相关的完全信息，这一条件保证了消费者不可能以较高的价格购买商品，生产者也不可能以高于现行价格出卖商品。每一个经济行为主体都可以根据所掌握的完全信息，确定自己最优购买量或最优生产量，从而获得最大的经济利益。

显然，理论分析上所假设的完全竞争市场条件是非常严格的，在现实的经济中没有一个市场真正具有以上四个条件，通常只是将某些农产品市场看成是比较接近的完全竞争市场类型。但是，完全竞争市场作为一个理想经济模型，有助于我们了解经济活动和资源配置的一些基本原理，解释或预测现实经济中厂商和消费者的行为。

二、完全竞争厂商的需求曲线

在任何一个商品市场中，市场需求是针对市场上所有厂商组成的行业而言的。消费者对整个行业所生产的商品需求称为行业所面临的需求，相应的需求曲线称为行业所面临的需求曲线，也就是市场的需求曲线，它一般是一条从左上方向右下方倾斜的曲线。如图

5-1 中的 D 曲线就是一条完全竞争市场的需求曲线。

消费者对行业中的单个厂商所生产的商品的需求量，称为厂商所面临的需求量，相应的需求曲线称为厂商所面临的需求曲线，简称为厂商的需求曲线。在完全竞争条件下，厂商所面临的需求曲线是一条由既定的市场均衡价格出发的水平线，图 5-2 中的 d 曲线就是一条完全竞争厂商的需求曲线。

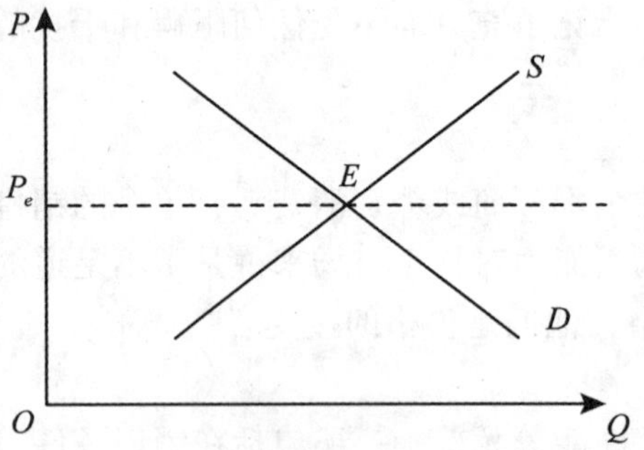

图 5-1　完全竞争市场的需求曲线

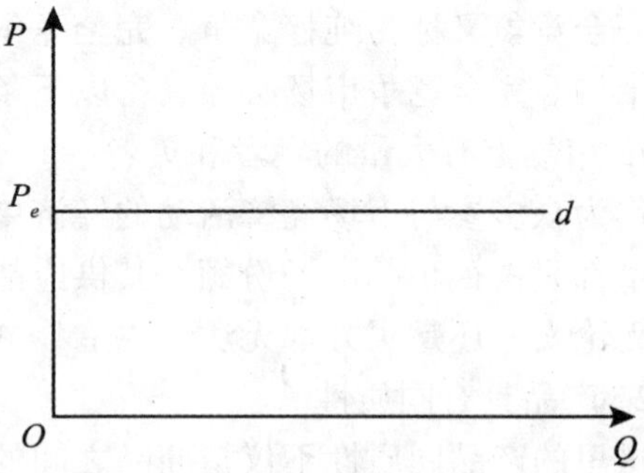

图 5-2　完全竞争厂商的需求曲线

图 5-2 中厂商的需求曲线 d 是相对于图 5-1 中由市场的需求曲线和供给曲线共同作用所决定的均衡价格 P_e 而言的。如果市场的需求曲线或供给曲线的位置发生移动，就会形成新的市场均衡价格。相应地，在图 5-2 中便会形成另一条从新的均衡价格水平出发的呈水平线形状的厂商的需求曲线。

三、完全竞争市场下厂商短期均衡

在完全竞争市场中，厂商只能被动接受市场价格而不能“左右”市场价格。一方面，短期内市场供求可能会发生变化。如果供不应求，企业可能赢利；如果供大于求，企业可能亏损。另一方面，市场价格也可能会发生波动。如果价格低于可变成本，企业就会亏损；如果价格高于可变成本，企业就可能赢利。因此，在短期内，厂商出售产品就有可能处于盈利、盈亏平衡或亏损等不同状态。

经济学里的短期是指生产规模是给定的，厂商在这一期限内并不能根据市场需求情况来调整全部生产要素。因此，在短期内，不仅产品市场价格是既定的，而且生产中的不变要素投入量也是无法改变的。反映在图形中就是 SAC、SMC、d（AR = MR = P）曲线都是固定的，厂商只能通过改变可变要素的投入量来调整产量，从而通过对产量的调整来实现 MR = MC 的利润最大化均衡条件。

完全竞争厂商短期均衡时的盈亏状态可以用下面几幅图形来说明。

第一，行业供给小于需求，价格水平高，平均收益大于平均总成本，即 P = AR>SAC，厂商处于超额盈利状态，如图 5-3（a）所示。

第二，行业供给等于需求，价格水平居中，平均收益等于平均总成本，即 P = AR = SAC，厂商的经济利润恰好为零，处于盈亏平衡状态，如图 5-3（b）所示。当厂商带着产品进入市场，发现市场价格为 P_2、面临的需求曲线为 d_2，厂商便不断增加产品投放，直到由 MR＝SMC 的利润最大化原则确定在 Q_2点上。在 Q_2产量上，平均收益等于平均成本，总收益也等于总成本，如图 5-3（b）中矩形 $OP_2E_2Q_2$面积，此时厂商的经济利润为零，但实现了全部的正常利润。由于在该点上，厂商既无经济利润，又无亏损，所以也把 SMC 与 SAC 的交点称为“盈亏平衡点”或“收支相抵点”，即图 5-3（b）中的 E_2 点。

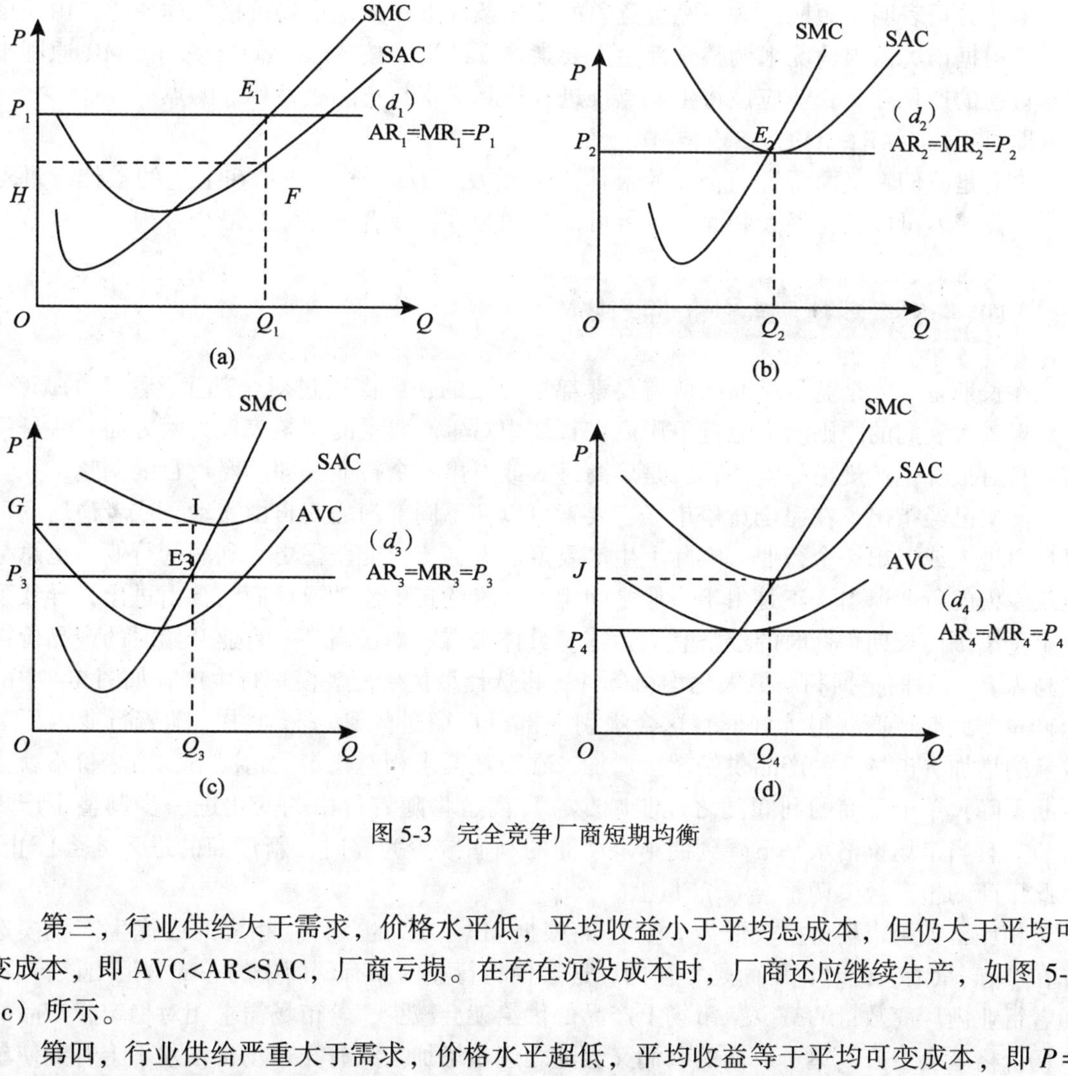

图 5-3　完全竞争厂商短期均衡

第三，行业供给大于需求，价格水平低，平均收益小于平均总成本，但仍大于平均可变成本，即 AVC<AR<SAC，厂商亏损。在存在沉没成本时，厂商还应继续生产，如图 5-3（c）所示。

第四，行业供给严重大于需求，价格水平超低，平均收益等于平均可变成本，即 P＝AR＝AVC，厂商处于亏损状态，且处于生产与停产的临界点，如图 5-3（d）所示。当厂商带着产品进入市场，发现价格为 P_4、面临的需求曲线为 d_4时，此线恰好切于平均可变成本 AVC 曲线的最低点，SMC 曲线也交于该点。根据 MR_4＝SMC 的利润最大化原则，这个点就是厂商短期均衡点 E_4，决定的均衡产量为 Q_4。在 Q_4产量上，平均收益小于平均总成本，必然是亏损的。同时平均收益仅等于平均可变成本，这意味着厂商进行生产所获得的收益，只能弥补可变成本，而不能收回任何的不变成本，生产与不生产对厂商来说，结果是一样的。所以，SMC 曲线与 SVC 曲线的交点是厂商生产与不生产的临界点，也称为“停止营业点”或“关闭点”。

若价格比停业临界点对应的价格略高，厂商生产还能弥补全部的变动成本，生产比不生产有利；反之，若价格比停业临界点对应的价格更低，则生产不仅会亏掉全部的固定成本，还会亏掉部分变动成本，平均收益小于平均可变成本，即 AR<AVC，厂商处于亏损状态，此时企业应停业整顿。

上述分析表明，短期内，在完全竞争的市场条件下，无论市场价格怎样变化，由于厂商不能根据市场需求情况来调整全部生产要素，厂商只能按 AR≥AVC，SMC=MR 原则来调整自己的产量点。企业应该将生产点推进到边际成本与边际收益相等的点。

即可得出：AR≥AVC；SMC=MR。

也就是我们在上面所说的企业的最佳产量点 Q_1、Q_2、Q_3、Q_4；在上述的最佳产量点上，厂商或者可以获得最大利润；或者可以利润为零；或者可以蒙受最小亏损。

四、完全竞争厂商的长期均衡

在长期里，完全竞争厂商的所有要素都是可变的，厂商通过对全部生产要素的调整，来实现最大利润的原则。完全竞争厂商在长期中对生产要素的调整表现为两方面：一是厂商自身对最优生产规模的调整；二是厂商进入或退出一个行业，即厂商数目的调整。

前文已经指出，在完全竞争市场，要素可以在不同部门之间自由流动，或者说厂商可以自由进入或退出一个行业。实际上生产要素总是会流向能获得更大利润的行业，也总是会从亏损的行业退出。正是由于行业之间生产要素的自由流动或厂商的自由进出，导致了完全竞争厂商长期均衡时的经济利润为零。具体来看，如果当某一行业开始时的产品价格较高为 P_1，厂商根据利润最大化均衡条件，将选择最优生产规模进行生产，如图 5-4 中的 Q_1 产量。此时厂商获得了利润，这会吸引一部分厂商进入到该行业中。随着行业内厂商数量的增加，市场上的产品供给就会增加，在市场需求相对稳定的情况下，市场价格就会不断下降，单个厂商的利润随之逐步减少，厂商也将随着价格的变化进一步调整生产规模。只有当市场价格水平下降到使单个厂商的利润减少为零时，新厂商的进入才会停止，至此厂商的生产规模调整至 Q_2 产量上。

相反，如果市场价格较低为 P_3，厂商根据 MR=MC 的条件，相应的最优生产规模选择在 Q_3 产量上。此时，厂商是亏损的，这会使得行业内原有厂商中的一部分退出该行业。随着行业内厂商数量的减少，市场上产品的供给就会减少，若市场需求相对稳定，产品的市场价格就会上升，单个厂商的利润又会随之逐步增加。只有当市场价格水平上升到使单个厂商的亏损消失，即利润为零时，厂商的退出才会停止。总之，不论是新厂商的加入，还是原有厂商的退出，最终这种调整将使市场价格达到等于长期平均成本最低点的水平，如图 5-4 中的价格水平 P_2。在这一水平，行业中的每个厂商既无利润，也无亏损，实现了长期均衡。

图 5-4 中的 E_2 点是完全竞争厂商的长期均衡点。在这个长期均衡点上，LAC 曲线达到最低点，代表最优生产规模的 SAC_2 曲线相切于该点，相应的 SMC_2 曲线和 LMC 曲线都

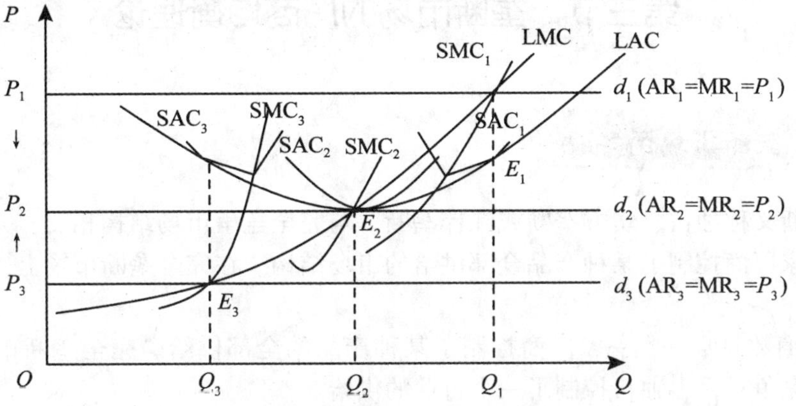

图 5-4　完全竞争厂商长期均衡

从该点通过，厂商面对的需求曲线与 LAC 曲线相切于这一点。总而言之，完全竞争厂商的长期均衡出现在 LAC 曲线的最低点。此时不仅生产的平均成本降到长期平均成本的最低点，而且商品的价格也等于最低的长期平均成本。

因此，我们得到完全竞争厂商的长期均衡条件为：

$$MR = LMC = SMC = LAC = SAC = AR = P$$

此时单个厂商的利润等于零。

五、对完全竞争市场的评价

完全竞争市场长期均衡时的边际收益等于边际成本，说明市场价格较低。因此，西方经济学理论认为完全竞争市场是效率最高的市场。其优点表现在以下三个方面。

（1）在行业达到长期均衡时生存下来的厂商都具有最高的经济效益、最低的成本。

（2）在行业达到均衡时生存下来的厂商只能获得正常利润。所以，完全竞争厂商的售价是所有市场中最低的，消费者剩余较多。

（3）在行业达到长期均衡时，每个厂商提供的产量，不仅必然是其短期平均成本曲线最低点的产量，而且必然是其长期平均成本曲线最低点的产量。

当然，完全竞争市场的缺点也是显而易见的，表现在以下三个方面。

（1）各厂商的平均成本最低并不一定是社会成本最低。

（2）产品无差别使消费者的多种需求无法得到满足。

（3）完全竞争市场上生产者的规模都很小，这使他们没有实力实现重大的科技突破，不利于技术发展。

实际中完全竞争的情况是很少的。而且，一般来说，竞争也必然引起垄断。对完全竞争的分析为其他市场的分析提供了一个理论基础。

第三节　垄断市场的厂商均衡理论

一、垄断市场的条件

完全垄断又称独占、卖方垄断或纯粹垄断。与完全竞争市场结构相反，完全垄断市场结构是指一家厂商控制了某种产品全部供给的市场结构。在完全垄断市场上，具有以下特征。

（1）厂商数目唯一，一家厂商控制了某种产品的全部供给。完全垄断市场上垄断企业排斥其他竞争对手，独自控制了一个行业的供给。

（2）完全垄断企业是市场价格的制定者。由于垄断企业控制了整个行业的供给，也就控制了整个行业的价格，成为价格制定者。完全垄断企业可以有两种经营决策：以较高价格出售较少产量，或以较低价格出售较多产量。

（3）完全垄断企业的产品不存在任何相近的替代品。否则，其他企业可以生产替代品来代替垄断企业的产品，完全垄断企业就不可能成为市场上唯一的供给者。因此，消费者无其他选择。

（4）其他任何厂商进入该行业都极为困难或不可能，要素资源难以流动。完全垄断市场上存在进入障碍，其他厂商难以参与生产。

完全垄断市场和完全竞争市场一样，都只是一种理论假定，是对实际中某些产品的一种抽象，现实中绝大多数产品都具有不同程度的替代性。

完全垄断是如何形成的呢？垄断厂商之所以能够成为某种产品的唯一供给者，是由于该厂商控制了这种产品的供给，使其他厂商不能进入该市场并生产同种产品。导致垄断的原因一般有以下几方面。

第一，对资源的独家控制。如果一家厂商控制了用于生产某种产品的全部资源或基本资源的供给，其他厂商就不能生产这种产品，该厂商就可能成为一个垄断者。典型例子是南非德比尔公司，它控制了世界钻石产量的80%，几乎垄断了南非的钻石业。

第二，规模经济的要求。如果某种商品的生产具有十分明显的规模经济性，需要大量固定资产投资，规模报酬递增阶段要持续到一个很高的产量水平，此时，大规模生产可以使成本大大降低。那么，由一个大厂商供给全部市场需求的平均成本最低，两个或两个以上的厂商供给该产品就难以获得利润。这种情况下，该厂商就形成自然垄断。许多公用行业，如自来水供应、电力供应、煤气供应、地铁等就是典型的自然垄断行业。

第三，专利制度的推进。专利权是政府和法律允许的一种垄断形式。专利权是为促进发明创造，发展新产品和新技术，而以法律的形式赋予发明人的一种权利。专利权禁止其他人生产某种产品或使用某项技术，除非得到发明人的许可。

第四，政府特许权。某些情况下，政府通过颁发执照的方式限制进入某一行业的人数，如大城市出租车驾驶执照等。很多情况下，一家厂商可能因获得政府的特许权，而成为某种产品的唯一供给者，如邮政、公用事业等。执照特许权使某行业内现有厂商免受竞争，从而具有垄断的特点。

二、垄断厂商的需求曲线和收益曲线

完全垄断条件下，市场上只有一家企业，企业和行业合二为一，企业就是行业。因此，垄断厂商所面临的需求曲线就是整个市场的需求曲线，其表达式为：$D=P=P(Q)$。垄断厂商的需求曲线向右下方倾斜，斜率为负，销售量与价格成反比关系。因此，完全垄断厂商是价格的制定者，因为它可以通过减少销售量来提高市场价格，在其产量水平较高时，市场价格也随之下降。这一点与完全竞争市场上厂商是价格的接受者不同。

知道了完全垄断厂商的需求曲线，就可以分析垄断厂商的收益曲线，如图 5-5 所示。从需求曲线 $D=P=P(Q)$ 可知，完全垄断厂商的 P 与 Q 之间成反比关系，因此有：

$$\mathrm{TR}(Q)=P(Q)\cdot Q$$

$$\mathrm{AR}(Q)=\frac{\mathrm{TR}(Q)}{Q}=\frac{P(Q)\cdot Q}{Q}=P(Q)$$

$$\mathrm{AR}(Q)=\frac{\mathrm{TR}(Q)}{Q}=\frac{P(Q)\cdot Q}{Q}=P(Q)$$

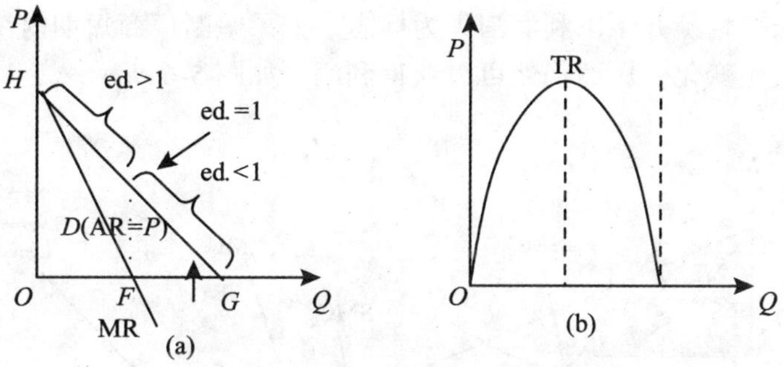

图 5-5　垄断厂商的收益曲线

根据上述分析可以看出垄断厂商的收益曲线具有几个特点：（1）需求曲线 D=价格线，P=平均收益 AR，厂商的平均收益曲线与需求曲线重合。（2）由于完全垄断厂商的 P 与 Q 之间成反比关系，AR 曲线必向右下方倾斜，根据边际量与平均量的定义及其关系，dP 与 dQ 之比一定是负数，可知 MR<AR，MR 曲线在 AR 曲线的下方。（3）由于每一销售量上的边际收益 MR 值就是相应 TR 曲线的斜率，所以，当 MR>0 时，TR 曲线的斜率为正；当 MR<0 时，TR 曲线的斜率为负；当 MR=0 时，TR 曲线的斜率为零，TR 曲线达到最大值。

三、垄断厂商的短期均衡

在短期里，垄断厂商由于各种原因，如既定规模下单位成本过高，或面对的市场需求较小等，可能导致短期内盈亏平衡甚至亏损，不一定总能获得垄断利润。也就是说，垄断厂商的短期均衡的几种情况跟完全竞争市场是非常类似的：获得超额利润、获得正常利润、亏损但继续生产、亏损且停业。

四、垄断厂商的长期均衡

由于垄断产业只有一家厂商经营该产业的全部产品，不存在第二家企业，所以，即使垄断者存在超额利润（经济利润），在长期也不可能像完全竞争产业那样通过厂商间的竞争消除超额利润。因此，垄断者的长期均衡是指垄断者通过长期自我调整而达到利润最大化的均衡。

垄断厂商在长期内对于生产的调整一般有三种情况：

（1）短期内是亏损的，长期内也不能扭亏，于是退出生产；

（2）短期内是亏损的，长期内通过对最优生产规模的选择，扭亏为盈；

（3）短期内是盈利的，长期内通过对最优生产规模的选择，改小盈为大盈。

我们以第二、三种情况为例进行讨论。

完全垄断条件下，长期中不会有新的厂商进入该市场。垄断厂商可以通过生产规模调整来实现长期利润最大化。在完全垄断市场长期均衡形成过程中不存在厂商数量的调整，因而垄断行业的长期均衡并不以利润消失为标志。如果垄断厂商短期内获得利润，长期内只要需求状况不发生变化，厂商仍然可以获得利润，如图 5-6 所示。

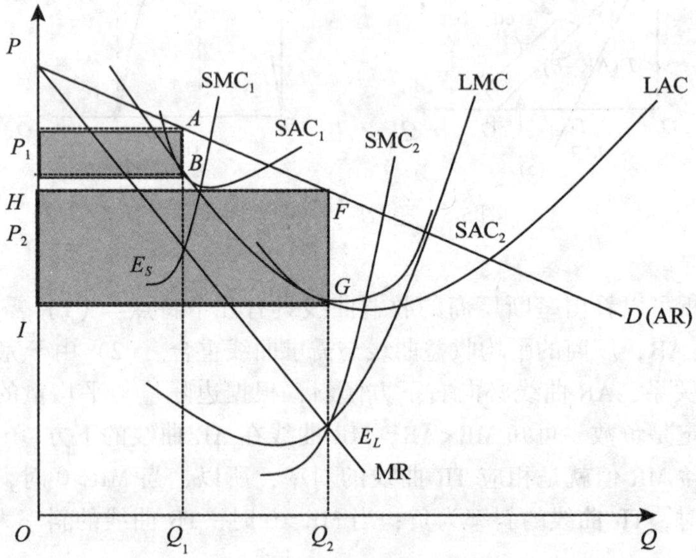

图 5-6　垄断厂商的长期均衡

假定垄断厂商目前的生产规模为 SAC_1、SMC_1 表示的生产规模，在 $SMC_1 = MR$ 所确定的产量水平 Q_1 上，垄断厂商实现了短期的利润最大化，其利润为矩形 HP_1AB 所表示的面积。

但是从长期看，这并不是最优的生产规模。由于长期中其他厂商不能进入，垄断厂商可以通过规模调整实现更大的利润。垄断厂商将会把产量调整到 MR = LMC = SMC 所确定的产量 Q_2水平上，此时对应的生产规模为 SAC_2和 SMC_2所表示的生产规模，对应的总利润为矩形 IP_2FG 所表示的面积，此时的总利润大于短期内所获得的总利润。

从图 5-6 中可以看出在 Q_2产量水平上，MR 曲线、LMC 曲线、SMC 曲线交于一点，这表明厂商利润最大化的条件 MR = MC，不仅在短期得到满足，而且在长期也得到满足，所以垄断厂商的长期均衡条件是：

$$MR = LMC = SMC$$

五、完全垄断厂商的价格歧视

由于垄断这一得天独厚的条件，厂商会在追求利润最大化的动机之下作出一些违规之举，例如进行价格歧视。价格歧视是指垄断厂商在同一时间对同一产品向不同的购买者索取两种或两种以上的价格，或者对销售给不同购买者的同一产品在成本不同时索取相同的价格。

垄断厂商实行价格歧视必须具备以下两个条件：一是不同市场之间可以有效地分离。否则消费者将在价格低的市场购买商品，或者把低价购进的商品在价格更高的市场上重新出售，从而使价格歧视难以维持。沿海地区的海鲜产品价格是很便宜，但是任何消费者都不太可能将当地购买的便宜海鲜产品带往内地消费。二是被分隔开的多个市场上需求弹性不同。只有在这种情况下，垄断者根据不同的需求弹性对同一商品索取不同的价格，方能获得多于索取相同价格时的利润，否则最佳策略是对同一商品收取相同价格。

一般来说价格歧视分为三类：一级价格歧视、二级价格歧视和三级价格歧视。

（一）一级价格歧视

一级价格歧视，又称完全价格歧视，是指垄断厂商对于每一单位产品都按消费者所愿意支付的最高价格制定不同的销售价格。从消费者行为理论可知，需求曲线反映了消费者对每一单位商品愿意并且能够支付的最高价格。如果厂商已知消费者的需求曲线，即已知消费者对每一单位产品愿意并且能够支付的最高价格，厂商就可以按此价格逐个制定商品价格，如图 5-7 所示。

在图 5-7 中，第一单位商品消费者愿意支付的最高价格为 P_1，厂商就按 P_1价格出售；第二单位商品，消费者愿意支付的最高价格为 P_2，厂商就按 P_2的价格出售。依次类推，直至厂商销售完全部的商品。这是一种理想的极端情况。假定厂商生产的平均成本为 P_N，则此时厂商的利润为 P_NAB，而通常情况下，厂商按单一价格 P_N销售，利润为零。可见实行一级价格定价后，厂商的利润增加了三角形 P_NAB 的面积。由消费者理论知，这部分面积正好是消费者剩余。因此，实行一级价格歧视的厂商实际上是将所有消费者剩余榨光，转化为生产者的垄断利润。

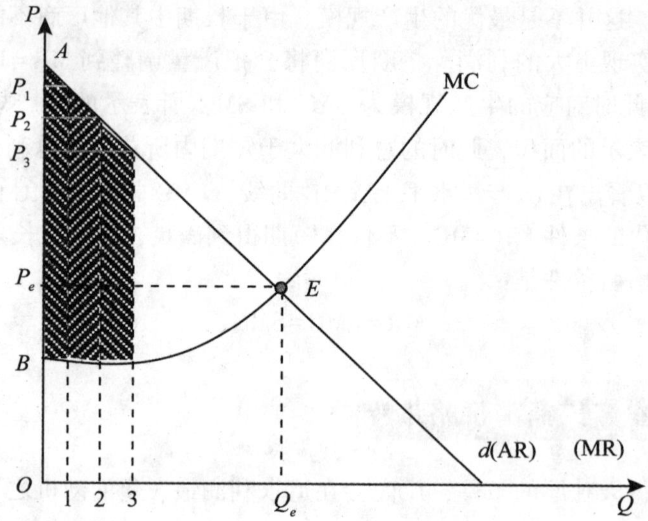

图 5-7　一级价格歧视

(二) 二级价格歧视

二级价格歧视是指垄断厂商根据不同的消费数量段确定不同的价格。日常生活中，二级价格歧视比较普遍，如电力公司实行的分段定价等。二级价格歧视主要适用于那些容易度量和记录的劳务，如煤气、电力、水、电话通信等的出售。二级价格歧视与一级价格歧视不同，对不同的数量制定不同价格。比如湖北省自 2016 年 1 月起，用电量按自然年度确定分档，不跨年使用。全年第一档电量为 0 度至 2160 度（含），电价为 0. 57 元/度；第二档电量为 2161 度至 4800 度（含），电价为 0. 62 元/度；第三档电量为 4801 度及以上用电量，电价为 0. 87 元/度。对用电量的阶梯定价就属于经济学里面所讲的二级价格歧视。

(三) 三级价格歧视

三级价格歧视是指垄断厂商对同一种产品在不同的市场上或在同一市场对不同的消费者群体收取不同的价格。实际中的例子很多，如同一种产品，国内市场和国际市场价格不一样，黄金时间和非黄金时间的广告费不一样等。

三级价格歧视下资源配置效率的分析比较复杂，本书不做展开分析。

六、对完全垄断市场的评价

大部分经济学家认为完全垄断市场是一种效率极低的市场。通常认为完全垄断市场具有如下缺点。

第一，完全垄断市场造成生产资源的浪费。这表现为，与完全竞争相比，完全垄断市场的平均成本与价格高，而产量低，没有充分发挥生产能力。

第二，完全垄断容易造成社会福利的损失。垄断厂商实行价格歧视，全部或部分剥夺了消费者剩余。消费者所付出的价格高，使得消费者剩余减少，这种减少则是社会福利的损失。

第三，垄断者凭借其垄断地位获得超额利润，加剧了社会收入的不平等。

第四，完全垄断企业由于缺乏竞争，往往没有危机意识，可能存在不思进取的情况。比如说，有些垄断企业长期不愿改进技术、服务态度较差等。这些都和没有竞争对手、缺乏危机意识有一定的联系。

当然，完全垄断市场并非一无是处，也有其固有的优点。

第一，政府对公共事业的垄断会给全社会带来福利。政府对公共事业的垄断，可以避免重复建设，从而减少社会资源的浪费。此外，政府对一些公共产品的指导定价，可以实现价格稳定，从而避免这类产品价格波动对人民生活的影响。

第二，垄断厂商具有更富厚的资金与人力，有利于技术革新，从而能更有力地促进技术进步。技术的革新离不开资金的支持，完全竞争市场中的每一个厂商规模都很小，无力完成重大的技术突破，而完全垄断厂商则有经济实力投入技术研发。

当然，各国政府普遍认为完全垄断弊大于利。因此，自美国 1890 年通过第一部反垄断法至今，不少国家都通过立法以及其他方式反垄断。我国的《中华人民共和国反垄断法》于 2008 年 8 月 1 日起施行。近几年，政府对部分涉嫌垄断的企业采取了一些反垄断的措施，比如汽车行业的反垄断，发改委对美国高通垄断开出的 60.88 亿元人民币天价罚单等。

第四节　垄断竞争市场的厂商均衡

在现实中符合完全竞争或完全垄断的严格条件的市场是极为罕见的，完全竞争和完全垄断是市场结构中的两个极端。现实中的市场则主要是介于完全竞争和完全垄断之间的市场结构，我们称之为垄断竞争和寡头垄断的市场。

一、垄断竞争市场的特征

垄断竞争是一种介于完全竞争和完全垄断之间的市场组织形式。在这种市场中，既存在着激烈的竞争，又具有垄断的因素。例如，长沙市定王台图书市场，一方面，每一个购买者都面对着上千本图书，书架上的每一本书代表着一个出版商，每一个出版商在书架上展出的样书都在力图吸引购买者的注意力，都在图书市场进行激烈的竞争；另一方面，每一个出版商出版的图书都存在差异，因为差异而形成独特的市场力——每个出版商都是价格的制定者而不是价格的接受者。还有计算机软件产品、餐饮企业、家具产业等，也是如此。

作为垄断竞争的市场应具有如下基本的特征。

(1) 市场中存在着较多数目的厂商，彼此之间存在着较为激烈的竞争。由于每个厂商都认为自己的产量在整个市场中只占有一个很小的比例，因而厂商会认为自己改变产量和价格。不会招致其竞争对手们相应行动的报复。

(2) 厂商所生产的产品是有差别的，或称“异质商品”。所谓产品差别是指同一产品在价格、外观、性能、质量、构造、颜色、包装、形象、品牌、服务及商标广告等方面的差别或者消费者想象为基础的虚幻的差别。由于存在着这些差别，使得产品成了带有自身特点的“唯一”产品，也使得消费者有了选择的必然，使得厂商对自己独特产品的生产销售量和价格具有控制力，即具有了一定的垄断能力，而垄断能力的大小则取决于它的产品区别于其他厂商产品的程度。产品差别程度越大，垄断程度越高。但是，这些产品彼此之间又都是非常接近的替代品。

(3) 厂商进入或退出该行业都比较容易，资源流动性较强。

垄断竞争市场是常见的一种市场结构，如肥皂、洗发水、毛巾、服装、布匹等日用品市场，餐馆、旅馆、商店等服务业市场，牛奶、火腿等食品类市场以及书籍、药品等市场大多属于此类。

二、垄断竞争厂商的需求曲线

由于垄断竞争厂商生产的是有差别的同类产品，因而和完全竞争厂商只是被动地接受市场的价格不同，垄断竞争厂商对价格有一定的影响力，即它可以通过改变自己产品的销售量来影响市场价格。因此，垄断竞争厂商所面临的需求曲线是一条向右下方倾斜的曲线。由于各垄断竞争厂商的产品尽管有差别，但本质上还是同类产品，相互可以替代，垄断竞争厂商所面临的需求曲线相对于完全竞争厂商而言要更陡一些，即更缺乏弹性；而相对于垄断厂商来讲需求曲线要更缓一些，即更富有弹性。

由于在垄断竞争行业中厂商生产的产品都是有差别的替代品，因而市场对某一厂商产品的需求不仅取决于该厂商的价格—产量决策，而且取决于其他厂商对该厂商的价格—产量决策是否采取对应的措施。比如一个厂商采取降价行动，如果其他厂商不降价，则该厂商的需求量可能上升很多，但如其他厂商也采取降价措施，则该厂商的需求量不会增加很多。这样在分析垄断竞争厂商的需求曲线时，就要分两种情况进行讨论。

1. *d* 曲线——厂商主观想象的消费者对于本企业产品的需求曲线

在市场中有大量的企业存在，单个厂商会认为自己的行动不会引起其他厂商的反应，于是其便认为自己可以像垄断厂商那样，独自决定价格。这样，单个厂商在主观上就有一条斜率较小的需求曲线，称为主观需求曲线，如图 5-8 中的 d_1所示。

2. *D* 曲线——厂商客观分析的消费者对于本企业产品的需求曲线

在现实中，一个垄断竞争厂商降低价格时，其他厂商为了保持自己的市场，势必也会跟着降价，该厂商因而会失去一部分顾客，需求量的上升不如厂商想象的那么多，因而还存在着另外一条需求曲线，称之为客观需求曲线或比例需求曲线。

在图 5-8 中，垄断竞争厂商的主观需求曲线为 d_1，厂商最初的产量为 Q_1，最初的价格为 P_1，因而位于主观需求曲线上的 A 点。当该厂商将产品的价格由 P_1下调至 P_2后，按照其主观需求曲线 d_1，厂商预期其销售量将提高至 Q_2。但是，由于该厂商降价时，其他厂商也将采取同样的措施，以维护自己的市场占有率，该厂商的销售量实际只有 Q_3，即

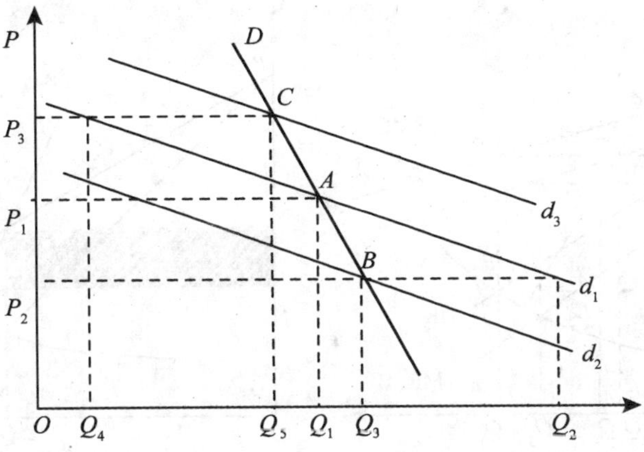

图 5-8　垄断竞争厂商所面临的需求曲线

介于 Q_1 和 Q_2 之间，厂商实际只能移动到 B 点。当厂商意识到这点之后，厂商的主观需求曲线就会做出相应的调整，改为通过 B 点的 d_2。相反，如果厂商将它的价格由 P_1 提高至 P_3，厂商按照主观需求曲线 d_1 会预期自己的需求量将降低至 Q_4，但由于其他厂商也同样采取提价措施，该厂商需求量的下降并不像预期的那么多，实际的需求量为 Q_5，即厂商实际移动到 C 点，厂商的主观需求曲线也将随之调整至通过 C 点的 d_3。根据客观需求曲线的定义，联结 A、B、C 三点的曲线 D 即是客观需求曲线。

三、垄断竞争厂商的短期均衡

短期均衡是指短期内厂商基于利润最大化目标的最佳产量点的选择。垄断竞争厂商的短期均衡是指短期内通过调整它的产量和价格来实现它利润最大化目标的过程。

在短期内，垄断竞争厂商根据自己产品的差异程度和其他厂商对自己产品的替代性，估算出自己的需求曲线 d，并相应地得到产品的边际收益曲线，在短期可能获得经济利润，也可能只获得正常利润，或者是处于亏损状态。盈利或亏损主要取决于厂商的成本控制能力。

在图 5-9 中，SMC 是代表性厂商的边际成本曲线，d 是厂商的主观需求曲线，厂商为了实现利润最大化，会按照 MR=SMC 的原则来确定其产量和价格。若此时市场价格 P_A 高于平均最佳产量下的平均成本 AC_A，则厂商可以获得超额利润，如图 5-9（b）中的阴影部分。反之，若市场价格低于 P_A，厂商也可能出现保本、亏损，乃至停业等几种情况。

四、垄断竞争厂商的长期均衡

在长期内，垄断竞争厂商可以通过扩大或缩小其生产规模来与其他企业进行竞争，也可以根据自己能否获得经济利润来选择是进入还是退出一个行业。

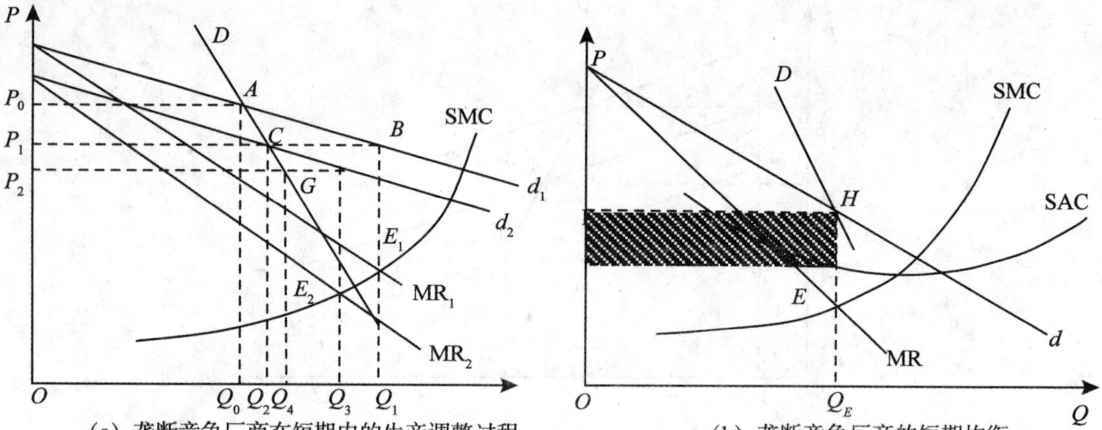

（a）垄断竞争厂商在短期内的生产调整过程　　（b）垄断竞争厂商的短期均衡

图 5-9

假设垄断竞争厂商在短期内能够获得经济利润，在长期内所有的厂商都会扩大生产规模，也会有新的厂商进入该行业进行生产，在市场总的需求没有大的改变的情况下，代表性厂商的市场份额将减少。虽然主观需求曲线不变，但客观需求曲线将向左下方移动，从而厂商的产品的实际需求量低于利润最大化的产量。厂商为了实现长期均衡，必须降低其价格提高其产量来适应这种变化，从而主观需求曲线和客观需求曲线都会向左下方移动。这一过程会一直持续到行业内没有新的厂商进入，也没有企业愿意扩大生产规模为止，此时厂商的利润为零。

如果考虑行业内厂商亏损，厂商退出行业或者减少产量的过程，与上述的分析过程类似，只不过两条需求曲线的移动方向相反而已，最终均衡的结果都是主观需求曲线与LAC 曲线相切，利润为零。

垄断竞争市场上长期均衡的条件：

$$MR = LMC = SMC，AR = LAC = SAC$$

垄断竞争厂商在长期均衡时的利润为 0。

五、对垄断竞争市场的评价

比较完全竞争长期均衡条件 $P = MR = AR = MC = AC$，两者都是 P（AR）= AC。差别是完全竞争下 AC = MC，P（AR）= MR，而垄断竞争市场 AC>MC，P（AR）>MR。

这说明：(1) 垄断竞争下成本较高，未能达到最低点，存在资源浪费。(2) 垄断竞争下价格比较高，相应产量较低，对消费者不利。

但是也并不能由此得出完全竞争市场就优于垄断竞争市场的结论。因为尽管垄断竞争市场上平均成本与价格高，资源有浪费，但消费者可以得到有差别的产品，从而满足不同的需求。而且垄断竞争市场上的产量要高于完全垄断市场，价格却要低。特别是垄断竞争有利于鼓励进行创新。因此，在当前的经济学领域内，许多经济学家认为，垄断竞争从总体上看还是利大于弊的。例如在美国，广告费用占销售总收入的比例为，化妆品 15%，食品 10%，药品 10%。

六、垄断竞争市场上的非价格竞争

垄断竞争厂商除了进行上述以价格为基础的竞争外，还可以通过改变产品的特征和广告宣传来调整其产量，这种竞争通常被称为非价格竞争。

1. 产品变异

产品的变异包括：产品本身品质上的改变，如技术性能、式样、型号、颜色的改变等；包装和装潢改进；服务质量的改进，如提高服务速度、改进服务态度、改变经营方式、销售地点以及销售单位等。产品变异是性质的改变而不是数量的变动。

2. 广告宣传

厂商期望通过广告使其所面对的需求曲线向上移动，从而使消费者在每一价格水平下都比以前购买更多的数量。

对经济学家来说，评价广告的关键不在于它是否增加厂商的利润，而在于它是否使市场的运行更有效率。那么，广告是否会提高消费者所支付的价格呢？即使是的话，如果它所传递给消费者的信息与价格的增长具有同等的价值，这种广告也还是受欢迎的。

第五节　寡头市场厂商均衡

一、寡头市场的特征

寡头市场是指少数几个厂商控制整个市场产品的生产和销售的一种市场组织。市场中常常可以看到的现象包括：大厂商对于零售商的统一零售价，捆绑销售，低价倾销等。如果寡头行业每个厂商所生产的产品是同质的，例如钢铁、水泥、铜等产品生产的寡头，则称为纯粹寡头行业。如果寡头行业每个厂商所生产的产品是有差别的，例如汽车、电脑产品生产的寡头，则称为差别寡头行业。

与完全竞争、完全垄断、垄断竞争市场上厂商的一个重要差别是寡头间行为相互不独立。在完全竞争、完全垄断、垄断竞争三种市场上厂商的行为是相互独立的，每个厂商在作决策时都无须考虑其他厂商会作出什么反应。寡头市场上少数几个厂商生产一个产业的全部或绝大部分产量，因此每一个厂商的行为都会对该市场发生举足轻重的影响。一个厂商通过产品降价或新模式产品的推出而扩大自己产品的市场，就会使得对其他寡头产品需求量下降。因为一个厂商的行为会对本产业整个产品市场发生举足轻重的影响，所以一个厂商采取某种对策扩大自己的产量，会遇到其对手的反对策行为。厂商之间的竞争行为是不确定的，一个厂商通过降价来扩大自己的市场份额可能会导致对手如法炮制，一个寡头通过广告战争夺市场，也会引起对手用相同手法来遏制它的行为。寡头之间也可能不是通过竞争而是通过合作的方式共同谋取好处。例如，西南航空公司若准备调整北京至昆明的航班与票价，就不能不考虑云南航空公司的反应。

寡头间对策不确定，因此要想建立一个理想的模型解释寡头的价格与产量的决定是不可能的。实际上存在多种解释寡头行为的模型，模型的结论依赖于对寡头行为的假定。对寡头行为作出的假定不同，模型的结论也就不同。有多少关于竞争对手反应方式的假定，就有多少寡头厂商的模型，就可以得到多少不同的结果。因此，在西方经济学中，目前还没有找到一个寡头市场模型，可以对寡头市场的价格和产量作出一般的理论总结。本节我们介绍几种常见的模型。

二、古诺模型

古诺模型是由法国经济学家古诺在 1838 年首先提出的。

1. 古诺模型的假设条件

（1）一个产业只有两个寡头厂商，两个寡头生产和销售相同的产品，他们的生产成本为零，并追求利润最大化。

（2）两个寡头同时作出产量决策，即寡头间进行的是产量竞争而非价格竞争，产品的价格依赖于二者所生产的产品总量。

（3）双方无勾结行为。

（4）每个生产者都把对方的产出水平视为既定，并依此确定自己的产量。

（5）假定边际成本是常数。

2. 古诺模型中产量和价格的决定（见图 5-10）

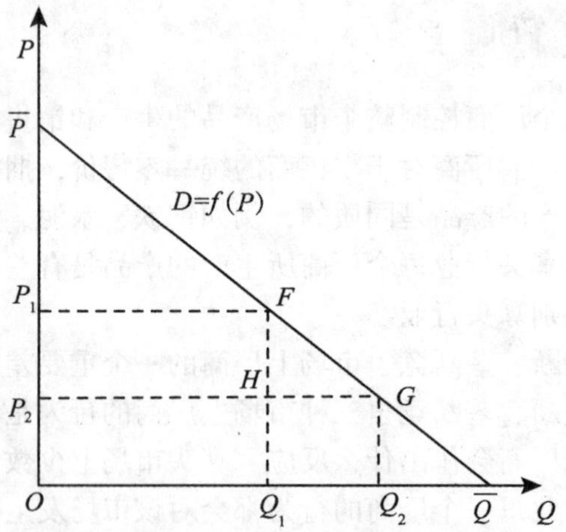

图 5-10　古诺模型

第一轮，A 厂商面临 D 曲线并率先进入市场，它将产量定为市场总容量的 1/2，此时市场价格为 P_1。从数学原理分析，这一产量决定将会使自己利润最大化。随后，B 厂商进入市场，也按同样的逻辑思维行动，生产他所面临的市场容量的1/2，此时价格

下降为 P_2。

第二轮，如图所示，B 的加入使市场供给总量增加了许多，但市场价格却下降了许多，A 的利润总量也减少了许多。为了实现最大的利润，A 厂商在无法挤兑 B 厂商时，只能重新调整产量，将产量定为自己所面临的市场容量的 1/2。按此计算，A 厂商产量有所减少，市场价格有所上升，将在现有条件下实现利润最大化。同理，A 厂商的产量削减给 B 厂商腾出了部分市场份额，B 厂商乘机也调整产量，也生产自己所面临的市场容量的 1/2。于是，在 A 厂商的产量略有减少时 B 厂商的产量略有增加，虽然市场价格有所下降，但 B 厂商将在现有条件下实现利润总量最大化。

……

B 厂商的增产使得市场价格水平再次下降，也使得 A 厂商的利润总水平再次下降。A 厂商无招，只得再次调整产量以实现现有条件下利润总量的最大化。而 A 厂商再次调整产量也必然会再次影响到 B 厂商生产决策的改变。在这样轮复一轮的过程中，A 厂商的产量会逐渐减少，B 厂商的产量会逐渐增加，最后实现 A、B 两个厂商的产量都相等的均衡状态。在均衡状态中，A、B 两个厂商的产量都为市场总容量的 1/3，即每个厂商的产量为 $1/3\overline{Q}$，行业的总产量为 $2/3\overline{Q}$。

3. 古诺模型的推广

令寡头厂商的数量为 m，则可以得到一般的结论如下：

每个寡头厂商的均衡产量 = 市场总容量 · 1/（m+1）

行业的均衡总产量 = 市场总容量 · m/（m+1）

三、斯威齐模型

斯威齐模型是美国经济学家保罗 · 斯威齐于 20 世纪 30 年代所建立。由于寡头厂商之间价格战的结果往往是两败俱伤，竞争的双方利润都趋向于零。所以在寡头垄断市场上，产品的价格往往比较稳定，厂商比较喜欢采用非价格竞争方式，即便采用价格战的方式也是非常慎重的。寡头厂商不愿轻易地变动产品价格，这种价格能够维持一种比较稳定的状态的情况，被称之为价格刚性。斯威齐模型就是解释在寡头垄断市场上出现的这种价格刚性现象。

斯威齐模型的假定条件：当一个寡头厂商降低价格的时候，其他厂商会跟着降价；当一个寡头厂商提高价格的时候，其他厂商价格会保持不变。做这种假定的原因是，当一个厂商降低其产品价格的时候，如果其他厂商不跟着降价，那么其他厂商的市场份额就会减少，从而产量下降，利润下跌；而当一个寡头厂商提高其产品价格的时候，如果其他厂商价格保持不变，那么该厂商的一部分市场份额将会自动被其他厂商瓜分，从而其他厂商的产量会上升，利润会增加。所以，需求曲线呈现弯折的形状，称为弯折的需求曲线。

斯威齐模型的具体形式见图 5-11。假定厂商原来处于 A 点，即产量为 Q_1，价格为 P_1。按照斯威齐的假定，厂商提价的时候，其他厂商价格不变，因而厂商的需求量将会下降很多，即产品富有弹性，相当于图中 AE 段的需求曲线；当厂商降价的时候，其他厂商的价格也下降，因而厂商的需求量不会增加很多，从而产品是缺乏弹性的，相

当于图中 AD 段。

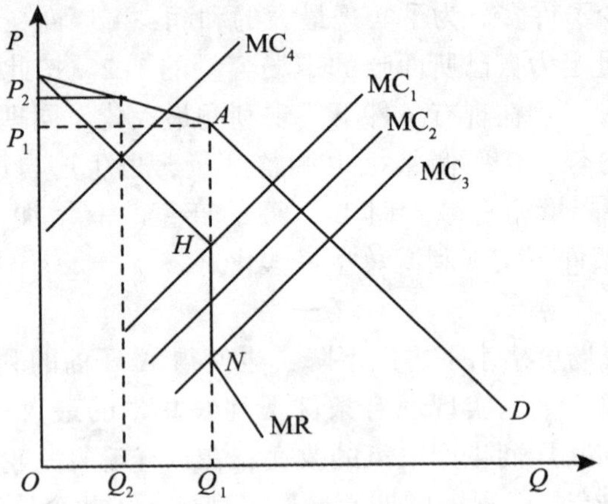

图 5-11 折弯的需求曲线

与需求曲线相对应的边际收益曲线也标在图 5-11 中。而且，边际收益曲线出现了垂直间断，垂直间断点出现在需求曲线的拐折处 A 点。可以看出，在 H 点与 N 点之间，边际收益曲线有一个较大的落差。利用间断的 MR 曲线，可以说明寡头市场的价格刚性。如果厂商的成本变化不大，其 MC 与 MR 曲线的交点在 MR 的垂直间断的范围之内，则不会引起产量的变动。例如，厂商的边际成本为 MC_2 所代表，厂商的产量和价格分别将是 Q_1 和 P_1；如果厂商边际成本提高至 MC_1，厂商产量和价格仍然是 Q_1 和 P_1；如果厂商的边际成本降低到 MC_3，厂商利润最大化的产量和价格仍然是 Q_1 和 P_1。如果厂商的成本在一个很大的范围内发生变动，例如提高至 MC_4，厂商的产量和价格则变为 Q_2 和 P_2。

虽然斯威齐模型有助于说明寡头市场的价格刚性现象，但也有很多的经济学家提出了批评意见。这些批评主要集中在两点：第一，如果按照斯威齐模型，寡头市场应该具有比垄断市场更为刚性的价格，但是实证的结论与此正好相反；第二，斯威齐模型只解释了价格一旦形成，则不易发生变动这种情况，但这个价格是如何形成的，却没有给出说明。

案例 1

成品油市场化先得打破寡头垄断

国家发改委主任徐绍史近日关于“十三五”期间“实现成品油价格完全市场化”的表述，引发了市场诸多想象。从公开信息分析，成品油价定价机制近期也的确有可能发生变化。有报道称，山东与广东已经被选为油价市场化的改革试点。

但是，徐绍史主任“完全市场化”的表述也引起了巨大争议。仅从概念上看，所谓“完全市场化”自然是政府不再干预。但发改委在去年年末连续两次召开成品油价格机制座谈会却透露出信息，是否设立“天花板价”和“地板价”，成为争议的焦点，以至于有专家出面解说，所谓“完全市场化”与“地板价”并不矛盾——这不免让人有些哑然失笑。

成品油市场化改革一直在小步推进。目前被发改委连续两次暂停下调油价的定价机制，其实就是一定程度的市场化设计。当然，它不是完全市场化的。而从国内现实来看，囿于市场观念以及市场格局，“完全市场化”未必能在“十三五”期间实现，但向市场化更加靠近几步，则值得期待。

完全市场化自然令人向往。可是坦率而言，这样的向往大体是出于对自由的天然热爱，之于现实，则从未实现。彻底放任不管的完全依靠市场自我调节的市场，在当今世界上也几乎不存在。即便公认的纯粹市场经济国家，也有市场管制。因此，所谓的“完全市场化”，更准确的界定是理顺市场和权力边界，只要市场能办的，有形之手就不要动辄干预。

国内成品油市场的当下格局，是标准的寡头垄断。它们依靠行政扶持已经完全左右的市场，此时如果不加干预猛然放开，对于消费者来说，很有可能市场竞争的好处没得到，反而先享受了以市场为名的更为理直气壮的垄断。市场化改革之所以选择山东为试点，就是考虑到了山东民营炼厂众多、竞争激烈，放开后不太会出现“三桶油”一统天下的局面。

国内成品油市场目前最大的问题是，对三桶油这样的垄断寡头，市场和行政的边界严重不清晰，许多市场本身能够解决的，有形之手依然紧抓不放。尽管有寄望它们保障国家能源安全、承担社会责任的因素，但这样的考虑在很大程度上压倒了市场化推进。虽然近期在销售环节，通过引入混合所有制，一定程度上放开了下游市场，但更为关键的上游，也即原油供应市场，依然紧紧地被国内几个寡头垄断。当最基本的供应环节被卡住，价格传导必定是单向的，定价机制也必定是单方面定价。

因此，定价机制的改革关键并不是什么“天花板价”和“地板价”，而是首先打破原油供应方面的上游垄断，同时在定价环节尽量放松行政干预。

资料来源：深圳新闻网，2016-01-13.

四、对寡头垄断市场的评价

一些经济学家认为，垄断者提供的只是平淡的生活、低劣的质量以及不文明的服务。关于垄断的一种普遍的抱怨是，垄断者很少注意产品的质量。当美国电话电报公司垄断了电话设备时，多年以来消费者不得不接受不甚清晰的通话质量。一旦竞争者进入该行业，电话的颜色、式样和辅助设备的种类就有了急剧的增加。汽车业也是如此，来自国外的竞争压力使得美国的汽车制造商不得不生产更为可靠、安全的产品。很明显，寡头垄断会抬高价格，损害消费者利益和社会经济福利。但寡头垄断有利于实现规模经济和促进科学技术进步，对经济的发展是有积极作用的。

第六节　寡头厂商之间的博弈：博弈论初步

在前面的章节中，我们讨论的都是消费者或者厂商个人的决策，都是以“理性人”、“独立决策”的假设为前提，都认为完全竞争市场下个人效用最大化就会导致社会福利最大化。然而，现实并非完全如此。首先，“理性人”的假设条件并不严格成立；其次，我们看到，厂商无论是进行价格决策还是产量决策，都必须考虑竞争对手的反应；再次，完全竞争市场下个人效用最大化不一定就会导致社会福利最大化，有时候消费者个人效用最大化的另一面是社会福利的负数化。例如寡头厂商在寡头市场中的行为具有明显的特征：一是行为的非独立性。每一厂商的决策行为要考虑此行为对于竞争对手的影响，否则会是两败俱伤。或者说，寡头厂商的市场行为是相互影响的。二是每一寡头厂商都追求自身利益的最大化，只要一有机会，就会出现机会主义倾向。基于第一个行为特征，寡头之间常常出现共谋现象，例如欧佩克组织的市场分割协定以及中国三大彩电巨头的价格联盟协定。基于第二个行为特征，寡头之间又常常出现短期内就破坏协定的行为。博弈论就是基于上述互动情形的研究，也是对上一章寡头行为分析的继续和深入。其实，寡头厂商对最佳产量点的选择从而追求自身利益最大化的过程就是一个博弈过程；博弈过程会出现多种博弈均衡，博弈均衡下的厂商策略并非就都是最佳产量点的策略；从策略均衡到最佳产量点之策略均衡，厂商就要通过重复博弈来实现。

一、博弈的基本知识

所谓博弈指的是一种决策，即每一行为主体的利益不仅依赖它自己的行动选择，而且有赖于别人的行动选择，以致它所采取的最好行动有赖于其竞争对手将选择什么行动。博弈论所研究的就是两个以上行为主体的互动决策及策略均衡。

（一）博弈的类型

经济学家从不同角度对博弈进行了分类。

1. 双人博弈和 n 人博弈

根据局中人的数量，博弈可以划分为双人博弈和 n 人博弈（本书所描述的就是典型的双人博弈）。

2. 静态博弈和动态博弈

从局中人是否同时行动的角度，博弈又可以划分为静态博弈和动态博弈。所谓静态博弈，是指局中人同时选择策略或非同时选择策略但不知道对手采取的具体行动，并且这种策略选择是一次性的，也就是说同时做出选择后博弈就出结果。动态博弈，是指局中人行动有先后顺序的博弈，后行动者能观察到先行动者的行动。典型的动态博弈如“进入博弈”，市场中存在一个在位者厂商 I 以及一个潜在进入的厂商 E。厂商 E 首先决定是否进入市场，然后厂商 I 决定是否发动价格战，最后厂商 E 再次行动，决定是否迎战。日常生活中动态博弈比比皆是，比如购物中的砍价过程就是一个典型的动态博弈。

3. 零和博弈与非零博弈

所谓零和博弈，是指博弈双方的支付结果加起来为零。这意味着双方的利益在博弈中是相互冲突的。从支付结果看，除了零和博弈外，还有正和博弈，即双方的支付结果加起来为一个正常的数。这意味着双方的利益冲突不再是那么激烈，有可能出现所谓双赢或共赢局面。至于负和博弈，如果假定局中人都是理性的，理论上没有人会参与这种博弈，尽管现实中不乏损人不利己的事。

4. 合作博弈与非合作博弈

互动的情况既可以在单个的个体之间开展，也可以是在团体之间展开。这样，从参与主体角度，我们可以把博弈划分为合作博弈和非合作博弈。具体来说，在非合作博弈中，分析的对象是个体参加者，考察的是单个的参与人在具体的博弈规则以及一定的信息条件约束下，面对其他人可能的反应将如何行动。在非合作博弈中，局中人之间通常无法达成有约束力的协议进行合作，以获得合作收益。非合作博弈强调的是个人理性、个人最优策略。但结果可能有效率，也可能无效率。而在合作博弈分析中，分析的对象经常是一个团体，用博弈论的术语称之为"联盟"。该联盟是由参与博弈的若干局中人通过达成有约束力的协议形成。合作博弈通常并不涉及具体的博弈规则，而集中于不同的人结盟将得到什么。合作博弈强调的是团体理性。

在博弈论的分析史上，对于合作博弈的分析一度是人们研究的重点。在纳什的研究之后，人们认识到非合作博弈分析对于揭示现实中的经济现象有更强大的作用。在众多学者的努力下，非合作博弈分析已经成为博弈论研究的主流。

（二）博弈的基本要素

下面结合例子来介绍博弈的基本要素。

1950年，由就职于兰德公司的梅里尔·弗勒德和梅尔文·德雷希尔拟定出相关困境的理论，后来由顾问艾伯特·塔克以囚徒方式阐述，并命名为"囚徒困境"。经典的囚徒困境如下。

警方逮捕甲、乙（下称囚徒1、囚徒2）两名嫌疑犯，但没有足够证据指控二人入罪。于是警方分开囚禁嫌疑犯，分别和二人见面，并向双方提供以下相同的选择：

若一人认罪并作证检控对方（相关术语称"背叛"对方），而对方保持沉默，此人将即时获释，沉默者将判监10年；

若二人都保持沉默（相关术语称互相"合作"），则二人同样判监1年；

若二人都互相检举（相关术语称互相"背叛"），则二人同样判监8年；

博弈的要素包括参与人、行动、信息、策略、支付、结果和均衡。其中，参与人、策略和支付是描述一个博弈所需要的最基本的要素，参与人、行动和结果统称为博弈规则。

（1）参与人。

参与人是指一个博弈中的决策主体。在囚徒困境模型中，有两个参与人，即"囚徒1"和"囚徒2"。

（2）行动。

行动是参与人在博弈的某个时点的决策变量。在囚徒困境模型中，囚徒1、囚徒2都

		囚徒2	
		坦白	不坦白
囚徒1	坦白	-1，1	-10，0
	不坦白	0，-10	-8，-8

图 5-12　囚徒博弈

只有两种行动可供选择，即“沉默”和“背叛”。

（3）信息。

信息是参与人在博弈中的知识，特别是有关其他参与人（对手）的特征和行动的知识。在囚徒困境模型中，两名囚徒的信息是都知道自己和另一名囚徒在选择坦白和抵赖的不同组合时面对的处罚。

（4）策略。

策略是参与人在拥有既定信息情况下的行动规则，它规定参与人在什么时候选择什么行动。一个参与人的所有可选择的策略的集合就是这个参与人的策略空间。如果每个参与人选择一个策略，就构成一个策略组合。

（5）支付。

在博弈论中支付指一个特定策略组合下参与人得到的确定效用水平，或者是指参与人得到的期望效用水平。支付是博弈参与人真正关心的东西。在一个策略组合下，所有参与者的支付就构成了一个支付组合。在囚徒困境模型中，如果两名囚徒的策略组合为（背叛，沉默），那么囚徒1的支付为-10，囚徒2的支付为0，两名囚徒的支付组合为(-10，0)；如果两名囚徒的策略组合为（沉默，沉默），那么囚徒1和囚徒2的支付均为-8，两名囚徒的支付组合为（-8，-8）。

（6）结果。

结果是博弈分析者感兴趣的所有东西，如均衡策略组合、均衡支付组合等。

（7）均衡。

均衡是所有参与人的最优策略的组合。

二、博弈论中的均衡

经济学中，均衡一般指某种稳定的状态。而博弈论中的均衡是策略均衡，它是指由各个局中人所使用的策略构成的策略组合处于一种稳定状态，在这一状态下，各个局中人都没有动机来改变自己所选择的策略。这样，各人的策略都已给定，不再发生变化，博弈的结果必将确定，从而，每一个局中人从中得到的支付也就确定了。那么，每个局中人的最优决策也就可以确定了。可见，要解一个博弈问题，首先需确定博弈的策略均衡。

下面介绍博弈过程最基本的两种均衡：占优策略均衡和纳什均衡。

（一）占优策略均衡

占优策略是指无论其他参与者采取什么策略，其参与者唯一的最优策略就是他的占优策略。也就是说，如果某一个参与者具有占优策略，那么，无论其他参与者选择什么策略，该参与者确信自己所选择的唯一策略都是最优的。博弈均衡是指博弈中的所有参与者都不想改变自己策略的一种状态。如果所有参与者选择的都是自己的占优战略，该博弈均衡又被称为占优战略均衡，即由博弈中所有参与者的占优策略组合所构成的均衡就是占优策略均衡。

假设学校规定寝室晚上11：30分熄灯睡觉，甲乙同学同住一室。在按时就寝这一问题上，如果甲乙双方的个人决策为图中四种模式：（1）甲乙双方合作守信。此时，每一方可得到10单位的好处；（2）甲守信乙不守信。此时，乙可以得到12单位的好处，甲只得到6单位的好处；（3）甲不守信乙守信。此时，甲得到12单位的好处，乙只得到6单位的好处；（4）甲乙双方均不守信。此时，甲只得到8单位的好处，乙也只得到8单位的好处，低于双方均守信时各自得到的好处。

这里可以看出两个问题：一是合作的确有必要性，这样双方的好处均会最大；二是在追求利润最大化的过程中，合作现象非常脆弱。根据案例中的分析，只要发现对己方有利，一定选择占优策略。

（二）纳什均衡

纳什均衡是指在一个均衡里，如果其他参与者不改变策略，任何一个参与者都不会改变自己的策略。在有的博弈均衡中，某参与者并不存在既定的占优策略，他的占优策略随着其他参与者的策略的变化而变化。所谓纳什均衡是指这样一组策略组合：第一，在该策略组合中，每个局中人的策略都是给定其他局中人的策略情况下的最佳反应。有一个局中人的策略发生变化，原来的策略组合就不再是纳什均衡。第二，该策略具有自我实施的功能。在纳什均衡下，没有一个局中人可以通过单方面改变自己的策略而提高自己的支付。也就是说，没有人愿意偏离均衡。这一概念是由美国数学家约翰·纳什提出的，故称为纳什均衡。可以用囚徒困境的案例来说明纳什均衡。

如同博弈论的其他例证，囚徒困境假定每个参与者（即“囚徒”）都是利己的，即都寻求最大自身利益，而不关心另一参与者的利益，这也就是经典经济学中的“理性人假设”。参与者某一策略所得利益，如果在任何情况下都比其他策略要低的话，此策略称为“严格劣势”，理性的参与者绝不会选择。另外，没有任何其他力量干预个人决策，参与者可完全按照自己意愿选择策略。

囚徒到底应该选择哪一项策略，才能将自己个人的刑期缩至最短？两名囚徒由于隔绝监禁，并不知道对方选择；而即使他们能交谈，还是未必能够尽信对方不会反口。就个人的理性选择而言，检举背叛对方所得刑期，总比沉默要来得低。试设想困境中两名理性囚徒会如何作出选择：

若对方沉默时，背叛会让我无罪释放，所以会选择背叛。

若对方背叛指控“我”，“我”也要指控对方才能得到较低的刑期，所以也是会选择背叛。

二人面对的情况一样，所以二人的理性思考都会得出相同的结论——选择背叛。背叛是两种策略之中的支配性策略。因此，这场博弈中唯一可能达到的纳什均衡，就是双方参与者都背叛对方，结果二人同样服刑 8 年。

这场博弈的纳什均衡，显然不是顾及团体利益的帕累托最优解决方案，个人理性的选择导致了集体的非理性选择。均衡的状况会是两个囚徒都选择背叛，结果二人判决均比合作高，总体利益较合作低，这就是“困境”所在。这个例子证明了非零博弈中，帕累托最优和纳什均衡是相冲突的。

（三）纳什均衡与占优策略均衡的区别与联系

综合上述四种情况，可以得出：纳什均衡就是在给定别人最优的情况下，自己最优选择达成的均衡。它只要求任何一个参与者在其他参与者的策略选择给定的条件下，其选择的策略是最优的。也就是说，纳什均衡是有条件的占优均衡，条件是它的参与者不改变策略。如果其他的参与者改变策略，我方就要改变策略。

再对两种均衡进行比较，可以得出占优策略均衡是比纳什均衡严格的一个博弈均衡概念。占优策略均衡要求任何一个参与者对于其他参与者的任何策略选择来说，其最优策略都是唯一的。而纳什均衡只要求任何一个参与者在其他参与者的策略选择给定的前提下，其选择的策略是最优的。所以占优战略一定是纳什均衡，而纳什均衡不一定就是占优策略均衡。

寡头市场上各厂商的行为选择就存在一个纳什均衡问题。为了解释这一均衡问题，我们需要深入地学习一些知识。

三、寡头厂商的行为特征与校正

寡头厂商从策略均衡到最佳产量点选择策略的均衡，可以用“囚徒困境”等博弈模型加以解释。通过重复博弈，走出囚徒困境。

囚徒困境是一个静态博弈。静态博弈的最大问题是难以避免机会主义现象的出现，它同时反映了占优均衡过程中的一个深刻问题——个人理性与团体理性的冲突。为了解决这一问题，西方人引入了重复博弈这一模型。重复博弈是动态博弈的一种特殊情况。显然在一次性博弈的情况下，任何欺骗行为和违约行为都不会遭到报复，参与者的不合作是难以避免的。但在重复博弈中，情况就会得到改变。

在无限期重复博弈中，对于任何一个参与者的欺骗和违约行为，其他参与者总会有机会给予报复，如不再与其合作。这样一来，违约或欺骗方会遭受长期的惨重损失，因此每个参与者都不会采取违约或欺骗的行为，囚犯困境合作的均衡解是存在的。

如果是有限期的重复博弈，情况就有所不同了。用逆推法来分析博弈过程，可以表明，参与者若明确合作到了最后一期，以后不会再有重复博弈，那么，最后一期的博弈和一次性的博弈就没有区别，参与者的欺骗和违约行为是不可能被报复的，于是最后一期单个参与者的占优策略就是不合作的欺骗或违约。逆推到前一期，每个参与者都推知以后将不合作，所以也不会合作。如此等等，在有限期重复博弈中，囚犯困境博弈的纳什均衡是参与者的不合作。

本章小结

1. 市场结构理论是对生产者行为的进一步分析，论述厂商在不同的市场结构下，实现利润最大化的条件。

2. 本章按照竞争和垄断的程度不同，将市场分为完全竞争市场、垄断竞争市场、寡头垄断市场和完全垄断市场。

3. 完全竞争市场是理想化的市场结构，效率最高，成本最大，消费者剩余最多。

4. 完全垄断市场效率最低，成本较高，厂商通过价格歧视剥夺了全部或者部分的消费者剩余，消费者剩余最少。

5. 不同的市场结构，短期均衡的几种情形是相似的，因为在短期内厂商不能变动全部要素，也不能事先确定市场的需求，因而都可能出现盈利或亏损等各种情况。

6. 完全竞争和垄断竞争市场的长期均衡是零利润，即只能获得正常利润，不能获得超额利润。

7. 寡头垄断和完全垄断市场的长期均衡是可以获得超额利润。

8. 纳什均衡是寡头博弈的均衡解，其中，上策均衡和占有策略均衡是纳什均衡的特殊情况。

复习思考题

一、名词解释

1. 完全竞争市场
2. 垄断竞争市场
3. 寡头
4. 垄断
5. 价格歧视
6. 博弈论

二、单项选择题

1. 竞争不受任何阻碍和干扰的市场结构是（　　）。

A. 完全竞争市场　　B. 垄断竞争市场
C. 寡头垄断市场　　D. 完全垄断市场

2. 整个行业中只有唯一供给者的市场结构称为（　　）

A. 完全竞争市场　　B. 垄断竞争市场
C. 寡头垄断市场　　D. 完全垄断市场

3. 寡头垄断厂商的产品是（　　）。

A. 同质的　　B. 有差异的

C. 既可以是同质的又可以是有差异的　　D. 完全无差别

4. 完全垄断市场上企业产量和价格决策的基本原则是（　　）。

A. 边际收益=边际成本　　B. 边际收益>边际成本

C. 边际收益<边际成本　　D. 边际收益=边际成本=0

5. 完全竞争市场上，企业的边际成本曲线就是（　　）。

A. 边际收益曲线　　B. 需求曲线

C. 供给曲线　　D. 平均收益曲线

6. 下列关于完全竞争市场的表述错误的是（　　）。

A. 若以横轴表示需求量、纵轴表示价格，则个别企业的需求曲线是一条平行于横轴的水平线

B. 企业的平均收益、边际收益和需求曲线都是同一条线

C. 企业产量决策的基本原则是边际成本等于边际收益

D. 在长期生产中，企业实现利润最大化的决策原则是边际收益大于边际成本

7. 如果一垄断厂商的产品需求曲线上有一点，其弹性 $E_d=-2$，产品价格 $P=20$ 元，则垄断厂商在边际成本上的加价额占价格的比例为（　　）。

A. 50%　　B. 10%

C. 200%　　D. 100%

8. 下列关于完全垄断市场的表述错误的是（　　）。

A. 在完全垄断市场上不存在供给曲线

B. 完全垄断企业的需求曲线向右下方倾斜

C. 完全垄断企业索取的价格超过边际成本的程度，受制于需求价格弹性

D. 当需求价格弹性较低，垄断者可以确定较低的价格

9. 完全竞争市场和垄断竞争市场的主要区别是（　　）。

A. 生产者数量的多少　　B. 产品是否具有差别性

C. 消费者数量的多少　　D. 进入障碍的大小

10. 垄断竞争市场上企业的需求曲线是（　　）。

A. 一条水平线　　B. 市场的需求曲线

C. 向右下方倾斜的曲线　　D. 向右上方倾斜的曲线

三、计算题

1. 已知某完全竞争行业中的单个厂商的短期成本函数为 $STC=0.1Q^3-2Q^2+15Q+10$。试求：

（1）当市场上产品的价格为 $P=55$ 时，厂商的短期均衡产量和利润；

（2）当市场价格下降为多少时，厂商必须停产？

（3）厂商的短期供给函数。

2. 某完全竞争厂商的短期边际成本函数 $SMC=0.6Q-10$，总收益函数 $TR=38Q$，且已知产量 $Q=20$ 时的总成本 $STC=260$。求该厂商利润最大化时的产量和利润。

四、简答题

1. 试分析在短期生产中追求利润最大化的厂商一般会面临哪几种情况。

2. “当厂商的固定成本亏损很大的时候，厂商一定会关门”，你同意这种说法吗？说明原因。

扩展阅读

发改委开反垄断4亿元罚单？我国汽车进出口海运市场困局待解

日前，国家发改委在滚装货物国际海运服务领域开出了4.07亿元罚单，这是我国在这一领域开出的反垄断第一单。由此，少被关注的我国汽车进出口海运市场价格垄断行为也随之浮出水面。

价格垄断造成的高运价，加重了我国进口汽车消费者的负担，也削弱了我国出口汽车在海外市场的竞争力。业内人士表示，希望此次反垄断处罚能对规范我国汽车进出口海运市场起到促进作用，在低迷的汽车进出口市场复苏道路上扫清障碍。

海运垄断扰乱汽车进出口市场

近日，国家发改委官网正式对外公布了《八家滚装货物国际海运企业实施价格垄断被处罚款》的规定。经过一年多的调查，发改委发现日本邮船株式会社、川崎汽船株式会社、株式会社商船三井、威克滚装船务有限公司等8家滚装货物国际海运企业在往返于我国与其他国家和地区的滚装货物（包括汽车、卡车以及工程机械等）海运服务市场时，存在价格垄断行为。调查显示，这8家滚装货物国际海运企业达成并实施了价格垄断协议，排除、限制了相关市场竞争，抬高了滚装货物国际海运费率，损害了我国相关滚装货物进出口商和终端消费者的利益，违反了我国《反垄断法》关于禁止具有竞争关系的经营者达成并实施固定价格、分割市场等垄断协议的规定。

据了解，相关海运企业价格垄断行为持续时间很长，从2008年中国《反垄断法》实施算起，存续时长不少于四年。相关海运企业价格垄断行为影响面广，涵盖滚装货物进出口中国海运市场的北美－中国、欧洲－中国、中国－南美、中国－欧洲、中国近海等主要航线，涉及国际国内多个汽车品牌和工程机械品牌。数据显示，目前全球汽车滚装运输船队主要集中在日韩两国，其中，日本占59%，韩国占18%。我国汽车滚装船运输市场的八成由日韩等汽车船运企业占据，它们几乎垄断了中国汽车海运进出口市场。

中国汽车工业协会秘书长助理兼贸易协调部主任许海东告诉记者：“国际海运对中国汽车进出口有重要影响，这些国际船运公司的垄断行为，造成的运费高企，损害了中国进口车消费者的利益，也削弱了中国出口汽车在国际市场上的竞争力。”同济大学知识产权与竞争法研究中心研究员刘旭表示：“由于中国船运公司较少提供滚装货物国际海运服务，致使国内相关车企、进口商只能购买国际船运公司的服务，垄断之下价格高企是必然。”

我国车企海运市场缺少话语权

长期以来，我国汽车企业出口严重依赖国外海运公司。同时，受进出口数量相对较少、港口分散等因素影响，我国汽车企业在汽车进出口运价上几乎没有话语权。尤其是出口方面，由于我国汽车企业出口订单大多为不定期订单，且数量分散，因此，很多汽车企业无法与国际航运企业签订全年协议，只能拼船或者利用日韩汽车企业留下的空闲位置。这样不仅船期无法得到保证，还要承担日韩航运企业昂贵的零售价。

“船运公司在对中国车企招标时，往往私下串通，哄抬价格，议标、陪标现象屡有发生，而我国几乎没有船运公司可以提供汽车出口船运服务，车企很难发现这些船运公司的垄断行为，只能接受价格敲诈。”许海东说。一位自主品牌出口负责人也表示：“中国车企的出口量比较小，一般只能‘拼船’，在价格上没有话语权。”

与此同时，我国从事汽车滚装运输的船运公司实力不足也在一定程度上影响了车企在海运市场的话语权。许海东表示，车企在选择船运公司时，为了规避风险，往往要选择知名度高、运力有保障、航线较丰富、服务较好的公司，而我国船运公司很难满足这些需求。刘旭也表示：“滚装货物运输有一定风险，要专船专用，对船只资质、人员、航线都有特殊需求，这也在一定程度上制约了我国船运公司相关运输服务的提供。”

目前，我国从事汽车滚装运输的有深圳长航、中远航运、中海集运、中外运长航、上海安盛等企业。其中，中远航运经营汽车滚装出口运输，其余航运企业主要经营沿海运输业务。在国际滚装运输上，我国船运公司市场份额还很小，很难参与市场竞争。而且，随着汽车进出口贸易需求的增加，汽车进出口不仅需要船队规模大、装卸港口多的运输服务，还需要延伸物流服务，如中转库管理、生产后操作服务、车辆售前检查、附件选择、车窗蚀刻以及报警装置的安装等，没有一定实力，公司很难承接相关业务。

为了解决中国汽车出口遭遇的运输瓶颈，商务部曾大力推进中远集团与重点汽车企业建立汽车滚装船运输业务，组织奇瑞、长城等多家重点汽车生产企业与中远集团签署为期 15 年的建造中国汽车滚装船队的战略合作协议，解决出口运输问题，但涉及各方利益的协调，也很难在实际操作层面上真正形成战略联盟。

海运价格垄断难题短期难解

2015 年，我国汽车进出口双双走低。出口方面，中汽协最新数据显示，2015 年汽车累计出口 72.82 万辆，比上年下降 20%。其中乘用车出口 42.77 万辆，比上年下降 19.8%；商用车出口 30.05 万辆，比上年下降 20.4%。进口方面，海关数据显示，2015 年 1—11 月，我国汽车整车累计进口 99.12 万辆，比上年同期下降 23.5%。低迷的汽车进出口市场更需要扫除各方不利因素，以提振市场。

“发改委针对中国汽车进出口国际海运市场的反垄断罚单，在一定程度上起到了警示作用，有利于规范市场运价及良性竞争，但是，并不能保障今后我国汽车出口就能拿到优惠价格。”许海东表示，运量、运力等因素决定了我国车企在汽车进出口国际海运上缺乏话语权，而目前要想掌控话语权似乎并没有有效的方法。“出口方面，国内车企的出发港有很多，目的港也不尽相同，大家很难结成联盟，自然也就谈不上定价权了。”上述自主车企负责人表示。

面对“走出去”需求，中国车企也在积极通过各种途径寻求解决之道，相关行业协会也曾组织企业组建海运物流平台，但一时也很难在实际操作层面起到作用。“中国车企分散的运输特点导致话语权缺失是必然的。目前，如果中国车企能在组织货源方面统一行动，结盟招标等或可拿到较优惠的运价，但是实际操作起来有一定难度。”刘旭表示。

资料来源：《中国汽车报》，2016-01-22.

第六章 生产要素定价理论

开篇语

前面各章讨论了消费品市场上微观主体的行为及其产品价格和数量的决定——消费品市场的局部均衡问题。然后，消费品的价格除了取决于市场的供给与需求外，生产要素的价格变化所导致的消费品成本变化，也是影响消费品价格的重要因素。本章就讨论生产要素市场上微观主体的行为及其生产要素的价格决定，讨论生产要素市场的局部均衡问题。生产要素的价格决定也就是生产要素所有者取得收入的过程，因此，生产要素价格决定理论也被称为收入分配理论。生产要素价格决定可以分两个方面来论述：生产要素价格决定的需求方面，生产要素价格决定的供给方面。

第一节 生产要素的需求与供给

一、生产要素的概念

要进行生产活动，就要投入各种经济资源。为进行生产和服务活动而投入的各种经济资源叫做生产要素。我们通常将生产要素分为两大类：中间生产要素（或者叫中间产品）和原始生产要素。

原始生产要素的所有者是消费者，消费者提供要素的目的是实现效用最大化。在经济学中原始生产要素包括以下四种：

(1) 劳动。人类在生产活动着所付出的体力或智力的活动，是所有生产要素中最能动的因素（又称为人力资本）。劳动者是劳动这一生产要素的基本所有者。

(2) 资本。人类生产出来又用于生产中的经济货物，包括机器、厂房、工具等生产资料（又称为实物资本）。从企业的角度看，既包括有形的资产，也包括无形资产，如商标、信誉和专利权等。通常货币资本并不计入生产要素中去。

(3) 土地。包括土地、河流、森林、矿藏、野生生物等一切的自然资源，它们得自于大自然的恩赐，是最稀缺的经济资源。

(4) 企业家才能。综合运用其他生产要素进行生产、革新、从事企业组织和经营管理的能力，以及创新和冒险精神。

生产要素的需求是厂商的需求，而产品的需求是消费者的需求。厂商对于生产要素的需求是一种派生的需求（引致需求）。也就是说，是由于对产品的需求而引起了对生产要素的需求。厂商之所以需要生产要素是为了用它生产出各种产品，实现利润最大化。而消费者对于产品的需求是一种直接的需求。

二、完全竞争厂商使用要素的原则

在考察完全厂商对要素的需求时，我们以完全竞争市场为例。且同时处于完全竞争产品市场和完全竞争要素市场中的厂商称为完全竞争厂商。按照这个规定，不完全竞争厂商包括以下三种情况：①在产品市场上完全竞争，但在要素市场上不完全竞争；②在要素市场上完全竞争，但在产品市场上不完全竞争；③在产品市场上和要素市场上都不完全竞争。

为了说明完全竞争厂商使用要素的原则，这里假定：完全竞争厂商只使用一种生产要素，生产单一产品、追求最大限度的利润。在这些假定之下，完全竞争厂商须遵循 MR=MC 原则。只不过在这一章中，MR 与 MC 的含义各有所不同，且名称也有所不同：MR 表示使用要素的“边际收益”；MC 表示使用要素的“边际成本”。下面我们对 MR 与 MC 分别加以考察。

（一）使用要素的“边际收益”——边际产品价值

在讨论产品市场时，结合前面所讲的内容，我们设定收益是产量的函数 $R(Q)=P\times Q$。由于讨论局限于产品市场、完全竞争的范围，厂商只能被动地接受产品价格而不能左右价格，相当于 P 为常量。

在要素市场，产量 Q 本身又是生产要素的函数，设完全竞争产商使用的生产要素为 L，则 $Q=Q(L)$。将 $Q=Q(L)$ 代入 $R(Q)=P\times Q$ 中，得到一个复合函数：

$$R(L)=P\times Q(L) \tag{1}$$

将（1）式两边对 L 求导，得

$R'(L)=P\times Q'(L)=p\times\dfrac{dQ(L)}{d(L)}=P\times MP_I$。式中，$MP_L$ 为要素的边际产量，P 为既定产品的价格，$P\cdot MP_L$ 就是完全竞争厂商使用要素的“边际收益”。为了与前面的产品的边际收益概念相区别，我们将完全竞争厂商使用要素的“边际收益”给出新的名称，叫做边际产品价值，并用 VMP 表示，于是有：

$$\mathrm{VMP}=P\times \mathrm{MP_L} \qquad (2)$$

它表示在完全竞争条件下，厂商每增加一个单位要素所增加的收益。

其中$\mathrm{MP_L}$为边际生产率，表示在完全竞争条件下，厂商增加使用一单位要素（本式中为L）所增加的产量。VMP为边际产品价值，表示在完全竞争条件下，厂商增加使用一单位要素所增加的收益。这就是完全竞争厂商使用要素的“边际收益”。

要注意MR与VMP的区别：MR通常是对劳动产品而言，称之为产品的边际收益，VMP通常是对生产要素而言，故称之为要素的边际产品价值；$\mathrm{MP_L}$是生产要素边际生产力的实物表示方式，VMP是生产要素边际生产力的价值形式表示方式。因为对于完全竞争厂商而言，是否增加生产要素的投入主要取决于边际生产要素的价值是否大于使用要素的边际生产成本。

（二）使用要素的“边际成本”——要素价格

在讨论产品市场时，设定成本是产量的函数，且有$C=C(Q)$。现在把讨论从产品市场转入生产要素市场。在生产要素市场，产量本身又是生产要素的函数，故成本可以直接表示为生产要素的函数。设完全竞争产商使用的生产要素为劳动要素L，所使用的劳动要素的价格即工资为W，则有以下函数关系存在：

$$C=W\times L \qquad (3)$$

在（3）式中，C、L分别为因变量与自变量，根据完全竞争厂商的假定，厂商在生产要素市场也是完全竞争厂商，也不能左右价格，故W为常量。两边对L求导，得$C'(L)=W$，它表示完全竞争厂商增加使用一单位生产要素所增加的成本。则完全竞争厂商使用生产要素的原则为使用要素的边际收益=使用要素的边际成本，即：

$\mathrm{VMP}=W$ 或者 $P\cdot \mathrm{MP}=W$

三、生产要素的需求

下面在介绍生产要素的需求时，仍然以完全竞争厂商为例。完全竞争厂商对生产要素的需求曲线是指在其他条件不变时，完全竞争厂商对要素（例如L）的需求量与要素价格W之间的依存关系。其中，要素价格W是自变量，要素需求量L是因变量。

（一）生产要素的需求曲线

完全竞争厂商对要素的需求曲线可以从$P\cdot \mathrm{MP}_L=W$中推导出来。当W上升时，要使$P\cdot \mathrm{MP}_L$的值也上升，根据边际生产力递减规律，只有使L的使用量减少。于是得出W与L呈反方向变化。可用图形6-1说明。

按照$\mathrm{VMP}_L=W$原则，劳动价格是W_1，厂商对其需求量是L_1，以实现利润最大化；劳动价格下降到W_2，$\mathrm{VMP}_L>W_2$，增加要素使用，收益大于成本，对劳动的需求将增加到L_2；劳动价格下降到W_3，对劳动的需求提高到L_3。将所选的点连起来，就是完全竞争厂商对生产要素的需求曲线。

根据$\mathrm{VMP}_L=W$原则，劳动者的工资是随着劳动的边际产品价值的增减而增减。当劳

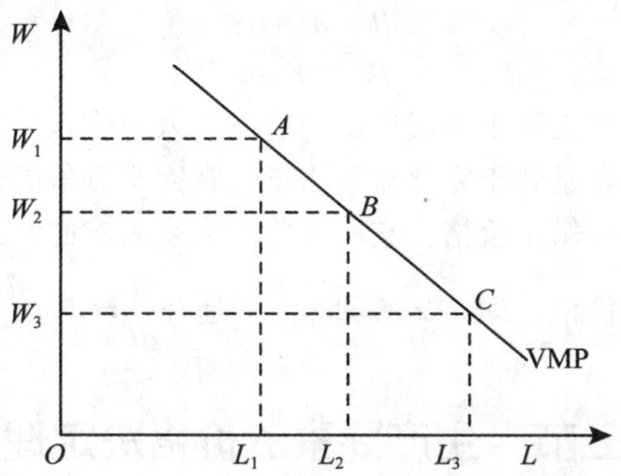

图 6-1　完全竞争厂商的要素需求曲线

动的边际产品价值上升时，W 必然增加；反之，则必然减少。

（二）完全竞争条件下厂商对单一要素的需求曲线特点

在完全竞争条件下，厂商对单一要素的需求曲线将与边际产品价值曲线完全重合。

$$W=P\cdot MP_L$$

其中 W 为完全竞争条件下，厂商对单一生产要素的需求曲线，同时也是使用要素的边际成本；$P\cdot MP_L$——完全竞争条件下，厂商边际产品价值曲线；同时也是使用要素的边际收益。又因为使用要素的边际产量是递减的，故使用要素的边际收益也是递减的。

这里我们可以作一个类比：将 $W=P\cdot MP_L$ 与 $Y=f(x)$ 比较，W 就相当于 Y，$P\cdot MP_L$ 就相当于 $f(x)$，L 就相当于 x。根据边际收益递减规律，在其他条件不变的情况下，生产要素的边际生产力 $P\cdot MP_L$ 应当是递减的。于是要素的需求曲线就是一条向右下方倾斜的曲线。从它们两者相等即可以看出：两条曲线完全重合。

四、生产要素的供给

要素所有者有两种，作为生产者的中间要素所有者和作为消费者的原始要素所有者。所有者不同，其市场供给的行为目标也不同。

原始要素在一定时间内是有限的，原始要素供给实际上是原始要素供给者在一定的要素价格水平下，将其全部既定资源在“要素供给”和“保留自用”两种用途上进行分配以获得最大效用。或者说，“要素供给”是指你的精力是给老板使用的；“保留自用”是指你的精力是留给自己使用的。

作为“要素供给”的资源的边际效用要与作为“保留自用”的资源的边际效用相等。当两者不相等时，要从边际效用小的部分转移一部分要素到边际效用大的要素用途中去，这样才能使生产要素供给的总效用最大。例如，给老板打工的总体收获如果要比自己自由闲暇的总体收获大时，则会尽力挤出时间去打工；反之，给老板打工的总体收获如果要比自己自由闲暇的总体收获小时，则不会去打工，而是会充分地享受自由闲暇的美好时光。

要素供给的效用是所谓的间接效用，即要素供给通过收入而与效用相联系。

$$\frac{dU}{dL}=\frac{dU}{dY}\times\frac{dY}{dL}$$

即：要素供给的边际效用等于要素供给的边际收入与收入的边际效用的乘积。

又由于单个要素供给者是处于完全竞争市场。在完全竞争的市场上，单一的要素供给者不能确定、只能接受要素供给价格，它所面临的要素需求曲线是一条水平线。于是，要素的边际收入等于要素的价格，即 $dY/dL=W_L$，于是有$\frac{dU}{dL}=W_L\times\frac{dU}{dY}$。

第二节　生产要素的价格决定理论

一、劳动的价格

劳动的价格一般用工资来表示，工资是劳动者提供劳务后所得到的报酬。工资是在劳动市场上由劳动的供求关系决定的。

（一）劳动的需求

如前所述，企业对劳动的需求属于引致需求，因此市场对产品的需求会影响企业对劳动的需求。此外，劳动的价格、劳动在生产中的重要性等也会影响企业对劳动的需求。从劳动的需求而言，劳动的要素价格取决于劳动的边际收益产量，也就是取决于劳动的边际生产力。劳动的边际生产力是指在其他条件不变的情况下，增加一单位劳动所增加的产量。由于边际递减的普遍规律，劳动的边际生产力通常也是递减的，所以劳动的需求曲线是一条向右下方倾斜的曲线。如图 6-1 所示。

（二）劳动的供给

在消费者既定的时间资源中，有以下两个假定：

（1）消费者每天可以自由支配的时间为 16 小时（24 小时-8 小时睡眠）；

（2）消费者每天可以自由支配的 16 小时用于劳动与闲暇，闲暇时间只是用来享受，而不用来干家务；

在此假定之下，消费者每天可以自由支配的 16 小时时间资源怎么使用？换句话说，消费者的劳动供给就是消费者如何闲暇和劳动收入之间进行选择。

从图 6-2 中可以看出：劳动供给曲线与一般的供给曲线不同，即它有一段“向后弯曲”的部分。当工资较低时，随着工资的逐步上升，劳动者会逐步减少闲暇，逐步增加劳动供给量。但是，当工资涨到一定程度后，劳动的供给量不但不会逐步增加，反而会逐步减少。为什么呢？

换一个角度思考劳动的供给曲线为什么会向后弯曲？劳动的供给曲线向后弯曲其实也就是闲暇商品的需求曲线为什么向前倾斜。我们可以换一个角度来研究这个问题。

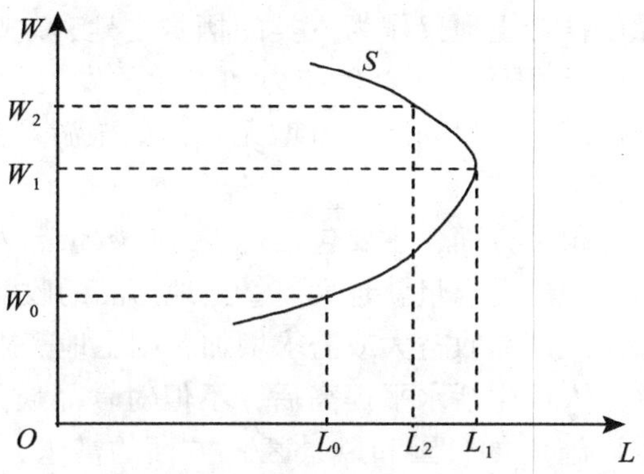

图 6-2　劳动的供给曲线

(1) 劳动的供给就是闲暇的需求的反面。在时间资源总量既定的情况下，劳动供给的增加就是闲暇需求的减少，两者之间存在着反方向变化关系。

(2) 劳动的价格——工资就是闲暇的机会成本。增加了一单位时间的闲暇，意味着失去本来可以得到的一单位劳动的收入——工资。于是工资也就是闲暇的价格。

(3) 劳动供给量随工资而变化的关系，即劳动供给曲线，也可以用闲暇需求量随闲暇价格而变化的关系，即闲暇需求曲线来加以说明。

因此，当劳动者的相对工资达到一定高度时，因为休闲的机会成本非常高昂，人们会几乎疯狂工作；当劳动者的相对工资又继续提高时，劳动的边际效用会迅速递减，休闲的边际效用会迅速提升，此时，人们的劳动供给量不但不会增加，反而会减少。所有这一切，用一般语言来说就是，当工资的提高使人们富足到一定的程度后，人们会更加珍视闲暇。

(三) 劳动的价格——工资

在完全竞争市场上，劳动力的买卖双方都是充分竞争的，此时，工资水平完全取决于劳动的供求关系。因此，向右下方倾斜的需求曲线（见图 6-1）与向背后弯曲的供给曲线（见图 6-2）相交处的价格即为劳动的均衡价格。根据供求定理，在劳动的供给不变时，增加需求则会导致工资水平上升，减少需求则会导致工资水平下降；在劳动的需求不变时，增加供给会导致工资水平下降，减少供给会导致工资水平上升；当需求和供给同时发生变化时，则要视具体情况而定。

二、土地的价格

我们这里讨论的土地均是指土地服务、土地服务的供给以及土地服务的价格。其中，土地服务的价格称为地租。

(一) 土地的需求

土地的需求指在一定的历史发展阶段，国民经济各产业部门为了维持其生产活动和人类生活所需对土地需要的总量。随着社会经济的发展，人类社会对土地的需求从简单到复杂、从单一到多样化。原始社会土地仅作为人类的栖身之地，之后出现了农地、放牧地，再后来出现了作坊用地、住宅用地。随着生产力和工业的发展，工业用地、城市建设用地、交通运输用地等相继出现。现代的用地有增无减，如旅游观光用地、疗养别墅用地、自然保护区用地等。

影响土地需求的因素有很多方面，主要包括：①人口数量。人类的衣食住行都依赖于土地，人口数量越多，对土地的需求量就越大。②土地产品的收益及其需求状况。土地需求是一种原生需求，如果土地产品收益大或需求增加，则土地需求增加；反之，土地需求则减少。③人民生活水平。人民生活水平提高后，不但对食品质量和品种提出更高要求，而且还会增加住房和娱乐设施（如公园和风景区）方面的需求，从而增大土地需求的总量。④社会经济发展水平。社会经济的发展，一方面会减少对某一经济用途的土地的需求，如合成纤维的发展会减少植棉耕地的需求；另一方面，将会拓宽产业发展的范围，增加对土地的需求。

（二）土地的供给

地球提供给社会经济已经利用的各类生产和生活用地，以及人类尚未利用和难以利用的土地总和。土地供给通常分为自然供给和经济供给。土地自然供给指地球所能提供给人类社会利用的各类土地资源的数量，包括已利用的土地资源和未来可利用的土地资源。

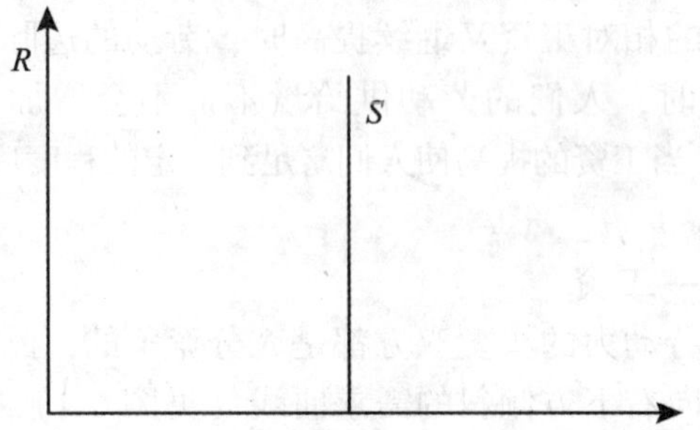

图 6-3　土地的供给曲线

土地的供给不受任何人为因素或社会经济因素的影响，数量固定不变，因而是无弹性供给。土地自然供给受到气候条件、土壤质地、可资利用的淡水资源、生产资源以及交通条件等因素的影响。中国土地的自然供给极其有限，全国可开垦的宜农荒地资源仅约3330多万公顷，其中40%~50%为草地，主要宜于种植牧草；另外16%~20%分布在南方山丘地区，主要适宜发展木本粮油；其余1330多万公顷如全部开垦，仅可得净耕地800万公顷。土地经济供给是土地在自然供给及自然条件允许的情况下，随着土地利用效益的提高而增加的土地供给量。鉴于土地具有多宜性，土地利用效益存在差异性，因此，土地经济供给随着土地需求的增长和经济效益的提高而变化，具有弹性。在土地作为商品进行交易的条件下，土地经济供给的变动趋势，直接与土地的价格、地租发生关系。

影响土地经济供给的基本因素有多种：土地自然供给量、土地利用的集约度、社会发展的需求、交通运输条件和现代科学技术的发展等。当然，在这一过程中，人类对自然环境的干预和资源的利用也带来严重的负效应——生态环境恶化，应引起人们高度重视。

推而论之，我们可以得出一般性的结论：任意一种资源，如果只能（或假定只能）用于某种用途，而无其他用处，则该资源对该种用途的供给曲线就一定是垂直的。借用机会成本的概念则可以这样说：任意一种资源，如果它在某种用途上的机会成本等于零，则它对该种用途的供给曲线就是垂直的。

（三）土地的价格——租金、准租金和经济租金

1. 租金

租金指供给同样固定不变的一般资源的服务价格。如前所述，土地的供给曲线是固定不变的，由于需求的增加，土地所有者可以得到的收入叫做地租。我们看到，地租提高，土地的供给量也不会提高；地租降低，土地的供给量也不会减少。土地（要素）所得到的价格，我们统称为租金。可以看出，土地是一种特有的资源，所以地租只是租金的一个特例，是租金的一种，而租金是一般化的地租。

2. 准租金

准租金指对任何供给量暂时固定的（短期内相对固定）生产要素的支付。除土地外，任何一种在短期内供给量相对固定的生产要素的使用都须支付一定的价格。在现实中，有些要素在短期内是不变的，在长期中可变，这类要素所获得的收入，就叫做准租金。比如厂商投资建设的厂房、机器等物品，在短期内即使厂商不能盈利，它也无法把它们从现有的用途中转移到收益较高的领域；反过来，即使厂商盈利很多，它也无法迅速增加这些物品的供给。因此，这些资本品在短期内供给是不变的，但在长期内却是可变的。

图 6-4 是准租金的一个示意图。该图表示了一个完全竞争厂商的短期决策情况。在价格为 P_0 时，按照厂商利润最大化的原则 MR = MC，厂商的均衡点为 C，均衡产量为 Q_0，因此厂商的总收益为 OP_0CQ_0 的面积。由于 $OGBQ_0$ 可以看做是对可变要素支付的成本，因而固定要素的总收益就可以表示为 P_0CBG 的面积，如图中的阴影部分所示，这一部分的收入就是固定要素所获的准租金。可以看出，准租金等于不变成本与经济利润之和。如果准租金大于不变成本，表示厂商盈利，利润为准租金减去不变成本的差；如果准租金小于不变成本，表示厂商亏损，亏损额也等于准租金与不变成本的差。

3. 经济租金

经济租金可以定义为生产要素所得到的收入超过其在其他场所可能得到的收入部分。可以理解为要素的当前收入超过其机会成本的部分，简言之，经济租金等于要素收入减去机会成本。

从租金的分析可以看出，租金的特点在于要素价格的变化不会影响到租金的供给。有一部分要素收入类似于租金，即从要素收入中减去该部分并不会影响要素的供给。我们把要素的这一部分收入称为经济租金。也就是说，经济租金并不是吸引该要素用于当前使用

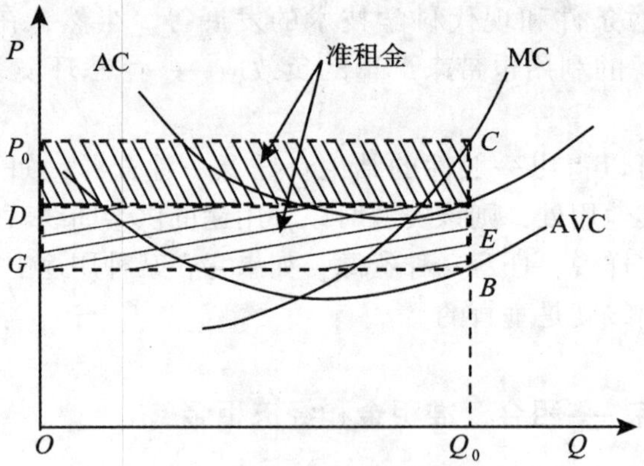

图 6-4 准租金

所必需的。

图 6-5 是要素的供给曲线和需求曲线，均衡时，要素的价格是 R_0，要素的使用量是 Q_0。供给曲线告诉了我们要素所有者提供要素所要求的最低价格或者说是要素所有者在某一价格下愿意提供的要素的数量，所以要素所有者为提供 Q_0的要素所能够接受的最低总价格相当于 $OAEQ_0$的面积，也就是供给曲线以下、均衡供给 Q_0左面的区域。假定所研究的是劳动市场，在完全竞争的劳动市场上，所有工人得到的工资率都是 R_0，这一工资率是用来使最后一个“边际”工人提供其劳动的，但是所有其他“边际内”工人都获得了同样的工资，他们得到的工资大于使他们工作所需要的工资。要素所有者所获得的总收益相当于 OR_0EQ_0的面积，因此图中供给曲线以上价格线以下部分，即图中阴影部分的面积就是要素所有者所得到的收益超过其提供要素所要求的最低收入的部分，即经济租金。

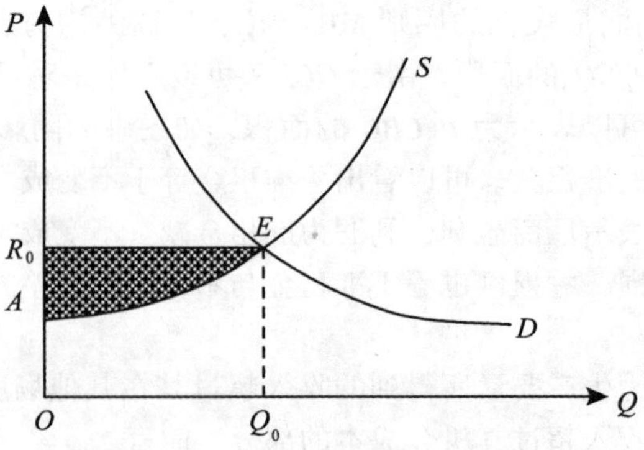

图 6-5 经济租金

从图 6-5 可以看出，如果需求增加，即需求曲线向右移动，要素的价格会提高，从而经济租金提高。在需求不变的条件下，如果要素供给具有完全弹性，即供给曲线水平，经济租金为0；当要素的供给弹性降低，即供给曲线变陡，经济租金就会增大；当要素的供给完全无弹性，即曲线变得垂直时，所有向生产要素的支付金额都是经济租金，因为这时无论要素价格多高或者多低，要素的供给都不变，这时经济租金变得最大，这时的经济租金就是租金。可以看出，租金只是经济租金的一个特例。

三、资本的价格

我们这里讨论的资本与现实生活中讨论的资本含义不同。日常生活中的资本常常看作是一个包罗万象的东西，这里讨论的资本是由经济制度本身所生产出来的并被用作投入要素以便进一步生产更多的商品和服务的物品。因此，作为资本需具备如下特征：(1) 资本是由人类的经济活动所生产，因而它的总量是可以改变的；(2) 它之所以被生产出来，并非为了消费，而是为了能够生产出更多的商品和劳务；(3) 它在生产过程中被作为投入要素长期使用。由上述特点，资本区别于一般的消费品，也区别于土地和劳动等要素。

(一) 资本的供给

资本的供给来自于消费者的储蓄。我们把消费者的货币收入中除消费以外的部分叫做储蓄，消费者的储蓄被企业借贷之后用于购买资本品，便转化为资本。为了将问题简化，我们假定储蓄全部转化为资本，这样资本供给问题就转化为消费者的储蓄决策问题。

假定如上所言，资本的供给主要取决于消费者的储蓄决策。消费者对于消费和储蓄的决策实际是一种跨时期决策，他要决定的是今年消费多少、明年消费多少，而前面所讲的消费者对土地和劳动的决策则是一种即期决策。消费者直接把收入消费掉，当然直接地就增加了他的效用；他把收入的一部分储蓄起来明年消费，可以得到一个额外的收入即利息，可以提高他的效用水平。消费者的目的是实现他的效用最大化，在这里就是要实现今年的效用和明年的效用的总和的最大化。

(二) 资本的需求

资本的需求方是厂商，厂商购买资本品的目的是使用这些资本品以生产更多的产品和劳务，从而实现自己的利润最大化。厂商购买资本品的行为称为投资，因此投资形成了资本的需求。所以研究资本的需求问题可以转化为研究厂商的投资决策问题。

(三) 资本的价格——利息

资本的源泉价格为资本价值，资本的服务价格为利息。利息指资本的服务价格，指为使用资本而支付的报酬。单位资本的服务价格用利息率表示。利息率等于资本服务的年收入与资本价值之比。r 表示利息率，Z 表示年收入，P 表示资本价值。则：

$$r = Z/P$$

案例1

日本央行“负利率”政策能否奏效

英国金融时报网14日发表题为《日本央行“负利率”政策能否奏效?》的文章。文章说，2016年日本政经大事变化不少，1月末日本经济财政政策担当大臣甘利明，因爆出受贿丑闻突然辞职。正当市场还来不及对这位内阁经济班底灵魂人物的离去做出冷静判断时，日本央行就在第二天即将结束的货币政策会议上，以5比4的投票比例，表决通过了自2月16日起，日本央行将对各金融机构存放在该行中的准备金超额部分，实施-0.1%的“负利率”的决定。乍听“负利率”一词不明真相的百姓还真是吓了一跳，以为自己银行里的存款到2月份就要被倒贴利息了。于是乎，专家们忙出来解释说，这一政策只针对商业银行，与普通百姓的存款无关云云。与前两次实施的货币“量化宽松”政策推高股市，带动日元贬值的目的不同，据说日本央行此次首次试手“负利率”政策，意在倒逼民间商业银行向企业放款（融资）。

在日本，很多人说日本央行总裁黑田东彦喜欢搞“突然袭击”，就在一周前的国会咨询答辩中，他还信誓旦旦地宣称，央行没有具体考虑“负利率”的计划。很显然，市场在疏于戒备的情况下，猝不及防地被黑田此招又吓了一跳。这一天日经指数大幅震荡，股价从开市到交易结束，上下区间涨跌将近900点。股价如此翻腾，据说原因在于投资者们无从把握日本央行此次政策推出的预期效果。与专家们对其政策副作用流露出的某些担忧不同，日本政府的表态相当积极。为此市场似乎更愿意将赌注压在央行下一次的“惊喜”上，从当天日经指数高出前一天476.85（+2.80%）点，最终报收17518.30点上看，可以感受到市场对日本央行在不久的将来再次出台新政策的期许。

据此间媒体及专家们称，此次日本央行推出“负利率”政策的背景，涉及近年油价下跌及中国经济减速等因素对日本市场的影响。特别是元旦过后的市场交易，日经指数一直下滑不止，年前曾接近20000点的市值，一度几近跌破16000点。先前疲软的日元不断加速升值，其升幅已经超出了多数出口企业1美元兑118日元汇率的预期，使之忧心忡忡。如果不能及时阻止市场继续下滑的趋势，央行此前通过“量化宽松”政策给市场带来的乐观情绪将会逆转。近3年来，日本央行的“量化宽松”政策，确实推高了股价活跃了市场，然而关键的实体经济部门至今表现乏力不能同步跟进。一个没有实体经济复苏的经济不是真正的经济复苏，这一政府与央行的共识，反映了日本央行当下出台“负利率”政策的急迫心情。在一年一度的劳资谈判——“春斗”即将拉开帷幕之际，日本政府似乎进一步加深了对劳资双方，就今年调整企业员工工资，所持谨慎态度的担忧。因为这种谨慎态度，将对日本社会正在逐渐形成的涨薪潮氛围极为不利。企业能否更多地压缩内部保留让利于企业员工，将会对整个消费形势及物价指数的上升产生重要的影响。然而要想使企业做出让利，其条件也许只能是持续不断的经济回稳。而黑田总裁再次宣布延期完成2%的“通胀目标”之举

（这已是到目前为止第三次延长目标达成期了），实际上就已经向世人表明了，日本央行对消费指数预期受挫的压力程度。

资料来源：新华网，2016-02-14.

第三节　社会收入分配

前面的要素价格决定理论是分配理论的一个重要部分，但并不构成分配理论的全部内容。分配理论还包括收入分配的不平等程度的研究。下面简要介绍收入分配的衡量工具——洛伦茨曲线和基尼系数。

一、洛伦茨曲线

洛伦茨曲线是由美国统计学家 M. O. 洛伦茨于 1905 年提出来的，旨在比较和分析一个国家在不同时代，或者与不同国家在同一时代的收入和财富的平等情况。

具体做法是，首先按照经济中人们的收入由低到高的顺序排队，然后统计经济中收入最低的 10%人群的总收入在整个经济的总收入中所占的比例，再统计经济中收入最低的 20%的人群的总收入在整个经济的总收入中所占比例……依此类推。（注意：这里的人口百分比和收入百分比在统计时都是累积百分比。）

将得到的人口累积百分比和收入累积百分比的统计数据投影在图 6-6 中，得到一系列的点，将这一系列的点用平滑的曲线连接得到一条曲线，就是图中的 *ADY* 曲线，这条曲线就叫做洛伦茨曲线。

图 6-6 中的对角线 *OY* 具有特殊的含义，因为 *OY* 是 45^{0}线，在这条线上横坐标与纵坐标相等，即经济中收入最低的 10%的人得到社会 10%的收入，收入最低的 20%的人得到社会总收入的 20%……也就是人口累积百分比等于收入累积百分比。因此，*OY* 表示了经济社会中每个人得到了同样的收入，因而 *OY* 又被叫做绝对平均线。而折线 *OPY* 则表示了相反的收入分配状况，它意味着经济中极少数的人得到了社会 100%的收入，因而这条线又叫做绝对不平均线。一个国家的收入分配状况既非绝对平均，又非绝对不平均，因而实际的洛伦茨曲线位于绝对平均线与绝对不平均线之间。洛伦茨曲线将 *OYP* 三角形分成了两部分，一部分为 *A*，另一部分为 *B*。显然 *A* 的面积越小，洛伦茨曲线与绝对平均线越接近，说明收入分配越平等；*A* 的面积越大，即洛伦茨曲线弯曲的弧度越大，它与绝对不平均线越接近，它所代表的收入分配就越不平等。

二、基尼系数

在洛伦茨曲线中，面积 *A* 部分称为“不平等面积”；面积 *A*+*B* 部分称为“完全不平等面积”。不平等面积与完全不平等面积之比，称为基尼系数，是衡量一个国家贫富差距的标准。基尼系数是意大利经济学家 1922 年提出的定量测定收入分配差异程度的指标。

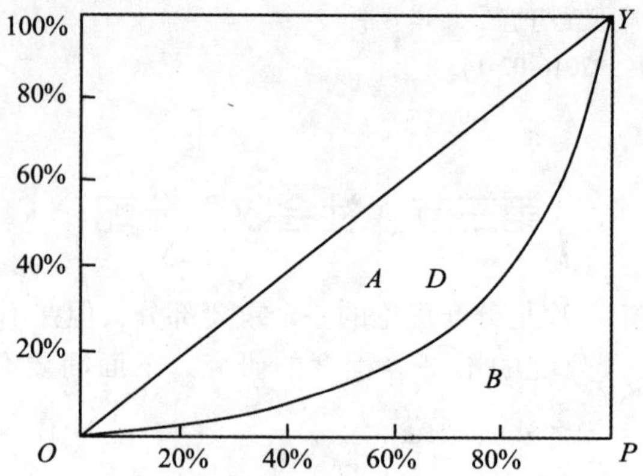

图 6-6　洛伦茨曲线

它的经济含义是：在全部居民收入中用于不平均分配的百分比。基尼系数最小等于 0，表示收入分配绝对平均；最大等于 1，表示收入分配绝对不平均；实际的基尼系数介于 0 和 l 之间。一般认为：基尼系数小于 0.2 为高度平均，大于 0.6 为高度不平均，国际上通常将 0.4 作为警戒线。

如果基尼系数在 0.19 以下，则收入分配相当平均；

如果基尼系数在 0.19～0.25，则收入分配比较平均；

如果基尼系数在 0.25～0.40，则收入分配基本平均；

如果基尼系数在 0.40 以上，则收入分配很不平均，贫富差太大，会出现社会动乱。

将基尼系数 0.4 作为监控贫富差距的警戒线，应该说，是对许多国家实践经验的一种抽象与概括，具有一定的普遍意义。但是，各国国情千差万别，居民的承受能力及社会价值观念都不尽相同，所以这种数量界限只能用作各国宏观调控的参照系，而不能成为禁锢和教条。

三、公平与效率

公平与效率是存在矛盾的。公平体现的是经济主体参与经济活动和分配经济成果的机会、结果的公正性与合理性；效率表现的是经济运行与发展的效益与速度。公平属于经济伦理范畴，它更多的是一种道德价值；效率是一个经济概念，体现的是一种经济价值。

在分配领域，公平原则要求尽量缩小人与人之间的差别，实现“均贫富”；而效率原则则注重的是按个人贡献大小拉开收入差距，实现个别“先富”。在经济活动中，公平与效率的矛盾有时是不可避免的，特定时期为了促进效率，需要牺牲一定的公平；而为了求得公平，必须付出效率的代价。真正实现公平与效率的二者兼得十分不易，但我们可以在二者的对立中找到平衡，即以最小的不公平获得最大的效率，或以最小的效率减少换取最大的公平，尽量防止偏重一方而损害另一方。

其次，公平与效率又是统一的。一方面，效率是公平的前提和基础，效率可以促进公平。因为只有注重效率，先把物质财富的“蛋糕”做大，为公平提供物质条件，才有可能在更高层次上实现公平，公平的最终实现要以效率的极大提高为基础。另一方面，公平又是效率的条件和保证，公平也可出效率。因为维护公平，使得经济资源的配置更合理，物质财富分配更公正，从而为效率创造良好的环境条件，并为提高效率增添更有力的保障。严格地说，真正的效率应该是公平环境下的效率，真正的公平应该是有效率的公平。公平与效率统一的一面，要求我们因时因势，注意侧重，调整好二者动态中的平衡。避免不顾实际，盲目用力，导致一损俱损。

公平与效率既是对立统一的，又是具体的、历史的。因此，我们不能脱离实际地抽象地谈公平与效率。任何公平、效率都是特定的、具体的，都有其历史性。看待公平与效率问题，只有用马克思主义的辩证唯物主义和历史唯物主义的立场和观点，才能避免片面性。用马克思主义的观点看待公平，必须搞清楚是什么样的公平，是对谁的公平；用马克思主义的观点把握效率，要弄明白是什么样的效率，是为谁的效率。离开一定的经济和社会条件谈公平与效率，是没有实际意义的。

本章小结

1. 生产要素的需求是引致需求，企业对生产要素的需求取决于生产要素的边际生产力。

2. 完全竞争厂商使用要素的原则是：要素的边际收益等于要素的边际成本。

3. 劳动的需求曲线是向右下方倾斜的，表明随着劳动价格的下降，厂商对劳动的需求会增加，反之亦然。

4. 劳动的供给曲线通常认为是向背后弯曲的，表明了劳动者在不同阶段对工资和闲暇的权衡。

5. 土地的供给是固定不变的，供给无弹性。

6. 土地的价格由地租来决定。

7. 资本的价格用利息率来表示。

8. 洛仑茨曲线和基尼系数是衡量一国收入分配平均与否的工具。

复习思考题

一、名词解释

1. 生产要素
2. 工资
3. 利息
4. 地租
5. 洛伦茨曲线
6. 基尼系数

二、单项选择题

1. 在完全竞争市场上，生产要素的边际收益取决于（　）。

A. 该要素的边际生产力　　B. 该要素的平均收益

C. 该要素的价格水平　　D. 该要素的供给

2. 在完全竞争市场上，厂商对劳动的需求主要取决于（　）。

A. 劳动的价格　　B. 劳动的边际生产力

C. 劳动在生产中的重要性　　D. 劳动的数量

3. 随着工资水平的提高（　）。

A. 劳动的供给量会一直增加

B. 劳动供给量先增加，但工资提高到一定水平后，劳动供给不仅不会增加反而会减少

C. 劳动的供给量增加到一定程度后就不会增加也不会减少了

D. 劳动的供给量会一直减少

4. 收入分配绝对平均时，基尼系数（　）。

A. 等于零　　B. 等于 1　　C. 大于零小于 1　　D. 大于 1

5. 用先进的机器设备代替劳动，这一措施会导致（　）。

A. 劳动的供给曲线向右移动　　B. 劳动的需求曲线向左移动

C. 劳动的需求曲线向右移动　　D. 劳动的供给曲线向左移动

6. 在以下三种方式中，工会为了提高工资，所采用的方式是（　）。

A. 要求政府增加进口产品　　B. 要求政府鼓励移民入境

C. 要求政府限制女工和童工的使用　　D. 限制移民入境

7. 工会在工资决定中的作用（　）。

A. 是至关重要的，可以决定工资水平

B. 是无关紧要的，起不了什么作用

C. 有一定的作用，取决于劳资力量的对比

D. 没有任何作用

8. 地租不断上升的原因是（　）。

A. 土地的供给与需求共同增加　　B. 土地的供给不断减少，而需求不变

C. 土地的需求日益增加，而供给不变　　D. 土地的供给减少

9. 根据基尼系数的大小，比较下列三个国家中哪一个国家的分配最为平均（　）。

A. 甲国的基尼系数为 0.1　　B. 乙国的基尼系数为 0.15

C. 丙国的基尼系数为 0.2　　D. 丁国的基尼系数为 0.4

三、简答题

1. 试述完全竞争厂商的要素使用原则。

2. 试述租金的种类及其相互区别。

3. 劳动的供给曲线有什么特征？为什么会这样？

扩展阅读

基尼系数7连降，贫富差距真的在缩小

近段时间，媒体热炒“中国社会贫富差距进一步扩大”这个概念，比如北京大学中国社会科学调查中心近期发布《中国民生发展报告2015》，报告显示中国目前的收入和财产不平等状况日益严重，1%的家庭占有全国1/3的财产，而25%的底层民众拥有的财产总量仅在1%左右。

改革开放三十多年来，经济高速发展了超过30年，但经济发展过程中的分配公平问题也被不断放大和提及。不过随着一份官方数据的公布，“中国社会贫富差距进一步扩大”这个说法可能要被“打脸”——国家统计局19日上午公布的2015年居民收入情况显示，2015年全国居民收入基尼系数为0.462，这是继2008年达到0.491之后的第7年下降，也是近15年来最低点。

基尼系数是根据洛伦茨曲线提出的判断分配平等程度的指标，国际上各个国家一般用其来综合考察居民内部收入分配差异状况。基尼系数在0与1之间，0和1分别是财富分配完全公平、社会财富分配被一个单位所垄断的理论绝对数值。

0和1之间数值越大则说明社会财产分配越不公平。中国从2003年以来的基尼系数分别为2003年0.479、2004年0.473、2005年0.485、2006年0.487、2007年0.484、2008年0.491、2009年0.490、2010年0.481、2011年0.477、2012年0.474、2013年0.473、2014年0.469、2015年0.462。变化趋势如图6-7所示。

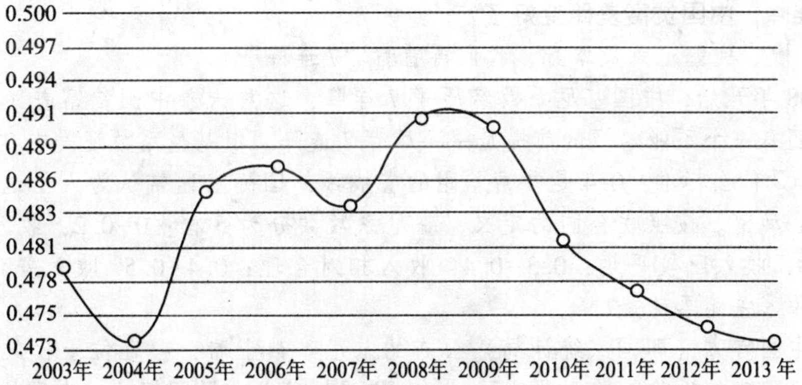

图6-7 基尼系数

从数字变化趋势可以看出，2003—2008年中国基尼系数一路上升到近13年最高点，而后开始一路下滑，经过7连降后，2015年到达数值最低点。总结起来：中国贫富差距近几年来一直在下降。

这个结论和很多人的感受不同，也和媒体上的风向不吻合。那事实真的是这样吗？

基尼系数本身就有问题

基尼系数作为国际上通行的判断分配平等程度的指标，本身就有不统一、不清晰的问题。比如国际间并无制定基尼系数的统计计算准则，很多国家的基尼系数之间，虽然统计的是相同的数据，但计算出来的结果千差万别。有的国家计算税后收入，有的国家计算含税收入，有的国家扣除了社会援助和社会福利，而有的国家则包含社会援助和社会福利。甚至有的国家计算基尼系数时剔除掉了非本地居民。

穷人的收入是1000块一个月，富人的收入是10000块一个月，但如果政府对1000块收入的人有福利和援助，那么不同计算方式计算得出的基尼系数差距一定会非常大。

另外，即便计算准则定下来了，计算公式不一样的话也白搭。国内专家对基尼系数的具体计算方法探索出了十多个不同的计算公式，在不同的计算公式下，同一年的贫富差距数据也会不一样。

2012年，国家统计局公布的基尼系数为0.474，北京大学中国家庭动态跟踪调查显示基尼系数为0.49，北京大学中国社会科学调查中心发布的《中国民生发展报告2014》则称我国家庭净财产的基尼系数达到0.73。2010年，国家统计局公布的基尼系数为0.481，西南财经大学中国家庭金融调研中心发布统计报告称基尼系数为0.61。

所以说，不要埋怨国家统计局的统计数字不靠谱，一个基尼系数都有这么多的算法。不过你要问基尼系数怎么能“较客观、直观地反映和监测居民之间的贫富差距，预报、预警和防止居民之间出现贫富两极分化，因此得到世界各国的广泛认同和普遍采用”，只能说有事儿还是听专家的吧。

7连降，中国贫富差距变好了？

“吐槽”完基尼系数本身，我们再看看“7连降”。

2008年开始，中国基尼系数经历了7连降，这意味着中国贫富差距正在逐年缩小。但还有一个不能忽视的前提是——尽管7连降，但基尼系数还是在0.4以上！

0.4是什么标准？0.4是贫富差距的警戒线，国际上通常认为大于这一数据容易引发社会动荡。按照联合国的定义，基尼系数共分为5档：0–0.2，收入绝对平均；0.2–0.3，收入比较平均；0.3–0.4，收入相对合理；0.4–0.5. 收入差距较大；0.5以上，收入差距悬殊。

从中国官方（即国家统计局）公布的基尼系数上看，一直位于收入差距较大区间，而且常年接近收入差距悬殊区间。如果采用部分非民间算法，中国的贫富差距处于非常悬殊的状态。

基尼系数会不会继续降？

基尼系数会不会继续降？根据现在的条件来看，应该不会。

基尼系数多年下降和经济的高速发展有一定关系，而且看做是经济发展速度的滞后性反映。

21世纪以来，中国经济发展迅速，富人赚到了钱，低收入阶层也赚到了一些钱，再加上农村福利政策等一系列倾向于低收入群体的福利与援助，城乡、贫富之间的差距没有被继续拉大。但随着中国经济探底，反映在收入的变化上是有一些滞后性的——经济困难几年，很多平头百姓才会感觉到日子越来越难过。在经济下行的趋势下，大企业、财富拥有得多的人，遭遇的困难反而相对更小。

所以，随着经济探底、L形经济走势的持续，贫富差距有可能进一步拉大。

资料来源：高顿财经，2016-01-26.

第七章 市场失灵

开篇语

前面的各章在于论述所谓看不见的手的原理，市场经济在一系列理想化假定条件下，可以导致整个经济达到一般均衡，实现资源配置的最优化。但是，由于假定的条件在现实上并不完全具备，因此，帕累托最优状态通常不能实现。对于价格机制在某些领域不能起作用或不能起有效作用的情况我们称为市场失灵。本章将分别论述市场失灵的四种情况，即垄断的存在、非对称信息、外部性和公共产品。

第一节 市场失灵及其原因

一、市场失灵的含义

“市场失灵”一词，是1958年美国经济学家弗朗西斯·M. 巴托在《市场失灵的剖析》一文中提出来的。要理解“市场失灵”的最好办法是先理解“市场成功”——即聚集理想化的竞争市场使资源均衡配置达到帕累托最优状态的能力。

在市场经济中，价格机制不仅是基本的资源配置机制，还是主要的分配机制。价格引导消费者挑选可彼此替代的商品以及资源在不同行业之间的分配。在实际市场经济运行中，虽然价格能调节商品或生产要素的需求和供给，合理配置稀缺资源，但是商品价格可能不等于商品的边际成本，高于平均成本最低点，即高于完全竞争条件下的均衡价格，而相应的均衡产量也要低于完全竞争条件下的均衡产量。这明显地表现在垄断和寡头市场上，价格高、产量低，带来资源配置的低效率状况，这就是市场失灵或市场失效。在市场失灵的情况下，市场价格既不等于该商品的边际社会收益，又不等于该商品的边际社会成本。市场经济运行往往偏离帕累托最优状态。

美国经济学家斯蒂格利茨把市场失效（即市场失灵）区分为两种：新的市场失灵是以不完全信息、信息的有偿性以及不完备的市场为基础的；而原始的市场失灵是与诸如公共物品、污染的外部性等因素相联系的。原始的市场失灵在很大程度上是容易确定的，其范围也是容易控制的，它需要明确政府干预。由于现实中所有的市场都是不完备的，信息总是不完全、道德风险和逆向选择问题对于所有市场来说各有特点，因此经济中的市场失效问题是普遍存在的。

二、市场失灵的原因

非对称信息是指市场上买方与卖方所掌握的信息是不对称的。有些市场中是卖方掌握信息较多，买方掌握的信息较少。例如，商品市场上卖者比买者更加了解商品的性能和质量等。有些市场买方掌握的信息较多，卖方掌握的信息较少。如保险和信用市场大多是这类情况。一旦供求双方所掌握的信息出现不对称，在此种情况下所导致的均衡结果对社会来说是一种无效率的状况。信息不对称导致的效率损失有以下的情况：

1. 逆向选择问题

逆向选择是指市场交易的一方如果能够利用多于另一方的信息，使自己受益而对方受损时，信息劣势的一方便难以顺利地做出买卖决策，于是价格便随之扭曲，并失去了平衡供求、促成交易的作用，进而导致市场效率降低。

（1）次品市场——以旧车市场为例。

美国经济学家阿克洛夫对旧车交易中总是质量差的车充斥市场的状况作了理论分析。我们对这个旧车市场的模型作简单的介绍。

设想某个旧车市场有 200 个卖者，每个卖者出售一辆旧车，共有 200 辆旧车待出售。市场上也恰好有 200 个买者，每个买者购买一辆旧车。假定 200 辆旧车中质量较好的与较差的车各占一半，各自为 100 辆。购买者对质量较好的旧车愿意出价 10 万元，对质量较差的旧车愿意出价 5 万元。出售者对质量较好的车愿意接受的最低价格为 8 万元，对质量较差的车愿意接受的最低价格为 4 万元。如果双方信息对称的话，则市场上达到供求相等的均衡是可以的。100 辆较好的车每一辆都会在 8 万元到 10 万元之间成交，质量较差的车每辆在 4 万元到 5 万元之间成交。市场供求均衡，既不存在过剩供给也没有过度需求。

但事实上，买卖双方关于汽车的信息是不对称的，卖者知道自己的车的质量，但买者不知道。假定买者只知道在待售的 200 辆车中有一半质量较差。因此，他购买到好车与差车的概率各为 0.5。在这种情况下，每位买者对所购车愿意支付的价格将为 7.5 万元（10 万元×0.5+5 万元×0.5）。我们来看一下 7.5 万元的价格对供给会有什么影响。哪一个卖者愿意以 7.5 万元出售他的旧车呢？毫无疑问，只有那些拥有较差质量旧车的人愿意接受此价格。由于拥有较好质量旧车的人愿意接受的价格最低为 8 万元，因此在 7.5 万元的价格水平下，不会有一辆质量较好的旧车成交。如果购买旧车的人知道，在 7.5 万元的价格水平上不会有一个人出售质量较好的旧车，而只有质量较差的旧车可提供购买，那么他愿意支付的价格就不是7.5万元了，而是5万元。所以旧车市场最终只能是100辆质量较差的车在4万元到5万元之间成交，次品充斥市场。显然，因非对称信息而导致的旧车市场的最终均衡从社会的角度看是无效率的，因为最终成交的数量低于供求双方想成交的数量。

（2）保险市场——以医疗保险为例。

在医疗保险市场上，签约前，显然投保人比保险公司更了解受保人的情况。虽然保险公司也会采取一些措施以规避这种信息不对称的情况，如对受保人有年龄限制，年龄越高保费越高，或签约前要进行身体检查等。但保险公司仍然无法全面了解受保人和投保人的情况。往往高风险人群购买医疗保险的积极性高于低风险人群，高风险人群购买得多，则保险公司为了自身的利益会提高保费，而对于高保费，也只有高风险人愿意接受。这样恶性循环下去，最后只有高风险人群购买医疗保险，这样形成了逆向选择问题。

2. 道德风险

道德风险，是指交易协议签订后，其中一方利用多于另一方的信息，有目的地损害另一方的利益而增加自己利益的行为。

（1）委托-代理问题。

西方经济学对于厂商利润最大化的假设存在着很多争论，厂商是一个抽象体，它由企业所有者、经理、工人等组成。那么，说厂商追求利润最大化是这个抽象体中的哪一个在追求这一目标呢?

我们首先讨论利润最大化的目标究竟是谁的目标。利润当然是资本所得，利润最大化是资本所有者或者说是企业财产所有者的目标，企业所有者就是委托人，企业的雇员包括经理和工人都是代理人。委托人利润最大化的目标并非就是代理人的目标，代理人有自己的目标。比如，工人追求工资收入的最大化；经理可能追求企业规模的扩大来加强自己对企业的控制能力。如果工人和经理的努力程度是可以监控的话，则企业主可以采取一些措施制裁工人不努力的行为。可事实上，工人和经理的工作努力程度很难监测。这样，企业主与经理、工人的信息就是不对称的。就是说委托-代理问题是指由于委托人不能确切的了解代理人的行为，代理人可能追求自己的目标而牺牲委托人的利益。如果没有这一问题存在，社会生产将更有效率。

三、政府的作用

市场经济有市场成功的一面，也有市场失灵的一面。不管是公共物品、垄断还是外部性，哪一方面引起的市场失灵，都意味着有些经济行为无法由市场机制来有效调节，一旦市场处于无效率的状态，政府调节就成为弥补的重要手段。在“看不见的手”难以有效发挥作用的情况下，就需要发挥好“看得见的手”即政府干预经济的作用。政府干预整个社会经济活动可分为宏观和微观两大领域。

第二节　垄　断

一、垄断会导致低效率

我们以图 7-1 为例来说明垄断带来的低效率。从图 7-1 可以看出，垄断厂商的利润最大化的点应该在边际收益等于边际成本上，即 MR = MC，此时利润最大化的产量为 q_m。可以看出此时并没有达到帕累托最优状态，因为在利润最大化产量 q_m 上，价格 P_m 高于边际成本 MC。这表明消费者愿意为增加额外一单位产量所支付的数量超过了生产该单位产量所引起的成本。因此，存在有帕累托改进的余地。如果让垄断厂商再多生产一单位产量，让消费者以低于垄断价格但大于边际成本的某种价格购买该单位产量，则垄断厂商和消费者都从中得到了好处，即垄断厂商的利润进一步提高，消费者的福利也进一步提高。

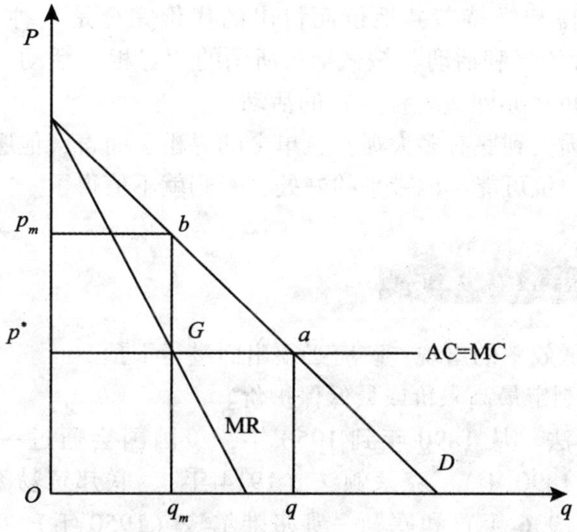

图 7-1　垄断与低效率

帕累托最优状态是在 q^* 的产量水平上达到。在 q^* 的产出水平上，需求曲线与边际成本曲线相交，即消费者为额外一单位产量愿意支付的数量等于生产该额外产量的成本。此时，不再存在任何帕累托改进的余地。

$q*$ 产量水平是垄断厂商与消费者协商的结果。但事实上，一是垄断厂商与消费者之间很难达成一致意见。消费者认为厂商达到正常利润就可以了；厂商认为我能有经济利润，为什么不取？二是消费者相互之间均难以达成相互满意的一致意见。消费者的收入水平、价值观念均不相同，很难达成一致意见。三是消费者之间即使达成了一致意见，真正要出钱的时候，还有可能不负担一揽子支付而享受低价格好处而成为免费搭车者，因而均衡产量不是发生在帕累托最优状态 $q*$ 上。

上述关于垄断情况的分析，也适用于垄断竞争或寡头垄断等其他非完全竞争的情况。实际上，只要市场不是完全竞争的，只要厂商面临的需求曲线不是一条水平线，而是向右下方倾斜，则厂商的利润最大化原则就是边际收益等于边际成本，而不是价格等于边际成本。当价格大于边际成本时，就出现了低效率的资源配置状态。而由于协议的各种困难，潜在的帕累托改进难以得到实现，于是整个经济便偏离了帕累托最优状态，均衡于低效率之中。

二、寻租理论

根据传统的经济理论，垄断尽管会造成低效率，但这种低效率的经济损失从数量上来说却相对很小。然而，从20世纪60年代后期以来，西方一些经济学家开始认识到，上述传统的垄断理论可能大大低估了垄断的经济损失。这是因为，为了获得和维持垄断地位从而享受垄断的好处，厂商常常需要付出一定的代价。例如，为了维持在某一行业的垄断地位或者争取在某一行业的垄断地位，往往会向政府官员行贿，或者雇用律师向政府官员游说，等等。这种为获得和维持垄断地位而付出的代价完全是一种“非生产性的寻利活动”。这种“非生产性的寻利活动”被概括为所谓的“寻租”活动，即为获得和维持垄断地位从而得到垄断利润（亦即垄断租金）的活动。

寻租活动的经济损失到底有多大呢？就单个的寻租者而言，他愿意花费在寻租活动上的代价不会超过垄断地位可能给他带来的好处，否则就不值得了。

三、对于垄断的公共管制

由于垄断会导致低效率的出现，政府必须出面进行干预。

（1）价格管制。制定最高限价或最低保护价。

（2）出台反垄断法。从1890年到1950年，美国国会通过一系列法案反对垄断。其中包括谢尔曼法（1890年）、克莱顿法（1914年）、联邦贸易委员会法（1914年）、罗宾逊—帕特曼法（1936年）和塞勒—凯弗维尔法（1950年）。在其他西方国家中也先后出现了类似的法律规定。对犯法者由法院提出警告、罚款、改组公司直至判刑；或者强行进行行业重组。例如将微软公司强行一分为二；将中国邮电强行分解为中国电信、中国联通、中国移动通信公司等。图7-2显示的是政府对自然垄断厂商实行价格管制的情况。

结论：①垄断不能导致帕累托最优；②垄断条件下的帕累托改进理论上还是存在，但现实中无法实现；③垄断地位的获得是要付出代价的，但其付出的原则是收益大于付出；④政府常常对垄断行为进行公共管制，以部分消除低效率的影响；或者出台反托拉斯法，以抑制或者消除垄断现象。

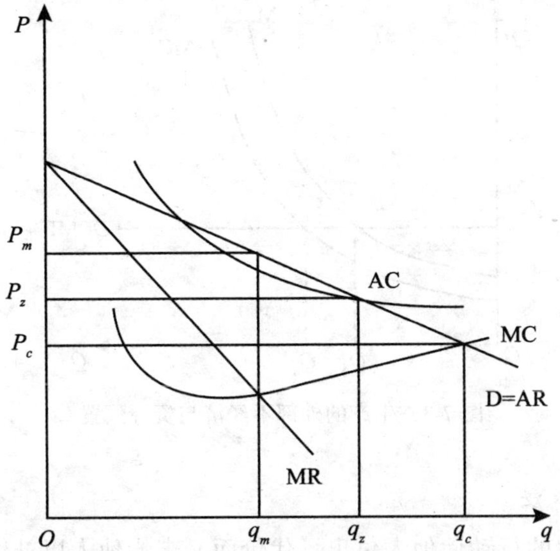

图 7-2　对自然垄断的管制

第三节　外部影响

一、外部影响及其分类

我们前面讨论的微观经济学理论都依赖于一个假定：单个生产者或者消费者的经济行为对社会上其他人的福利没有影响。但在现实经济中这个假定往往并不能够成立。现实经济中，一个人的经济活动往往会对他人产生好的或者不好的影响，我们将之称为“外部影响”。好的影响称之为外部经济，不好的影响称之为外部不经济。外部影响可以分为以下几种情况。

1. 生产的外部经济

当一个生产者采取的经济行动对他人产生了有利的影响，而自己却不能从中得到报酬时，便产生了生产的外部经济。例如，一个企业对其所雇用的工人进行培训，而这些工人可能转到其他单位去工作。该企业并不能从其他单位索回培训费用或得到其他形式的补偿。因此，该企业从培训工人中得到的私人利益就小于该活动的社会利益。

2. 消费的外部经济

当一个消费者采取的行动对他人产生了有利的影响，而自己却不能从中得到补偿时，便产生了消费的外部经济。例如，当某个人对自己的房屋和草坪进行保养时，他的隔壁邻居也从中得到了不用支付报酬的好处。此外，一个人对自己的孩子进行教育，把他们培养成更值得信赖的公民，这显然也使其隔壁邻居甚至整个社会都得到了好处。

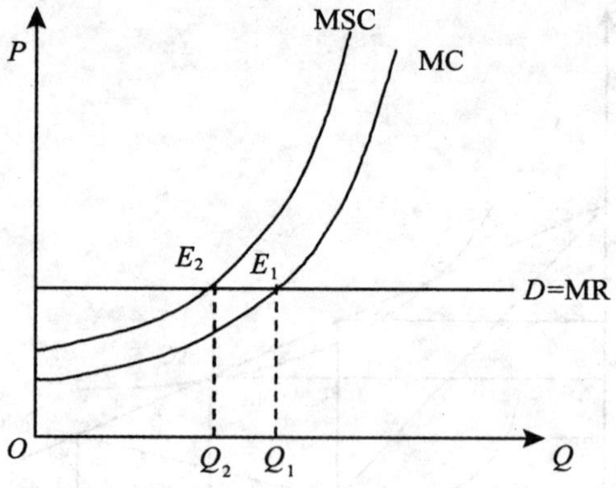

图 7-3　生产的外部不经济与资源配置

3. 生产的外部不经济

当一个生产者采取的行动使他人付出了代价而又未给他人以补偿时，便产生了生产的外部不经济。例如，一个企业可能因为排放脏水而污染了河流，或者因为排放烟尘而污染了空气。这种行为使附近的人们和整个社会都遭到损失。再如，因生产的扩大可能造成交通拥挤及对风景的破坏等。

4. 消费的外部不经济

当一个消费者采取的行动使他人付出了代价而又未给他人以补偿时，便产生了消费的外部不经济。例如，吸烟者的行为危害了被动吸烟者的身体健康，但并未为此而支付任何东西。此外，还有在公共场所随意丢弃果皮、瓜壳等。

二、外部影响和资源配置失当

为什么外部影响会导致资源配置失当？一般而言，在存在外部经济的条件下，私人活动的水平常常要低于社会所要求的最优水平；而在存在外部不经济的情况下，私人活动的水平常常要高于社会所要求的最优水平。

（1）外部经济对外带来的好处无法得到回报。具有外部经济的物品供应不足，例如教育和新技术，从而使得物品消费或生产的收益小于应当得到的收益（社会收益），即物品消费或生产成本大于应当支付成本（社会成本）。

（2）外部不经济对外带来的危害无法进行补偿。具有外部不经济的物品供应过多，例如乱扔或乱倒垃圾，从而使得物品消费或生产收益大于应当得到的收益（社会收益），即物品消费或生产成本小于应当支付成本（社会成本）。

案例 1

1989 年，在阿拉斯加的威廉·桑德王子岛附近，几百万加仑石油从埃克森公司的一艘油船上泄漏，造成了野生生物的大批死亡，渔场遭毁，自然环境受损。尽管埃克森公司声称花9亿多美元进行清理，但大部分损害需要好几年才能补救回来。为什么埃克森公司不建造一艘更安全一些的船，或者更为小心谨慎一些呢？

答案在于外部性：石油泄漏对埃克森公司的成本，即使是9亿美元，也可能小于由于损害环境而造成的全部成本。因为埃克森公司或者其他任何石油公司只承担成本的一部分，所以它们没有足够的动机去设计和购买对环境安全的船只，或者在其船员当中强调谨慎小心。

另一起重大灾难是1986年乌克兰的切尔诺贝利核电站爆炸，释放的放射性物质波及几千英里之外。5年后，在瑞典一些地方饲养的驯鹿仍由于严重的放射性污染而不能食用。这是外部性存在的又一例——前苏联不必为在国土以外造成的损害付出代价。

各种形式的外部影响的存在造成了一个严重后果：完全竞争条件厂的资源配置将偏离帕累托最优状态。换句话说，即使假定整个经济仍然是完全竞争的，但由于存在着外部影响，整个经济的资源配置也不可能达到帕累托最优。“看不见的手”在外部影响面前失去了作用。我们可以说得更加直白一点：我个人作出了一些牺牲，大家得到多多好处，如果大家从所得到的好处中分一点给我，让我的损失得到弥补，事情好办；我个人得到一点好处，大家因此受到损失，如果我把所得到的好处分一部分给大家，让大家的损失得到弥补，事情也好说。问题是人是自私的。我为什么要将好处分给别人？我为什么要替大家作出牺牲？所以，外部影响的存在导致资源配置的失当。

资料来源：根据网络资料整理.

三、有关外部影响的政策

第一，使用税收和津贴。针对正外部性行为可采取补贴、减免税等措施补偿私人收益低于社会收益的部分。例如对科研课题给予研究经费。针对负外部性行为可采取罚款、征收特别税等惩罚措施使私人成本上升到与社会成本一致。例如对私家车收取汽油税，以消除公路塞车、交通事故、空气污染等负外部性。

第二，使用企业合并的方法。例如，一个企业的生产影响到另外一个企业。如果影响是正的（外部经济），则第一个企业的生产就会低于社会最优水平；反之，如果影响是负的（外部不经济），则第一个企业的生产就会超过社会最优水平。但是如果把这两个企业合并为一个企业，则此时的外部影响就“消失”了，即被“内部化”了。合并后的单个企业为了自己的利益将使自己的生产确定在其边际成本等于边际收益的水平上，而由于此时不存在外部影响，故合并企业的成本与收益就等于社会的成本与收益，此时资源配置达到帕累托最优状态。

第三，使用规定财产权的办法。在许多情况下，外部影响之所以导致资源配置失当，是由于财产权不明确。如果财产权是完全确定的并得到充分保障，则有些外部影响就可能不会发生。例如，某条河流上游的污染者使下游的用水者受到损害。如果给予下游的用水者使用一定质量水源的财产权，则上游的污染者将因把下游水质降到特定质量之下而受罚。在这种情况下，上游污染者便会同下游用水者协商，将这种权利从下游用水者那里买过来，然后再让河流受到一定程度的污染。同时，遭到损害的下游用水者也会使用他出售污染权而得到的收入来治理河水。总之，由于污染者为其不好的外部影响支付了代价，故其私人成本与社会成本之间不存在差别。

第四，允许排污权拍卖。这一方法的推行实际上创造了一种新的稀缺资源——排污权。允许排污权的拍卖，实际上就是让市场机制来配置排污权这一稀缺资源，这将创造更高的市场配置资源的效率。

四、科斯定理

使用规定财产权的办法可以用科斯定理来加以解释，科斯定理是关于外部影响政策的理论说明。

1. 科斯第一定理

科斯第一定理是科斯在1959年发表的《联邦通讯委员会》一文中首先提出来的，其在1960年发表的《社会成本问题》一文中对这一思想进行了重新表述。科斯认为："如果定价制度的运行毫无成本，最终的结果（指产值最大化）是不受法律状况的影响。"通俗地说，如果人与人之间不存在沟通障碍，市场机制就能自动实现供求均衡，就能将资源配置到需要的领域和最有用的人手里，就能自动实现帕累托最优状态。

科斯举了一个牛吃谷物的例子，通过这个例子说明了当A损害B时，到底是阻止A的行为来保护B，还是作出另外的选择？一般情况下我们的思路往往会作出制止A的行为或让A作出赔偿。但是阻止A的行为会损害A的利益，因为A如果不损害B的话A可能会受到损害。这就需要将制度的安排引入进来（允许或不允许A损害B就是一种制度）。最好的办法是考虑双方利益的最大化，对两种利益进行比较再作出结论。正确的思考途径是A是不是有权利损害B，或者B是不是有权利得到赔偿。就养牛的例子来说，不管是让牛不准吃谷物，还是让牛可以随便吃谷物，在市场经济的情况下双方都会通过交易得出最佳的结论，而原来的产权并不重要，每个人都可以拿自己的权利来进行自由交换。环境污染的例子也一样，只要权利初始配置明确，不管是不准污染还是可以随便污染，最终都会实现利益最大化。简单地说，如果不允许牛吃谷物，那么为了避免惩罚所带来的损失，牛的主人会出钱修篱笆把牛圈起来；而如果允许牛随便吃谷物，那么谷物的主人为了避免损失，会出钱修篱笆把谷物与牛隔开。这样是不是问题都会得到解决？环境污染的例子也一样，总会有人出资建设治理污染的设施，不是污染者就是被污染者。

2. 科斯第二定理

科斯第一定理以零交易费用假设为基础，指出在零交易费用这样一个理想的世界，产权制度安排对资源配置效率没有影响。科斯第一定理实际上是用于说明为什么新古典经济学会忽视产权制度，因为它正是建立在零交易费用基础上的。但是科斯却认为，交易费用不是为零而是为正，并且他认为："一旦考虑市场交易的成本……合法权利的初始界定会对经济制度运行的效率产权产生影响。"这就是科斯第二定理的主要内容。

科斯第二定理被称为是“规范的科斯定理”，它有两层含义：第一，在交易费用大于零的现实世界里，产权的初始分配状态不能通过无成本的交易向最优状态变化，因而产权初始界定会对经济效益产生影响。第二，权利的调整只有在有利于总产值增长时才会发生，而且必须在调整引起的产值增长大于调整时所支出的交易成本时才会发生。科斯提出了权利调整方式——用组织企业或政府管制替代市场交易。科斯认为，这种权利调整方式同样是有成本的，只有经调整带来的收益大于成本时，政府或企业管制方式才会替代市场交易方式。例如贸易活动，个体户进行交易成本太大时，人们就会组织起来进行对外交易，于是商业公司就会取代个体商户，工厂就会取代作坊。

3. 科斯第三定理

在《社会成本问题》一文中，科斯还提到了一个重要的思想，即在交易成本大于零的情况下，产权的清晰界定将有助于降低人们在交易过程中的成本，提高经济效率。换言之，如果存在交易成本，但没有产权的界定和保护规则，即没有产权制度，则产权的交易与经济效率的提高就难以展开。这就是人们所说的科斯第三定理。

关于科斯第三定理，科斯本人并没有直接表述，但是很容易从其第一、第二定理中推导出来。产权清晰界定是市场交易的前提。产权界定对提高经济效率的影响主要表现在：产权界定的清晰与建立所有权、激励和约束主体的行为有关。在科斯定理中，我们可以看到产权界定清晰的重要性，在产权大于零的情况下，产权的清晰界定有助于降低人们在交易过程中的成本，提高经济效率。

第四节　公共物品

公共经济学认为，社会产品分为公共产品和私人产品。公共物品是指由政府部门生产，并向社会和个人提供的一切物品和服务的总称。如国防、警察、教育、司法、邮政、消防、基础设施等。公共产品在消费上具有三个特点。

（1）效用的不可分割性。公共产品或劳务是向整个社会共同提供的，具有共同受益和联合消费的特点，其效用为整个社会的成员所共享，而不能将其分割为若干可以计价的单位供市场销售。相比之下，私人产品或劳务则具有效用的可分割性的特性。如国防与电冰箱。国防是作为一个整体提供给全体国民的，无法分割为若干可以计价的单位出售给个人（注意：武器和国防不同，武器可以是私人产品，可以按件计价出售给个人）。电冰箱是私人产品则可以按台计价出售给私人。

（2）消费的非竞争性。公共产品或劳务在消费时，不排斥、不妨碍其他人同时享用，也不会因此而减少其他人享用该种公共产品或劳务的数量与质量。受益对象或消费者之间不存在利益冲突，增加一个消费者的边际成本等于零。相比之下，私人产品或劳务则具有消费的竞争性的特性，它排斥、妨碍其他人同时享用，会减少其他人享用该种产品或劳务的数量与质量。如不拥挤的路灯与面包。不拥挤的路灯，在其照明范围内，即使行人增加，通常也不会影响其他人照明，其消费是非竞争性的。而在某一个消费者花钱购买了面包之后，就排除了其他人享用面包的可能性，同时也减少了其他人在市场上可消费面包的数量，其消费具有竞争性。

(3) 受益的非排他性。公共产品或劳务在消费过程中所产生的利益为大家所共享，而非私人专用。要将一些人排斥在受益范围之外，要么技术上不可行，要么成本太高。相比之下，私人产品或劳务则具有受益的排他性的特性，私人产品的所有者是唯一拥有享受该产品决定权的人。其排除他人享受不仅技术上可行，而且经济上也是可行的。如政府的环保服务与私人小汽车。政府的环保服务提供的清新空气就是一个非排他性公共产品，此产品在技术上就不易排斥众多的受益者。而私人小汽车由于车主可依据产权依法独享它，因此车主就可以排斥他人共同享受它，而且无论是从技术上，还是经济上车主都可以轻易阻止或排除他人未经他许可随便享受它。而凡是可以由个别消费者所占有和享用，具有敌对性、排他性和可分性的产品就是私人产品。介于二者之间的产品称为准公共产品。

公共产品可分为纯公共产品和准公共产品。纯公共产品具有以下两个性质，其一是非排他性，即几乎无法排除任何人对纯公共产品的分享。其二是非竞争性，即把纯公共产品提供给新增加一个人的边际成本严格为零。准公共产品，是介于纯公共产品与私人产品之间的一种公共产品，其特点为：一是具有效益上的外溢性，即不仅社会受益，而且个人也受益；二是或多或少存在着消费上的排他性，即并非本地区全体居民受益，而是在一定约束条件下的居民或企业受益；三是或多或少地存在消费上的部分性，即随着供给范围的扩大，其成本也呈现一定程度增加，因而并不完全具有非竞争性。

公共产品有其局限性：一是无法避免“搭便车”的情况，即不用购买也可消费的行为，进而造成市场失灵。例如，行人不用交费就可以在公路上行走，其感觉要比在乡间小道上行走舒适多了，商品经营户可以不向商品市场缴费而在场外占道经营，政府很难解决这一问题。二是追求个人利益最大化的成员具有强烈的逃避交费而占集体其他成员便宜的动机，这最终会造成非排他性的公共产品的无效率提供。例如有的入驻专业经营户都只想占地经营而不想纳税；三是难以达成共识——都只想享受权利而不承担义务。四是不能自发地解决公共产品的供求均衡问题。一个地区究竟需要多少商品市场网络，市场机制是很难准确、有效地调节好。即使能够调节，也可能与政府扶持地方经济发展的目标不一致，也会产生巨大的社会资源浪费。

市场经济不能自动解决公共产品的供求均衡问题。许多由社会消费的公共产品难以通过正常的市场价格机制加以分配，公共部门和公共产品的生产和经营需要政府按照社会的需要适当进行直接地调节和管理。

本章小结

1. 市场失灵是市场扭曲。它表现为市场价格既不等于该商品的边际社会收益，又不等于该商品的边际社会成本。它是一种市场中私人理性无法导致社会理性的情形。

2. 市场失灵的主要原因是公共物品、垄断、外部性以及信息不完全。

3. 一旦市场处于无效率的状态，政府就发挥其调节经济的重要职能。在“看不见的手”难以有效发挥作用的情况下，就需要发挥好“看得见的手”即政府干预经济的作用。

4. 具有非排他性和非竞争性的物品是公共物品。非排他性指人们不管付费与否，都不能排除他人对该物品的消费；非竞争性指某人对该物品的消费并不影响他人对该物品的消费。

5. 在公共物品最优供给数量的决定上，最优标准则是指所有消费者的边际收益之和等于边际成本。

6. 垄断的存在，产生了一系列弊病，给社会带来损失，主要表现为资源浪费和社会福利的损失。

7. 反垄断措施有对垄断的公共管制和反托拉斯法，对垄断的管制主要是指政府对垄断行业价格和产量的管制。

复习思考题

一、名词解释

1. 垄断
2. 寻租理论
3. 外部性
4. 不完全信息
5. 公共物品
6. 信息不对称
7. 科斯定理

二、简答题

1 什么是市场失灵？有哪几种情况会导致市场失灵？

2 外部影响的存在是如何干扰市场对资源的配置的？

3 公共物品为什么不能靠市场来提供？

三、计算题

假设一产品的市场需求函数为 $Q=500-5P$，成本函数为 $C=20Q$。试问：

（1）若该产品为一垄断厂商生产，利润最大时的产量、价格和利润各为多少？

（2）要达到帕累托最优，产量和价格应为多少？

（3）社会纯福利在垄断性生产时损失了多少？

扩展阅读

香港地铁盈利模式的正外部性分析

香港在发展轨道交通方面成绩显著，香港地铁公司是世界上为数不多的几个盈利的地铁公司之一。在对外部性理论进行论述的基础上，从正外部性的角度分析香港地铁公司盈利原因，得出其根源在于使地铁沿线正外部效应内部化。与此同时，香港地铁的盈利模式值得国内其他城市借鉴。

香港地铁工程于1975年11月正式开工，1979年10月开始分段通车，整个路网共有53个车站。若以每公里地铁线路接载的乘客量计算，香港超过5万人次，东京为3.7万人次，汉城为2.7万人次，新加坡为0.91万人次，伦敦为0.64万人次，从这个意义上来说，香港地铁是世界上效率最高、也是最繁忙的地下交通线。香港地铁客运量长久以来一直维持在日均230万人次以上，居民乘坐地铁出行的比例非常高。

香港是世界上人口密度最大的城市之一，但却能保持城市交通顺畅，形成了现代化、多元化的公共交通体系，建立了现代化城市管理交通体制。国际大城市的公共交通营运大多需要政府补贴，香港的公共交通营运公司能盈利的现象是国际间少有的。

分析其盈利原因：

第一，地铁+地产组合的盈利模式。

每条地铁在建设前，沿线未开发的土地按当时的地价划归地铁公司所有，地铁公司负责向政府偿还地价款。地铁建成后，土地升值的全部收入归地铁公司所有。由于地铁大大改善了沿线的交通状况，使沿线各站形成许多新的繁华地区，沿线的地产也不断增值。地铁公司充分利用地铁沿线地产增值的优势，把发展地铁与发展房地产业结合起来，为公司带来了丰厚的利润，解决了工程建设部分资金来源。自1989年起，地铁公司不仅做到了在运营阶段自负盈亏，而且还能在政府给予必要投资的基础上对建设投资还本付息。

第二，物业增值。

为了获取商业利润、提高地铁客运量，地铁公司在地铁车站上方和邻近的地区开发房地产项目，形成以地铁车站为中心、沿地铁线开发的新社区。利用地铁车站上方空间建设商业广场，形成商业中心，既方便了市民购物，又能使原有物业增值。

第三，自行定价。

地铁公司的经营收入主要来自车票收入。地铁公司可以全权决定票价，而无须政府或立法机构批准。地铁公司在制定票价前，主动与公众、政府及立法机构商议，将商议过程正式编入营运协议内。根据乘车者付费的原则，地铁车票的收费标准是：足以支付成本和利息，不断改善地铁系统和为投资者提供合理回报。香港地铁每年随通货膨胀率调整票价，涨价幅度略低于通货膨胀系数，即实行“无实质增长的长期票费政策”。这项与通货膨胀率挂钩的票价政策是一个公平、有效的方法，以逐渐增加车票收益，从而达到由地铁乘客而非纳税人支付所有地铁服务费用（包括偿还债务和资本性开支）。自1980年以来，地铁票价每年平均增幅为7.7%，而消费物价指数每年上升幅度为8.6%，票价增幅低于物价指数增幅，也低于全港平均工资的增长幅度。

第四，引入市场运作机制。

香港地铁是世界上为数不多的几个建设与运营没有亏损的快速轨道交通系统之一，其最关键的原因在于，在建设与运营中引入市场运作机制。香港地铁公司是特区政府全资拥有的一家企业，但并不由政府直接经营，而是通过有关条例，由政府委托有关人员组成董事局成员，按照商业原则进行地下铁路的修建、经营和日常管理。香港地铁公司成立于1978年，按市场商业原则运作，不接受政府补贴，财政独立，自负盈亏。2000年，香港地铁公司开始实现局部私营化，并在香港联交所上市，共发行股票50.55亿股，其中香港政府拥有股份38.7亿股，占总股本76.55%，其余为自由流通股。香港地铁公司拥有5家全资子公司，分别经营工程顾问咨询服务、旅游服务、保险包销、财务、物业代理等业务。到2008年年底，公司资产总额981.28亿港元，净资产667.44亿港元（其中实收资本540.5亿港元），公司利润42.84亿港元（其中物业发展利润32.48亿港元），公司员工7 231人，其中管理人员960人、车务及工程计划5 734人、物业发展及管理537人。

世界上大部分国家和地区，地铁企业普遍存在着行业性和政策性亏损。其实，地铁企业亏损的根本原因并非是由于产出少，而是由于地铁项目具有巨大的正外部性。地铁项目的建设与运营，至少有4大类直接产出：地铁设施、附属资源、沿线未出让土地的增值，以及沿线已出让土地和物业的增值。此外，地铁还有低碳环保、缓解道路交通拥堵、提升市民生活品质、改善城市投资环境、优化城市布局结构等间接产出。在传统的经营模式下，地铁企业获得的经济效益仅仅是直接产出的前两类，但其后两类收入往往是前两类收入的几倍甚至近10倍，香港地铁公司巧妙地将这两项巨大的正外部性得以内在化，从而收获丰厚利润。

资料来源：史家宁．香港地铁盈利模式的正外部性分析．铁道运输与经济，2011，33（6）：81-82.

第八章 国民收入核算

开篇语

本书前七章属于西方经济学中的微观经济学部分，主要是研究个量经济行为和资源配置问题，本章开始进入宏观经济学部分。如第一章所述，宏观经济学的研究对象是国民经济中的总量及其相互关系。国内生产总值是国民经济总量中最为重要的总量之一，可用来衡量整个国民经济运行状况。掌握以国内生产总值为核心的国民收入核算理论是进一步学习宏观经济学的前提和基础。

第一节 国内生产总值

国民收入核算中，最重要的经济指标是国内生产总值（Gross Domestic Product，GDP）。1993 年以前，各国多以国民生产总值（Gross National Product，GNP）来衡量，在 1993 年以后多用国内生产总值来衡量。

一、国内生产总值的概念

国内生产总值是在某一既定时期内（通常为一年），一个国家生产的所有最终产品与劳务的市场价值。

国内生产总值是以领土为统计标准，无论劳动力和其他生产要素属于本国还是外国，只要是在本国领土上生产的产品和劳务的价值都计入国内生产总值。

GDP 有什么用？它显示了一国经济是增长还是衰退。世界上几乎没有一个国家不关心经济增长，因为没有经济的适当增长，就没有一个国家的经济繁荣，人民生活水平就不可能提高，而 GDP 是描述经济增长时，最重要的宏观经济指标。可见，GDP 在经济学上的位置不容小觑。

二、国内生产总值的衡量

对 GDP 概念的理解和衡量应该注意以下几个方面：

第一是“在某一既定时期内（通常为一年）”。GDP 核算有一个时间范围，通常是以一个自然年为限，有时也以一个季度为限，它核算的是本期所生产的产品和劳务的价值。因此 GDP 应该排除那些过去生产的、重复交易的产品。

第二是“一个国家”。GDP 核算有一个地域范围。当一个美国公民在中国拥有一个工厂时，这个工厂的产出不是美国 GDP 的一部分，而是中国 GDP 的一部分。因此，如果东西是在一国国内生产的，无论生产者的国籍如何，都包含于该国的 GDP 之中。

第三是“当前生产的”。GDP 只包括当期生产的产品与劳务，不包括非当期生产的。例如，广州本田公司 2013 年生产了一辆思迪汽车，这辆汽车的价值计入当年的 GDP 中。2012 年生产的同样的汽车已计入 2012 年的 GDP 中，无论它是在 2013 年售出或在以后又多次倒手，都不能重复计算在其他年份里。

第四是“所有的”。GDP 是全面的衡量，它包括在经济中生产并在市场上合法出售的所有东西。GDP 不仅要计入青菜和大米的市场价值，而且包括汽车、汽油、衣服、理发和医疗等的市场价值。

但是，GDP 不包括非法生产与销售的东西，比如毒品，如果计入的话，那么毒品生产和交易就“合法”了。GDP 也不包括家庭内的生产和消费，一位厨师在饭店做饭给客人吃，要计入 GDP，在家里做饭给家人吃，就不计入 GDP。

第五是“最终的”。GDP 只包括最终产品的价值。例如，消费者购买大米来养鸡，这部分大米要计入 GDP；养鸡场购买大米用于养鸡出售，这部分大米作为中间产品不能计入 GDP。同样的大米，由于购买者不同，它不一定就是最终产品，有时还是中间产品。在实际计算时，先将中间产品暂时作为“最终”产品，以存货投资的形式反映在 GDP 中，待存货中的产品被使用或出售时，再从 GDP 中扣除。

第六是“产品与劳务”。GDP 既包括当期生产的最终有形产品，又包括当期提供的劳务，即要把旅游、娱乐、卫生、教育等行业提供的劳务，按其所获得的报酬计入国内生产总值中。

第七是“市场价值”。经济生活中会生产出各不相同的最终产品与服务，无法将各种最终产品和劳务直接相加而计算出 GDP，比如一件衣服和一辆汽车，不能直接相加。为了克服这一困难，将各种产品和劳务转换成统一的以货币计量的市场价值形态后，再相加以计算 GDP。

三、GDP 的组成部分

经济中的支出有多种形式。

GDP 可以用 Y 表示，被分为四个组成部分：消费（C）、投资（I）、政府购买（G）和净出口（NX）：

$$Y=C+I+G+NX$$

现在我们来进一步考察这四个组成部分。

1. 居民消费

消费是家庭用于物品和劳务的支出，但购买新房除外。消费分为三部分内容：居民对耐用消费品的购买、对非耐用消费品的购买以及对包括房屋租金在内的劳务的购买。一般来说，耐用消费品与非耐用消费品的划分标准应体现在使用时间是否超过一年，然而有些商品在划分时确实存在困难，此时只能加以硬性规定。例如，服装鞋帽类商品一律被视为非耐用消费品。

2. 政府购买

政府购买包括各级政府用于物品与劳务的支出。政府购买包括政府对各种办公用品的购买，对各种国防物资的采购，对道路、桥梁、医院、学校等公共工程项目的建设及对政府雇员的薪金支出等。除这些项目外，政府总支出还有相当数额的支出属于转移支出，如社会保险救济金、失业救济金等，它们不能计入国内生产总值。根据支出法计算的 2007 年美国 GDP 及其组成部分如表 8-1 所示。

表 8-1　**2007 年美国 GDP 及其组成部分（支出法）**

	总量（10 亿美元）	人均量（美元）	占总量的百分比（%）
国内生产总值（Y）	13843	45838	100
消费（C）	9732	32225	70
投资（I）	2132	7061	15
政府购买（G）	2691	8912	19
净出口（NX）	−712	−2360	−5

3. 投资（资本形成）

投资是更新或更换资本资产的支出，是用于未来生产更多物品和劳务的物品的购买。它是设备、存货和建筑物等购买的总和。建筑物投资包括新住房支出。按习惯，新房购买是投资而不是消费的一种家庭支出形式。

库存货物值得注意。如果一个公司购入了一台电脑自用，以投资的形式计算 GDP；如果这个公司生产电脑并自用，同样以投资的形式计算 GDP；如果这个公司生产电脑没有售出，同样以投资的形式计算 GDP，这时的投资就换作是存货投资了。第二年这个公司又将存货中的电脑售出了，该公司的存货投资就会减少，抵消了买者的正支出，这台电脑虽然是在第二年售出的，但不是在第二年生产的，不能计入第二年的 GDP。

注意，核算 GDP 时，“投资”这个词的内涵与日常谈话中的“投资”（如股票、债券等）是不同的，甚至与其他学科中涉及的“投资”也是不同的，这里的“投资”指的是购买了用于生产其他物品的资本设备、原材料、存货等。

4. 净出口

净出口是指从出口额中减去进口额。国内生产总值要说明的是考察期内一个国家所生产的最终产品及劳务价值的总和，但其总产品除了在国内被用于个人消费、投资或被政府购买外，有一部分被国外购买，在前三个项目中得不到体现，因此应在前三项的基础上加上出口额。同时由于前三项中本国经济单位购买的产品里有部分进口产品包含在内，所以必须将这些由国外所创造的价值扣除，以准确计算出在本国创造的价值。由此可得出按支出法计算国内生产总值的第四部分内容：加上出口（X），减去进口（M），即为净出口（$X-M$）。

以 C 表示个人消费支出，I 表示投资，G 表示政府购买，从社会消费即支出的角度可得出以下公式：

$$GDP=C+I+G+(X-M)$$

经济实例

2013 年 2 月 22 日国家统计局公布了《2012 年国民经济和社会发展统计公报》（以下简称《公报》）。《公报》显示，2012 年中国国内生产总值（GDP）为 519322 亿元，按照 2012 年人民币兑美元汇率中间价 6.2855 计算，2012 年我国 GDP 为 82622 亿美元，人均 GDP 达到了 6102 美元。中国 GDP 达到美国 GDP 的 52.8%，首次超过一半，比上年增长 7.8%。增长速度明显快于世界主要经济体，对世界经济增长的贡献率继续上升。

中国 GDP 已接近欧洲德法英三国的总和。

中国 GDP 自 2010 年超过日本后，差距不断扩大，2012 年中国高出日本 2.278 万亿美元，未来仍将继续加大这种差距。

我国已经连续 4 年新增 GDP 达到世界经济增量的 20%左右，居全球第一。

统计显示，2012 年我国最终消费对经济增长的贡献率为 51.8%，比投资的拉动力高出 1.4 个百分点，内需仍然是经济增长的主要动力。

国家信息中心首席经济师范剑平认为，中国经济如果就拉动的动力来讲，在整个世界经济中处于火车头的位置。2008—2012 年中国 GDP 及其增长率如图 8-1 所示。

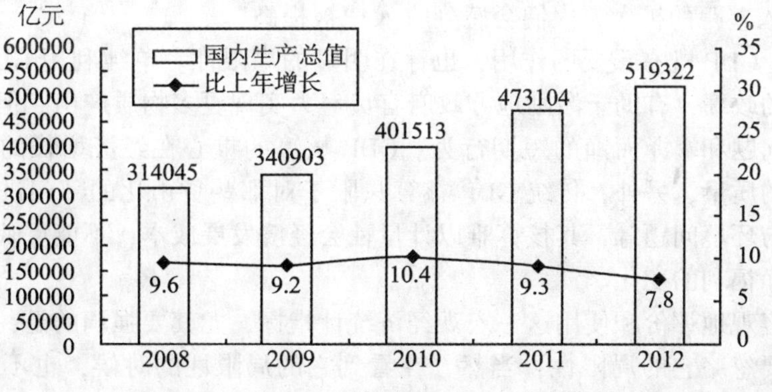

图 8-1　2008—2012 年中国 GDP 及其增长率

资料来源：人民网，2013-02-22.

四、国内生产总值的局限性

尽管 GDP 在反映一国经济实力时是一个重要的综合性统计指标，但 GDP 并不是一个全面的指标。

第一，GDP 没有充分地反映公共服务在经济发展中的重要作用。政府部门提供的一些服务，比如行政、公共安全、环境保护等公共服务，没有市场价格，当然不计入 GDP 中，而一个现代社会的政府高效运转，能够带动和提高整个社会经济的效率，也是社会文明和社会进步的体现，GDP 并没有反映出这一内容。

第二，GDP 不能反映经济发展的质量差异。一个靠挖煤、高污染、高排放累积起来的 GDP，与另一个靠高科技、低污染、低排放累积起来的 GDP，在数值上是一样的，在质量上的差异是明显的，但 GDP 并没有反映出这些经济发展质量的差异。

第三，GDP 不能准确地反映财富的增长。经济实力在很大程度上取决于它所拥有的财富存量。一个国家如果靠反复的拆迁重建来增加 GDP，光看到 GDP 的增长，没看到财富的流失，不注重财富的累积，到头来是一场空。

第四，GDP 没有反映非市场性家务劳动。家务劳动对于人民生活来说是必不可少的。从 GDP 的核算可知，给自己干家务不计入 GDP，给别人干家务收费则计入 GDP。随着经济发展水平的提高，家务劳动越来越市场化，家政服务会成为一个兴旺的行业，这个行业既是一个古老的行业，也是一个欣欣向荣、大有发展前景的行业。

第五，GDP 不能全面地反映社会进步和人民生活水平改善。GDP 不能直接反映民生状况的变化。比如，社会最低生活保障、失业保障、医疗保障、住房保障的改善情况。一般来说 GDP 越大，使用的生产要素越多，就业水平越高，但对于劳动密集型和资本密集型产业来说，对劳动力吸收和就业水平的提高是有差异的。因此，它不能反映一个国家的就业状况。还有 GDP 不是一个收入分配指标，不能反映收入分配是否公平合理。人均 GDP 掩盖了收入差距的扩大，人们会感到收入“被提高”。

综上所述，GDP 既有重要的作用，也存在明显的局限性。单纯利用 GDP 指标来衡量地方政府官员的政绩，有助于激励地方政府官员努力实现更多物质产出，但有可能会导致诸如生态环境问题和竭泽而渔的短期行为。GDP 核算的重心在经济增长的数量上，难以度量经济增长的质量，另外，传统 GDP 核算只限于对那些货币化的部门进行评价，而忽视了资源损耗与环境问题等，其核算难以计量社会经济发展成本，不能反映一个国家和人民当前和将来净福利的变化。

我们应当客观地评价和使用这一宏观经济统计指标，尤其要强调的是，在肯定它的作用的时候，不要忽略它的局限性；当然，在看到它的局限性的时候，也不要否定它的作用。我们不能奢望 GDP 能够满足方方面面的要求，因为世界上还没有任何一个统计指标能够做到这一点。关键是我们要正确认识到利用 GDP 能够做什么，不能够做什么，在它的适用范围内，正确地使用它，在超过 GDP 适用的领域，要发挥其他合适的统计指标的作用。

五、国内生产总值的修正

目前，一些人将“发展是硬道理”理解为“GDP 增长是硬道理”，没有将 GDP 增长所付出的环境和资源代价计入在内，这一考虑和做法显然有欠缺。

为了修正这一缺陷，世界银行已经从 1997 年开始采用“绿色 GDP 国民经济核算体系”，重新核算各国扣除自然资源（包括环境）损失之后的真实国民财富。

绿色 GDP（可持续收入）的基本思想是由希克斯在其 1946 年的著作中提出的。这个概念的基础是：只有当全部的资本存量随时间保持不变或增长时，这种发展途径才是可持续的。

绿色 GDP 是指一个国家或地区在考虑了自然资源（主要包括土地、森林、矿产、水和海洋）与环境因素（包括生态环境、自然环境、人文环境等）的影响之后经济活动的最终成果，即扣除 GDP 中为经济活动所付出的资源耗减成本和环境降级成本后的净值。

可持续收入的发展思想的由来和发展。1981 年世界自然保护联盟的报告《保护地球》，1987 年联合国环境与发展委员会的研究报告《我们共同的未来》中均提出了“可持续发展”思想。世界银行在 80 年代初提出了“绿色核算”概念，随后又提出“绿色 GNP/可持续收入”概念，1995 年，世界银行首次向全球公布了用“扩展的财富”指标作为衡量全球或区域发展的新指标。由此看出，国际上有逐步替代传统 GDP 核算的趋势。

绿色 GDP 的概念是一个科学的理念，但实际操作起来很困难。目前，国际上还没有一套成熟的方法计算绿色 GDP，还没有一个国家的政府统计部门正式发布绿色 GDP 数据。而且，绿色 GDP 核算只涉及自然意义上的可持续发展，包括环境损害成本、自然资源的净消耗量。这只是狭义的绿色 GDP，应该把与社会意义上的可持续发展有关的指标纳入 GDP 核算体系，将积极产出和消极产出一视同仁地计算在经济指标之中。比如在 GDP 的核算中，必须扣除安全生产事故造成的 GDP 损失以及处理这些事故的支出，扣除为了防范和处理市场不公正、腐败造成的损失。

另外，根据英国《金融时报》的报道，以约瑟夫·斯蒂格利茨和阿马蒂亚·森两位诺贝尔经济学奖得主为首的 24 名顶尖经济学家在 2010 年 4 月发表了一份报告，探讨改善 GDP 的可能性。在斯蒂格利茨看来，GDP 的先天缺陷在于没有考虑社会发展因素。GDP 只是一个数量指标，而不是一个质量指标。GDP 没有考虑国民收入分配，也没有对经济活动的价值进行道德判断。更多的中国学者开始思考“GDP 的含金量”，有人提出用 GD-PW（国内生产福利总值）取代 GDP。

尽管我国近些年在城镇的发展规划和投资环境的改善中，生态环境越来越成为一个重要的议题，但生态环境恶化的趋势并未从根本上扭转，可见，发展是硬道理是有条件的，即经济建设和环境建设“双赢”才是可持续发展的硬道理。为此，在贯彻科学发展观，引入可持续发展观念的同时，提出绿色 GDP 概念，进行绿色 GDP 的统计，这对于中国的长期持续发展至关重要。

六、国内生产总值的核算方法

国内生产总值的核算方法主要有以下三种。

1. 支出法

用支出法核算GDP，就是从产品的使用出发，把一年内购买的各项最终产品的支出加总而计算出的该年内生产的最终产品的市场价值。这种方法又称最终产品法或产品流动法。

从支出法来看，国内生产总值包括一个国家（或地区）所有常住单位在一定时期内用于最终消费、资本形成的总额，以及货物和服务的净出口总额，它反映本期生产的国内生产总值的使用及构成。

支出法通常被作为宏观经济中计算国内总产值的最有用的方法。在进行实际计算时，将最终产品所使用的方向归纳为消费、投资、政府购买、净出口四个方面。

2. 生产法

用生产法核算GDP，是指按提供产品与劳务的各个部门的产值来计算国内生产总值。生产法又叫部门法，是根据GDP的定义来计算的，它反映了国内生产总值的来源。

GDP＝总产出－中间消耗

运用这种方法进行计算时，各生产部门要把使用的中间产品的产值扣除，只计算所增加的价值。商业和服务等部门也按增值法计算。卫生、教育、行政、家庭服务等部门无法计算其增加值，按工资收入来计算其服务的价值。1952—2002年中国GDP走势图如图8-2所示。

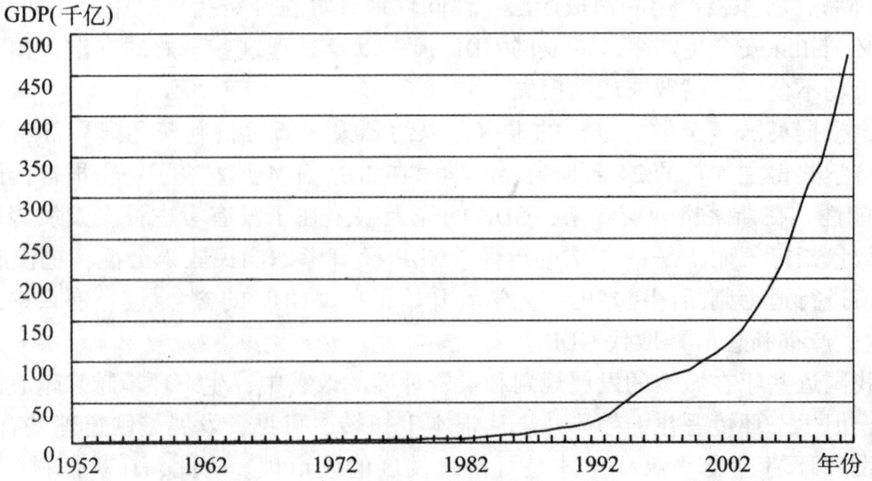

图8-2　1952—2002年中国GDP走势图

按生产法核算国内生产总值，可以分为下列部门：农林渔业，矿业，建筑业，制造业，运输业，邮电和公用事业，电、煤气、自来水业，批发、零售商业，金融、保险、不动产，服务业，政府服务和政府企业。

把以上部门生产的国内生产总值加总，再与国外要素净收入相加，并考虑统计误差项，就可以得到用生产法计算的 GDP 了。

表 8-2 是国家统计局发布的 2012 年一些省份的 GDP 是以生产法为基础核算的结果。

表 8-2　　**2012 年中国一些省份的 GDP**　　单位：亿元

2012 年 GDP 名次	地区	2012 年 GDP	2012 年 GDP 增速（%）	2011 年 GDP
1	广东	57067.9	8.20	52673.6
2	江苏	54058.2	10.10	48604.3
3	山东	50013.2	9.80	45429.2
4	浙江	34606.3	8.00	32000.0
5	河南	29810.1	10.10	27232.0
6	河北	26575.0	9.60	24228.2
7	辽宁	24801.3	9.50	22025.9
8	四川	23849.8	12.60	21026.7
9	湖北	22250.2	11.30	19195.7
10	湖南	22154.2	11.30	19635.2

3. 收入法

用收入法核算 GDP，就是从收入的角度，把生产要素在生产中所得到的各种收入相加来计算 GDP，即把劳动所得到的工资、土地所有者得到的地租、资本所有者得到的利息以及企业家才能得到的利润相加来计算 GDP。这种方法又叫要素支付法或要素成本法。

在没有政府的简单经济中，企业的增加值即其创造的国内生产总值等于要素收入加上折旧，但当政府介入后，政府往往征收间接税，这时的 GDP 还应包括间接税和企业转移支付。间接税是对产品销售征收的税，它包括货物税、周转税。这种税收名义上是对企业征收，但企业可以把它计入生产成本之中，最终转嫁到消费者身上，故也应视为成本。同样，还有企业转移支付（即企业对非营利组织的社会慈善捐款和消费者呆账），它也不是生产要素创造的收入，但要通过产品价格转移给消费者，故也应看作成本。

资本折旧也应计入 GDP。因为它虽不是要素收入，但包括在总投资中。

此外，非公司企业主收入也应计入 GDP 中。非公司企业主收入，是指医生、律师、小店铺主、农民等的收入。他们使用自己的资金，自我雇用，其工资、利息、租金很难像公司的账目那样，分成其自己经营应得的工资、自有资金的利息、自有房子的租金等，其工资、利息、利润、租金常混在一起作为非公司企业主收入。

这样，按收入法计算 GDP 的公式就是：

GDP＝工资＋利息＋利润＋租金＋间接税和企业转移支付＋折旧

也可看成是，GDP＝生产要素的收入＋非生产要素的收入。

无论是家庭、政府还是企业购买产品或劳务，交易总有买者与卖者，经济中所有的支出最终要成为某人的收入，因此，GDP 既衡量总收入又衡量总支出。对一个整体经济而言，总收入必定等于总支出。

从理论上说，按生产法、收入法与支出法计算出的 GDP 在数量上是相等的，就存在这样的恒等式“总产出=总收入（总供给）=总支出（总需求）”。但在实际核算中常常有误差，因而要加入一个统计误差项来进行调整，使其达到一致。

在实际统计中，一般以国民经济核算体系的支出法为基本方法，即以支出法所计算出的国内生产总值为标准。

七、三个基本恒等式

1. 两部门经济的恒等式

假设有两个部门：企业和家庭。

从收入的角度看，国民收入构成：$GDP=Y=C+S$

从支出的角度看，国民收入构成：$GDP=Y=C+I$

根据“总收入=总支出”，可推导出：$I=S$（投资—储蓄恒等式）。

2. 三部门经济的恒等式

假设有三个部门：企业、家庭和政府。

从收入的角度看，国民收入构成：$GDP=Y=C+S+T$

从支出的角度看，国民收入构成：$GDP=Y=C+I+G$

其中 T 为净税收，净税收=总税收-转移支出

根据“总收入=总支出”，可推导出：$I=S+(T-G)$。

其中（$T-G$）为政府储蓄。

3. 四部门经济的恒等式

假设有四个部门：企业、家庭、政府和国外部门。

从收入的角度看，国民收入构成：$GDP=Y=C+S+T+K_r$

从支出的角度看，国民收入构成：$GDP=Y=C+I+G+(X-M)$

其中 T 为净税收，净税收=总税收-转移支出；K_r为本国居民对外国人的转移支付。

根据“总收入=总支出”，可推导出：$I=S+(T-G)+(M-X+K_r)$

其中（$T-G$）为政府储蓄，（$M-X+K_r$）为贸易赤字。

第二节 国民收入核算中的其他总量

进行国民收入核算时，经常使用的总量指标包括：国内生产总值、国民生产总值、国内生产净值、国民生产净值、国民收入、个人收入、个人可支配收入。

一、国民生产总值（GNP）

1. 国内生产总值（GDP）和国民生产总值（GNP）

国民生产总值（Gross National Product，GNP），是指一个国家的国民在一定时期内生产的最终产品（包括劳务）的市场价值总和。GDP 和 GNP 都是核算最终产品市场价值的指标，但它们的核算原则是有区别的。

GDP 按国土原则进行统计，凡在本国领土上生产的最终产品价值，不管是否由本国国民所创造，都应计入本国 GDP。根据这一原则，外国公司在中国的收入应计入中国的 GDP 之中。

GNP 是按国民原则来进行统计的，凡是本国国民（指常住居民，包括本国公司以及常住外国但未加入外国国籍的居民）所创造的收入，不管生产要素是否在国内，都计入本国的 GNP 之中。GDP 与 GNP 在统计方法和内容上是一致的，两者的数值差额发生在国外要素净额这一项目中。两者之间的关系为：

国民生产总值=国内生产总值+国外要素收入净额

国外要素收入净额（Net Factor Payments，NFP）为本国生产要素在其他国家获得的收入减去外国生产要素在本国获得的收入。

当 NFP>0 时，GNP>GDP；当 NFP<0 时，GDP>GNP。美国从 1991 年后使用 GDP，而不用 GNP。我国每年的政府工作报告中均使用 GDP。

二、国内生产净值（NDP）和国民生产净值（NNP）

国内生产净值（Net Domestic Product，NDP）是指一个国家一定时间内新增加的产值，即国内生产总值中扣除折旧（折旧被称为“固定资本的消费”）之后的产值，反映一定时期活动的最终净成果。

国民生产净值（Net National Product，NNP）是指一个国家的全部国民在一定时期内，国民经济各部门生产的最终产品和劳务价值的净值。一般以市场价格计算。它等于国民生产总值减去固定资产折旧后的余额。

其计算公式如下：

国内生产净值=国内生产总值-折旧

国民生产净值=国民生产总值-折旧

三、国民收入（NI）

GDP、GNP、NDP 和 NNP 都属于广义的国民收入的范畴，狭义的国民收入是指一个国家在一定时期（通常为一年）内用于生产产品和提供劳务的各种生产要素（土地、劳动、资本与企业家才能）所获得报酬（收入）的总和。国民收入与国民（或国内）生产净值的区别是：从理论上讲前者是从分配的角度考察的，后者是从生产的角度考察的；从数量上讲国民收入等于国民（或国内）生产净值减去企业间接税加上政府津贴。

国民收入（National Income，NI）是指一个国家一定时期内用于生产的各种生产要素所得的全部收入，即工资、利润、利息和租金的总和。

NI＝NDP－（间接税+企业转移支付）+政府补助金

间接税是对产品和劳务征收的税，税收负担不由纳税者本人承担的税，它是间接征收的，由纳税人转嫁给最终消费者承担。如营业税、增值税、进口税（关税）和消费税等均属于间接税。间接税一般在生产和流通环节征收，如增值税主要针对货物，营业税主要针对劳务，关税主要针对进出口等。

直接税是对财产和收入征收的税，它由纳税人直接承担，不能转嫁给最终消费者，如所得税、财产税等，一般在收入环节征收。

例如，在没有征收税收（间接税）的时候，一台彩电的价格为5000元，如果政府规定征收5%的消费税，则市场上彩电的价格变为5250元（5000×5%＝250），250元为消费者承担的消费税。

四、个人收入（PI）

个人收入（Personal Income，PI）是指一个国家一定时期内个人所得到的全部收入。国民收入是生产要素所有者所获得的收入总和，并没有全部被要素所有者个人获得。在国民收入项目中扣除几个项目后，剩下的才归个人所得。这些项目是：社会保险金、企业所得税和企业未分配利润。此外，个人收入除去来自要素的收入之外还有一部分来自政府的转移支付。这样，个人收入应该是：

个人收入＝国民收入－（企业未分配利润+企业所得税+企业和个人缴纳的社会保险费）+（政府对个人支付的利息+政府对个人的转移支付+企业对个人的转移支付）

个人收入与国民收入的不同在于，国民收入中有一部分不分配给个人，如公司未分配利润、公司利润税等，这不构成个人收入。而个人收入中通过再分配渠道取得的部分，如政府和企业对个人的转移支付，则不属于国民收入。

五、个人可支配收入（PDI）

个人可支配收入（Personal Disposable Income，PDI）是指一个国家一定时期内个人可以支配的全部收入。个人收入必须交纳个人所得税，税后的个人收入才是个人可支配收入，即人们可随意用来消费和储蓄的收入，即：

PDI＝PI－个人所得税－个人非税收性支付

个人可支配收入一般用作家庭的消费或储蓄，即：

PDI＝消费（C）+储蓄（S）

以上五种收入衡量指标之间的换算关系如表 8-3 所示。

表 8-3　　**美国 2007 年 GDP 及其构成（收入法）**

	总量（10 亿美元）	占 GDP 比重（%）
GDP	13807.5	100
净要素支出（NFP）	102.4	0.7
GNP＝GDP+NFP	13910.0	100.7
资本消耗（折旧）	1720.5	12.5
国民生产净值（NNP＝GNP－折旧）	12189.5	88.3
间接税	1015.5	7.4
国民收入（NI＝NNP－间接税）	11174.0	80.9
收入项目调整	－41.3	－0.3
个人收入（PI＝NI－收入项目调整）	11215.3	81.2
劳动收入	7812.3	56.6
业主收入	1056.2	7.6
租金收入	40.0	0.3
企业利润	1642.4	11.9
净利息收入	664.4	4.8

例如，某年某国的最终消费为 800 亿元，国内私人投资为 500 亿元（其中 50 亿元为弥补当年消耗的固定资产），政府税收为 300 亿元（其中间接税为 200 亿元，其他为个人所得税），政府支出为 300 亿元（其中政府购买为 250 亿元、政府转移支付为 50 亿元），出口为 200 亿元，进口为 150 亿元。

计算：

（1）GDP＝GNP－NFP＝800+500+250+（200－150）＝1600（亿元）

（2）NDP＝GDP－折旧＝1600－50＝1550（亿元）

（3）NI＝NDP－间接税＝1550－200＝1350（亿元）

（4）PI＝NI－企业所得税－企业未分配利润－社会保险+政府转移支付
　　＝1350+50＝1400（亿元）

（5）PDI＝PI－个人所得税＝1400－（300－200）＝1300（亿元）

虽然各种收入衡量指标在细节上不同，但是它们几乎总是说明了相同的经济状况。当 GDP 迅速增长时，这些收入衡量指标通常也迅速增长；当 GDP 减少时，这些衡量指标通常也减少。就监测整体经济的波动而言，用哪一种收入衡量指标都无关紧要。

第三节　国民经济运行的循环流动

从国民经济运行的角度看，参与国民经济运行的有企业、居民、政府和对外经济四个主体，即四个经济部门。我们的分析从简单的两部门经济出发，研究国民经济流量循环与国民经济总量的一些恒等关系，进而研究三部门、四部门经济的流量循环。

一、两部门经济循环模型

两部门经济是指由厂商和居民这两种经济单位所组成的经济，也是一种最简单的经济。在两部门经济循环模型中，经济活动的主体是企业和居民。企业是指最终产品和劳务的所有生产经营者的总和。居民是指生产要素占有者的总和，也是所有消费者的总和。

两部门国民经济循环流程如图 8-3 所示，其中实线和箭头表示货币的流向，虚线和箭头表示产品和要素的流向。企业和居民的关系是：居民向企业提供生产要素，如劳动力、资本、土地和企业家才能；企业向生产要素所有者支付报酬，如工资、利息、租金和利润。这种交易形成生产要素市场。居民因提供生产要素而得到的全部货币收入是国民收入。

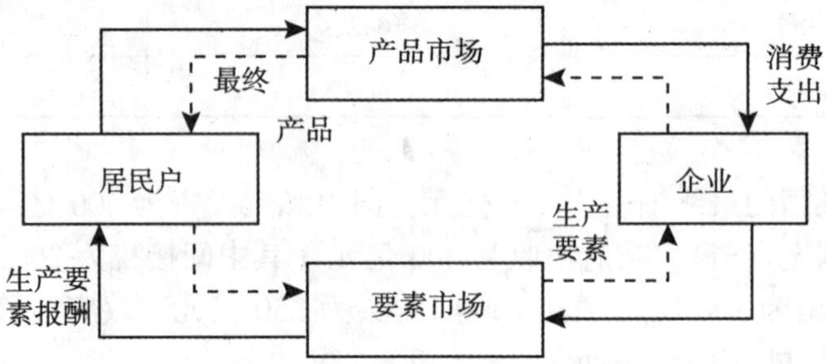

图 8-3　两部门国民经济循环流程图

居民和企业还存在另一种关系：企业购得生产要素以后，生产出最终产品和劳务并销售给消费者，作为消费者，居民用出售生产要素所得到的收入去购买最终产品和劳务。这种交易便形成最终产品市场。居民所得到的全部收入是总收入；企业所生产的全部最终产品和劳务价值是国民总产出。同时，从国民经济核算的角度来说，总收入必定等于国民总产出。由于居民将全部收入用于消费支出，即储蓄为零，那么，最终产品市场上产品和劳务的价格总额等于总消费支出，这样可以得到国民收入核算恒等式，即：

$$总收入=总产出=总支出\ (AI=Y=AE)$$

式中，AI 代表总收入，Y 代表总产出，AE 代表总支出。当全部收入都用于消费时，$AE=C$，C 在这里代表消费支出。

但是，在现实经济中，消费者不会将其全部收入都用于消费，会将其中一部分收入用于储蓄。这并不要求消费者一定要在银行储蓄，手持现金也是储蓄。因此，居民的全部收入在两部门模型中分为消费 C 和储蓄 S 两部分。消费支出相对于国民总产出而言会存在不足，企业的商品存货势必增加，于是储蓄使得总收入不能全部流入最终产品市场。因此，储蓄是国民收入的漏出量。

投资是指实际资本存量的增加。一是固定资本投资，二是存货投资。由于投资会使因储蓄而漏出的那部分国民收入又回到最终产品上，因此，投资是国民收入的注入量。

在两部门经济中，国民总收入从居民支出角度看被分解为消费 C 和储蓄 S。储蓄被理解为国民收入的漏出量；从企业最终产品的角度来看，国民总产出被分解为消费支出 C 和投资支出 I。C 和 I 之和是总支出（AE）。

$$\mathrm{AI}=C+S$$

$$\mathrm{AE}=C+I$$

$$\mathrm{AI}=\mathrm{AE}$$

$$C+S=C+I$$

$$I=S$$

这样就得出两部门经济的恒等关系：$I=S$

考虑储蓄（不再假定储蓄为零）的国民经济循环如图 8-4 所示。图 8-4 中的箭头方向是货币的流动方向，此图省略了虚线表示的物流循环。在产品市场上，消费支出由居民支付给企业；在要素市场上，要素收入形成居民的收入，由企业支付给居民；通过金融机构（金融市场），居民的储蓄转化为对企业的投资。

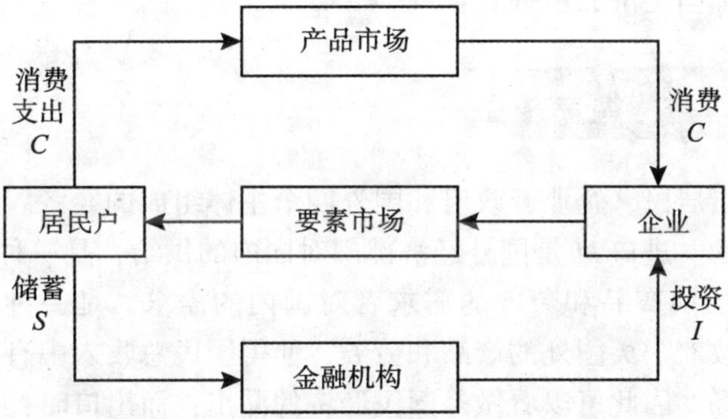

图 8-4　考虑储蓄的两部门经济循环

二、三部门经济循环模型

三部门经济是指企业、居民和政府三个经济主体组成的经济。在三部门经济中，政府经济职能是通过税收与政府支出来实现的，并通过政府的收支与居民和企业发生经济联系。三部门条件下国民经济循环如图 8-5 所示。图 8-5 所有的实线箭头表示货币流向。与两部门经济相比，此图多出了税收 T 和政府支出 G 的货币流动，其他货币流动与两部门经济下的循环相同。

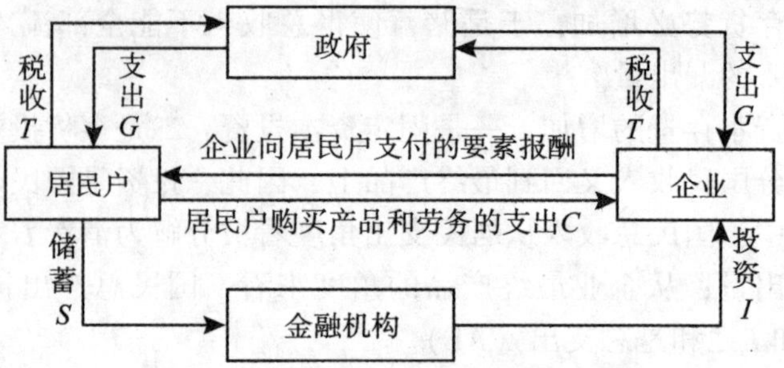

图 8-5　三部门国民经济循环图

由于税收是从国民总收入中抽走的一部分，可以把税收 T 看做是国民经济的漏出。政府购买性支出 G 表示为政府对企业最终产品和劳务的购买，它将一部分资金注入国民经济循环中，因此，可以把政府支出看做是国民经济的注入。

在企业、居民、政府三部门经济中，总收入表现为用于消费的收入 C、用于储蓄的收入 S 和用于纳税的收入 T，则总收入＝消费+储蓄+税收。即 $AI=C+S+T$；总支出表现为消费支出 C、投资支出 I 和政府购买支出 G，则总支出＝消费+投资+政府购买支出，即 $AE=C+I+G$。根据国民收入核算的恒等式 $AI=AE$，则：$C+I+G=C+S+T$

$$I+G=S+T$$

这样就得出三部门经济的恒等式：$I+G=S+T$

三、四部门经济循环模型

四部门经济是指居民、企业、政府和国外四个主体组成的经济。国外部门经济活动是通过进出口来进行的。进口 M 是国外经济部门对国内的供给，是一种“外供”；出口 X 是外国经济部门作为国内产品和劳务的需求者对国内的需求，是一种“外需”。由于进口时，企业、居民和政府购买国外的产品和劳务，使得国民总收入中有一部分收入不能进入国内的最终产品市场，因此可以看做是国民经济的漏出；而出口时，由于国外对国内产品和劳务的购买，使得国外的收入加入到国民经济循环中，所以可以把出口看成是国民经济的注入。四部门国民经济循环如图 8-6 所示。

在图 8-6 中，实线箭头来表示货币的流向，并省略物流循环。与三部门经济循环相比，四部分经济多出了进出口的货币流动和循环。

在四部门经济中，国民总收入分为四个部分：消费、储蓄、净税收和本国居民对外国人的转移支付。消费就是指用来购买国内最终产品和劳务的收入；储蓄是指国民总收入中没有用于购买产品和劳务及纳税的那一部分收入；净税收是政府税收收入减去政府转移支付。总收入＝消费+储蓄+净税收+本国居民对外国人的转移支付，用公式表示为：

$$AI=C+S+T+K_r$$

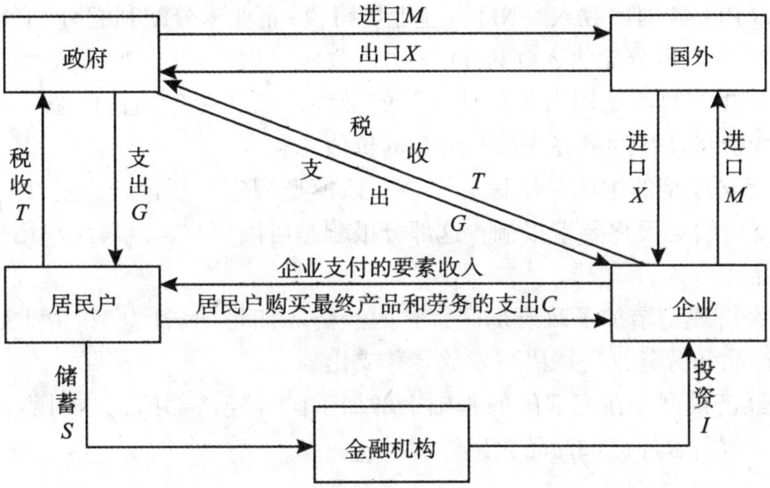

图 8-6　四部门国民经济循环图

在四部门经济中，总支出也可以分为四部分：消费支出、投资支出、政府购买性支出和净出口。总支出=消费支出+投资支出+政府购买性支出+净出口，用公式表示为：

$$\mathrm{AE}=C+I+G+(X-M)$$

根据国民收入核算的基本恒等式，总收入=总支出，即 AI=AE，那么，

$$C+S+T+K_r=C+I+G+(X-M)$$

等式两端同时减去 C 得出：

$$S+T+K_r=I+G+(X-M)$$

这样就得出四部门经济中的恒等关系：

$$S+T+K_r=I+G+(X-M)$$

在国民收入核算中，这种恒等式关系是一年的生产与消费之后，从国民收入核算表中反映出来的恒等关系。但在现实的经济活动中，有时总需求大于总供给，有时总需求小于总供给，二者不总是一致的。在国民收入决定理论中，我们将详细分析总需求与总供给的这种关系。

本章小结

1. 国内生产总值（GDP）是指一个国家或地区在一定时期内（通常为一年）在本国或本地区领土所生产的最终产品和劳务价值的总和。它以地理上的国境为统计标准，包括本国与外国公民在本国所生产的最终产品和劳务的价值总和。核算国内生产总值的方法有三种：支出法、生产法和收入法。

2. 国民经济中几个重要问题的关系是：

国内生产净值（NDP）=国内生产总值（GDP）-折旧

国民收入（NI）= 国内生产净值（NDP）-间接税

个人收入（PI）= 国民收入（NI）-企业所得税-企业未分配利润+政府转移支付

个人可分配收入（PDI）= 个人收入（PI）-个人所得税

3. 名义国民生产总值是用当年估计计算的最终产品和劳务的价值总和；实际国民生产总值是用不变价格计算的最终产品和劳务的价值总和。

4. 两部门经济模型的主体是居民和企业。该模型假定，居民户拥有生产要素并向企业提供，企业支付给居民户要素报酬，这部分报酬是居民户收入。居民户用来购买企业所生产的最终产品和劳务。

5. 三部门经济模型增加了政府部门，它的经济职能是向居民户和企业征税，购买企业生产的最终产品和劳务，向居民户发放转移支出。

6. 四部门经济模型是在三部门的基础上增加了国外经济部门，本国购买国外生产的产品为进口，本国向国外提供商品为出口。

复习思考题

一、判断题

1. 投资是国民经济循环的漏出，储蓄则是国民经济循环的注入。(　　)

2. 消费者居住自己的房屋，这部分房租已计入 GDP 中。(　　)

3. 居民购买新的房屋是一种投资行为。(　　)

4. GDP 价格指数计算出来的实际 GDP 的数值排除了价格变动对 GDP 的影响。(　　)

5. 只有存到银行的钱才算作储蓄。(　　)

6. 原材料、零配件都是最终产品。(　　)

7. 如果两个国家的 GDP 相同，它们的生活水平也相同。(　　)

8. 如果两个邻居相互帮忙，一个为对方看孩子，另一个为对方做饭，并都向对方付费，他们的行为不会对 GDP 产生影响。(　　)

二、问答题

1. 怎样全面理解 GDP 这一概念？

2. 怎么理解一国的总产出 = 总收入 = 总支出？

3. 在计算国内生产总值时，下列哪些项目应该计入？哪些项目不应该计入？为什么？

(1) 面粉厂生产面粉所用的小麦。

(2) 去年生产但未卖出去的服装。

(3) 在拍卖市场上成交的唐伯虎的画。

(4) 教师讲课的收入。

(5) 警察的收入。

(6) 居民买来自己消费的蔬菜。

三、论述题

1. 试述国内生产总值（GDP）、国内生产净值（NDP）、国民收入（NI）、个人收入（PI）和个人可支配收入（PDI）之间的关系。

2. 用 GDP（或 GNP）来衡量经济成果会有哪些缺陷？你认为应如何调整？

扩展阅读

国家统计局：国民经济核算体系改革

新中国成立以来，我国国民经济核算体系经历了三个发展阶段。

第一阶段（1952—1984 年）是物质产品平衡表体系（简称 MPS）的建立和发展阶段，核心指标是工农业总产值和 MPS 体系的国民收入，这一时期我国国民经济核算体系是与高度集中的计划经济体制下的宏观管理需求相适应的。

第二阶段（1985—1992 年），是从 MPS 向市场经济国家普遍采用的国民经济账户体系（简称 SNA）的转轨阶段，核心指标是 MPS 的国民收入和 SNA 的国内生产总值并存，标志性文件是 1992 年制定的《中国国民经济核算体系（试行方案）》。这一时期我国的国民经济核算体系是与从计划经济体制向市场经济体制过渡条件下的宏观管理需求相适应的。

第三阶段（1993—至今）是 1993 年 SNA 的全面实施阶段，标志性文件是依据 1993 年 SNA 制订的《中国国民经济核算体系（2002）》，这一时期我国国民经济核算体系是与社会主义市场经济体制的建立和发展条件下的宏观管理需求相适应的。

从我国国民经济核算体系的建立和发展可以看出，我国国民经济核算体系主要是随着社会经济体制的变化和宏观管理需求以及国民经济核算国际标准的修订而变化的。随着社会经济体制的变化，随着宏观管理需求的变化，随着国际标准的修订，我国国民经济核算体系也要修订，以使核算体系适应新的体制、新的情况、新的需求，也使核算原则、核算方法、核算指标、核算数据具有国际可比性。2003 年以来，随着社会主义市场经济的发展，我国经济社会产生许多新情况，宏观管理和社会公众产生新的需求，国际组织又颁布了新的标准，所以需要对我国现行的核算体系进行新的修订。2008 年 SNA 颁布后，国家统计局组织力量对 2008 年 SNA 的重要修订进行了研究，并结合我国经济社会发展和核算制度方法改革的实际情况，制订了修订《中国国民经济核算体系（2002）》的计划。即使美国没有发布依据国民经济核算新的国际标准修订的 GDP 数据，我们也将对我国现行的国民经济核算体系进行修订。

2008 年 SNA 是 1993 年 SNA 的修订版，这次修订在基本核算框架和基本核算原则方面没有发生根本性的变化，主要是针对若干具体内容进行了补充和修订。2008 年 SNA 的变化涉及许多方面，包括一些基本概念、基本分类、基本方法以及一些统计指标口径的界定等方面。其中比较重要，对 GDP、居民收入和国民总收入等重要指标影响较大的变化包括以下几个方面。

（一）引入知识产权产品概念，将研究与开发支出等计入 GDP

随着科技的进步和文化的发展，科研成果、计算机软件、数据库、文学艺术作品等产品在推动经济社会发展中的作用越来越大，并且越来越多地具有固定资产的性质。因此2008年SNA引入了知识产权产品概念，把它作为固定资产的组成部分，把关于这种产品的支出计入GDP，用以描述和反映这些产品及其作用。知识产权产品分为五个子类，分别是：研究与开发，矿藏勘探与评估，计算机软件与数据库，娱乐、文学和艺术品原件，其他知识产权产品，其中矿藏勘探与评估，计算机软件与大型数据库，娱乐、文学和艺术品原件在1993年SNA中已经被归入固定资产，2008年SNA最主要的变化是将研究与开发支出由原来作为中间消耗不计入GDP修改为作为固定资本形成计入GDP。

（二）引入“经济所有权”概念，使核算结果更加反映实际

经济所有权是承担经济责任和享有经济收益的权利，它是相对于法定所有权而言的。通常情况下，经济所有权与法定所有权归属于同一所有者。当经济所有权与法定所有权分离时，2008年SNA建议按经济所有权核算，这样，可以使核算结果更接近实际情况。

（三）将雇员股票期权计入劳动者报酬

雇员股票期权是指一个公司授予其部分员工在未来一个约定的日期或一段时间内，按照预先确定的价格和条件购买一定数量的公司股票的权利。被授权的员工大多是公司董事、高级管理人员以及核心技术人员等，他们一般需要满足一定的条件才可以被授权，这些条件往往和公司业绩及个人业绩挂钩。如果被授权者经营管理有方，公司业绩优良，他们就可以在约定的时间，以原约定的较低的价格购买一定数量的股票。雇员股票期权是作为对员工的酬劳或激励而给予他们的，与员工在企业的表现和业绩有关，因而具有劳动者报酬的属性。近年来，很多国家特别是发达国家越来越多的企业将雇员股票期权作为激励员工的重要形式，因此2008年SNA建议对雇员股票期权价值进行估值，并将其计入劳动者报酬。

资料来源：许宪春．国民经济核算体系改革．凤凰网，2013.

第九章 国民收入决定理论

开篇语

在第八章中，我们讨论了国民收入核算的问题，国民收入的核算主要有两种方法，分别为支出法和收入法。同时，可以把整个宏观经济分为二部门经济（只存在居民部门和企业部门）、三部门经济（居民、企业和政府部门）以及四部门经济（居民、企业、政府和国外部门），无论是从支出的角度还是从收入的角度来看，二部门经济、三部门经济和四部门经济的构成都不尽相同，但是，有一个重要的命题是成立的，二部门经济、三部门经济和四部门经济都同时满足一个恒等式：储蓄-投资恒等式。本章要讨论的是国民收入如何决定，即经济社会的生产和收入水平是如何决定的。例如，居民和企业的收入从哪里来？人们的消费和储蓄之间存在什么样的联系？决定国民收入的各个变量之间又存在什么样的关系？

第一节 消费和储蓄

一、均衡产出

在均衡的情况下，经济社会的产量或者国民收入决定于总需求。当总产出等于总需求时，经济达到均衡状态，此时的产出称为均衡产出或均衡的国民收入。在本节中，讨论一个国家的产出或收入如何决定，为了分析的简便，以二部门经济作为前提。此外，还需建立两个假设的前提条件。

一是假设资源未被充分利用，即当需求量增加时，为了达到均衡状态，供给量也相应增加，但是商品和劳务的价格却不相应地发生变化。原因是当需求量增加时，只会使未被充分利用的闲置资源得到进一步利用，因而价格大体上是不发生变化的。

二是假设国内生产总值、国内生产净值、国民收入、个人收入这四个变量是相等的。

以上分析是凯恩斯在《就业、利息和货币通论》一书中进行总需求分析时所做出的假设。

在二部门经济中，总需求由居民消费和企业投资构成，用公式表示如下：

$$y = c + i$$

其中，y 代表价格不变的国民收入，c 代表价格不变的计划消费，i 代表价格不变的计划投资。

均衡产出是和总需求相等的产出。例如，假定所有的企业部门共生产了 2000 亿美元的产品，居民和企业要购买的产品的支出只有 1000 亿美元，则意味着总需求小于总供给，企业会缩减生产，经济未达到均衡；如果居民和企业要购买的产品的支出为 3000 亿美元，则意味着总需求大于总供给，企业会扩大生产，经济依然未达到均衡；如果居民和企业要购买的产品的支出恰好为 2000 亿美元，则总供给等于总需求，企业的生产就会稳定下来。如果用 E 表示总支出，则均衡的条件是 $E=y$。

由于 $E=y$，所以 $E=c+i$，而企业在生产过程中创造的收入 $y=c+s$，其中 s 代表价格不变的计划储蓄，当宏观经济达到均衡时，必须满足 $i=s$，即计划投资等于计划储蓄。

二、消费和消费函数

要分析均衡产出如何决定，必须首先分析构成总需求的各个部分是如何决定的，就要分析收入和消费之间的关系。决定消费的因素有许多，如居民的收入水平、商品的价格、居民的消费习惯、居民的年龄结构、国家的收入分配情况，等等。凯恩斯理论认为，以上各因素中，对消费起决定性影响的因素是居民的收入水平，随着收入水平的提高，消费也随之增加，但是消费增加的幅度没有收入水平增加的幅度大，消费与收入水平呈正向变动关系。

消费和收入之间的这种关系用函数式表达出来就是消费函数。以消费量为因变量，收入水平 y 为自变量，则消费量与收入水平之间可以用函数式表示：

$$c=c(y)$$

消费倾向是指消费在收入中所占的比重。消费倾向可以分为两种：一是边际消费倾向（MPC），二是平均消费倾向（APC）。

边际消费倾向（MPC）是指增加的消费与增加的收入之间的比率，即增加的 1 单位的收入中用于消费的部分所占的比率。用公式表示就是：

$$\text{MPC}=\frac{\Delta c}{\Delta y}$$

平均消费倾向（APC）是指任一收入水平上消费支出在收入中所占的比重。用公式表示就是：

$$\mathrm{APC}=\frac{c}{y}$$

消费函数可以是线性和非线性两种。假定某居民户的消费和收入之间的关系如表 9-1 所示，以此为例来说明消费函数为线性的情况。

表 9-1　**某居民户消费函数（线性）**　单位：美元

	（1）收入	（2）消费	（3）边际消费倾向（MPC）	（4）平均消费倾向（APC）
A	24000	24100	—	1.004
B	26000	25400	0.65	0.977
C	27000	26050	0.65	0.965
D	27500	26375	0.65	0.959
E	28000	26700	0.65	0.954
F	29000	27350	0.65	0.943
G	30000	28000	0.65	0.933

由表 9-1 可以看出，在该居民户的消费情况中，边际消费倾向始终保持不变，而平均消费倾向是递减的。

上述线性消费函数还可以进一步写成：

$$c=c(y)=\alpha+\beta y$$

在上式中，α 表示自发消费，即收入为零时通过举债或者动用过去的储蓄也必须要有的基本生活消费，βy 表示引致消费，即由于收入的变动所引发的消费。根据表 9-1 中的数据可以计算得出 $\alpha=8500$，$\beta=0.65$，$c=8500+0.65y$，若收入增加 1 元，则有 0.65 元用于增加消费。线性消费函数的消费曲线如图 9-1 所示。

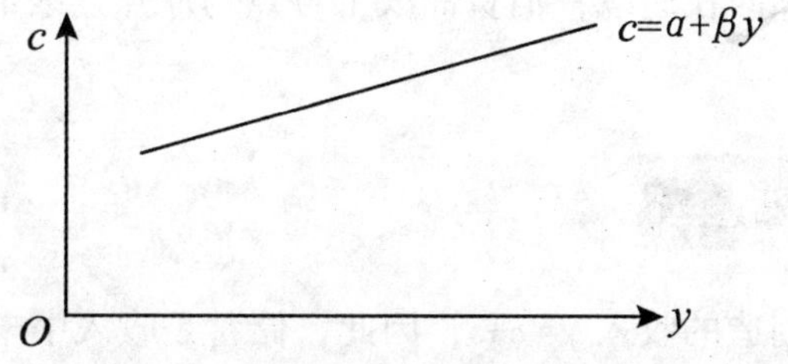

图 9-1　线性消费函数

假定另外一户居民户的消费和收入之间的关系如表 9-2 所示，以此为例来说明消费函数为非线性的情况。

表 9-2　　**某居民户消费函数（非线性）**　　单位：美元

	(1) 收入	(2) 消费	(3) 边际消费倾向 (MPC)	(4) 平均消费倾向 (APC)
A	9000	9110	—	1.01
B	10000	10000	0.89	1.00
C	11000	10850	0.85	0.99
D	12000	11600	0.75	0.97
E	13000	12240	0.64	0.94
F	14000	12830	0.59	0.92
G	150004	13360	0.53	0.89

由表 9-2 可以看出，居民户的边际消费倾向是递减的，平均消费倾向也是递减的。根据表 9-2 中的数据，可以描绘出如图 9-2 所示的消费曲线。

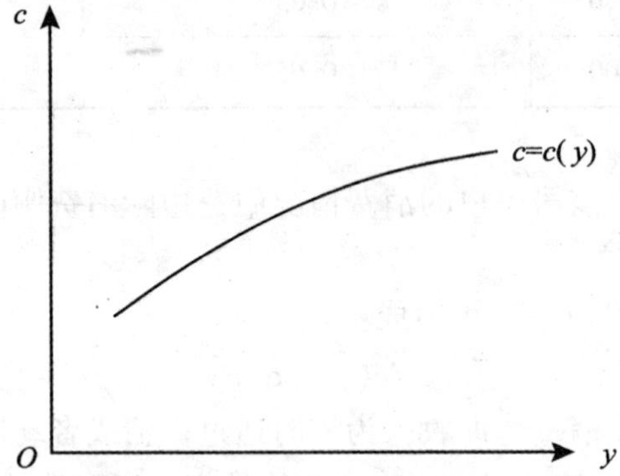

图 9-2　非线性消费曲线

从图 9-2 中可以看出，随着消费曲线不断向右上方延伸，消费曲线上各点的斜率越来越小，这说明边际消费倾向在递减；消费曲线上各点与原点连线的斜率越来越小，说明平均消费倾向在递减。

三、储蓄和储蓄函数

企业在生产过程中创造的收入 $y=c+s$，因此，储蓄是收入中未用来消费的部分。阐述储蓄与收入之间关系的函数就是储蓄函数，储蓄函数的公式是：

$$s=s(y)$$

储蓄倾向是指储蓄在收入中所占的比重。储蓄倾向分为边际储蓄倾向（MPS）和平均储蓄倾向（APS）。

边际储蓄倾向（MPS）是指增加的储蓄与增加的收入之间的比率，即增加的 1 单位的收入中用于储蓄的部分所占的比率。用公式表示就是：

$$\text{MPS}=\frac{\Delta s}{\Delta y}$$

平均储蓄倾向（APS）是指任一收入水平上储蓄在收入中所占的比重。用公式表示就是：

$$\text{APS}=\frac{s}{y}$$

储蓄函数可以是线性和非线性两种。

根据表 9-1 的数据，可以得出储蓄函数的数据，如表 9-3 所示。

表 9-3　　**某居民户储蓄函数（线性）**　　单位：美元

	（1）收入	（2）消费	（3）储蓄	（4）边际储蓄倾向（MPC）	（5）平均储蓄倾向（APC）
A	24000	24100	-100		-0.04
B	26000	25400	600	0.35	0.02
C	27000	26050	950	0.35	0.03
D	27500	26375	1125	0.35	0.04
E	28000	26700	1300	0.35	0.05
F	29000	27350	1650	0.35	0.06
G	30000	28000	2000	0.35	0.07

由表 9-3 可以看出，在该居民户的储蓄情况中，边际储蓄倾向始终保持不变，而平均储蓄倾向是递增的。

上述线性储蓄函数还可以进一步写成：

$$s=s(y)=-\alpha+(1-\beta)y$$

线性储蓄函数的图形如图 9-3 所示。

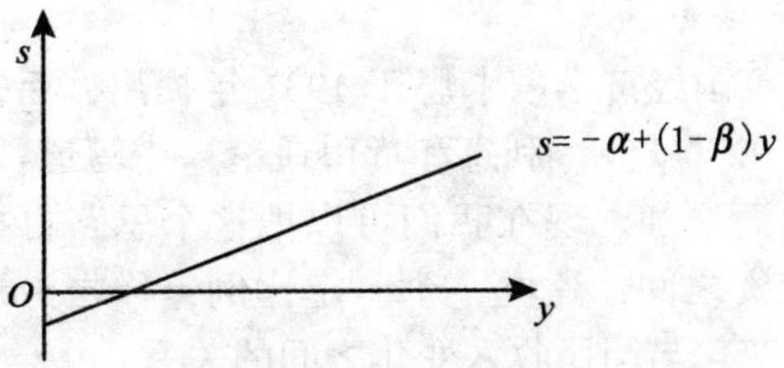

图 9-3　线性储蓄函数

根据表 9-2 中的数据，可以计算出储蓄、边际储蓄倾向和平均储蓄倾向。非线性储蓄函数的图形如图 9-4 所示。

在线性消费函数中，β 代表边际消费倾向；在线性储蓄函数中，$(1-\beta)$ 代表边际储蓄倾向。

四、消费函数和储蓄函数的关系

在凯恩斯的绝对收入消费函数理论中，消费函数与储蓄函数之间存在如下的关系：一是消费与储蓄之和等于收入，即消费函数和储蓄函数中，一旦有一个确定，另外一个随之就可以确定；二是边际消费倾向与边际储蓄倾向之和等于 1，平均消费倾向与平均储蓄倾向之和也等于 1。

第二节　均衡国民收入的决定

一、投资乘数的来源

经济学中的投资指的是资本的形成，而不是资本的转移。例如，人们购买有价证券，只是将有价证券的所有权从卖者手中转移到了买者手中，实际资本并没有增加，这是资本的转移，所以不能称为投资。如果社会产生了新的实际资本，如厂商的厂房、机器设备、存货的增加等，可以称为投资。投资是与企业部门的物质资本的存量增加相联系的，一般而言，居民户购买房屋等耐用消费品不属于投资，居民户的全部开支都作为消费支出的组成部分。

乘数的概念最早是由英国经济学家卡恩于 1931 年提出，后来被引入到凯恩斯的宏观经济分析工具中。凯恩斯在《就业、利息和货币通论》中写道："除非消费倾向改变，否则就业量只能随投资增加而增加。现在我们可以把这个思路再推进一步，在一特定情况下，我们可以在所得与投资之间，建立一个一定比例，称之为乘数（Multiplier）。"凯恩斯的乘数理论阐明了投资变化与国民收入变化之间的关系。

二、二部门经济中均衡国民收入的决定

为了说明投资与国民收入之间的关系，在此依然以二部门经济为代表来分析二部门经济中消费函数与国民收入、投资等之间的联系。

计划支出由计划消费和计划投资构成，现在假定计划投资是一个定值，它不随国民收入和利率水平的变化而发生变化。根据公式 $y=c+i$ 以及 $c=\alpha+\beta y$，可以得出均衡收入：

$$y=\frac{\alpha+i}{1-\beta}$$

根据上式可知，只要计划投资量 i 和消费函数已知，便可求出均衡国民收入。例如，假设消费函数为 $c=1500+0.75y$，计划投资量 i 始终为 700 亿美元，则均衡国民收入为：

$$y=(1500+700)/(1-0.75)=8800 \text{ 亿美元}$$

同理，若已知储蓄函数和计划投资量的大小，也可以得出均衡国民收入。

上述例子中消费函数为 $c=1500+0.75y$，进而可以求出储蓄函数 $s=-1500+0.25y$，又有 $i=s=y-c$，同样可以得出均衡国民收入的计算公式 $y=\frac{\alpha+i}{1-\beta}$。

下面用列表的形式说明均衡国民收入的决定。表 9-4 说明了消费函数为 $c=1500+0.75y$，计划投资为 700 亿美元时均衡收入决定的情况。

表 9-4 **均衡国民收入的决定** 单位：亿美元

收入	消费	储蓄	投资
4000	4500	-500	700
5000	5250	-250	700
6000	6000	0	700
7000	6750	250	700
7800	7350	450	700
8800	8100	700	700
9000	8250	750	700

表 9-4 中的数据说明，当收入为 7000 亿美元时，总消费为 6750 亿美元，总投资为 700 亿美元，根据二部门经济中总支出等于总消费与总投资之和，则总支出为 7450 亿美元，超过了总供给 7000 亿美元，这意味着企业销售出去的产量大于他们生产出来的产量，企业便会扩大生产，直至收入达到均衡收入 8800 亿美元。相反，如果收入为 9000 亿美元，对应的总消费为 8250 亿美元，总投资为 700 亿美元，此时总支出为 8950 亿美元，总支出小于总供给 9000 亿美元，这说明企业销售出去的产量小于他们生产出来的产量，企业便会压缩生产，直至收入达到均衡收入 8800 亿美元。当收入为 8800 亿美元时，总消费为 8100 亿美元，总投资为 700 亿美元，这意味着总支出等于总供给，此时的收入 8800 亿美元为均衡国民收入。

二部门经济的国民收入决定可用支出—收入曲线说明（见图 9-5）。图 9-5 中纵轴表示总支出，横轴表示国民收入，总支出曲线由消费加投资得出，45°线上的任意一点均表示总支出等于总收入。实际上，$c+i$ 曲线就是总需求曲线。总支出曲线与 45°线的交点 E 决定的收入就是均衡国民收入。如果经济偏离均衡状态，比如图中产出水平位于 D 点，意味着计划的支出大于计划的产出，此时消费者愿意购买的货物的数量大于企业生产的数量，企业的存货会逐渐消失。在这种非均衡状态，企业会增加订货，或者重新雇用工人并加快建设生产线。这样，计划支出与产出之间的差异就导致产出数量的变动。只有当企业的产出等于居民的支出时，即在 E 点，经济才能达到均衡。相反，如果国民收入高于均衡水平，如图 9-5 中的 F 点，企业供过于求，则是另一种非均衡。

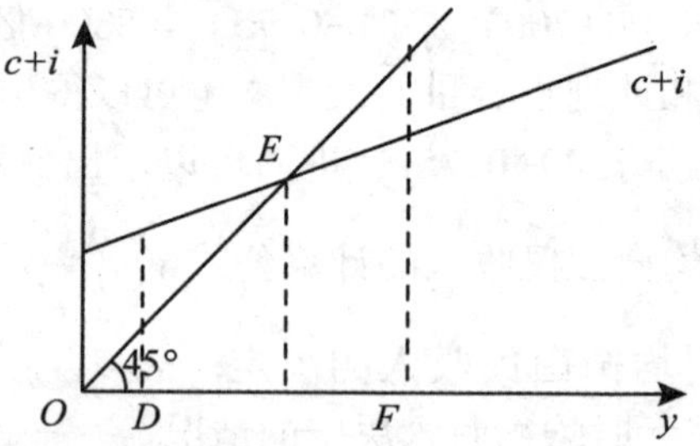

图 9-5　二部门经济的国民收入决定

三、投资乘数大小的决定

根据表 9-4 中的数据，假如计划投资量增加到 800 亿美元，运用均衡国民收入计算公式计算可得，均衡国民收入变为 9200 亿美元。也就是说，当投资增加 100 亿美元时，国民收入增加了 400 亿美元，增加的国民收入是增加的投资的 4 倍。可见，当投资增加时，国民收入的增加量是其数倍。我们把国民收入的变化与投资的变化的比率称为投资乘数。

下面我们来分析投资乘数大小的决定。

为何在上例中投资量增加了 100 亿美元，收入的增加量是投资增加量的 4 倍呢？当增加 100 亿美元的投资用于购买投资品时，实际上这 100 亿美元构成了制造这些投资品所需的生产要素的收入，从而居民的收入增加了 100 亿美元。此为国民收入的第一轮增加。

假定该经济体的边际消费倾向是 0.75，这意味着增加的 100 亿美元的国民收入中有 75 亿美元用于消费，这 75 亿美元最终流向了生产这些消费品的生产要素所有者手中，因此居民的收入又增加了 75 亿美元。此为国民收入的第二轮增加。

随着消费的持续进行，当国民收入增加了 75 亿美元时，又会有 75×0.75 亿美元用于消费并流向生产这些消费品的生产要素所有者手中，因此，国民收入又增加了 75×0.75 亿美元。此为国民收入的第三轮增加。

当然，以上的过程会一直持续下去，最终使国民收入的增加量变为：

$$100+100\times0.75+100\times0.75\times0.75+100\times0.75\times0.75\times0.75+\cdots+100\times0.75^{n-1}$$
$$=100/(1-0.75)$$
$$=400\text{ 亿}$$

当投资增加 100 亿美元时，国民收入最终会增加 400 亿美元。令 Δi 为投资的增加量，Δy 为国民收入的增加量，k 为投资乘数，则可以得出结论 $\Delta y=\Delta i\times[1/(1-MPC)]$，$k=$

1/（1-MPC）。

投资乘数=1/（1-边际消费倾向）或者投资乘数=1/边际储蓄倾向。

假设我们利用闲置资源建造一幢价值1000美元的木屋。木匠和木材生产者就会因此增加1000美元的收入，如果他们的边际消费倾向（MPC）均为2/3，则他们会支出666.67美元购买新的消费品。而这些商品的生产者又会增加666.67美元的收入。如果他们的MPC也是2/3，则他们又会支出444.44美元。这个过程会一直持续下去，每一轮新的支出都是上一轮收入的2/3。

投资乘数的特征有两点：一是投资乘数与边际消费倾向成正向变动关系，投资乘数与边际储蓄倾向成反向变动关系；二是投资的增加或减少可以引起国民收入数倍的增加或减少。

第三节　IS-LM模型

IS-LM模型是包括产品市场和货币市场的国民收入决定理论。本章的前面两节介绍了简单的国民收入决定理论，只包括产品市场，并且只考虑了利息率和投资不变的情况。实际上利息率和投资都是变动的，并且对国民收入的影响较大。IS-LM模型分析的是在利息率和投资都变动的情况下，国民收入决定的模型。

一、IS曲线的形成

IS曲线表示的是在产品市场中，投资等于储蓄时收入与利率的各种组合的点的轨迹。IS曲线中的*I*代表投资，*S*代表储蓄，是指当产品市场达到均衡时，描述利率和收入之间关系的曲线。在*IS*曲线上，任意一点都表示投资等于储蓄，并且表示的是利率与收入之间的对应关系。

（一）二部门经济中IS曲线的推导

二部门经济中总需求等于总供给就是$c+i=c+s$，经济均衡的条件是$i=s$。其中，s是收入y的函数，并且可以写成$s=-\alpha+(1-\beta)y$。投资i在这里是个变化的量，那么投资i的变动与什么因素有关呢？

决定和影响投资的因素有很多，如利息率水平、货币的供给和需求、投资品的价格水平等，经济学家认为利率水平的高低是影响投资的首要因素。凯恩斯认为投资是实际利率的函数，投资与利率呈反方向变动关系。当利率增加时，投资就下降；反之，当利率下降时，投资就增加。

我们可以进一步把投资函数写成$i=i(r)=e-dr$，其中，i代表投资，r代表实际利率，e代表自主投资（常数），d代表投资系数（常数）。例如，当投资函数$i=2000-400r$时，则$e=2000$，是指当利率为零时的投资，即自主投资。400是投资系数，表示投资对利率变动的敏感程度，当d越大时，说明投资对利率的变化越敏感。

联立$i=s$，$s=-\alpha+(1-\beta)y$以及$i=i(r)=e-dr$这三个式子，便可以得出：

$$y=\frac{\alpha+e-dr}{1-\beta}$$

在上式中，α、β、e、d 都是常数且大于零，变化的量是利率 r 和国民收入 y，这就是 IS 曲线的表达式。已知投资函数和储蓄函数，即可求出 IS 曲线的表达式。

例如，已知投资函数 $i=2000-400r$，储蓄函数 $s=-200+0.8y$，那么二部门经济中均衡国民收入为：

$$y=\frac{\alpha+e-dr}{1-\beta}=\frac{200+2000-400r}{0.8}=2750-500r$$

IS 曲线的图形如图 9-6 所示（横轴代表国民收入，纵轴代表利息率）。

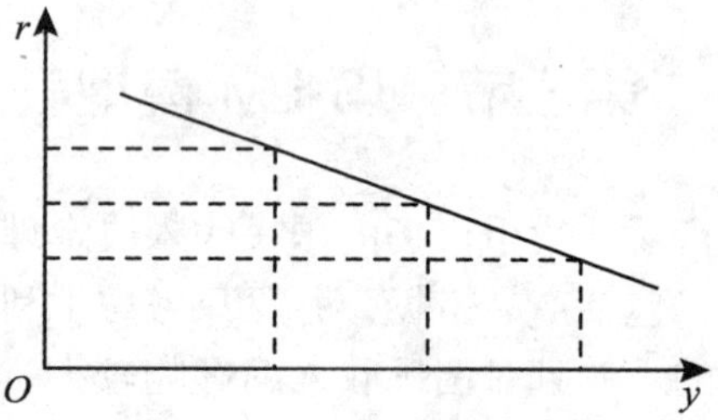

图 9-6　IS 曲线

（二）IS 曲线的斜率

把二部门经济均衡国民收入公式转换后就可以得到：

$$r=\frac{\alpha+e}{d}-\frac{1-\beta}{d}y$$

上式就是 *IS* 曲线的代数表达式，即纵轴代表利率 r，横轴代表均衡的国民收入 y，IS 曲线的斜率是$-\frac{1-\beta}{d}$。

由上述斜率的式子可知，IS 曲线的斜率是负数，即验证了 IS 曲线是向下倾斜的。IS 曲线的斜率大小取决于边际储蓄倾向（MPS）和投资系数的大小。当投资系数 d 越大时，投资对利率的变动越敏感，此时 IS 曲线的斜率的绝对值就越小，则说明 IS 曲线就越平缓；当边际储蓄倾向越大时，人们的储蓄意愿越强烈，此时 IS 曲线的斜率的绝对值就越大，则说明 IS 曲线越陡峭。

（三）IS 曲线的移动

如果投资函数或者储蓄函数（消费函数）发生变动，则 IS 曲线必然要发生移动。

投资函数的变动对 IS 曲线的影响如图 9-7 所示。

假如原来的投资函数为 $i_1=2000-400r$，现在在所有的利率水平上投资都降低，新的投资函数变为 $i_2=1500-400r$，储蓄函数为 $s=-200+0.8y$。以上投资函数发生了变化，意味着投资函数的曲线将向左移动，在所有的利率水平上投资都减少了 500 美元，储蓄

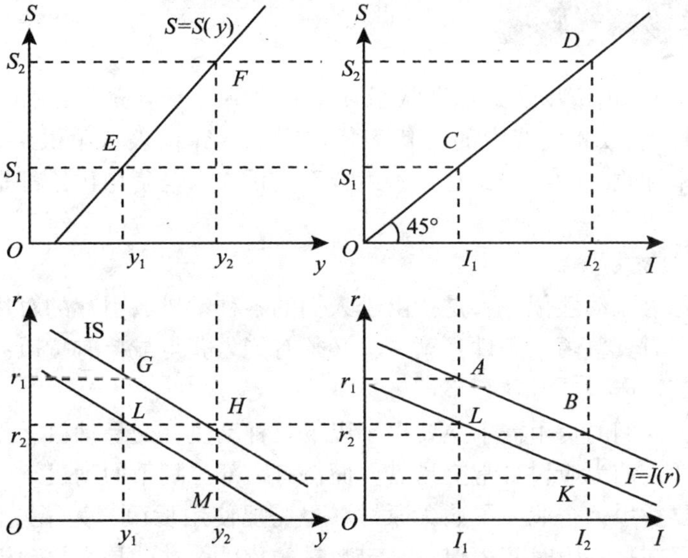

图 9-7　投资函数的变化对 IS 曲线的影响

不变。

根据公式 $y=\frac{\alpha+e-dr}{1-\beta}$，

可知当 e 由 2000 减少为 1500 时，均衡国民收入会减少，意味着 IS 曲线会向左移动，IS 曲线向左移动的距离为：(2000−1500)×[1/(1−0.8)]=2500 美元。

由上述分析可知：

投资增加，投资曲线右移，IS 曲线右移，国民收入增加，总需求增加；

投资减少，投资曲线左移，IS 曲线左移，国民收入减少，总需求减少。

下面再来分析储蓄函数的变动对 IS 曲线的影响。

假设在所有的收入水平上储蓄都增加，储蓄函数从 $s_1=-200+0.8y$ 变为 $s_2=-100+0.8y$，投资函数依然保持 $i=2000-400r$ 不变。这意味着储蓄函数将会向左上方移动，储蓄函数向左上方移动的距离为 100 美元。

根据公式 $y=\frac{\alpha+e-dr}{1-\beta}$，

可知当 α 减少而其他变量保持不变时，均衡国民收入将会减少，IS 曲线将会向左移动，向左移动的距离为：100×[1/(1−0.8)]=500 美元。

根据上述分析可以得出如下结论：

储蓄增加，储蓄曲线左移，IS 曲线左移，国民收入减少，总需求减少；

储蓄减少，储蓄曲线右移，IS 曲线右移，国民收入增加，总需求增加。

二、LM 曲线的形成

LM 曲线是指在货币市场达到均衡状态时即货币供给等于货币需求时，收入与利率的各种组合的点的轨迹。LM 曲线中的 L 代表货币需求，M 代表货币供给。LM 曲线上的任何一点都表示利率和收入的组合，在这些组合下货币需求与货币供给都是相等的。

（一）货币的需求

货币需求又称为流动性偏好，是指由于人们的各种动机而引起的对货币的需求量。构成货币需求需要同时具备两个条件：第一，必须有能力获得或持有货币；第二，必须愿意以货币形式保有其财产。二者缺一不可。

凯恩斯认为，人们的货币需求主要出于以下三种动机：交易动机、预防动机和投机动机。交易动机，即人们为应付日常交易需要而持有一部分货币的动机。例如，人们为了购买生活消费品需要货币，企业为了购买原材料也需要使用货币，为了应付这些日常交易，个人和企业就必须在这一段时间内保持一定数量的货币。这就是交易动机所引发的货币需求。凯恩斯认为，由于交易动机所引发的货币需求量主要取决于收入，收入越高，交易数量越大，所需货币数量越多。预防动机，即人们为应付意外事件的发生而持有一部分货币的动机，如个人或企业为应付疾病、意外灾害等意外事件而需要持有一定数量的货币。这一货币的需求量也主要取决于收入，并且随着收入的增加而增加。投机动机，即人们为购买有利的生息资产而持有一部分货币的动机，如股票、债券。有价证券的价格与利率的变动方向是相反的，因此，利率低，债券价格高，人们卖出债券，持有货币，对货币的需求量大；利率高，债券价格低，人们买入债券，减持货币，对货币的需求量小。所以投机动机产生的货币需求取决于利率的高低。

把由于交易动机和预防动机所产生的货币需求量用 L_1 表示，且 L_1 由国民收入 y 决定，所以可以把 L_1 和国民收入之间的关系表示为：$L_1 = L_1(y) = ky$。把由于投机动机而产生的货币需求量用 L_2 表示，则 L_2 与利率 r 之间呈反向变动关系，可以表示为：$L_2 = L_2(r) = -hr$。

货币总需求等于交易需求、预防需求与投机需求之和。

货币总需求可以用式子表示为 $L = L_1(y) + L_2(r) = ky - hr$。这个式子说明货币的总需求是由国民收入和利率这两个因素共同决定的。这里的货币需求指的是实际货币量（即剔除了物价变动因素之后的货币余额，实际货币需求量等于名义货币需求量除以物价水平）。

货币需求函数的特征如图 9-8 所示。

在图 9-8 中，横轴均表示货币需求量，纵轴均表示利率水平。在左图中，由于交易动机和预防动机所引发的货币需求量与利率无关，因此 L_1 垂直于横轴。L_2 首先向右下方倾斜，这说明利率与投机需求呈反方向变化，在向右下方倾斜一段之后最后呈水平状，这说明人们认为利率不大可能再继续下降，不管有多少货币都愿意持有在手中，这就是著名的“流动偏好陷阱”。右图中的 L 线表示的是包括交易需求、预防需求和投机需求在内的所

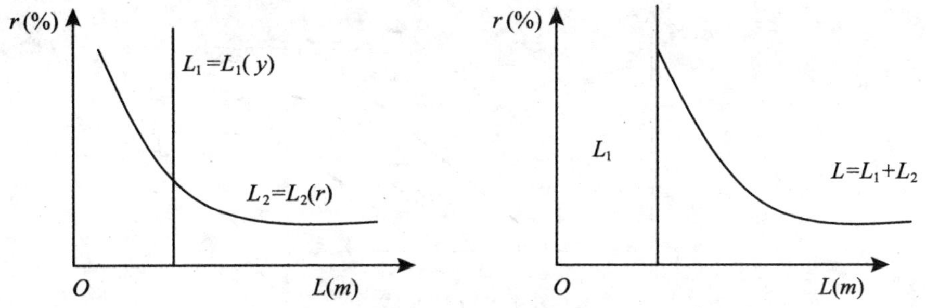

图 9-8　货币需求函数曲线

有货币需求曲线。

（二）货币的供给

货币供给有狭义的货币供给和广义的货币供给，狭义的货币供给指硬币、纸币和银行的活期存款的总和（一般用 M_1 表示）。M_1 加上定期存款便是广义的货币供给（一般用 M_2 表示），M_2 再加上个人和企业所持有的政府债券等流动性资产或“货币近似物”，便是更广义的货币供给（一般用 M_3 表示）。

货币供给是一个存量概念，它是一个国家在某一时点上所保持的不属于政府和银行，所有的硬币、纸币和银行存款的总和。西方经济学家认为，货币供给量由国家用货币政策来调节，其大小与利率高低无关，因此货币供给曲线是一条直线。

为了与实际货币需求量相对应，在此也采用实际货币供给量。实际货币供给量（m）等于名义货币供给量（M）除以价格总水平（P）。

（三）LM 曲线的形成

实际货币需求量等于实际货币供给量，就是货币市场均衡的条件。用式子表示就是：$m=ky-hr$。

上式还可以变形得到：

$$y=\frac{hr}{k}+\frac{m}{k}\text{或}\ r=\frac{ky}{h}-\frac{m}{h}$$

以上的两个式子都可以表示成 *LM* 曲线的表达式。

假设存在一货币需求曲线为 $L=20y-50r$，货币供给 $M=50$（设 $P=1$），则 LM 曲线的表达式应该怎么求？

当 $L=m$ 时，有 $20y-50r=50$，移项得 $r=0.4y-1$，此为上述情况 LM 曲线的表达式。

如果纵轴代表利率，横轴代表国民收入，则可得到一条反映国民收入与利率间相互关系的 LM 曲线，如图 9-9 所示。

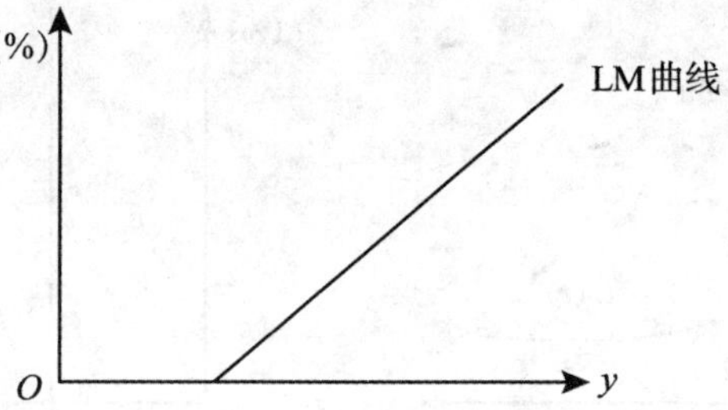

图 9-9　*LM* 曲线

（四）LM 曲线的斜率

根据 LM 曲线的表达式 $r=\frac{ky}{h}-\frac{m}{h}$ 可知，LM 曲线的斜率为 k/h，所以 LM 曲线的斜率取决于货币需求对收入的敏感程度 k 的大小和货币需求对利率的敏感程度 h 的大小。当 k 较大或者 h 较小时，LM 曲线的斜率越大，此时 LM 曲线越陡峭；反之，当 k 较小或者 h 较大时，LM 曲线的斜率越小，此时 LM 曲线越平缓。

（五）LM 曲线的移动

LM 曲线的移动主要取决于以下三个因素。

第一，实际货币供给量 m 的变动。在其他条件不变的情况下，当实际货币供给量增加，LM 曲线向右下方平行移动；实际货币供给量减少，LM 曲线向左上方平行移动。因为在货币需求量不变时，货币供给增加必然使利率下降，利率下降又刺激投资和消费，从而使国民收入水平上升。

第二，货币需求对利率的敏感程度 h 的变动。从 LM 曲线的表达式可以看出，在其他条件不变时，h 值越大，LM 曲线的截距就会增加，意味着 LM 曲线向上方移动；反之，h 值越小，LM 曲线就会向下方移动。

第三，货币需求对国民收入的敏感程度 k 的大小。在其他条件不变时，k 值的变化会使 LM 曲线的斜率发生改变，意味着 LM 曲线发生了移动。k 值越大，LM 曲线会向左移动；k 值越小，LM 曲线会向右移动。

三、IS-LM 模型

IS-LM 模型最初是由英国经济学家约翰·希克斯在 1937 年发表的《凯恩斯先生与古典学派》一文中提出的，1953 年美国经济学家、凯恩斯学派的创始人阿尔文·汉森在《凯恩斯学说指南》中对这一模型作了解释，因此，这一模型又被称为“希克斯-汉森模型”或“修正凯恩斯模型”。IS-LM 模型是凯恩斯宏观经济学的核心，是在凯恩斯宏观经济理论的基础上概括出的一个经济分析模式。

产品市场与货币市场之间是相互影响的。产品市场中的总需求受到利率的影响，而利率又受到货币市场中货币供给与需求的影响；反过来，产品市场上所决定的国民收入会影响人们对货币的需求，而货币的需求又会影响利率水平。

当产品市场达到均衡状态时，存在均衡的利率和国民收入水平；当货币市场达到均衡时，也存在均衡的利率和国民收入水平。这是 IS 曲线和 LM 曲线的内涵。那么，当产品市场和货币市场同时达到均衡状态时，会不会存在一个共同的均衡利率水平和国民收入水平呢？答案是存在。因为 IS 曲线是向下倾斜的，LM 曲线是向上倾斜的，所以 IS 曲线和 LM 曲线必然存在一个交点，这个交点是唯一的，此交点所对应的利率水平和国民收入水平就是产品市场和货币市场同时达到均衡时的均衡利率和均衡国民收入。IS-LM 模型如图 9-10 所示。

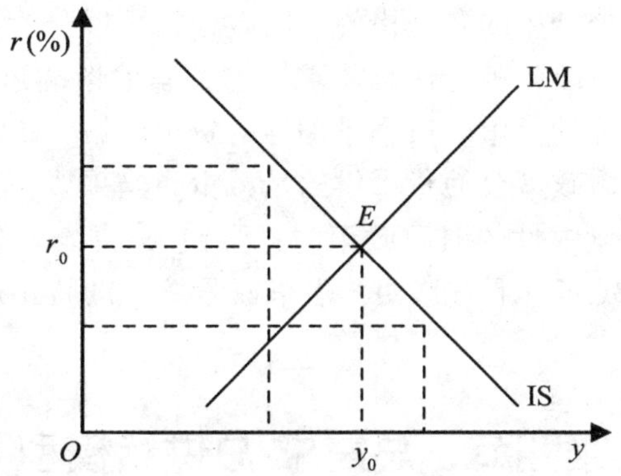

图 9-10　产品市场与货币市场同时均衡（即 IS-LM 模型）

在图 9-10 中，IS 曲线与 LM 曲线相交于 E 点，点 E 所对应的国民收入水平是 y_o，利率水平是 r_o，这时产品市场与货币市场同时处于均衡状态，即在产品市场上有 $I=S$，在货币市场上有 $L=M$，把 y_o 称为均衡的国民收入水平，r_o 称为均衡的利率水平。

那么，均衡的国民收入水平和均衡的利率水平是否会发生变化呢？当 IS 曲线移动或者 LM 曲线移动或者这两个曲线都发生移动时，均衡的国民收入水平或均衡的利率水平会发生变化。

在其他条件不变的前提下，IS 曲线由于投资需求、消费需求、政府购买支出的增加或税收减少而向右上方移动时，均衡的国民收入和均衡的利率水平都会上升；IS 曲线由于投资需求、消费需求、政府购买支出的减少或税收增加而向左下方移动时，均衡的国民收入和均衡的利率水平都下降。

在其他条件不变的前提下，如果 LM 曲线由于货币供给增加，或货币投机性需求增加或货币的交易性需求减少而向右下方移动时，均衡的国民收入增加，均衡的利率水平下降；反之，当 LM 曲线向左上方移动时，则会使均衡国民收入减少，均衡的利率水平上升。

如果 IS 曲线和 LM 曲线同时移动，则视 IS 曲线和 LM 曲线的具体移动方向和幅度而定。同时移动的情况包括四种类型。若 IS 曲线向右上方移动，LM 曲线同时向右下方移动时，则均衡的国民收入增加，而利率的变动则主要取决于 IS 曲线与 LM 曲线两者之间的变动幅度，均衡的利率水平可能上升，也可能不变或者下降。若 IS 曲线向左下方移动，LM 曲线向右下方移动时，则均衡的利率水平下降，均衡的国民收入可能增加，也可能减少或者不变，具体情况取决于这两条曲线移动的幅度。若 IS 曲线向右上方移动，LM 曲线向左上方移动时，则均衡的利率水平一定上升，但是均衡的国民收入可能增加，也可能减少或者不变。若 IS 曲线向左下方移动，LM 曲线向左上方移动时，则均衡的国民收入一定减少，而均衡的利率水平可能上升，也可能下降或者不变。

此外，IS-LM 曲线能够直观地反映政府干预经济采取的是何种政策。我们可以把政府干预经济的宏观经济政策分为两大类型，一是财政政策，二是货币政策。财政政策是政府通过财政支出与税收政策的变动来影响和调节总需求；货币政策是中央银行为影响经济而采取的控制货币供给和调控利率的各项措施。财政政策可以分为扩张性的财政政策和紧缩性的财政政策，扩张性的财政政策会使总需求增加，紧缩性的财政政策会使总需求减少。货币政策也可以分为扩张性的货币政策和紧缩性的货币政策，扩张性的货币政策会使货币供给量增加，紧缩性的货币政策会使货币供给量减少。当采取扩张性的财政政策时，会使 IS 曲线向右移动，当采取紧缩性的财政政策时，会使 IS 曲线向左移动；当采取扩张性的货币政策时，会使 LM 曲线向右下方移动，当采取紧缩性的货币政策时，会使 LM 曲线向左上方移动。

第四节　总需求-总供给模型

总需求-总供给模型（AD-AS 模型）是包括产品市场、货币市场以及劳动市场的国民收入决定理论，此模型是由总需求曲线和总供给曲线形成的。因此，要讨论总需求-总供给模型，必须先讨论总需求曲线和总供给曲线。

在本书的前七章，我们介绍了商品的需求曲线和商品的供给曲线，商品的需求曲线指的是商品的需求量与这种商品的价格变动之间的关系；商品的供给曲线指的是商品的供给数量与这种商品的价格变动之间的关系。商品的需求曲线和供给曲线都反映的是个别商品的价格和产量，因此属于微观经济学的研究内容。本节介绍的总需求曲线和总供给曲线指的是反映整个社会的产量（国民收入）与整个社会的价格水平之间的关系，是宏观经济学的重要部分。

例如，当市场中萝卜的价格为 1 元/斤时，人们对萝卜的需求量为 5000 千克，如果萝卜的价格降低到 0.4 元/千克时，人们对萝卜的需求量则增加到 7500 千克，这是商品的需求曲线反映的内容。当经济社会中总的价格水平上升时，人们会减少对旅游的需求，当经济社会中总的价格水平下降时，人们会扩大对旅游的需求，这是社会总需求曲线所反映的内容。

在本章前三节的内容中，都有一个假设的前提条件，那就是假定一般价格水平是固定不变的，而总需求-总供给模型取消了这一假设，即当经济社会中一般价格水平发生变化时，产量（国民收入）与价格之间存在什么样的关系呢？在本节中，主要介绍一种总需求曲线、三种总供给曲线以及总需求曲线和总供给曲线的变化情况会带来国民收入怎样的变化。

一、总需求曲线

总需求（Aggregate Demand）是指整个经济社会对所有商品和劳务的需求总量，这个需求总量通常用产出水平来表示。社会总需求包括消费需求、投资需求、政府购买和净出口，在一个封闭的经济社会中，总需求是指在收入、价格以及其他经济变量一定的前提下，居民部门、企业部门和政府部门将要支出的数额。这里的其他经济变量指的是货币供给量、政府的税收手段、财政支出等变量。

总需求函数表示的是价格水平与社会需求总量之间的函数关系，这里的社会需求总量又以总产出或者国民收入来表示。价格水平用 P 表示，需求总量用 y 表示。用总需求函数所表示的总需求曲线反映的是价格水平与总需求量之间的反向变动关系，即当社会总价格水平上升时，总需求量会下降；当社会总价格水平下降时，总需求量会上升。

我们知道，用支出法核算国民收入时，存在等式 $y=C+I+G+NX$，为了探讨价格与总需求量之间的关系，这里只需要说明价格与居民消费和企业投资之间的关系。

价格水平与居民总消费之间的关系如下。货币的购买力与价格水平之间是呈现反向变动关系的，当价格水平下降时，货币的购买力增强，实际货币价值提高，因此消费者更愿意多购买商品和劳务，意味着对商品和劳务的需求量增加；反之，当价格水平上升时，货币的购买力下降，实际货币价值下降，因此消费者会缩减对商品和劳务的购买量，意味着对商品和劳务的需求量减少。因此，价格水平与居民总消费之间是反向变动关系。

价格水平与企业投资之间的关系如下。当价格水平下降时，购买同样数量商品和劳务所需货币量会减少，即货币需求量减少。在货币市场上，利率作为货币资金这种商品的价格，当货币供给量不变而货币需求量减少时，利率会降低，利率降低会促进投资的增加，因此，价格水平与企业投资之间也是反向变动关系。

综上所述，价格与社会总需求量之间呈反向变动关系。那么，总需求曲线是向下倾斜的。

（一）总需求曲线的数学推导

以二部门经济为例，来说明总需求曲线的数学推导过程。

根据本书前述内容，在二部门经济中，IS 曲线的表达式可以写成：

$$r=\frac{a+e}{d}-\frac{1-\beta}{d}y$$

LM 曲线的表达式可以写成：

$$\frac{M}{P}=ky-hr$$

其中，P 为价格水平，M 为名义货币供给量。

联立可以得出反映 y 与价格 P 之间关系的函数式子：

$$\left(\frac{k}{h}+\frac{1-\beta}{d}\right)y=\frac{a+e}{d}+\frac{M}{Ph}$$

上式就是总需求曲线的表达式，在其他条件不变时，它反映的是总产出（国民收入）与价格之间的反向变动关系。总需求曲线如图 9-11 所示。

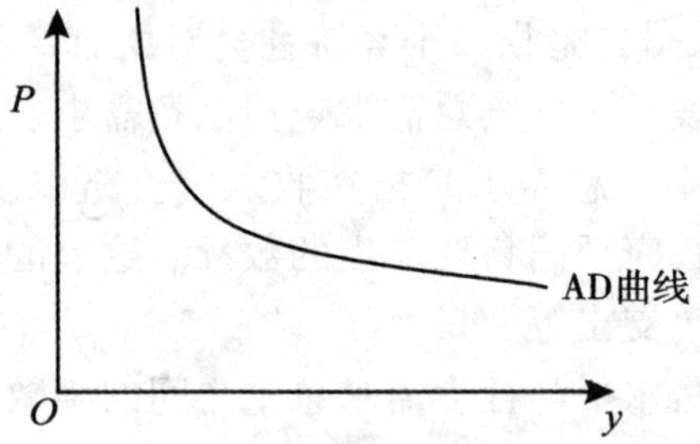

图 9-11　总需求曲线

从总需求曲线的推导过程可以看出，总需求曲线表示的是当产品市场和货币市场同时均衡时，价格水平与总产出之间的反向变动关系。

（二）总需求曲线的移动

在价格水平既定的情况下，任何导致总需求增加或者减少的因素都会使总需求曲线发生移动，当总需求增加时，总需求曲线会向右移动，当总需求减少时，总需求曲线向左移动。总需求曲线的移动情况如图 9-12 所示。

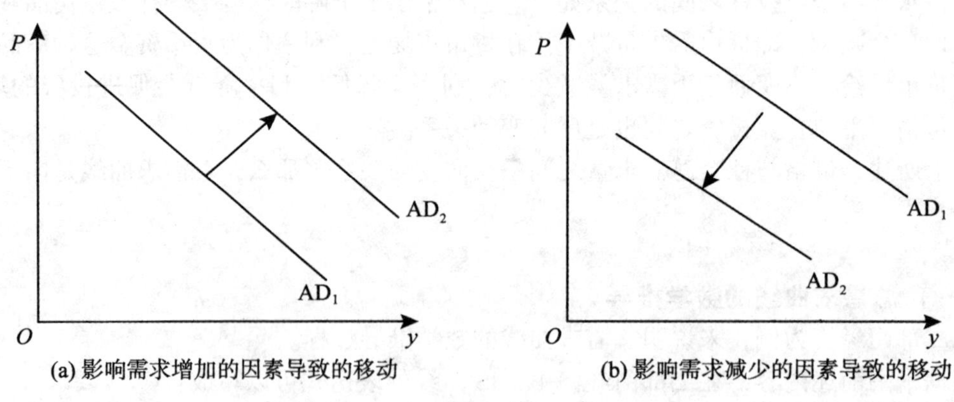

图 9-12

导致总需求增加的因素有：居民的总收入增加或总财产增加，企业的预期利润增加，政府对商品和劳务的购买支出增加，政府对居民和企业的转移支付增加，政府实施减税政策，国家总人口数量增加，本国货币贬值（汇率下降，促进出口）以及利率下降等。导致总需求减少的因素有：居民的总收入减少或总财产减少，企业的预期利润减少，政府对商品和劳务的购买支出减少，政府对居民和企业的转移支付减少，政府增加税收，国家总人口数量减少，本国货币升值（汇率增加，出口减少，进口增加）以及利率增加等。

当然，为了进一步讨论整个社会的价格和产出水平，还需要引入社会总供给曲线。

二、总供给曲线

总供给（Aggregate Supply）是指经济社会的基本资源用于投入生产时所生产的总产量（或国民收入）。一般地，经济社会的基本资源指的是劳动投入、资本投入和技术投入，由于土地所带来的国民收入只占国民收入统计数字中的极小比例，故而西方学者一般对土地的投入忽略不计。总供给函数表示的是价格水平与总产出之间的函数关系，而表示这一函数关系的曲线就是总供给曲线。对于总供给曲线的形状，各派经济学家有不同的观点，本书只介绍三种总供给曲线：古典总供给曲线、凯恩斯总供给曲线和常规总供给曲线。

由于总需求-总供给模型是包括产品市场、货币市场和劳动市场在内的模型，在此先讨论劳动市场。

从本书的前七章我们了解到，表述产出与生产要素投入之间关系的函数称为生产函数，微观生产函数指的是单个企业的生产函数。在宏观经济学中，也存在生产函数，这个生产函数指的是整个国民经济的总产出与总投入之间关系的函数。

本书只讨论短期宏观生产函数，在短期内，资本投入和技术投入都不太可能发生变化，发生变化的是劳动投入——就业量 N。短期宏观生产函数可以用式子表示为：

$$y=f\ (N,\ \bar{K})$$

其中，N 表示就业量，$\bar{K}$ 表示固定不变的资本投入量。为了简化，技术投入没有明确地表示出来。

根据边际报酬递减规律，当总就业量增加时，总产出会增加，但是总产出增加的速度会越来越慢。短期宏观生产函数如图 9-13 所示。

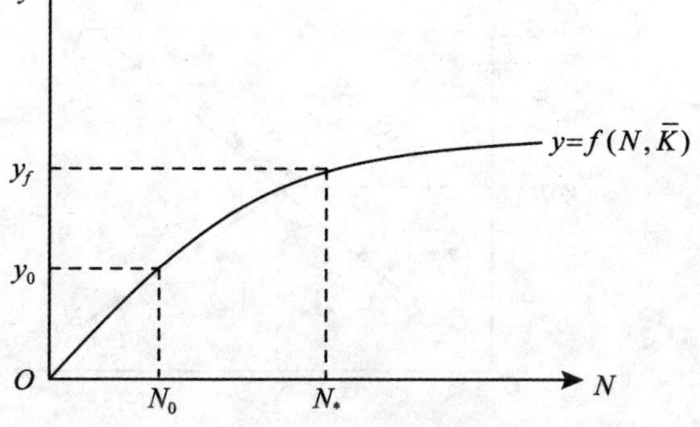

图 9-13　短期宏观生产函数

在图 9-13 中，横轴 N 代表总就业量，纵轴 y 代表总产出，当总就业量为 N_0 时，总产出为 y_0，当总就业量上升到充分就业（某一工资水平下，所有愿意工作的人都得到了工作）的就业量 N_* 时，总产出达到潜在产出 y_f。

这意味着，在一定的经济条件下，经济社会的总产出（总供给）是由经济中的就业量来决定的。在劳动市场中，存在着劳动的供给和劳动的需求，在劳动的供给等于劳动的需求并且实际的工资和价格具有伸缩性的情况下，劳动市场便达到了均衡状态，这种均衡状态决定了均衡的实际工资和均衡的就业量，这个均衡的就业量就是充分就业状态。我们可以将充分就业时的就业量代入短期宏观生产函数中得到产出，这个产出便是潜在产出。下面以最简单的劳动市场——完全竞争的劳动市场为例来说明就业量是如何决定经济社会的总产出（总供给）。

在完全竞争的劳动市场中，当劳动的投入越来越多时，劳动的边际收益产品会逐渐减少，因此，劳动的需求量与劳动的价格（实际工资）之间呈反向变动关系。如果用 N_d 表示劳动的需求量，用 $\frac{W}{P}$ 表示实际工资，则劳动的需求曲线反映的是 N_d 与 $\frac{W}{P}$ 之间此消彼长的关系。劳动的供给量与实际工资之间呈正向变动关系。如果用 N_s 表示劳动的供给量，则劳动的供给曲线反映的是 N_s 与 $\frac{W}{P}$ 之间的同向变化关系，即当实际工资增加时，劳动的供给量会增加，当实际工资降低时，劳动的供给量会减少。

当价格 P 和名义工资 W 可以伸缩时，实际工资也可以随之发生变动。在劳动市场上，如果劳动的供给大于劳动的需求，即劳动供过于求，那么意味着实际工资较高，为了抑制劳动供给过剩的状况，实际工资就会有下降的压力；反之，如果劳动的供给小于劳动的需求，即劳动供小于求，那么实际工资就会有上升的压力。随着实际工资的不断调整，劳动的供给数量和需求数量也在不断地发生变化，直到劳动市场达到均衡状态，即劳动的供给等于劳动的需求为止。通过以上分析，我们可以得出结论：在价格和工资具有完全伸缩性的完全竞争的劳动市场中，劳动的均衡条件是劳动的供给等于劳动的需求。这种均衡状态如图 9-14 所示。

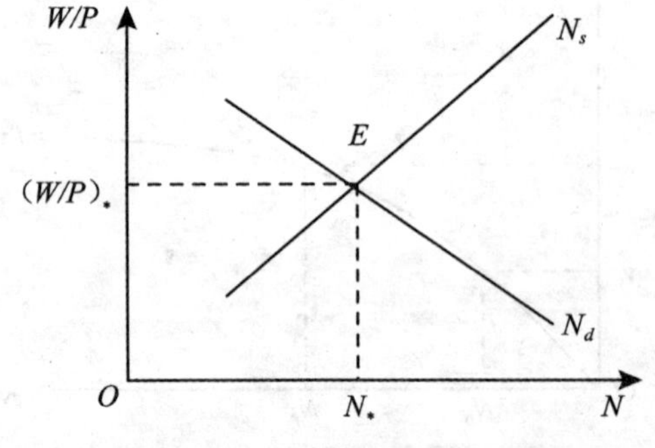

图 9-14　劳动市场均衡

在图 9-14 中，当劳动市场达到均衡时，$N_d = N_s$，即劳动的供给曲线和劳动的需求曲线的交点 E 是均衡点，此时点 E 所对应的就业量 N_* 是充分就业量，实际工资（W/P）$_*$ 是均衡的工资水平，总产出达到潜在产出 y_f。

（一）古典总供给曲线

古典总供给曲线是一条位于充分就业产量水平上的垂线。这表明，无论价格水平如何变动，总供给量都是固定不变的。

古典总供给曲线的形成基于两个假定：一是货币工资具有完全的伸缩性，它随劳动供求关系的变化而变化。当劳动市场供大于求时，货币工资就会下降；反之，当劳动市场供小于求时，货币工资就会提高。即在劳动市场上，货币工资能够及时得到调整，总是能保持充分就业的状态。二是价格水平也具有完全的伸缩性。无论价格水平如何变化，总产出总是与充分就业状态时的产量即潜在产量相对应，这意味着，在一定的工资水平下所有愿意工作的人都得到了工作，即使价格水平再上升，产量也无法增加，故总供给曲线是一条与价格水平无关的垂直线。古典总供给曲线如图 9-15 所示。

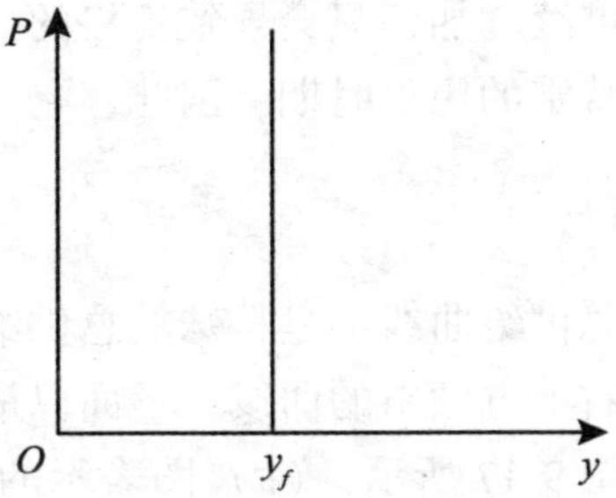

图 9-15　古典供给曲线

从图 9-15 可以看出，当横轴表示总产出，纵轴表示价格水平时，古典总供给曲线是一条垂直线，并且产出始终保持在充分就业时的产出。这表明，无论价格水平如何变动，总供给量都是固定不变的。

（二）凯恩斯总供给曲线

凯恩斯总供给曲线的提出是基于一个现实因素和一个假设条件。现实因素指的是凯恩斯在创作《就业、利息和货币通论》一书时，经济社会存在着大量的失业人口和剩余的生产力。假设条件是假设货币工资和价格均具有刚性。凯恩斯总供给曲线如图 9-16 所示。

图 9-16 中，凯恩斯总供给曲线是由一条水平的总供给曲线和一条垂直的总供给曲线组合而成。y_f 代表充分就业时的产出（国民收入），水平的总供给曲线表明当经济未达到充分就业状态时，经济中存在大量剩余的劳动力且价格和货币工资均固定不变，所以，整个经济社会可以按照固定的价格 P_0 提供任意数量的产品（国民收入）。正是因为存在着大

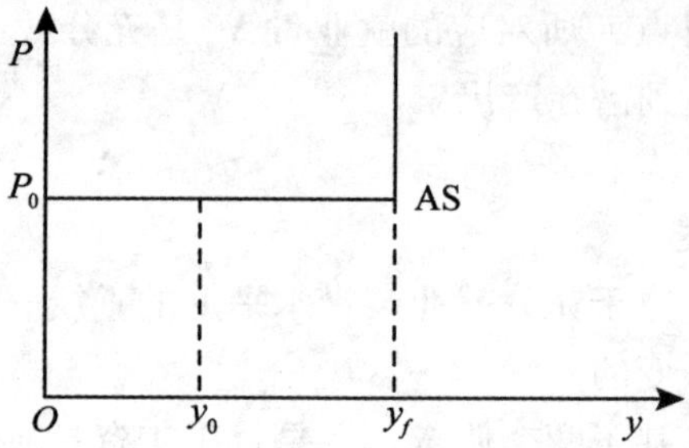

图 9-16　凯恩斯总供给曲线

量剩余的劳动力，所以企业非常容易获得劳动力，并且劳动力没有对货币工资讨价还价的能力，货币工资就是固定的。当其他生产要素条件固定不变时，仅把工资作为影响企业生产成本的因素，企业的生产成本也就固定不变，那么商品的价格也就不会随着产量的变化而变化，因此企业也就可以在价格 P_0 的水平下生产任意数量的产品。垂直的供给曲线表明，当经济达到充分就业状态之后，已经不存在多余的劳动力以及生产力，因此产出不再增加，如果经济社会中总需求继续增加，只会导致价格的上升。

凯恩斯总供给曲线出现在特定的历史时期，因此，它只是一个特例。

（三）常规总供给曲线

古典总供给曲线和凯恩斯总供给曲线都是特殊的总供给曲线。西方经济学者认为，短期的总供给曲线应该是一条向右上方倾斜的曲线。下面以最简单的完全竞争市场为例来阐述常规总供给曲线的推导。如图 9-17 所示，（a）图表示的是完全竞争市场的短期边际成本曲线和平均成本曲线，（b）图表示的常规总供给曲线。

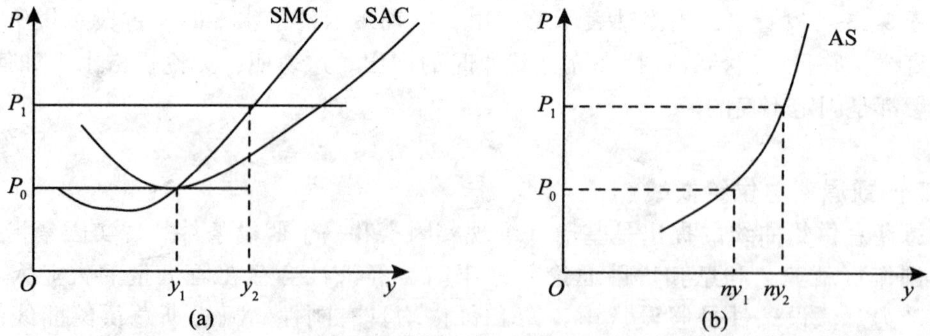

图 9-17　常规总供给曲线

在(a)图中，当价格为 P_0 时，利润最大化的产出是 y_1，此时厂商的总收益等于总成本，超额利润为零。当价格上升到 P_1 时，利润最大化的产出是 y_2，此时的超额利润大于零。因此，当价格越高时，厂商的生产积极性就会越高，即价格与厂商的总供给之间是呈正向变动关系。我们可以将所有厂商的供给曲线水平相加得到行业的供给曲线水平，进而得到总供给曲线。因此，总供给曲线所表示的是价格与产出（国民收入）之间的同向变动关系。在(b)图中，当价格水平为 P_0 时，总供给水平为 ny_1，当价格水平上升为 P_1 时，总供给水平增加至 ny_2。

常规总供给曲线向右移动的因素包括以下几个方面：自然资源可获得性增加、技术的进步、物质资本或人力资本的增加、劳动力数量的增加、预期的价格水平下降、投入要素的价格下降等。

三、总需求-总供给模型

总需求-总供给模型如图 9-18 所示。

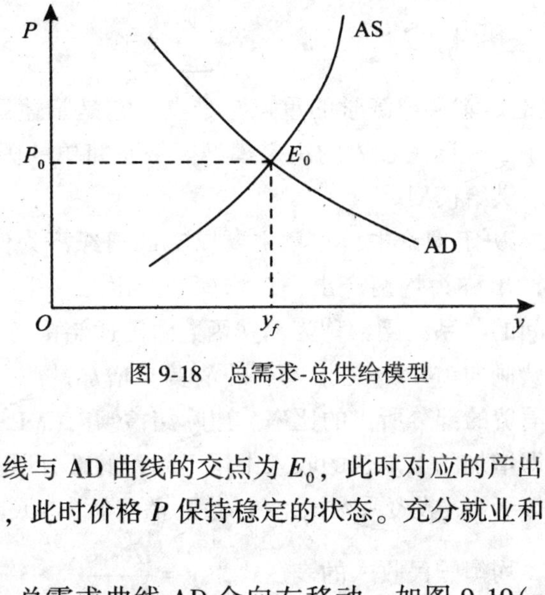

图 9-18　总需求-总供给模型

图 9-18 中，AS 曲线与 AD 曲线的交点为 E_0，此时对应的产出（国民收入）为充分就业的产出（国民收入），此时价格 P 保持稳定的状态。充分就业和价格稳定正是宏观经济的短期目标。

当总需求减少时，总需求曲线 AD 会向左移动，如图 9-19(a)所示，总需求曲线会从 AD_0 移动到 AD_1，此时，经济处于衰退状态，经济中的总产出和价格均会下降。当生产所用原材料的价格大幅度上升时，会导致总供给下降，此时总供给曲线会向左移动，如图 9-19(b)所示，此时经济中的总产出下降，但是价格反倒会上升，容易出现通货膨胀的现象。

从图 9-19(a)还可以看出，假设一个国家正经历经济萧条，即总需求曲线处在 AD_1 的位置，此时，为了管理经济，减轻衰退给经济带来的不良影响，政府可以采用扩大总需求的经济政策来改善经济萧条的状况，即通过扩大总需求使 AD_1 向右移动，进而稳定经济。因此总需求-总供给模型还可以用来分析国家的经济政策。

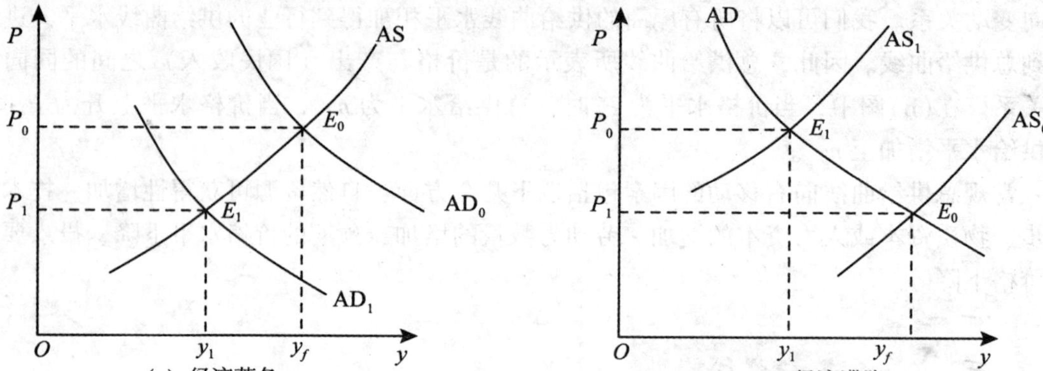

(a) 经济萧条　　(b) 经济滞胀

图 9-19

本章小结

1. 国民收入决定理论是宏观经济学的重点与难点，它是阐述国民收入如何决定的理论。在本章中，共介绍了三种国民收入的决定模型：一是简单的国民收入理论，二是 IS-LM 模型，三是总需求-总供给模型。

2. 在简单的国民收入决定理论中，本章主要以二部门经济为例，阐述了均衡产出的决定。与总需求相等的产出称为均衡产出，在均衡的产出水平下，计划投资等于计划储蓄。阐述消费与收入之间的关系的函数称为消费函数，阐述储蓄与收入之间的关系的函数称为储蓄函数。边际消费倾向(MPC)是指增加的消费与增加的收入之间的比率，即增加的1单位的收入中用于消费的部分所占的比率。边际储蓄倾向(MPS)是指增加的储蓄与增加的收入之间的比率，即增加的1单位的收入中用于储蓄的部分所占的比率。边际消费倾向与边际储蓄倾向之和等于1。投资乘数=1/(1-边际消费倾向)或者投资乘数=1/边际储蓄倾向。两部门经济中，均衡国民收入的表达式为 $y=\dfrac{\alpha+i}{1-\beta}$。

3. IS-LM 模型分析的是在利息率和投资都变动的情况下国民收入的决定的模型。IS 曲线表示当产品市场达到均衡时，描述利率和收入之间关系的曲线，IS 曲线上的任何一点都表示利率和收入的组合，并且在这些组合下投资和储蓄都是相等的。LM 曲线表示在货币市场达到均衡状态时（即货币供给等于货币需求）收入与利率的各种组合的点的轨迹。IS-LM 模型阐述的是当产品市场和货币市场同时达到均衡状态时，所决定的均衡利率水平和国民收入水平。

总需求-总供给模型是将变化的总需求与变化的总供给结合起来说明国民收入与价格水平之间的变化情况，而国民收入和价格水平随着总需求和总供给的变化而变化。

复习思考题

一、名词解释

1. 均衡产出

2. 投资乘数

3. IS 曲线

4. LM 曲线

5. 总需求

二、选择题

1. 在两部门经济中均衡发生于（　　）之时。

A. 实际储蓄等于实际投资　　B. 实际的消费加实际的投资等于产出值

C. 计划储蓄等于计划投资　　D. 总支出等于企业部门的收入

2. 当一个家庭收入为零时，消费支出为 2000 元，而当其收入为 6000 元时，消费支出为 6000 元。在图形上，消费和收入之间成一条直线，则其边际消费倾向为（　　）。

A. 2/3　　B. 3/4　　C. 4/5　　D. 1

3. 在边际储蓄倾向提高的同时，必定是（　　）。

A. 可支配的收入水平增加　　B. 边际消费倾向下降

C. 平均消费倾向下降　　D. 平均储蓄倾向下降

4. 简单国民收入决定理论涉及的市场是（　　）。

A. 产品市场　　B. 货币市场　　C. 劳动市场　　D. 国际市场

5. 消费曲线的斜率决定于（　　）。

A. MPC 和 APC　　B. MPC 和 APS　　C. MPC 和 MPS　　D. APC 和 MPS

6. 自发投资支出增加 10 亿美元，会使 IS 曲线（　　）。

A. 右移 10 亿美元　　B. 左移 10 亿美元

C. 右移投资乘数乘以 10 亿美元　　D. 左移投资乘数乘以 10 亿美元

7. IS-LM 模型中，均衡国民收入的决定不仅以储蓄等于投资为条件，还以（　　）为条件。

A. 货币供给等于货币需求　　B. 总供给等于总需求

C. 消费等于储蓄　　D. 利润最大化

8. 以下判断正确的是（　　）。

A. 边际消费倾向就是平均消费倾向

B. 边际储蓄倾向就是平均储蓄倾向

C. 边际消费倾向与平均消费倾向之和为 1

D. 边际消费倾向与边际储蓄倾向之和为 1

9. IS-LM 模型阐述的是（　　）。

A. 劳动市场的均衡问题　　B. 货币市场的均衡问题

C. 商品市场的均衡问题　　D. 产品市场与货币市场的共同均衡问题

10. 常规总供给曲线是（　　）。

A. 一条水平线　　　　　　　　　　B. 一条垂直线

C. 一条向右上方倾斜的曲线　　　　D. 一条向右下方倾斜的曲线

三、简答题

1. 简述二部门经济模型中投资乘数的含义及计算。

2. 简述 IS-LM 模型的含义。

3. 用总需求曲线和总供给曲线的移动来说明经济中的萧条现象和滞胀现象。

四、计算题

1. 假设在两部门经济中，$C=50+0.8Y$，$I=50$，C 为消费，I 为投资。

（1）计算均衡的国民收入 Y、C、S 分别是多少？

（2）投资乘数是多少？

2. 假设 IS 曲线为 $y=1800-100r$，货币需求函数为 $L=y-100r$，名义货币供给是 1000，价格水平为 P，求该经济的总需求函数。

扩展阅读

2015 年国民经济运行稳中有进、稳中有好

2015 年，面对错综复杂的国际形势和不断加大的经济下行压力，党中央、国务院保持战略定力，统筹谋划国际国内两个大局，坚持稳中求进工作总基调，主动适应和引领经济新常态，以新理念指导新实践，以新战略谋求新发展，不断创新宏观调控，深入推进结构性改革，扎实推动“大众创业、万众创新”，经济保持了总体平稳、稳中有进、稳中有好的发展态势。

初步核算，全年国内生产总值 676708 亿元，按可比价格计算，比上年增长 6.9%。分季度看，一季度同比增长 7.0%，二季度增长 7.0%，三季度增长 6.9%，四季度增长 6.8%。分产业看，第一产业增加值 60863 亿元，比上年增长 3.9%；第二产业增加值 274278 亿元，增长 6.0%；第三产业增加值 341567 亿元，增长 8.3%。从环比看，四季度国内生产总值增长 1.6%。

一、农业生产再获丰收

2015 年全国粮食总产量 62143 万吨，比上年增加 1441 万吨，增长 2.4%。其中，夏粮产量 14112 万吨，增长 3.3%；早稻产量 3369 万吨，下降 0.9%；秋粮产量 44662 万吨，增长 2.3%。谷物产量 57225 万吨，比上年增长 2.7%。棉花产量 561 万吨，比上年下降 9.3%。全年猪牛羊禽肉产量 8454 万吨，比上年下降 1.0%，其中猪肉产量 5487 万吨，下降 3.3%。禽蛋产量 2999 万吨，比上年增长 3.6%；牛奶产量 3755 万吨，增长 0.8%。

二、工业升级态势明显

2015 年全国规模以上工业增加值按可比价格计算比上年增长 6.1%。分经济类型看，国有控股企业增加值比上年增长 1.4%，集体企业增长 1.2%，股份制企业增长 7.3%，外商及港澳台商投资企业增长 3.7%。分三大门类看，采矿业增加值比上年增

长2.7%，制造业增长7.0%，电力、热力、燃气及水生产和供应业增长1.4%。新产业增长较快，全年高技术产业增加值比上年增长10.2%，比规模以上工业快4.1个百分点，占规模以上工业比重为11.8%，比上年提高1.2个百分点。其中，航空、航天器及设备制造业增长26.2%，电子及通信设备制造业增长12.7%，信息化学品制造业增长10.6%，医药制造业增长9.9%。全年规模以上工业企业产销率达到97.6%。规模以上工业企业实现出口交货值118582亿元，比上年下降1.8%。12月份，规模以上工业增加值同比增长5.9%，环比增长0.41%。

1-11月份，全国规模以上工业企业实现利润总额55387亿元，同比下降1.9%。规模以上工业企业每百元主营业务收入中的成本为85.97元，主营业务收入利润率为5.57%。

三、固定资产投资增速回落

2015年固定资产投资（不含农户）551590亿元，比上年名义增长10.0%，扣除价格因素实际增长12.0%，实际增速比上年回落2.9个百分点。其中，国有控股投资178933亿元，增长10.9%；民间投资354007亿元，增长10.1%，占全部投资的比重为64.2%。分产业看，第一产业投资15561亿元，比上年增长31.8%；第二产业投资224090亿元，增长8.0%；第三产业投资311939亿元，增长10.6%。从到位资金情况看，全年到位资金573789亿元，比上年增长7.7%。其中，国家预算资金增长15.6%，国内贷款下降5.8%，自筹资金增长9.5%，利用外资下降29.6%。全年新开工项目计划总投资408084亿元，比上年增长5.5%。从环比看，12月份固定资产投资（不含农户）增长0.68%。

2015年全国房地产开发投资95979亿元，比上年名义增长1.0%（扣除价格因素实际增长2.8%），其中住宅投资增长0.4%。房屋新开工面积154454万平方米，比上年下降14.0%，其中住宅新开工面积下降14.6%。全国商品房销售面积128495万平方米，比上年增长6.5%，其中住宅销售面积增长6.9%。全国商品房销售额87281亿元，比上年增长14.4%，其中住宅销售额增长16.6%。房地产开发企业土地购置面积22811万平方米，比上年下降31.7%。12月末，全国商品房待售面积71853万平方米，比上年末增长15.6%。全年房地产开发企业到位资金125203亿元，比上年增长2.6%。

四、市场销售较快增长

2015年全年社会消费品零售总额300931亿元，比上年名义增长10.7%（扣除价格因素实际增长10.6%）。其中，限额以上单位消费品零售额142558亿元，增长7.8%。按经营单位所在地分，城镇消费品零售额258999亿元，比上年增长10.5%，乡村消费品零售额41932亿元，增长11.8%。按消费形态分，餐饮收入32310亿元，比上年增长11.7%，商品零售268621亿元，增长10.6%，其中限额以上单位商品零售133891亿元，增长7.9%。12月份，社会消费品零售总额同比名义增长11.1%（扣除价格因素实际增长10.7%），环比增长0.82%。

2015年全年全国网上零售额38773亿元，比上年增长33.3%。其中，实物商品网上零售额32424亿元，增长31.6%，占社会消费品零售总额的比重为10.8%；非实物商品网上零售额6349亿元，增长42.4%。

五、进出口同比下降

2015年全年进出口总额245849亿元，比上年下降7.0%。其中，出口141357亿元，下降1.8%；进口104492亿元，下降13.2%。进出口相抵，顺差36865亿元。12月份，进出口总额24757亿元，同比下降0.5%。其中，出口14289亿元，增长2.3%；进口10468亿元，下降4.0%。

六、居民消费价格温和上涨

2015年全年居民消费价格比上年上涨1.4%。其中，城市上涨1.5%，农村上涨1.3%。分类别看，食品价格同比上涨2.3%，烟酒及用品上涨2.1%，衣着上涨2.7%，家庭设备用品及维修服务上涨1.0%，医疗保健和个人用品上涨2.0%，交通和通信下降1.7%，娱乐教育文化用品及服务上涨1.4%，居住上涨0.7%。在食品价格中，粮食价格上涨2.0%，油脂价格下降3.2%，猪肉价格上涨9.5%，鲜菜价格上涨7.4%。12月份，居民消费价格同比上涨1.6%，环比上涨0.5%。全年工业生产者出厂价格比上年下降5.2%，12月份同比下降5.9%，环比下降0.6%。全年工业生产者购进价格比上年下降6.1%，12月份同比下降6.8%，环比下降0.7%。

七、居民收入稳定增长

2015年全年全国居民人均可支配收入21966元，比上年名义增长8.9%，扣除价格因素实际增长7.4%。按常住地分，城镇居民人均可支配收入31195元，比上年增长8.2%，扣除价格因素实际增长6.6%；农村居民人均可支配收入11422元，比上年增长8.9%，扣除价格因素实际增长7.5%。城乡居民人均收入倍差2.73，比上年缩小0.02。全国居民人均可支配收入中位数19281元，比上年名义增长9.7%。按全国居民五等份收入分组，低收入组人均可支配收入5221元，中等偏下收入组人均可支配收入11894元，中等收入组人均可支配收入19320元，中等偏上收入组人均可支配收入29438元，高收入组人均可支配收入54544元。2015年全国居民收入基尼系数为0.462。全年农民工总量27747万人，比上年增加352万人，增长1.3%，其中，本地农民工10863万人，增长2.7%，外出农民工16884万人，增长0.4%。农民工月均收入水平3072元，比上年增长7.2%。

八、经济结构优化升级

2015年全年第三产业增加值占国内生产总值的比重为50.5%，比上年提高2.4个百分点，高于第二产业10.0个百分点。需求结构进一步改善。全年最终消费支出对国内生产总值增长的贡献率为66.4%，比上年提高15.4个百分点。区域结构协调性增强。中、西部地区规模以上工业增加值比上年分别增长7.6%和7.8%，分别快于东部地区0.9和1.1个百分点；中部地区固定资产投资（不含农户）增长15.7%，快于东部地区3.0个百分点。节能降耗继续取得新进展。全年单位国内生产总值能耗比上年下降5.6%。

九、货币信贷平稳增长

2015年12月末，广义货币（M2）余额139.23万亿元，比上年末增长13.3%，狭义货币（M1）余额40.10万亿元，增长15.2%，流通中货币（M0）余额6.32万亿元，增长4.9%。12月末，人民币贷款余额93.95万亿元，人民币存款余额135.70万亿元。全年新增人民币贷款11.72万亿元，比上年多增1.81万亿元，新增人民币存款14.97万亿元，比上年多增1.94万亿元。全年社会融资规模增量为15.41万亿元。

十、人口就业总体稳定

2015年年末中国大陆总人口（包括31个省、自治区、直辖市和中国人民解放军现役军人，不包括香港、澳门特别行政区和台湾省以及海外华侨人数）137462万人，比上年末增加680万人。全年出生人口1655万人，人口出生率为12.07‰，死亡人口975万人，人口死亡率为7.11‰，人口自然增长率为4.96‰，比上年下降0.25个千分点。从性别结构看，男性人口70414万人，女性人口67048万人，总人口性别比为105.02（以女性为100），出生人口性别比为113.51。从年龄构成看，16周岁以上至60周岁以下（不含60周岁）的劳动年龄人口91096万人，比上年末减少487万人，占总人口的比重为66.3%；60周岁及以上人口22200万人，占总人口的16.1%；65周岁及以上人口14386万人，占总人口的10.5%。从城乡结构看，城镇常住人口77116万人，比上年末增加2200万人，乡村常住人口60346万人，减少1520万人，城镇人口占总人口比重为56.1%。全国居住地和户口登记地不在同一个乡镇街道且离开户口登记地半年以上的人口（即人户分离人口）2.94亿人，比上年末减少377万人，其中流动人口为2.47亿人，比上年末减少568万人。年末全国就业人员77451万人，其中城镇就业人员40410万人。

资料来源：中华人民共和国国家统计局网站，2016-01-19.

第十章 通货膨胀理论与失业

开篇语

价格水平和就业都是宏观经济学关注的重要问题。在市场经济中，价格水平的波动是很常见的现象。在较长的一段时期，价格水平呈上升的趋势。价格水平的上升对经济的影响是个复杂的问题。但无论如何，价格水平大幅度提高对经济发展是不利的。此外，在现代市场经济条件下，失业问题也引起全社会的普遍关注，巨大的失业群体意味着大量经济资源未加利用而被闲置。这对一国的总产出会产生巨大的负面影响。因此，国内外学者对通货膨胀与失业的类型、产生的原因、影响及治理对策展开了广泛而深入的研究。这些研究构成了本章的重要内容。

第一节 通货膨胀理论

一、通货膨胀的界定

在日常经济生活中，大多数物品的价格倾向于一直上升。这种物价总水平的上升被称为通货膨胀。如果仅有一种物品的价格上升，则不能认为是通货膨胀。通货膨胀率（Rate of Inflation）是指物价总水平的年度上涨百分比。如果所有的物品价格都按相同比例上升，那么通货膨胀的衡量就很容易了。但是不同物品的价格以不同的比率上升，有些物品的价格甚至可能下降。

究竟如何衡量通货膨胀呢？经济学家通常用物价指数（Price Index）来衡量价格上涨的幅度，为了便于比较，物价指数衡量任何一个既定年份相对于共同基年的价格水平。根据定义，基年的物价指数为100。任何其他年份的物价指数由该年价格水平与基年价格水平的比率乘以100计算而得。把大量的价格变动概括在一个指数之中，为观察某一个时期的价格趋势提供了一个简单易行的方法。一旦有了任何一年的指数数值，我们就可以将它与其他任何一年相比较。有几种不同的物价指数可用于衡量通货膨胀，如消费物价指数（Consumer Price Index，CPI）、生产物价指数（Producer Price Index，PPI）、GDP平减或折算指数（GDP deflator）等。

消费物价指数是一个反映居民家庭一般所购买的消费商品和服务价格水平变动情况的宏观经济指标，选择一组具有代表性的相对固定的商品和劳务，然后比较它们按当期价格购买的花费和按基期价格购买的花费。例如，假定1990年美国一个普通家庭每月支出1000美元购买一组物品，1996年购买同一组物品要花1200美元。那么，1996年的CPL=1200/1000×100=120。

生产物价指数是用来衡量生产者出售的物品的价格水平，是对给定的一组商品的成本的度量，包括原料和中间产品。生产物价指数帮助我们预测将来消费物价指数可能发生的情况，一般情况下，如果生产者把物品出售给批发商并从中获得了较高的价格，那么零售商最终也要收取较高的价格。这使得PPI成为反映一般价格水平变化的一个信号，作为经济周期的指示性指标之一，受到政策制定者的密切关注。

我们将计算实际GDP的物价指数称为GDP平减指数或折算指数，它表示购买今日经济中全部物品与劳务组合所需费用与基年购买这一组合所需费用之比。换句话说，GDP折算指数是不同物品与劳务价格的加权平均数，其中加权平均数代表每种物品与劳务在GDP中的重要程度。

借助价格指数，我们可以比较不同时期价格水平的变化情况，即计算出一定时期的通货膨胀率(π)。通货膨胀率是指从一个时期到另一个时期价格水平变动的百分比。可以用公式表示为：

$$\pi_t = \frac{P_t - P_{t-1}}{P_{t-1}} \times 100\%$$

上式中，π_t为t时期的通货膨胀率，P_t和P_{t-1}分别为t期和（$t-1$）期的价格水平。假设一个时期的消费物价指数从去年的100上升到今年的120，那么，这一时期的通货膨胀率则为：

$$\frac{120-100}{100}\times 100\% = 20\%$$

二、通货膨胀的成本分析

通货膨胀并不带来直接的产量损失，其代价是较为隐约的。我们将分别讨论完全预期、不完全预期或未预期到的通货膨胀成本。

（一）完全预期的通货膨胀成本

如果人们能正确地预测到通货膨胀率，而且价格和收入都能考虑到通货膨胀率的变化而充分调整，通货膨胀的成本会比较小。

完全预期的通货膨胀成本体现在两个方面：

1. “皮鞋成本”

“皮鞋成本”是由于通货膨胀侵蚀了钱包中货币的实际价值，这意味着随着通货膨胀上升，持有现金的成本也随之上升。对个人而言，持有现金的成本是指因持有现金而未能持有生息资产所遭受的利息损失。当通货膨胀率上升，名义利率上升，从而持有现金的利息损失增加，现金持有成本乃上升。所以人们可以通过减少持有货币来避免损失，方法之一就是经常去银行，把更多的财富存放在有利息的储蓄账户上。这样一来，人们对现金的需求下降，个人手持现金将减少，从而出门到银行去把现金换成生息资产的次数将增加。人们去银行的次数多了，鞋底也就磨得更勤，由此带来的成本被戏称为通货膨胀的“皮鞋成本”。当然，不能从字面上理解“皮鞋成本”，而是指人们为了减少货币持有量必须牺牲的时间与方便，即当通货膨胀时鼓励人们减少货币持有量时所浪费的资源。

2. 菜单成本

菜单成本是指调整价格的成本。因通货膨胀人们不得不投入时间、精力、实际资源来改变价格标签，或菜单上的价格，或调整投币自动售货机，由此造成的这些成本称为菜单成本。它包括印刷新清单和目录的成本、把这些新价格表和目录送给中间商和顾客的成本、为新价格做广告的成本、决定新价格的成本，甚至还包括处理顾客对价格变动的抱怨成本。

（二）不完全预期或未预期到的通货膨胀成本

在现实生活中，人们在预测通货膨胀率时经常犯错误，并且不能完全适应通货膨胀。这就产生了不完全预期或未预期到的通货膨胀成本，而且通货膨胀率越高，波动越大，其中的一些成本可能越大。

1. 任意的财富再分配

当通货膨胀的发生出乎意料时，还有额外的成本。未预期到的通货膨胀以一种既与才能无关又与需要无关的方式重新分配财富。这种再分配的发生是因为经济中许多贷款是按计价单位——货币来规定条款的。

通货膨胀改变了固定名义资产的实际价值，将财富从债权人或债券持有人手中转移到借款人（债务人）手中。再分配效应对所有固定名义资产都起作用，尤其是对货币、债券、储蓄存款、保险合同和一些养老基金。这一效应意味着资产已实现的实际利率比其名义利率要低，甚至可能为负数。既然它可以把一个人用于养老的一辈子积蓄的购买力“一扫而光”，这个效应显然是极其重要的。通货膨胀将收入固定的人和处于微弱谈判地位的人的收入拿走，再分配给能利用经济权力获取大量报酬、增加租金和利润的人。通货膨胀把财富再分配给拥有在通货膨胀时期价值上升得特别快的资产（比如房地产）的人，而拿走了拥有各类储蓄的人的财富，因为银行支付给他们的利率低于通货膨胀率，储蓄的价值受到通货膨胀的侵蚀。

2. 不确定性和投资匮乏

通货膨胀往往引起商界的不确定性，特别是在通货膨胀率波动时更是如此（一般来说，通货膨胀率越高，波动越大）。如果企业难以预测自己的成本和收入，他们就不愿意投资，这会降低经济增长率。另一方面，降低通货膨胀率的政策也许本身就会降低经济增长率，特别是在短期。

3. 国际收支的恶化

通货膨胀很可能会恶化国际收支。如果一国正处于比较高的通货膨胀，那么，该国的出口商品会在国际市场上失去竞争力。与此同时，进口商品将变得比国内生产的商品还要便宜，因此，出口将下降，而进口会上升，国际收支将恶化或汇率下跌。无论哪种结果，都会成为问题。

4. 相对价格的变动与资源配置的失误

市场经济依靠相对价格来配置稀缺资源，消费者通过比较各种物品和劳务的质量与价格决定购买什么。通过这些决策，市场和消费者决定了稀缺的生产要素如何在个人与企业中配置。当通货膨胀扭曲了相对价格时，消费者的决策也被扭曲了，市场也就不能实现资源的优化配置。

额外的资源很可能要用来应付通货膨胀产生的影响，各公司不得不雇用会计师和其他财务专家，以帮助他们对付通货膨胀所引起的各种不确定性。

如果通货膨胀保持在个位数，通货膨胀的成本也许比较小。然而，如果通货膨胀失去控制，通货膨胀的成本可能就很大。如果通货膨胀发展到“恶性通货膨胀”，价格每年上涨百分之几百甚至百分之几千，那么，市场经济的整个基础将会被侵蚀。企业不断地提高价格，以弥补他们剧增的成本。工人要求大幅度提高工薪，以补足飞涨的生活成本。因此，价格和工资在持续急剧上升的通货膨胀中彼此追赶。人们不再想存钱，反而想在其价值进一步下跌之前尽快花出去。

三、恶性通货膨胀

前面我们已经分析了货币供给增长的持续上升最终转化为通货膨胀的增加。但到底是什么因素决定了货币供给增长仍然是一个有待解决的问题，一个常见的观点认为货币供给增长是政府预算赤字的结果。本章我们将研究预算赤字与通货膨胀之间的数种可能关系。

（一）赤字与货币供给

一般来说，各国政府都可以通过两条渠道对其预算赤字进行融资，既可以发行债券，又可以“印钞”。当各国中央银行增加其高能货币的存量时，通常是通过公开市场购买财政部销售的部分债券，货币就被“印刷”出来了。预算赤字和货币供给之间的关系可以用以下公式表示：

$$预算赤字=债券的销售额+货币基础的增加$$

预算赤字和货币增长之间有两种可能的关系：第一，在短期中扩张性财政政策引起的赤字增加将趋于提高名义和实际利率。如果央行的目标是以任何方式来控制利率，它可能会提高货币供给增长率，试图以此来阻止利率上升。第二，政府会谨慎地增加货币存量，并以此作为一种手段在长期中保证政府的收入。

货币当局购买财政部为对其赤字融资而售出的部分债务，就称作货币化赤字。当政府通过创造货币来对其赤字融资时，实际上它在一个时期接一个时期地持续印刷钞票，而这些钞票被用来支付它购买的产品和劳务，从而使这些钞票被公众吸收。假设没有实际收入的增长，长期中公众将持有固定不变水平的实际货币余额。但如果价格上升，给定数量的名义货币余额的购买力就要下降。为保持货币余额的实际价值不变，公众不得不以正好抵消掉通货膨胀影响的这样一种比率来增加其名义货币余额的存量。

由于人们被迫使支出少于收入，并把这一差额支付给政府以换取额外的货币，通货膨胀的作用就像税收一样。这样政府可以花费更多的资源，而公众花费的更少，就像政府为额外支出融资而提高税收一样。当政府通过发行货币来对赤字进行融资，公众为保持其货币余额的实际价值不变而增加名义货币余额的持有时，我们就称政府通过通货膨胀税进行了融资。这种收入来源有时候被称为“铸造税”，它是指政府通过其创造货币的权力而增加收入的能力。通货膨胀税收入可以用以下公式表示：

通货膨胀税收入=通货膨胀率×实际货币基础

事实上，如果经济接近充分就业状态，货币政策只能对通货膨胀“火上浇油”。

（二）恶性通货膨胀与货币供给

尽管没有恶性通货膨胀的准确定义，但当年通货膨胀率达到1000%时，我们就称一国处于恶性通货膨胀状态。当通货膨胀率变得非常高时，通货膨胀都不是按年率而是按月率来计算。当我们比较月通货膨胀率和相同比率的年率时，就能看到月率复利计算后的结果之大。只要政府转向印刷货币为其大部分支出筹资，结果就是恶性通货膨胀。塞尔维亚的居民在20世纪90年代初就经历了“600万第纳尔一个巧克力棒”的恶性通货膨胀。

在一个恶性通货膨胀经济中，通货膨胀是如此深入和普遍，以至于这一问题完全主宰了日常经济生活。人们耗费相当大的资源来使通货膨胀的损失最小化。他们不得不时常停下手里的活抢在价格上涨之前到商店去多买几件东西，他们在储蓄或投资时的主要考虑就是在反通货膨胀中保护自己的利益，他们将实际货币余额的持有减少到相当大的程度以逃避通货膨胀税，但代价是不得不更频繁地跑银行去取钱。

经典的恶性通货膨胀都发生在战后。其中最著名的是1922—1923年德国的恶性通货膨胀，这期间平均通货膨胀率为每月322%。最高的通货膨胀率发生在1923年10月，恰好在恶性通货膨胀结束之前，那个月价格上升了近29000%，以美元衡量这意味着在月初值1美元的东西月末则会值290美元。最迅速的恶性通货膨胀发生在第二次世界大战后的匈牙利，1945年8月到1946年7月，平均每个月的通货膨胀率高达19800%，最高月通货膨胀率达到$41.9\times10^{15}\%$。

恶性通货膨胀经济一般都以广泛的指数化为标志，而在外汇上的指数化比在价格水平上要更广更深。这是由于当价格变动太快时很难在现期基础上衡量价格。所以价格只能以美元来衡量确定，在每次交易后必须支付的本币实际数额都要以美元价格和汇率来计算。工资被频繁地支付，到德国恶性通货膨胀结束时已达一天数次。

与通货膨胀率相同，恶性通货膨胀期间货币供给增长率也非常高。货币供给的高增长率当然起源于对赤字的货币性融资。但当通货膨胀加速且税收体制崩溃时，政府可以通过比人们的预期速度还要快地印刷钞票，从而可以暂时获得超过最大额的通货膨胀税收入。这种货币供给增长的上升将导致通货膨胀率上升，当政府持续地试图以超过最大额的通货膨胀税收入水平花费支出时，通货膨胀率被持续地“火上加油”。这样，随着人们努力逃避通货膨胀税，其持有的实际货币基础额变得越来越少，而政府为对其支出融资不得不更快地印钞，这一恶性循环最终将导致经济崩溃。

总之，恶性通货膨胀经济都遭受到巨额预算赤字的困扰。预算赤字与通货膨胀之间是种双向的互动关系。通过迫使政府为赤字融资而发行钞票，巨额预算赤字可以导致快速的通货膨胀，高通货膨胀反过来又增加了可衡量的赤字。

第二节　通货膨胀的成因分析

关于通货膨胀的原因，经济学家提出了许多解释。有的以货币数量论为基础，认为通货膨胀是因为货币发行过多；有的用总需求与总供给来解释；还有的则从经济结构因素变动的角度来分析。

(一) 古典通货膨胀理论

古典经济学家以货币数量论为基础分析通货膨胀，认为通货膨胀是一种货币现象，每次通货膨胀后都有货币供给迅速增长的情况。

用最简单的货币数量论的形式表明，经济中的一般物价水平（P）取决于货币供给（M），用公式表示为：

$$M\times V=P\times Y$$

上式中，M 是货币数量，V 是货币流通速度，通俗地讲，货币流通速度是指一单位货币每年用于购买构成 GDP 的商品和服务而花出去的次数，$P\times Y$ 是 GDP 的名义价值。

货币数量论者认为，货币流通速度一直是较为稳定的。由于货币流通速度稳定，当货币量(M)变动时，它就引起名义产值($P\times Y$)同比例变动。产出水平完全是外生的，即不受货币因素和价格因素变动的影响，而是由要素供给(劳动、物质资本、人力资本和自然资源)和可以得到的技术决定的。因此，他们的结论是，在产量(Y)由要素供给和技术决定的情况下，当货币供给(M)发生改变，并引起名义产量价值($P\times Y$)相应变动时，这些变动反映在物价水平(P)的变动上，即产生通货膨胀。如果货币供给迅速增加，则会出现高通货膨胀率。

根据这个理论，货币数量越多，物价水平越高。经济中所得到的货币量决定了货币的价值，而且，货币量增长是通货膨胀的主要原因。正如经济学家米尔顿 · 弗里德曼所说：“通货膨胀永远而且处处是一种货币现象。”

(二) 需求拉动型通货膨胀

需求拉动型通货膨胀是由于总需求增加超过总供给引起的一般价格水平的持续显著上涨。总需求增加也许是消费者需求增加和政府支出水平提高所致，或许是企业投资增加、外国人对本国出口商品的需求增加所引起，或者是所有这四个因素共同作用的结果。很多经济学家认为，需求拉动型通货膨胀一般与经济繁荣有关。财政政策、货币政策、消费习惯的突然改变，国际市场的需求变动等都会冲击需求或使需求发生改变。

那么，到底是什么因素引起了总需求的增加？这个问题在经济学家之间一直存在很大争论。货币主义者把总需求的增加完全归咎于货币供给的增加。如果在经济中有更多的货币，就会有更多的支出。他们提出的治理通货膨胀的措施是政府控制经济中的货币供给增长。

有些经济学家认为，货币与支出之间的联系非常脆弱。在他们看来，即使在货币供给没有增长的情况下，支出也可能会自发增加。例如，如果政府削减2%或3%的所得税税率，或者如果企业信心以及投资信心高涨，消费者支出就会大大增加。

因此，人们在解释需求拉动型通货膨胀时，常常分为货币性原因和非货币性原因。如果总需求增加，企业对需求增加将作出如下反应：一方面提高价格，另一方面增加产量。那么，他们到底会把价格提高多少？这取决于随着产量的不断增加，企业的成本增加多少。换言之，这将取决于 *AS* 曲线的形状。

需求拉动型通货膨胀如图 10-1 所示，图中横轴表示产量，纵轴表示价格水平。*AD* 为总需求曲线，*AS* 为总供给曲线。总需求的增加用总需求曲线向右位移来表示。当总产量较低时，总需求的增加不会引起价格水平的上升。比如当产量从零增加到 Y_1 时，价格水平始终维持在 P_1 的水平。当总产量达到 Y_1 以后，如果继续增加总需求，如总需求曲线从 AD_1 位移至 AD_2，由于总供给曲线 *AS* 开始向右上方倾斜，因而使价格上升，从 P_1 上升至 P_2；同时，产量继续增加，从 Y_1 提高到 Y_2。如果总需求继续增加，在经济达到潜在产量 Y_f 以前，价格水平和产量都会继续上升。而在经济达到潜在产量 Y_f 以后，由于 *AS* 呈垂线，总需求的增加如果从 AD_3 移动到 AD_4，只会使价格水平上升，如果从 P_3 上升到 P_4，而产量保持不变，仍处于潜在产量 Y_f 的水平。这就是需求拉动的通货膨胀。

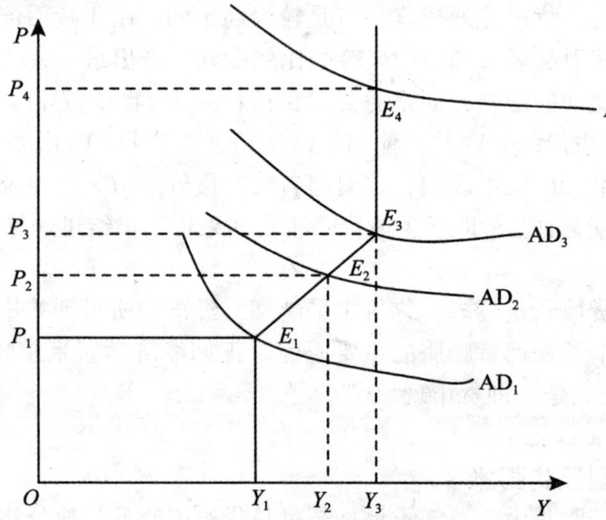

图 10-1　需求拉动型通货膨胀

（三）成本推动型通货膨胀

成本推动型通货膨胀是指在没有超额需求的情况下，由于供给方面成本的提高而引起的一般价格水平持续和显著的上涨。因此成本推动型通货膨胀与总供给曲线向左（向上）位移有关。当生产成本不是因为总需求变化而增加时，就会出现这种位移。

如果企业面临着成本增加，他们对此将作出反应：一方面提高价格，把成本转嫁给消费者；另一方面减少产量。成本推动型通货膨胀如图 10-2 所示。

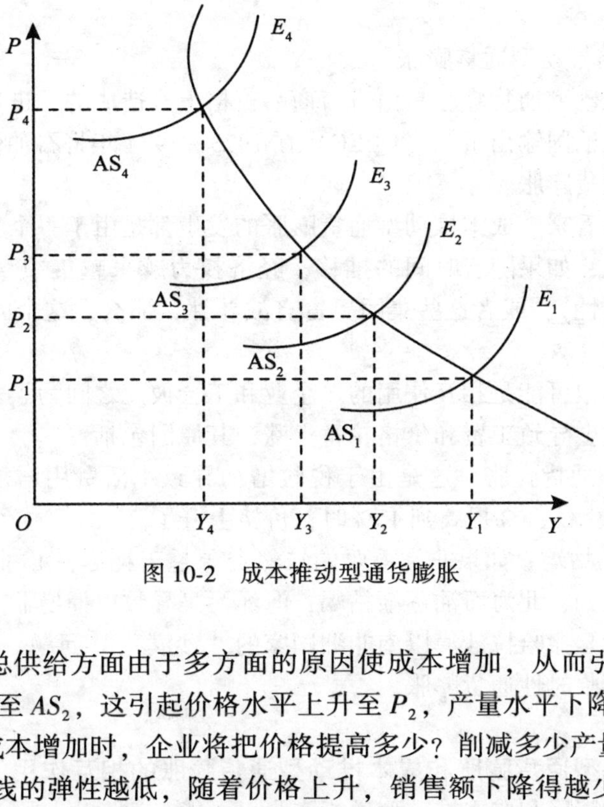

图 10-2　成本推动型通货膨胀

在图 10-2 中，总供给方面由于多方面的原因使成本增加，从而引起总供给曲线向左位移，如从 AS_1 位移至 AS_2，这引起价格水平上升至 P_2，产量水平下降至 Y_2。

当企业的生产成本增加时，企业将把价格提高多少？削减多少产量？这取决于总需求曲线的形状。*AD* 曲线的弹性越低，随着价格上升，销售额下降得越少，企业以提高价格的方式能把其成本转嫁给消费者身上的部分越多。

在成本推动型通货膨胀下，我们必须区分总供给曲线的一次位移（即“供给冲击”）和持续位移。如果总供给向左位移一次，价格水平就会发生一次上升。例如，政府提高对石油征收的货物税，石油行业的燃料成本就会发生一次性上升。这种价格上升成为整个经济的普遍现象时，就会引起临时性通货膨胀。一般这种情况发生了，价格将稳定在新的水平上，通货膨胀率又回落至零。如果成本推动型通货膨胀在很多年持续存在，总供给曲线肯定持续向左位移。如果成本推动型通货膨胀要上升，总供给曲线的这种持续左移肯定越来越快。

成本上升的原因有很多，因而我们可以分为不同类型的成本推动型通货膨胀。

1. 工资推动型通货膨胀

工资推动型通货膨胀是由工会推动造成的工资增加与劳动需求无关。在不完全竞争的劳动市场上，由于强大的工会组织的存在，工资不再是竞争的工资，而是工会和雇主谈判的协议工资。如果工资的增长率超过生产率的增长，就会导致成本的提高，最终导致一般价格水平上涨，即通货膨胀。

2. 利润推动型通货膨胀

利润推动型通货膨胀是由企业利用他们的垄断权力，通过提高价格赚取更大的利润造成的这种价格的上升，与消费者需求无关。在不完全竞争的产品市场上，垄断企业和寡头企业为了追求更大的利润，可以操纵价格，把产品价格定得很高，导致价格上涨的速度超过成本增长的速度。

3. 进口商品价格推动型通货膨胀

进口商品价格推动型通货膨胀是由进口商品价格上升造成的，进口商品的价格上升与总需求水平无关。石油国输出组织（OPEC）在1973—1974年将石油价格提高4倍后，就发生了这种类型的通货膨胀。

在一些经济学家看来，成本推动型通货膨胀的发生都是由于一个集团或多个集团操纵经济权力所致。因此，如果随着时间的推移，经济权力越来越集中（如企业或工会越来越强大并更具有垄断性），或者这些集团更富有战斗性，那么，这个问题就很可能变得更糟。

成本上升的原因很可能是相互作用的。企业和工会彼此之间为了争夺更大的国民收入份额而展开竞争，这会导致工资和价格轮番上涨，其原因包括：

（1）税收推动型通货膨胀。这是由于税收增加导致生活费用增加。例如，当英国在1979年将增值税的税率从8%提高到15%时，价格上升了。

（2）自然资源的枯竭。如果非常重要的自然资源趋于耗尽，*AS*曲线将向左位移，从而引起通货膨胀。例如，北海石油逐渐枯竭，海洋污染导致以捕捞业支撑的国家的收入下降，也许最严重的就是撒哈拉沙漠以南非洲国家的“沙漠化”问题。由于短期供给问题，如歉收，也可能引起临时性通货膨胀。

（四）需求拉动型通货膨胀和成本推动型通货膨胀的相互作用

需求拉动型通货膨胀和成本推动型通货膨胀也可能一起发生，因为工资和价格上升可能是总需求增加和引起成本上升的各种独立因素共同作用的结果。即使通货膨胀过程始于需求拉动型通货膨胀或成本推动型通货膨胀，但也很难把这二者区分开来。最初发生的成本推动型通货膨胀会促使政府扩大总需求，以消除失业的增加。或者，最初的需求拉动型通货膨胀会加强某些集团的经济权力，他们反过来会利用这些权力驱使成本上升。这两种原因的相互作用情况如图10-3所示。

图10-3中，假设初始的价格水平为P_1。现在假定实力强大的集团不断推动生产成本上升，使*AS*曲线不断向左位移。与此同时，政府为了防止失业增加，不断提高总需求水平，从而使*AD*曲线不断向右位移。*AS*曲线左移和*AD*曲线右移同时进行对产出和就业的最终影响可能非常小，但价格可能会上升很大，如由P_1上升到P_3。

如果AD曲线和AS曲线的这些位移越来越快，那么，就会出现工资-价格轮番上涨。

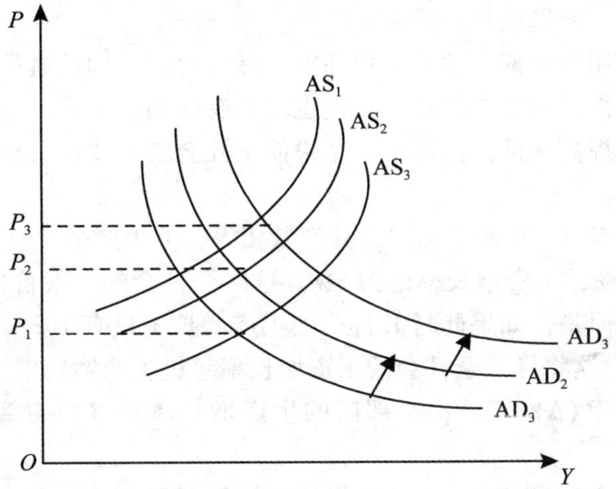

图 10-3　需求拉动型通货膨胀和成本推动型通货膨胀的相互作用

工会要求越来越高的工资，以弥补越来越高的生活支出。企业将价格提高得越来越高，以弥补越来越高的生产成本。政府通过印刷越来越多的钞票，适应这些价格和工资的上涨，以避免经济衰退。随着这些位移越来越快，工资和价格上涨加速，通货膨胀持续上升。

有时人们会产生“成本推动幻觉”，将需求拉动型通货膨胀与成本推动型通货膨胀混为一谈。通常，通货膨胀的压力似乎主要来自成本方面。店主把价格上升归咎于批发商向他们收取的较高价格。而批发商把价格上升归咎于各制造商向他们收取的价格。反过来，制造商又指责原材料成本、工资成本、租金成本等的不断上升。每个人都把他们的价格上升归咎于他们的成本上升。

这些成本为什么上升？这可能是由于总需求上升所致。由于失业人口数量不断下降以及劳动力短缺，工资就会上涨。企业为了招募或维持足够的劳动力，就必须支付更高的工资。由于需求上涨，租金也就会上涨。原材料也是这样，更高的需求就会拉动它们的价格上升。于是，我们就有了“成本推动幻觉”。成本上升，这是事实，但它们之所以上升，是因为需求增加。

那么，何时真正发生成本推动型通货膨胀？答案是，当生产成本的上升与需求无关时就发生了成本推动型通货膨胀。这通常涉及垄断权力使用的增加，工会的权力越来越大或战斗性越来越强，从而推动工资上涨；企业利用他们的垄断权力（寡头卖主垄断权力），推动价格上涨；商品生产者，如石油输出国组织（OPEC）各国，形成卡特尔，推动石油价格上涨。政府利用其权力，提高间接税（如增值税）。

（五）结构性通货膨胀

结构性通货膨胀是指在没有需求拉动和成本推动的情况下，由于经济结构因素的变动而引起的一般价格水平的持续上涨。当经济中的需求（或供给）格局发生变化时，有些行业的需求将增加，而有些行业的需求将下降。如果价格和工资率在正在萎缩的行业中具有向下刚性，而在正在扩张的行业中上升，那么，总体价格和工资水平将上升。在这些位移中，供给越缺乏弹性，问题就越严重。

西方经济学家通常用两个部门生产率提高的快慢来说明结构性通货膨胀。由于生产率提高的快慢不同，两个部门的工资增长的快慢也应当有区别。但是，生产率提高慢的部门要求工资增长向生产率提高快的部门看齐，结果使全社会工资增长率超过生产率增长的速度，因而引起通货膨胀。

例如，假设全社会有 A、B 两个部门，其产量相等，但生产率提高的快慢有差异。部门 A 的生产增长率为 5%，工资增长率也为 5%。这时全社会的一般价格水平不会因 A 部门的工资提高而上涨。但是，如果此时 B 部门的生产增长率只有 1%，而工资增长率因向 A 部门看齐也达到 5%，这将导致全社会的工资增长率超过生产增长率。

全社会的生产增长率($\Delta Y/Y$) = [A 部门的生产增长率(5%) +B 部门的生产增长率(1%)]÷2＝3%

全社会的工资增长率($\Delta W/W$) = [A 部门的工资增长率(5%) +B 部门的工资增长率(5%)]÷2＝5%

显然，全社会的工资增长率超过生产增长率 2%，从而导致一般物价水平上涨 2%，即通货膨胀率为 2%。因为，在劳动生产率、工资增长率和通货膨胀率之间具有以下数量关系：

通货膨胀率＝货币工资增长率－劳动生产率的增长率

（六）预期和通货膨胀

近年来，经济学家越来越认识到预期在解释现实通货膨胀率中非常重要，即工人和企业在作出决策时，会考虑预期通货膨胀率。

假设一个工会和一位雇主正在谈判工资增加问题。双方预期的通货膨胀率是 5%。工会只要获得稍高于 5%的工资上涨，就比较满意，因为工会会员的收入就会实际增加。雇主则只要支付稍低于 5%的工资增加就比较满意。雇主可能把工资提高 5%，因为雇主知道他们的竞争对手大致也会这样做，因此，双方都同意的现实工资增加将在 5%左右。

我们假定预期通货膨胀率是 10%。双方现在将以此为基点进行谈判，结果现实工资增加将在 10%左右。因此，预期通货膨胀率越高，工资支付水平和价格水平增长的比率越大，由此导致的现实通货膨胀率也就越高。

第三节　失业与菲利普斯曲线

一、失业的基本概念

（一）失业及失业的统计

对于失业者，经济学家最常用的定义是：正值工作年龄而没有工作，但在现行工资率下愿意工作的人。失业既可以用人数（如失业人口 1250 万人）也可以用百分比（如失业率 8%）来表达。但是，我们不能把每一个没有工作的人都归结为失业，如儿童、领取养老金者，以及不愿找工作的那些人。

失业率是指劳动力中失业者的百分比。劳动力总数等于就业人数加上失业人数。因此，如果就业人数为 2250 万人，失业人数为 250 万人，那么，失业率就是：

$$\frac{250}{2250+250}\times 100\% = 10\%$$

经济学中的自然失业率是指经济中正常情况下存在的失业量。自然这个词绝不意味着这种失业率是合意的或必然的，它仅仅是指即使在长期中这种失业也不会自行消失。失业率围绕正常失业率而波动，正常失业率称为自然失业率。失业率与自然失业率的背离称为周期性失业，即指失业量围绕其自然失业率的逐年波动。

失业的统计看来简单，实际上并非如此。区分全职工作的人和完全不工作的人容易，但区分失业者和不作为劳动力的人则要难得多。因为进入与退出劳动力市场是极为常见的，所以很难解释失业统计数字。一方面，一些报告认为失业者实际上并没有努力去找工作，失业者想使自己符合领取政府失业救济金的资格，或者他们实际上在工作但“暗中”获得报酬。因此把这些人作为就业者更为恰当。另一方面，一些报告认为不是劳动力的人实际上想工作。这些人会努力去找工作，但在失败的寻职之后放弃了努力。这些人称为丧失信心的工人，尽管他们实际上是没有工作的工人，但并没有表示在失业统计中。

此外，失业统计数字并没有使我们了解到失业在社会各阶层之间的分布情况。因此在分析这一统计数字时还必须注意以下差异。

1. 地区性差异

失业率在各国之间的差异很大。不同的国家，劳动市场大相径庭，有关失业、培训计划、解雇等方面的政策也千差万别，企业对待工人的态度更是各不相同。此外，各国在各自的经济周期中不可能处于完全相同的阶段。

在一国范围内，不同地区的失业情况也大为不同。如 1998 年，英格兰北部的默西赛德郡的标准化失业率为 11. 3%，而东南部地区的标准化失业率仅为 4. 3%。但是，失业的地区性差异并不只是一个地区性问题。在很多国家，市中心的失业率要比郊区或农村高很多。

2. 性别之间的失业率差异

事实上，在所有发达国家，女性的失业率都高于男性的失业率。这也许反映出下列情况：教育和培训方面的差异，雇主的歧视，女性的就业与临时性或季节性更相关，或其他社会因素。

3. 不同群体之间的失业率差异

25 岁以下群体的失业率高于平均水平，而且很多国家都大体如此。之所以会是这种情况，原因有很多，其中包括离校生的条件是否符合要求，雇主对待年轻人的态度，年轻人更愿意花时间寻找更好的工作或等待进一步深造。

除了年龄外，不同种族群体之间的失业率也存在差异。在很多国家，少数民族成员的失业率高于平均水平。在英国，加勒比黑人的失业率要比白人的失业率高出 2. 5 倍，巴基斯坦人和孟加拉人血统的人，失业率要比平均水平高出3倍。

（二）失业的持续时间

一直都没有工作和从来都不愿意工作的失业者寥寥无几。对大多数失业者来说，失业只持续一个时期。对有些失业者来说，失业只是几天的事；对于其他失业者来说，失业可能持续几个月；而对另外一些长期失业者来说，失业也许持续几年。影响失业的持续时间有三个重要因素。

1. 失业人数（失业存量的规模）

失业是一个“存量”概念。它衡量的是在某一时点上的失业人数。失业存量越高，失业持续时间就会越长，因为竞争空缺工作的人越多。

2. 失业存量的流入速度和流出速度

构成失业总数的人总是不断在变化。在每一周里，有些人被解雇或辞去他们的工作，他们表现为失业存量的流入。有些人找到了工作，表现为失业存量的流出。

这种流入、流出被形象地称为“失业者蓄水池”。如果流入到失业中的人数超过流出的人数，失业人数就会增加。失业的持续期间将取决于流入和流出的速度，这种速度可以用每时期的人数来表示。

这些流量占失业总人数的比例越大，失业的平均持续期间越短。这是因为，人们进入和离开失业者蓄水池的速度越快，他们的平均停留时间就越短。

3. 经济周期的阶段

失业的持续期间还取决于经济周期的阶段。在经济衰退开始的时候，失业将增加，但失业的平均时间很可能还是比较短。衰退一旦持续了一段时间，平均来看，人们失去工作的时间会比较长，而且，即使经济正在摆脱衰退，这种长期失业也可能持续下去。例如，在1992年，英国已逐渐走向经济衰退，但失去工作三年以上的失业人数比例还只是35.3%，到了1994年，尽管经济还在扩张，总体失业水平在下降，但该数字已上升到44.8%。

（三）失业的类型

不同的经济学家根据不同的标准划分了不同类型的失业，概括起来主要有以下几种类型。

1. 周期性失业

周期性失业是指一个经济周期内，随经济衰退而上升、随经济扩张而下降的失业。随着经济逐渐走向衰退，企业早晚要削减产量，裁减他们所雇用的劳动力数量。经济衰退越严重，持续的时间越长，失业就会越严重。随着经济复苏并开始增长，失业也会开始下降。失业跟随经济周期而波动，故称之为周期性失业。

2. 季节性失业

季节性失业是指随着季节变换而变化的失业，或者说是指随着一年当中的季节变化，特定类型的劳动需求发生变化所导致的失业。例如，由于气候的原因，在许多地方，冬季建筑施工会放慢，对建筑工人的需求会减少。

3. 摩擦性（寻找）失业

正常的从一个工作转换到另一个工作并只是暂时失业的人，被称为摩擦性失业。当人们离开他们的工作，或是自愿的或是由于他们被开除或被解雇，而在一段时间内失业，在此期间他们正在寻找新的工作，就发生了摩擦性（寻找）失业。

4. 结构性失业

结构性失业是由经济结构的变化引起的失业。有些行业的就业也许在扩张，而有些行业的就业可能在收缩。

（四）失业的成本

失业的成本包括失业的金钱成本、人身成本、给亲属和朋友造成的成本以及给社会造成的成本（用税收收入损失、利润损失、其他工人的工资损失以及社会混乱来衡量）。

1. 失业者的私人成本

最明显的失业成本是给失业者自身造成的成本。他们所承担的直接金钱成本就是他们的收益损失，直接金钱成本等于他们以前的工资与任何失业救济之间的差额。不仅如此，失业还会造成人身成本：人们失业的时间越长，就越变得心灰意懒，他们很可能丧失自尊心，还有可能死于与压力有关的疾病。

失业给失业者的家庭和朋友带来成本。如人际关系可能变得紧张，家庭暴力事件增加，家庭破裂等。

2. 失业的社会成本

失业还会给整个经济带来更广义的成本。失业代表一种产出损失。根据奥肯法则，经济中失业率每超过自然失业率 1 个百分点，产出就将下降约 2 个百分点。换言之，现实产出低于潜在产出。除了失业者本身的收入减少外，失业还会使资源利用不足，并导致其他人的收入减少。失业的社会成本主要包括以下几个方面。

（1）政府损失税收收入。因为失业者不缴纳所得税和国民保险，而且在失业者花费少了的情况下，他们缴纳的增值税和货物税也减少了。政府为了救济职员也要增加行政管理成本，还不得不增加保健、社会服务和警察等的开支。

（2）企业损失了在充分就业情况下本应赚取的利润。

（3）其他工人损失了在国民产出较高的情况下本应挣得的额外工资。更为重要的是，人们的失业时间越长，他们的技能就会逐渐丧失，不仅会减少现实收入，还会减少潜在收入。

此外，年轻人长期失业不仅浪费了今天有价值的人力资源，而且降低了劳动力的未来生产率。长期失业的年轻人容易变得与社会格格不入，并转向犯罪和吸毒这类反社会的活动。失业还可能加剧整个社会的种族隔阂，黑人的失业率一般是白人的两倍以上。

总之，失业对个人和家庭来说是悲剧，对社区来说是混乱与紧张之源，对整个社会来说是生产资源的浪费。

二、菲利普斯曲线

西方经济学家一般用菲利普斯曲线来描述通货膨胀与失业之间的关系。

（一）菲利普斯曲线的含义

通货膨胀与失业之间的短期关系通常被称为菲利普斯曲线。菲利普斯（A. W. Phillips）在1958年证明，英国在1861—1957年，工资膨胀率与失业率之间存在着一种反方向变化的关系，即失业率上升时，货币工资率下降；相反，失业率下降时，货币工资率上升。菲利普斯曲线最初只是一个统计研究的结果，并没有理论依据。1960年，加拿大经济学家李普赛（R. G. Lipsey）发现通货膨胀率与失业率之间存在着一种稳定的负相关关系，之后提出了菲利普斯曲线的原始模型，此后，凯恩斯主义学派、弗里德曼、理性预期学派等一批经济学家利用菲利普斯曲线对通货膨胀率与失业率之间的关系进行了进一步的研究，尤其是凯恩斯主义者更是将菲利普斯曲线当做政府进行需求管理的一个重要工具。

菲利普斯曲线如图10-4所示。图中，纵轴表示工资膨胀率（W），横轴表示失业率（U），在坐标图中可得到各点的分布。每一点代表某一具体年份的观察值。把这些分布点连接起来的曲线就是著名的菲利普斯曲线，如图10-4所示。该图表明，通货膨胀与失业之间成逆相关关系。

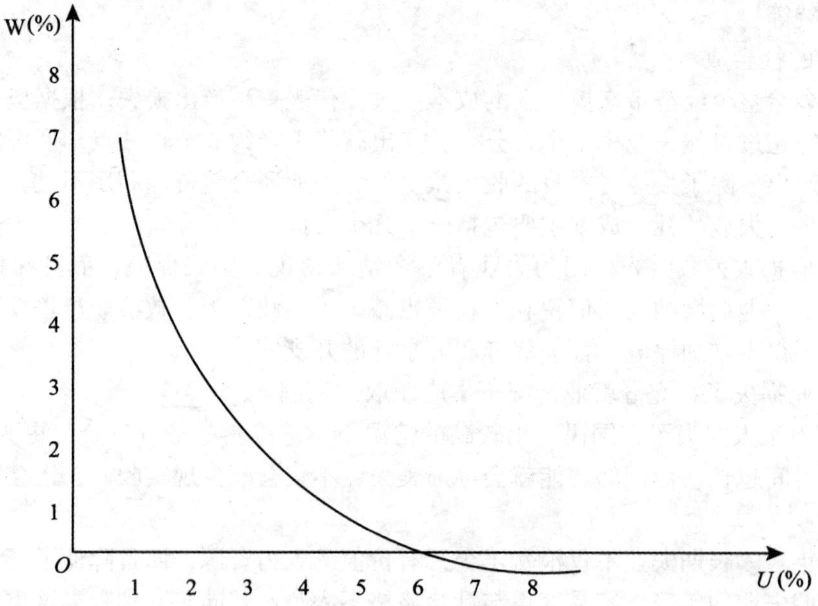

图10-4　菲利普斯曲线

菲利普斯曲线常常用来说明总需求变化的影响。当总需求上升时（相对潜在产出），失业率下降，沿该曲线向上移动；当总需求下降时，沿该曲线向下移动。

菲利普斯曲线凸向原点，对此一般的解释是，随着总需求的扩展，开始会出现大量的剩余劳动力，无需大幅度提高工资就可以应付劳动的超额需求。但是劳动力越来越少，企业为了获得所需的劳动力就不得不支付越来越高的工资，同时工会的地位也逐渐加强。这就是说，低失业的年份往往有高通货膨胀，而高失业的年份往往有低通货膨胀。

菲利普斯曲线呈现在政府面前的似乎是一个很简单的政策选择。政府可以在通货膨胀与失业之间权衡取舍，以较高的通货膨胀率为代价实现较低的失业率；反之亦然。

（二）总需求、总供给和菲利普斯曲线

菲利普斯曲线说明了短期中出现的通货膨胀与失业的结合是由于经济沿着短期总供给曲线的总需求曲线移动。假设短期中物品与劳务总需求增加，产量越多，物价总水平越高；产量越多，意味着就业越多，失业率越低。此外，无论前一年的物价水平如何，当年物价水平越高，通货膨胀率就越高。因此，总需求移动在短期中使通货膨胀和失业呈反方向变化，即菲利普斯曲线所说明的关系，如图 10-5 所示。

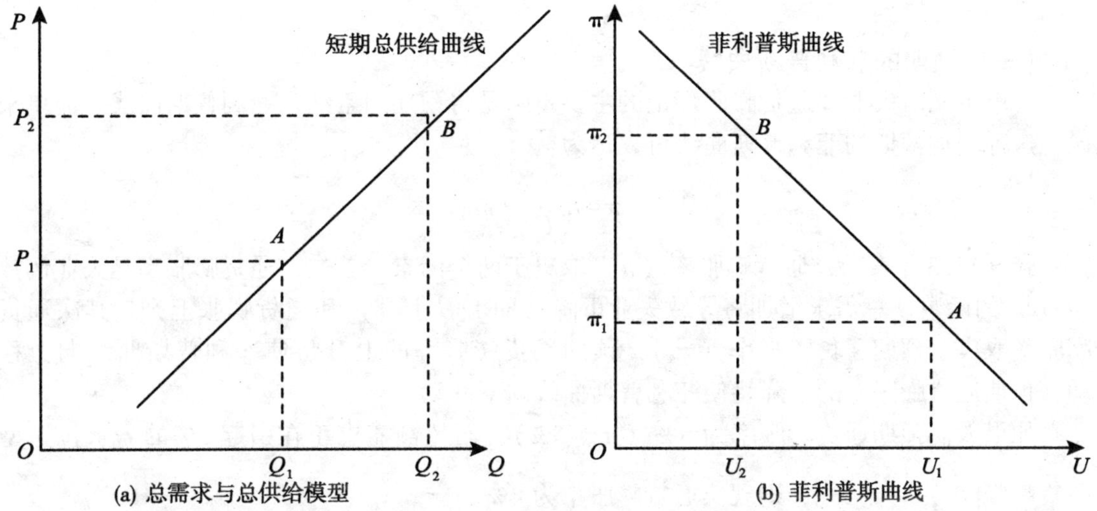

图 10-5　菲利普斯曲线和总需求与总供给模型

假设 2000 年的物价水平（用 CPI 衡量）等于 100。在图 10-5(a) 中，用总需求与总供给模型表示 2001 年产量和物价水平可能出现的两种结果。如果物品和劳务的总需求较低，那么经济就有 A 结果。与此相反，如果总需求较高，经济就有 B 结果。可见，较高的总需求使经济变动到较高产量和较高物价水平的均衡。

在图 10-5(b) 中，当企业生产更多物品和劳务时，他们需要更多工人，所以在 B 结果时失业(U_2)比 A 结果时失业(U_1)低。当产量从 Q_1 增加到 Q_2 时，失业从 U_1 下降到 U_2。因为结果 B 时的物价水平(P_2)高于结果 A(P_1)，所以，通货膨胀率也高($\pi_2>\pi_1$)，因此，我们既可以根据产量和物价水平(用总需求和总供给模型)，又可以根据失业和通货膨胀(用菲利普斯曲线)来比较经济的这两种结果。

正如前文所述，货币政策和财政政策可以使总需求曲线移动，因此，货币政策和财政政策可以使经济沿着菲利普斯曲线移动。货币供给增加，政府支出增加或减税都扩大了总需求，并使经济移动到菲利普斯曲线的低失业和高通货膨胀的一点上。货币供给减少，政

府支出减少或增税都紧缩了总需求，并使经济移动到菲利普斯曲线的低通货膨胀和高失业的一点上。在这种意义上说，菲利普斯曲线向决策者提供了一个通货膨胀与失业结合的选择。

三、附加预期的菲利普斯曲线

20 世纪 60 年代末以来，各国的实践经验表明除了短期之外，失业和通货膨胀之间并不存在这种简单的此消彼长的关系。一些经济学家对菲利普斯曲线所表示的失业率与通货膨胀率之间的交替关系提出了疑问。菲利普斯曲线是一条稳定的关系曲线吗？在长期中失业率与通货膨胀率之间存在相互交替的关系吗？他们提出了附加预期的菲利普斯曲线，说明了短期菲利普斯曲线与长期菲利普斯曲线的不同。

（一）预期的菲利普斯曲线

货币主义对失业和通货膨胀理论的主要贡献是将预期因素纳入菲利普斯曲线。简单来说，这种增加预期的菲利普斯曲线可表达为：

$$\pi = f\left(\frac{1}{U}\right) + \pi^e$$

式（11.3）表明，通货膨胀率（π）取决于两个因素。首先，通货膨胀率是失业倒数（$1/U$）的函数。总需求增加将导致失业下降（即 $1/U$ 上升）和通货膨胀上升。其次通货膨胀率取决于预期通货膨胀率（π_e），预期通货膨胀率的上升将使菲利普斯曲线向上移动，预期通货膨胀率的下降将使菲利普斯曲线向下移动。

如果人们预期通货膨胀率为 5%（$\pi_e = 5\%$），而超额需求正在引起 3%的需求拉上型通货膨胀$\left(f\left(\frac{1}{U}\right) = 3\%\right)$，则现实通货膨胀率为 8%。

（二）适应性预期

货币主义者认为，预期通货膨胀率（π_e）取决于过去的通货膨胀率。这就是适应性预期假说，指的是人们会从过去的经历汲取经验。如果人们上一年低估了通货膨胀率，那么今年他们将向上修正其通货膨胀预期。

简单来说，适应性预期假说假定今年的预期通货膨胀率π_t^e 就是去年的现实通货膨胀率π_{t-1}，即：

$$\pi_t^e = \pi_{t-1}$$

为了使分析简化，我们将在下面的分析中沿用这种适应性预期假说的简化形式。

（三）短期菲利普斯曲线的位移与加速主义理论

为了说明预期通货膨胀对菲利普斯曲线的影响，考察一个虚拟经济中通货膨胀和预期在若干年内的变化过程（见表 10-1、见图 10-6）。为了简化分析，假定在该经济中没有增长。

表 10-1　　　　　　　　　　　**通货膨胀和通货膨胀预期的加速**

年度	图中的点	π	=	f(1/U)	+	π_e
1	a	0	=	0	+	0
2	b	4	=	4	+	0
3	c	4	=	0	+	4
4	d	8	=	4	+	4
5	e	12	=	4	+	8
6	f	16	=	4	+	12

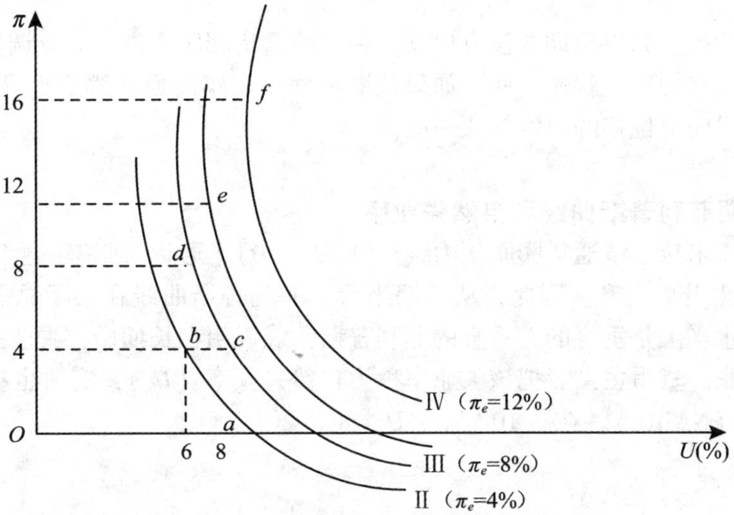

图 10-6　通货膨胀与通货膨胀预期的加速

第 1 年：假设第 1 年没有任何类型的通货膨胀，也没有任何预期，AD = AS，均衡失业率为 8%。经济将处于图 10-6 中的 a 点和表 10-1 中的第 1 年。

第 2 年：假设政府为减少失业而扩大总需求，失业率下降到 6%。经济沿 I 曲线移动到 b 点。通货膨胀率上升到 4%，但人们基于对第 1 年通货膨胀率的预期，仍然预期通货膨胀率为零。因此，菲利普斯曲线未发生位移，I 曲线与零预期通货膨胀率相对应。

第 3 年：人们依据第 2 年的通货膨胀率修正其通货膨胀预期。菲利普斯曲线向上移动 4 个百分点到曲线Ⅱ。如果需求持续以相同比率增长，整个增长都会被物价上涨所吸纳。实际总需求将回落至以前的水平，经济将移动到 c 点，失业率将恢复到 8%的水平。现在，不存在需求拉上型通货膨胀（f（1/U）= 0），但由于预期通货膨胀率为 4%（π_e = 4%），故仍有 4%的通货膨胀率。

第 4 年：假定政府对失业率又回升至 8%感到不满，为使失业率再次降低到 6%，故再次扩大实际总需求。此时，政府必须使需求扩张的幅度比第 2 年还要大，因为此时除了要减少失业外，还要承认有 4%的预期通货膨胀。经济沿曲线Ⅱ移动到 d 点，通货膨胀率现在为 8%。

第 5 年：预期通货膨胀率为 8%（即第 4 年的现实通货膨胀率），菲利普斯曲线向上位移至曲线Ⅲ。与此同时，如果政府试图将失业率保持在 6%，就必须使货币总需求扩张再提升 4%，以承认 8%的预期通货膨胀。此时，经济沿着曲线Ⅲ移动到 e 点，通货膨胀率现在为 12%。

第 6 年及以后：为使失业率保持在 6%，政府必须继续在上一年的基础上使货币总需求扩张 4%。由于预期通货膨胀率继续上升，菲利普斯曲线每年都会不断向上位移。

因此，为了使失业率低于初始均衡失业率水平，物价水平必须每年都要加速上升。

政府越要降低失业率，当年的通货膨胀率上升得越快，下一年和以后每一年的通货膨胀预期越高，物价上涨的速度就越快。因此，失业和通货膨胀上升速度之间的确存在着权衡取舍关系。

值得注意的是，如果预期并没有根据上一年的通货膨胀率进行充分调整，那么，菲利普斯曲线向上位移的速度就慢一些。如果预期根据上一年的通货膨胀上升速度进行调整，则菲利普斯曲线向上位移的速度就快一些。

（四）长期菲利普斯曲线和自然失业率

只要存在需求拉上型通货膨胀压力（$f(1/U)>0$），通货膨胀率就会随着预期通货膨胀率（π_e）的上升而上升。因此，从长期来看，菲利普斯曲线在实际总需求等于实际总供给的失业率水平上是垂直的。垂直的菲利普斯曲线说明在长期中，失业并不取决于货币增长和通货膨胀。货币主义者把该失业率称为自然失业率（U_n），有时也称为非加速通货膨胀型失业率（NAIRU）。在图 10-7 中，$U_n=8\%$。

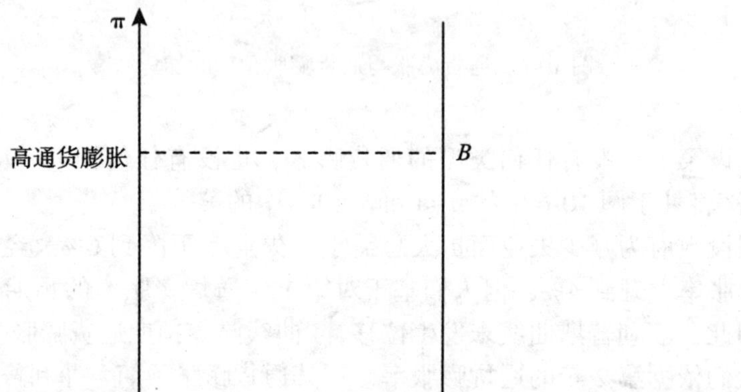

图 10-7　长期菲利普斯曲线

垂直的长期菲利普斯曲线在本质上是古典货币中性思想的一种表现。垂直的长期菲利普斯曲线意味着货币政策影响名义变量（物价水平和通货膨胀率），但并不影响实际变量(产量与失业)。无论当局采取什么货币政策，在长期中，产量和失业为其自然率。

扩张性财政货币政策只能在短期使失业率降低到 U_n 之下；在长期中，其结果只能加剧通货膨胀。

四、理性预期的菲利普斯曲线

货币主义者认为，总供给和菲利普斯曲线在长期是垂直的，需求管理对长期产出和就业没有影响。理性预期学派的经济学家所持的观点更为极端。他们认为总供给和菲利普斯曲线即使在短期也是垂直的，因此，政府的需求管理政策即使在短期也是无效的，总需求增加唯一的作用只是抬高物价。

理性预期学派关于菲利普斯曲线的讨论以两个关键假设为前提：一是弹性工资和价格的假设。根据这一假设，市场几乎能立即出清，即使是在短期也不存在失业，所有的失业都属于均衡失业，或者“自愿失业”。二是理性预期的假设。理性预期不以过去的通货膨胀率为依据，而是以经济的现状和政府所实施的政策为依据。工人和企业通过各种渠道收集对他们有用的信息，如公布的各种经济预测、各种经济指标和各方面的评论以及政府的文件等，然后在这些信息的基础上尽可能预测通货膨胀率。从这个意义上说，这种预期是一种“理性”预期，人们基于现有的信息来评估未来。信息是不完全的，因而人们的预期也可能出错，这对菲利普斯曲线无疑会产生不同的影响。

（一）预期正确时的总供给和菲利普斯曲线

如果人们的信息是正确的，他们就能理性地预测产出和就业将处于自然水平。他们预测到需求的任何变化都会通过价格变化反映出来，同时还预测到实际总需求保持不变。如果实际总需求保持相同，那么，劳动的供求和商品的供求都会保持不变，因此，即使在短期，产出和就业都会保持在自然水平。正确的预期对菲利普斯曲线的影响如图 10-8 所示。

图 10-8 中，假设初始均衡点是 a 点，这也是长期均衡点，总需求（AD_1）等于长期总供给（LAS）。此时，价格是稳定的且稳定在 P_1 水平上。当预期价格水平为 P_1 时，短期供给曲线为 SAS_1。现在假设政府将总需求提高到 AD_2。由于人们能正确地预测出总需求增加的全部价格效应，故不可能沿着基于某一特定价格的短期总供给曲线（比如基于价格水平 P_1 的 SAS_1）移动。只要总需求曲线向右位移，人们就会正确地预测到价格水平要上升。因此，只要经济从 a 点开始沿着 SAS_1 向上移动，整个 SAS 曲线就会向上位移。结果，经济直接向 c 点移动。因此，现实的短期供给曲线是垂直的，而且如果预期是正确的，该曲线与长期“曲线”完全相同，即 $\text{LAS}=\text{SAS}_2$（预期价格水平 $=P_3$）。

（二）预期不正确时的总供给和菲利普斯曲线

尽管人们的预期在多数年份都是正确的，但是在某些年份可能是错误的。预期不正确对产品市场、劳动市场及菲利普斯曲线都会产生影响。

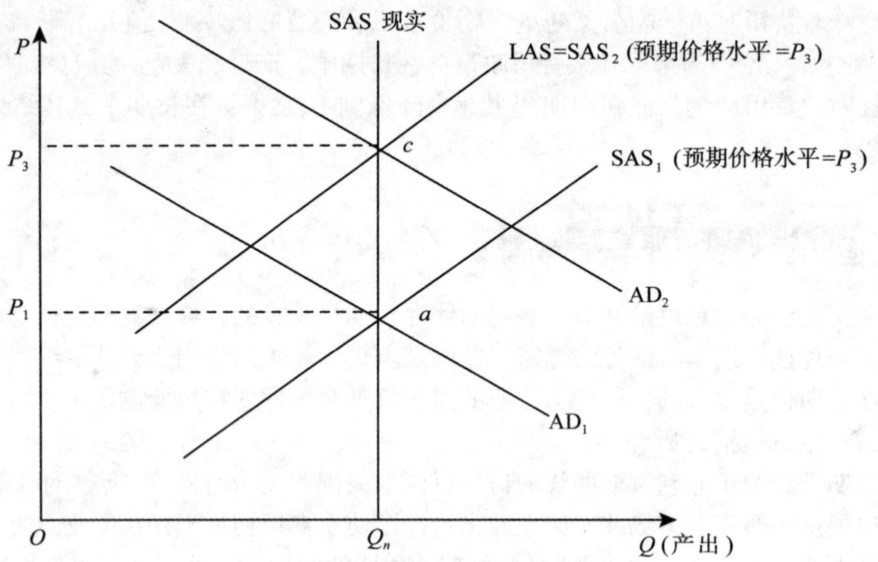

图 10-8　总需求增加的影响

1. 预期不正确对产品市场的影响

如果政府此时出乎意料地刺激总需求，企业本以为政府对总需求的刺激会比实现所需更大。在这种情况下，企业可能高估了通货膨胀，认为实际需求已经下降了，结果会削减产量，高估总需求增加对产品市场的影响如图 10-9 所示。

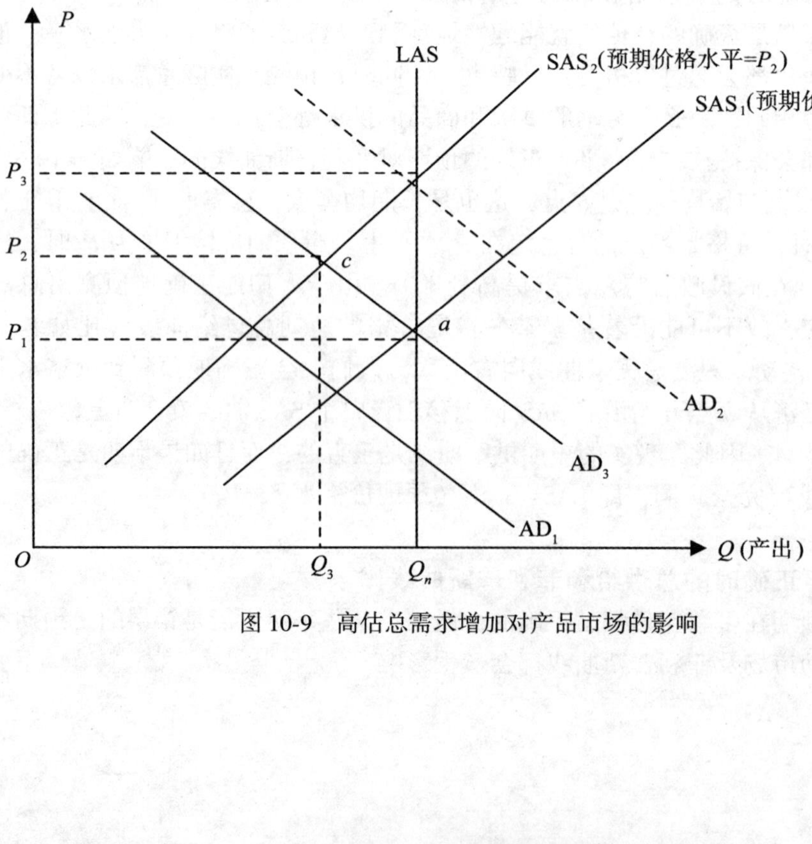

图 10-9　高估总需求增加对产品市场的影响

图 10-9 中，假设总需求最初为 AD_1，基于预期价格 P_1 的短期总供给曲线为 SAS_1。经济位于 a 点，长期总供给曲线在自然产出水平上是垂直的。企业预测政府将刺激总需求，使之达到 AD_2 故将其价格预期调整到 P_2，短期总供给曲线位移至 SAS_2。但是，事实证明，企业高估了价格的上升，总需求仅上升至 AD_3，价格水平也只上涨到 P_3。结果，产出下降到 Q_3。这说明，不正确的预期使产品产量下降。

2. 预期不正确对劳动市场的影响

假定政府增加总需求且增加的幅度超过了人们的预期，即人们低估了通货膨胀率，这意味着工人相信他们正在获得的工资比他们实际获得的工资高，即：

$$\left(\frac{W^e}{P}\right)>\frac{W}{P}$$

于是他们将增加劳动供给。低估通货膨胀对劳动市场的影响如图 10-10 所示。

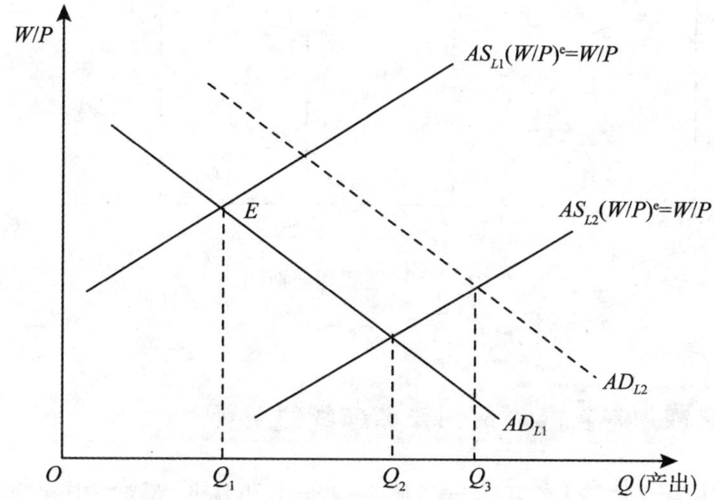

图 10-10　低估通货膨胀对劳动市场的影响

图 10-10 中，假设初始均衡点在 E。现在假设劳动供给增加，劳动供给曲线从 AS_{L1} 位移到 AS_{L2}，就业人数增加到 Q_2，高于自然水平 Q_1（此时预期是正确的）。如果只有工人（而非企业）低估了通货膨胀率，则就业人数上升到 Q_2 只是短期效应。但是，如果企业也低估了通货膨胀率，对就业的影响就变得复杂了。一方面，企业打算增加生产，故对劳动的需求会增加。例如，劳动需求曲线可能位移至 AD_{L2}，就业增至 Q_3。另一方面，如果企业低估了通货膨胀率，他们会认为任何既定的货币工资（W）水平所代表的实际工资 $(W/P)^e$ 水平都比实际获得的高。因此，企业会趋向于在每一工资率上雇用更少的工人，即劳动需求曲线将向左位移。因此，企业雇用的人数是多于还是少于 Q_2，取决于劳动需求曲线的位移方式。

如果人们高估了通货膨胀率，就业将下降，因为工人认为其实际工资比实际获得的要低，工作产量也会下降，企业认为产品的相对价格也下降了。

这样，当人们做出了错误的通货膨胀预期时，产量和就业量就会偏离其自然水平。但是，短期 AS 曲线和菲利普斯曲线仍然是垂直的，因为这些错误都是随机的。低估通货膨胀使短期菲利普斯曲线向左位移（AS 曲线向右位移），因为失业率暂时低于自然水平（而产量则高于自然水平）。高估通货膨胀则使菲利普斯曲线向右位移（AS 曲线向左位移），如图 10-11 所示。短期菲利普斯曲线的平均位置为 U_n。

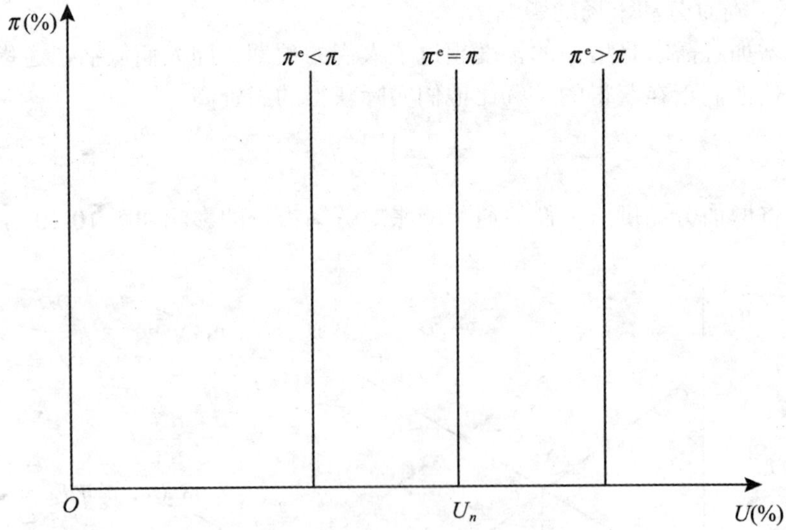

图 10-11　短期菲利普斯曲线

五、现代凯恩斯主义对菲利普斯曲线的解释

凯恩斯主义认为，总需求在决定通货膨胀、产出和就业等水平中起至关重要的作用。他们反复强调，自由市场的运作没有效率，自由市场经常不能出清，价格信号受到经济权力的扭曲，大多数工资和很多价格具有“黏性”。最重要的是，自由市场不可能在充分就业时稳定下来。因此，他们坚持认为，为了防止需求低迷或需求过度扩张，政府积极干预是极其重要的。近几年来，由于通货膨胀和失业同时发生，凯恩斯主义的观点发生了一些变化，主要是强调成本推动因素的重要性，强调均衡失业的重要性，阐释了需求不足时失业存在的合理性，吸收了预期理论，包括适应性预期和理性预期。

（一）成本推动使菲利普斯曲线右移

现代凯恩斯主义者认为，菲利普斯曲线之所以右移，一个重要原因是成本推动。

1. 权力的扩大

大多数凯恩斯主义者认为，20 世纪 60 年代末 70 年代初以来，权力的扩大导致成本增加，从而使价格水平上升，菲利普斯曲线右移。权力的扩大主要表现为罢工和其他形式的行业行动次数增加，使行业动荡越来越频繁，大量的兼并和接管使行业的垄断权力越来越集中。此外，石油价格和其他商品价格的提高也使成本增加（这也可能是由于垄断权力扩大所致)。

2. 目标实际工资

凯恩斯主义者利用经验证据表明，工会每年都企图要求一定的实际工资增长。如果经济的增长足以应付这种工资增长，就不会发生成本型通货膨胀，但是，如果工人开始企图要求更高的实际工资增长（也许是因为工人的垄断权力增加），或者如果经济增长速度放慢了，那么，由于实际工资增加的要求没有得到满足，成本压力就会增大。

当经济增长停滞时，工会要求工资增长越成功会导致失业增加，通货膨胀随着失业增加而下降得越小，菲利普斯曲线越平缓。需求拉动型通货膨胀的下降被成本推动型通货膨胀的上升部分抵消。在极端的情况下，成本推动型通货膨胀的上升比需求拉动型通货膨胀的下降更大，从而使菲利普斯曲线向上倾斜。较低的产出和较高的失业，导致更高的通货膨胀。伴随着经济增长的速度放慢，工会坚持目标实际工资增长的力量越强，企业满足工资要求的能力越小，企业不得不以提高价格的方式转嫁工资增加的压力就越大，成本推动型通货膨胀上升得越大。

（二）均衡失业的增加

1. 较高的结构性失业

绝大多数凯恩斯主义者将均衡失业的增加作为菲利普斯曲线向右位移的一个原因。他们尤其强调行业快速变化时期经济中出现的明显的结构刚性。这些变化包括以下几点。第一，技术变革。如微集成电路的革命淘汰了许多传统工作。第二，来自国外的竞争。国外新产品的引进，由于其质量比国内产品更优或其成本更低，使许多老工业如纺织业江河日下。第三，需求结构的变化。需求从陈旧的劳动密集型行业的产品转向新型高科技的资本密集型产品。

由于劳动力缺乏流动性，缺乏教育和培训的投资，结果是劳动力不能灵活适应劳动需求的变化。

2. 滞后现象

如果经济衰退引起的失业增加在经济复苏时不能完全解决，就会出现滞后现象。20世纪90年代初期经济衰退时，许多四五十岁的失业工人被认为年龄太大而找不到工作，许多找不到工作的年轻人，干脆靠社会保障生活或只是干临时工。更为重要的是，许多企业为了降低成本而削减了培训计划。在这种情况下，总需求增加仍然不能解决长期失业问题，而只能使菲利普斯曲线向右位移，从而增加了均衡失业。

经济衰退也会造成投资不足。对很多企业来说，资本存量的减少意味着即使需求回升也不能大量增加产量、雇用更多的工人，最大的可能是提高价格。因此，失业只是有所下降，而通货膨胀却更加严重。菲利普斯曲线向右位移了，则均衡失业增加。

（三）需求不足失业的持续存在

如果存在需求不足失业，为什么实际工资率不会长期下降从而消除过剩的劳动力？针对实际工资率持续高于均衡水平，凯恩斯主义者给出了两种解释。

1. 效率工资

凯恩斯主义者认为，工资率有两个功能。第一功能是传统意义上的功能，即平衡劳动供求。在此基础之上，凯恩斯主义者又增加了激励工人的功能。如果在有剩余劳动力（需求不足失业）时，实际工资率被降低，那么，在岗工人就会变得心灰意懒，不努力工作。相反，如果企业维持较高的工资率，就能保持对工人的激励，减少工人流失，也能更容易吸引高素质的工人，高素质的工人有利于企业生产效率的提高。因此，企业一般愿意维持比较高的实际工资，使实际工资率（即效率工资率）很可能高于市场出清的实际工资率，从而使需求不足失业持续下去。

2. 内部人权力

如果在岗工人（内部人）是工会会员，而非在岗工人（外部人）不是工会会员，或者如果内部人拥有特殊的技能或知识，能增强他们与雇主谈判的能力，而外部人没有任何影响力，那么，就不会有剩余劳动力（外部人）拉低实际工资率、消除需求不足失业的机制。

第四节　通货膨胀及失业的治理政策

各国反通货膨胀和失业的政策措施有许多，归纳起来看，这些政策的核心是对总需求或总供给的控制，我们将其称为需求政策和供给政策。

一、需求政策

在应对通货膨胀和失业方面的需求政策主要有以下几个方面。

（一）财政政策

如果经济失衡，政府可以选择改变政府支出或税率水平，这就是相机抉择的财政政策。如果存在需求不足的问题，财政政策也可以用来刺激总需求。在这种情况下，政府可以增加政府支出或削减税收，这就是通货膨胀性的财政政策。如果政府用于商品和服务（修路、保健、教育等）上的支出增加，国民收入将会成倍增加。原因是所有货币都花出去，就会增加总需求。

与政府增加支出相比，减税对国民收入的影响较小。原因是减税可以增加人们的可支配收入，但在可支配收入中，只有一部分被花掉，另一部分通过增加储蓄、购买进口商品以及缴纳其他税收而被撤出。换句话说，并非全部减税额都被作为额外支出而在收入循环流中流动。

通过削减政府支出或增加税收从而减少消费者支出就可以减少总需求。这些政策措施称为通货紧缩性财政政策。

（二）货币政策

货币政策涉及经济中货币供给的改变和利率的操作。政府通过降低货币供给从而减少支出可利用的货币量，或通过提高利率从而使借款成本更大，就可以减少总需求，这就是通货紧缩性货币政策。

控制货币供给有两种方法：(1) 改变银行体系中的流动水平，这是信用创造的基础；(2) 通过改变存款准备金比率来改变银行的乘数的大小。具体来讲，主要是公开市场业务，增加中央银行对商业银行的贷款，债务转期，改变最低准备金比率。

在许多国家，目前比较普遍的货币控制方法是直接调整利率。一般来说，中央银行先宣布变动利率，然后进行公开市场业务，确保货币供给的调整，使宣布的利率成为均衡利率。

（三）指数化债务

在通货膨胀率很高且不确定的国家，运用普通的债务工具来进行长期借款已变得不可能—贷款人对到期后他们收回的还款的实际价值为多少心里没底。在这样的国家里，政府一般发行指数化债务。当利息或本金根据通货膨胀进行了调整时，债券就指数化了。

（四）工资的指数化

某种形式的指数化是许多国家劳动力市场的普遍特征，指数化通过使实际工资基本固定不至于差得太离谱，而保持了长期工资合同的优势与工人和企业的利益之间的巧妙平衡。

工资的制定并不是每星期或每个月都磋商一次，而往往采取 1 年或 3 年合同的形式。既然在工资合同期内价格会发生变化，就必须根据通货膨胀进行一些调整。从广义来说有两种调整的可能性：一种是根据 CPI（消费者价格指数）或 GDP 减缩指数来指数化工资，并基于周期性比如说每季度的检查随该段时期内价格的上升而增加工资；另一种是基于价格上升的预期比率来安排周期性的工资增加。如果通货膨胀能被确切地了解，这两种方法产生的结果可能是一样的。但既然通货膨胀可能在预期上存在差距，所以两种方法产生的结果也可能会不一样。

在考虑工资指数化效应的时候，我们必须区分两种可能性：需求冲击和供给冲击。在需求冲击的情况下只有“纯粹”的通货膨胀扰动，企业能够支付起相同的实际工资，从而也不会在乎 100%的指数化。而在供给冲击的情况下，实际工资必须要下降，而完全的指数化会阻碍其下降。例如，假设实际原材料价格上升，厂商把成本的上升转嫁到最终产品的更高价格上，这样消费者价格会上升，并且在工资指数化制度下，工资也会随之上升。而工资的上升又将引发更进一步的价格、原材料成本和工资的上涨。在这里，指数化措施反而加剧了通货膨胀的螺旋式上升。相反，在预先固定的工资增加制度下，由于更高的原材料价格会导致实际工资的下降，却可避免这种恶性后果。

二、供给政策

经济学家们对通货膨胀产生的确切原因的意见不可能一致，他们在最适当的治理措施方面，意见也不可能一致。主要有以下几种代表性观点。

（一）货币主义的供给政策

货币主义者认为，从长期来看，需求政策（他们实际指的是货币政策）只能作为反通货膨胀的武器，不会影响经济增长和就业，而供给政策才是增加产出、降低失业水平的适当政策。

供给政策可以使总供给曲线向右位移，即提高企业在任何既定的价格下愿意提供的产量。在劳动市场上，供给政策能降低自然失业率，从而使垂直的长期菲利普斯曲线向左位移。供给政策的实质是鼓励甚至奖励私人企业行为和创新行为，减少政府作用，更多地依赖市场力量和竞争，减少政府干预和管制。具体包括：(1) 减少政府支出以释放更多的资源给私人部门；(2) 减税以增加激励；(3) 削弱工会的垄断权力以加大工资的灵活性并促使劳动市场出清；(4) 降低某些福利救济金的自动享受资格以鼓励自立；(5) 减少繁琐手续和其他对投资和承担风险的障碍；(6) 通过放宽管制和私人化的政策来鼓励竞争；(7) 废除外汇管制和扫清其他对资本自由流动的阻碍。

（二）凯恩斯主义的供给政策

现代凯恩斯主义者并不仅仅提倡需求管理，也提倡供给政策，但通常更倾向于干预主义供给政策。干预的形式包括：补贴、鼓励兼并和其他形式的重组、建议和劝告、提供信息和直接提供基础设施等。政府制定指导性计划，在这种计划下，政府试图与企业合作，共同协调经济中的投资决策。

（三）“第三条路”的供给政策

英国布莱尔政府提出了“第三条路”的供给政策。它既借鉴了“右派”倡导的各种激励、低税收和资本自由流动的思想，又借鉴了“左派”推崇的政府的政策措施能改善经济运行和为私人提供支持的观点。

“第三条路”的供给政策的核心思想就是“让人们自己帮助自己”，主张有目标的政府干预、管制、福利和教育计划，使市场更有效率地运行。因此，失业政策应着重于帮助失业的人找到工作，失业救济金应与积极寻找工作的人相联系。经济增长政策应当是下列措施的混合体：强化市场激励、保持低税收、鼓励竞争、防止垄断权力滥用、改善基础设施、加强教育和培训等。

其实，不管哪种政策都会产生供给效应和需求效应。许多供给政策涉及增加政府支出，比如在再培训计划上的支出、在研究与开发项目上的支出、在工业重新布局方面的支出。因此，这些方面的支出都将使总需求增加。同样，旨在加强激励的减税，也属于供给政策，也将增加总需求。所以，在安排各种供给政策时，重要的是要考虑这种政策对需求的影响。

需求管理政策也常常有供给效应。如果降低利率刺激了投资，会使国民收入成倍增加，而这是一种需求效应。但是，投资增加也会提高生产能力，这又是一种供给效应。

本章小结

1. 在我们的经济生活中，大多数物品的价格倾向于一直在上升，这就是通货膨胀。而我们常用通货膨胀率来衡量通货膨胀的总体水平。

2. 解释产生通货膨胀的原因主要有三种：一是用货币发行过多来解释，二是用总需求和总供给来解释，三是从经济结构因素变动的角度来解释。

3. 通货膨胀的成本主要表现为隐性成本，并不直接带来产量的损失。

4. 失业的类型包括：周期性失业、季节性失业、摩擦性失业和结构性失业。按照劳动力市场的供需状况，失业又可以分为失衡失业和均衡失业（自然失业）。

5. 经济学家通常用菲利普斯曲线来描述通货膨胀与失业之间的关系。短期菲利普斯曲线说明，通货膨胀与失业存在着此消彼长的关系，政府可以通过需求管理政策使经济沿着菲利普斯曲线移动，进而影响产出和就业。货币主义将预期因素纳入菲利普斯曲线，认为总供给和菲利普斯曲线在长期是垂直的，因此，需求管理政策对长期产出和就业没有影响。

6. 应对通货膨胀和失业的措施主要包括需求政策和供给政策。

复习思考题

一、单项选择

1. 失业率是指（　　）。
   A. 失业人口与全部人口之比
   B. 失业人口与全部就业人口之比
   C. 失业人口与全部劳动人口之比
   D. 失业人口占就业人口与失业人口之和的百分比

2. 某人正在等待着某项工作，这种情况可归类于（　　）。
   A. 就业　B. 失业　C. 非劳动力　D. 就业不足

3. 由于经济衰退而形成的失业属于（　　）。
   A. 摩擦性失业　B. 结构性失业　C. 周期性失业　D. 自然失业

4. 通货膨胀是指（　　）。
   A. 一般物价水平普遍、持续的上涨
   B. 货币发行量超过流通中的黄金量
   C. 货币发行量超过流通中的商品的价值量
   D. 以上都不是

5. 可以称为温和的通货膨胀的情况是指（　　）。
   A. 通货膨胀率在10%以上，并且在加剧的趋势
   B. 通货膨胀率以每年5%的速度增长
   C. 在数处之内，通货膨胀率一直保持在2%~3%的水平

D. 通货膨胀率每年50%以上

6. 下列表述中，正确的是（　　）。

A. 在任何情况下，通货膨胀对经济的影响都很小

B. 在通货膨胀可以预期的情况下，通货膨胀对经济的影响也很大

C. 在通货膨胀不能预期的情况下，通货膨胀有利于雇主而不利于工人

D. 在任何情况下，通货膨胀对经济的影响都很大

7. 需求拉动通货膨胀（　　）。

A. 通常用于描述某种由供给因素所引起的价格波动

B. 通常用于描述某种由总需求的增长所引起的价格波动

C. 表示经济制度已调整过的预期通货膨胀率

D. 以上均不是

8、抑制需求拉动通货膨胀，应该（　　）。

A. 控制货币供应量　　B. 降低工资

C. 解除托拉斯组织　　D. 减税

9、由于工资提高而引起的通货膨胀是（　　）。

A. 需求拉动通货膨胀　　B. 成本推动通货膨胀

C. 需求拉动和成本推动型通货膨胀　　D. 结构性通货膨胀

10. 菲利普斯曲线是一条描述（　　）。

A. 失业与就业之间关系的曲线　　B. 工资与就业之间关系的曲线

C. 工资与利润之间关系的曲线　　D. 失业与通货膨胀之间交替关系的曲线

二、简答题

1. 通货膨胀中，哪些人受损？哪些人受益？

2. 通货膨胀的经济成本是什么？

3. 在经济周期的哪一阶段上，失业的平均持续时间可能最长？

4. 失业为零可取吗？解决每种类型失业的最合适的政策是什么？

5. 如何评判某一特定时期的通货膨胀是由成本推动因素还是由需求拉动因素造成的？

扩展阅读

美国通货膨胀上扬意味着什么？

宏观经济学家加文·戴维斯发表了题为《美国通胀上扬意味着什么?》的文章。文章说，几个月前有评论称，发达经济体2016年初通胀上升“几乎是板上钉钉的事情”，多亏了“几乎”这个词，自那以后，油价暴跌至新的低点，而市场仍纠结于通缩担忧。

2016年通胀上升的理由基于如下事实，即当油价企稳的时候，能源对整体消费价格通胀指数的影响将会改变方向。这种“不可避免的”算术效应因今年1月的油

价暴跌而延迟，但它理应在近期表现出来。然而，关键问题是，这种整体通胀的自动上升是否预示着发达经济体的基础通胀迎来更为重要的转折点——人们错误地预见这个转折点的到来已有数年之久。

答案在于，有初步迹象显示美国基础通胀缓慢上升——最近几个月美国价格上涨高于预期。相比之下，欧元区和日本的通胀率意外偏低。在这些地方，对“长期停滞”导致通缩的担忧似乎仍然非常真实。

美联储去年12月开始收紧货币政策反映出对美国通胀的担忧，但许多经济学家辩称，这种担忧仍是严重夸大的。就连联邦公开市场委员会内部对通胀未来走势也存在严重分歧，一些政策制定者表示，今后几个月他们的决定将取决于实际消费价格数据。迄今为止，数据似乎表明“鹰派”的一些担忧是合理的。今年1月，核心个人消费支出通胀率上升1.7%，距官方制定的2%的整体个人消费支出通胀率目标并不太远。自去年7月以来，核心CPI和核心个人消费支出均上升0.4个百分点，分别达到2.2%和1.7%。

这算不上通胀过程出现转折点的确凿证据，但由美联储体系的数家地区银行估算的基础价格数据表明，最近的通胀率接近或高于2%。自去年12月FOMC会议以来，这些指标基本没有变化，因此它们不太可能为美联储提供明确的方向指引。

然而，Fulcrum的通胀预测模型，包括价格通胀、汇率和油价在内的BVAR模型似乎都表明，最近通胀过程已经变得坚实。作为比较，值得指出的是，美国这些预测与欧元区的同类预测形成鲜明对比。在欧元区，通胀过程仍远未正常化，通胀依然远低于目标水平的时期将比欧洲央行去年12月的预测要长得多。在这种情况结束前，通胀预测很容易进一步偏离欧洲央行的“低于但接近2%的目标”。

由杰森·福尔曼挂帅的白宫经济顾问委员会在其编写的《2016年美国总统经济报告》中提出的证据表明，自1990年以来美国菲利普斯曲线呈现扁平化。在21世纪头十年，每当失业率比正常水平（为5%左右）低1个百分点，之后年度通胀只会上升约0.25%，只有之前几十年观察到的影响的一半左右。

高盛一贯优秀的斯文·扎里·斯滕和简·哈祖斯最近发表的类似研究显示，在考虑到这种通胀对失业的响应度下降之后，用菲利普斯曲线模型预测主要经济体通胀就仍然有效。这些模型的预测显示，到2017年美国核心通胀将升至2%以上，同时欧元区和日本的通胀依然远低于目标水平。

这对美联储和市场意味着什么？好消息是无论经济发生什么情况，通胀完全失控的可能性极小。通胀上升将非常缓慢。但美联储可能强化其对于菲利普斯曲线仍然有效的信念，在这种情况下，它将不会允许失业率在5%下方快速下降。最新的美国就业报告显示，失业率已经降至4.9%。

市场应该担忧这一点。最近，在生产率增长接近于零的情况下，失业率快速下降，同时实际GDP增长率徘徊在1%左右。如果美联储认为，它有必要在美国经济接近这种低点时施加速度限制，股市肯定会陷入巨大麻烦。

资料来源：新华网，2016.

第十一章
宏观经济政策

开篇语

宏观经济学的核心始终是围绕着对经济政策的辩论展开的。在20世纪30年代以前，经济学界很少有针对宏观经济学的讨论，在大萧条发生以后，多国政府开始分析和思考大萧条发生的原因和尝试结束大萧条的方式，以此为开端，形成现在的宏观经济学。特别是在21世纪，2007—2008年的全球金融危机和还在发酵中的欧洲债务危机的到来，使人们更进一步认识到经济稳定和政府赤字缩减对各国经济的发展有着至关重要的作用。

第一节　宏观经济政策概论

从大萧条时期的凯恩斯主义理论中提及的宏观经济理论，到现在的宏观经济政策中关于博弈论的运用，几十年的发展，宏观经济学在运动中不断得到历史的检验，并不断完善自身的理论以此来解释经济运行中出现的新问题和新情况。很多过去认为是错误的东西，今天可能被重新定义，而很多过去认为是正确的说法，又会被人们抛弃。但是不论宏观经济理论的变动如何进行，我们切入宏观经济政策的学习要点始终是相对稳定的，即是关于财政政策和货币政策的理论。

20世纪20年代的长期慢性大萧条和随后爆发的1929—1933年世界性的大萧条粉碎了古典经济学派对市场机制过分乐观的假设，建立在充分就业假设前提下的古典经济学派对已经到了崩溃边缘的资本主义经济一筹莫展，人们因此看到了古典经济学关于自由放任的缺陷。20世纪20年代中后期，凯恩斯开始致力于寻找英国经济长期慢性萧条的原因和解救之策。在这样的社会历史背景下，凯恩斯从政府干预的角度提出了治理危机的理论。凯恩斯主张放弃自由竞争、市场自动调节和自由放任的经济原则，力主通过政府的财政政策和货币政策来调节消费需求和投资需求，以实现充分就业和促进经济增长。1924 年上半年，凯恩斯发表了《失业需要猛剂吗》、《英国政府和失业》等多篇文章，第一次将政府实施大规模公共工程计划看做是救治失业的根本方法，他的政策思想开始由自由放任转向政府干预。1936 年以凯恩斯《就业、利息与货币的一般理论》的出版为标志，建立在宏观经济学基础上的现代财政政策理论开始发展起来。

20 世纪 50 年代，新古典综合派的理论和主张为西方政府重用，很多主张该理论的经济学家甚至成为了一些政府的经济顾问，这使得新古典综合派很快成为了当时经济学界的主流思想。在那段时期，以美国为首的西方经济体基本上经历了稳定的经济复苏时期，虽然出现过小的经济波动，但大趋势还是实现了充分就业和稳定的经济增长，通货膨胀和失业率都维持在一个较低的水平。

然而从 20 世纪 70 年代开始，西方经济出现了衰退，通货膨胀的不断上升和有限经济调整政策的使用，导致了物价飞涨，从而出现了滞胀的局面，即失业和通货膨胀这对相对的概念同时并存。这一现象在凯恩斯主义中是不可能同时出现的，但现实却给了凯恩斯主义沉重的打击。当新古典综合派无法对滞胀加以理论上的解释，那么在政策上自然无法提出相对应的解决办法。

在凯恩斯主义饱受抨击的时期，涌现出了许多其他的经济主张，其中有以弥尔顿·弗里德曼为首的货币学派，美国前总统里根信奉的供给经济学派，以 R. 卢卡斯和 T. 萨金特为首的理性预期学派。

货币学派与凯恩斯主义相悖的观点主要有两个：一是关于财政政策和货币政策的效果；二是关于稳定性的经济政策的作用。供给经济学派反对凯恩斯主义的需求管理，把经济中需要着重解决的问题放在供给的一边，认为供给创造了需求。理性预期学派是针对适应性预期而言，论述了预期与历史之间可能存在的关系。

20 世纪 80 年代，西方主流经济学中出现了一个既继承凯恩斯主义传统，又吸收了新古典宏观经济学有用成果的学派，即以美国哈佛大学教授格里高利·曼昆和斯坦福大学教授约瑟夫·斯蒂格利茨等人为代表的新凯恩斯主义。新凯恩斯主义接受凯恩斯主义的观点，认为“失业和非市场出清是经济常态”，赞成政府干预经济活动，但同时也吸收了新古典宏观经济学货币主义的分析框架和理性预期的基本假设。

大多数经济学家认为，经济政策是政府为了达到一定的经济目标而实行的对经济有意识的干预，政府和国家一般会为了解决经济中存在的问题和增加社会福利而制定新的经济政策。所以说，所有的经济政策都是根据一定的经济计划和目标而制定和执行的。

第二节　财政政策

财政政策是指一国政府为了实现一定的宏观经济理论目标而调整财政收支规模和收支平衡的指导原则及其相应的措施。财政政策是国家经济政策的重要组成部分，其制定和实施的过程也是国家进行宏观调控的过程。

财政政策作为体现国家年度收入和支出、平衡预算和国家债务的工具，贯穿于财政工作的全过程。正因为如此，我们可以说财政政策是由支出政策、税收政策、预算平衡政策、国债政策等构成的一个完整的政策体系。在市场经济条件下，财政功能是否得以正常发挥，主要取决于财政政策的适当运用与否。财政政策运用得当，就可以保证经济的持续、稳定和协调发展；财政政策运用失当，就会引起经济的失衡和波动。

综上，财政政策可以定义为是国家以一定的宏观经济理论为依据，为实现既定时期内的经济社会总体目标，而对政府支出和收入等各种财政手段的选择以及综合运用。这一定义表明：

（1）财政政策以一定的宏观经济理论为依据。

（2）财政政策以多重的宏观经济指标为目标。

（3）财政政策是多种财政政策手段的综合运用。

财政政策兼顾全局性和局部性两个方面。在全局上，财政政策可以对整个社会积累和消费的比例起到调节作用，在国家内部实施财政转移制度等，这些都属于全局性的财政政策。在局部上，也针对某一类企业或行业实施税收优惠政策措施，对城市居民的生活品价格进行补贴，对农业生产减免税收，而对某项工程的投资则同样属于局部性的财政政策。当然，全局性的财政政策和局部性的财政政策的划分只是相对的。一项财政政策究竟是全局性的还是局部性的，主要看这项财政政策所产生影响的范围的大小。一般来说，全局性的财政政策就是涉及和覆盖全国的，否则就是局部性的财政政策。

财政政策是宏观经济学中的重点部分，当然也更侧重于宏观调控效应，但实施财政政策的手段必须要作用于微观经济主体，通过影响他们的行为，以此达到一定的原始目标。因此，全局性的财政政策和局部性的财政政策是相互依赖、互为条件的。局部性的财政政策服务于或从属于全局性的财政政策，而全局性的财政政策往往要通过局部性的财政政策来实施。有时全局性的财政政策和局部性的财政政策会产生一些冲突，这就需要进行政策间的协调。

一、财政政策的工具

财政政策工具就是由财政政策主体所选择并使用的、用于达到既定财政政策目标的手段和方法。任何一种活动或行为，只要包括预算政策、税收、公债、财政支出总量以及结构的调整与变化和转移支付等有意识的活动和行为，只要是用于调整财政政策的收支就可以成为财政政策工具。

1. 预算政策

国家预算也可成为政府预算，是实施财政政策的重要工具，在各种财政政策中居于核心地位，也是财政政策中最常用的一种，在宏观调控中发挥重要的作用。国家预算反映出一定时期国家财政的活动范围和方向，并被作为国家财政的基本收支计划和行动部署。一般来说，政府扩大预算支出，会促使社会总需求扩张；反之，政府压缩预算支出，则促使社会总需求缩小。这些预算都在每年国家发布的预算报告中有所体现。

预算有三种政策方向：赤字预算政策、盈余预算政策和平衡预算政策。从预算的对比关系来看，预算开支大于预算收入，形成预算赤字，它对总需求的影响是扩张性的，并且会改变原来社会总供给和总需求的对比态势。一般当经济增长速度较为平稳、失业率和通货膨胀率较为适中，在人们认可的范围之内时，国家通常采用平衡的预算政策。预算收入大于预算支出，形成预算盈余，对社会总需求产生的影响是收缩性的，也会改变原来社会总供给和总需求的对比态势。所以，预算政策通过调节预算收支的规模及差额，进而调节社会总供给和总需求的总量，促使社会总供给和总需求的平衡。预算政策既有总量调节又有结构调节，预算收支规模的扩张与缩小是总量调节，而预算收支结构的变动则是结构调节。正是预算政策的这两个方面的调节功能，使政府在调节社会总供给和总需求上多使用预算总量政策，而在调节一国产业结构方面多使用预算结构政策。

2. 税收政策

税收作为一种重要的政策工具，具有分配形式上的强制性、无偿性和固定性特征。这三个特征使税收调节同时具有权威性。税收的调节作用主要通过宏观税负、税负分配、税收优惠和税收惩罚体现出来。宏观税负指的是总的税收水平，就是总税额占国民收入的比重。当一国把税收作为财政收入的基本来源时，宏观税负就成为衡量财力集中于分散程度的一个重要指标。宏观税负高意味着政府集中掌握的财力或动员资源的能力强；反之则弱。政府动员资源的能力如何，对宏观经济运行的稳定以及经济发展产生巨大的影响。一般来说，政府提高宏观税负，会对民间部门经济起收缩的作用，宏观税负提高意味着更多收入从民间部门流向政府部门，相应的民间部门的需求将下降，民间部门的产出相应地减少；政府若降低宏观税负，则会对民间部门经济起扩张作用，需求相应地将上升，产出也相应地增加。宏观税负确定后税负的分配就显得十分重要。税负分配，一方面由政府部门进行，主要是通过税种和税率的选择和制定来实现；另一方面通过市场活动进行，主要是通过税负转嫁的形式体现出来。两个层次的税负分配，对于收入的变动、相应的个人与企业的生产经营活动以及各经济活动主体的行为均产生重大影响。税收优惠与惩罚主要是在正税的基础上，为了某些特殊需要而实行的鼓励性措施或惩罚性措施。这种措施在运用上具有较大的灵活性，它往往起到正税难以起到的作用。因此，在各国的税法中都不同程度地保留着某些税收优惠性和惩罚性措施。税收的优惠性措施包括许多方面，比如减税、免税、宽限、加速折旧以及建立保税区等；与税收优惠性措施相反的是税收惩罚性措施，比如报复性关税、税收加成、征收滞纳金等。无论是优惠性还是惩罚性的措施，对实现财政政策的某些目标都能起到一定的作用。

3. 公债政策

作为一种财政信用形式，公债最初主要是政府用来弥补财政赤字的，随着信用制度的发展，公债已成为财政政策的重要手段之一，在经济中扮演着越来越重要的角色，它成为连接财政政策与货币政策的桥梁，同时也是连接和协调财政与金融关系的重要政策手段。在现代信用制度下，公债的市场操作是沟通财政政策与货币政策的主要载体，通过公债的市场操作可以协调大量的经济政策体系。一方面，公债市场融资比直接的政府透支对基础货币的变动影响小，可以淡化赤字的通货膨胀后果；另一方面，可以增强中央银行灵活调节货币供应的能力。

公债的调节作用主要体现在下述三种效应上。

(1) 货币效应。货币供给也会由于公债发行引起变化，公债的发行一方面可能使部分“潜在货币”变为现实流通货币；另一方面则可能把存于居民手中的货币转到政府部门，或者通货膨胀也会在中央银行购买公债增加货币的投放时产生。由于公债发行所带来的货币的一系列增减变动，统称为货币效应。

(2) 挤出效应。挤出效应是指政府通过扩大公债发行规模，可能会挤掉民间的投资或消费，即由于公债的发行使民间部门的投资或消费资金减少，从而对民间部门的消费起调节作用。一方面，公债规模的扩大可能导致流通中的货币量的增加，促使利率上升，从而减少民间投资或消费；另一方面，政府国债规模的扩大还会将民间的资金集中到政府手里，导致民间投资或消费资金减少。政府运用公债手段执行财政政策究竟能否产生挤出效应，还要结合当时的经济环境进行具体分析。

(3) 收入效应。公债主要是依靠未来年度政府收到的税收来偿还，而公债持有人在公债到期时不仅可以收回本金，而且得到利息收入。政府发行公债主要用于社会公共需要，人人均可享用。这样，在一般纳税人与公债持有人之间就产生了收入的转移问题。我们还应该注意，公债所带来的收入与负担问题不仅影响当代人，而且还存在着所谓几代人的收入与负担的转移问题。对这些问题的分析，就是收入效应分析。

公债的作用主要通过公债的规模、持有人结构、期限的构成、公债的利率等多方面综合体现出来。政府可以通过调整公债规模、选择发行对象、区分公债偿还期限、确定不同期限结构和利率结构来实现财政政策目标。如果政府公债规模过大，尤其是当国债资金使用效率不高时，巨额的国债本金和利息支付将使财政不堪重负，由此可能产生债务风险，我们应该尽量避免此种情况出现。

4. 支出政策

公共支出主要是指满足社会公共需要的一般性支出或称经常项目支出，它包括购买性支出和转移性支出两大类。购买性支出包括商品和劳务的购买，它是一种政府的直接消费支出，体现政府的市场性再分配活动。购买性支出的作用是通过支出使政府掌握的资金与微观经济主体提供的商品与劳务相交换，因而对社会的生产和就业有直接的影响。购买性支出当然也影响国民收入的分配，但其影响是间接的。转移性支出所体现的是政府的非市场性再分配活动。转移性支出的作用是通过支出过程使政府所有的资金转移到领受者手中，它只是资金使用权的转移，对分配产生直接的影响。可见，在公共支出总额中，对生产和就业有直接影响的购买性支出所占比重越大，直接通过财政所配置的资源的规模就越大；反之，转移性支出所占的比重越大，财政活动对收入分配的直接影响就越大。

二、财政政策的类型

根据财政政策在经济中抵消总需求变化的工具作用方式的不同，可以将财政政策分为自动稳定器财政政策和相机抉择的稳定器财政政策。

1. 自动稳定器

自动稳定器也叫内在稳定器，是指在经济中能够自动地抵消总需求变化的财政政策工具或者财政活动。自动稳定器的特点是：在一定的前提下，它对于总需求的调节是自发的，不需要人们针对特殊变化临时做出判断并采取相应的行动措施。它可以自行发挥作用，减轻需求水平的波动，进一步稳定经济。在各类财政政策工具中，自动稳定器主要用在累进的公司所得税、个人所得税以及有明确条件规定的对个人的转移支付。政府对个人的转移支付一般具备无偿性，它属于国家内部社会保障方面的开支，诸如失业救济、政府对居民的困难拨款以及抚恤金等，政府通过这种转移支付并不获得直接的经济补偿。这种支付发挥自动稳定的原理是：当经济处于衰落时，企业生产下降，投资不旺，导致失业人口大量增加，因此居民收入水平下降，在不改变原来消费偏好的情况下，居民总的需求水平必然会下降，而这时，如果政府通过转移支付把一部分资金转移到个人手上，就可以抑制个人需求的下降，从而就可以阻止社会总需求水平的下降，这对经济的恢复可以发挥相当大的作用；在经济处于繁荣时期，企业生产大幅度增加，投资增加，失业人口大幅度下降，居民收入也大幅度上升，这时政府的转移支付就会下降，就会减缓社会总需求的膨胀。所以，政府对个人转移支付的这种作用，实际上具有自动稳定经济运行的作用。

累进的公司所得税和个人所得税也有类似的功能。当经济处于繁荣时期，公司利润和个人收入增加，消费和投资也会增加，由于累进税制的特点，收入越高，税率也就越高，随着公司利润和个人收入的提高，这时政府的税收就会以更大的幅度增加，这样就遏制了总需求的膨胀；当经济处于萧条时，公司利润和个人收入减少，由于累进税制的特点，收入越少，税率也就越低，随着公司利润和个人收入的降低，这时政府的税收就会以更快的速度下降，这样就阻碍了总需求的降低。

总之，累进的所得税和转移支付能够自动调节社会总需求的波动幅度，避免经济过度的需求膨胀或过度的需求不足，减轻需求水平波动，进而起到稳定经济的作用。

2. 相机抉择的稳定器

相机抉择的稳定器不是自动地发挥作用，而是建立在决策者对客观经济形势的分析和判断之上，在适合的时机决定采取的相应的财政政策措施。相机抉择的稳定器是指为了使经济达到预定的总需求水平和就业水平，政府根据不同的情况所采取的财政政策措施。例如，在经济运行过程中，如果政府认为社会总体水平已经过高，甚至出现总需求膨胀或者通货膨胀的现象，政府就会实行紧缩性财政政策，使总需求水平降低，使之与当前的社会总体供给水平相适应；相反，如果政府认为社会总需求不足，经济不景气，失业率过高，政府便采取扩张性的财政政策，以刺激或促进社会总需求水平的上升。

在多种财政政策工具中，相机抉择的稳定器主要有：①调整政府购买商品和劳务的水平（即调整除了政府转移支付以外的其他财政支出水平）；②调整税率；③调整税收起征点和减免税的适用条件；④调整转移支付的条件；⑤调整加速折旧政策等。

运用相机抉择原理调节经济运行，一般是逆经济周期而行，即当经济处于萧条时期，政府往往采取扩张的措施，如扩大开支，降低税率，加速折旧等，从而刺激社会总需求的增加。当经济处于繁荣时期，政府就会采取紧缩的政策，如缩小开支，提高税率，降低折旧率等，以此抑制社会总需求的增加。总之，相机抉择原理的运用同样是调节经济的过度膨胀和经济的过度萧条，以保持经济的平稳运行。

根据财政政策本身的功能状况在调节国民经济总供给方面的不同的功能，可以将财政政策分为扩张性的财政政策、紧缩性的财政政策和中性的财政政策。

1. 扩张性的财政政策

扩张性的财政政策又称"松"的财政政策，是指通过增加财政政策收支活动和刺激社会总需求的政策。在社会总需求不足的情况下，政府通常采取扩张性的财政政策，其主要内容是增加政府支出，减少税收。增加政府支出，包括增加公共工程的开支，增加政府对物品或劳务的购买，增加政府对个人的转移性支付。这样，一方面可使社会总需求中的政府开支部分提高，从而增加总需求；另一方面也可以刺激私人消费和投资，间接增加总需求。财政支出大于财政收入，因而表现为财政赤字。

2. 紧缩性的财政政策

紧缩性财政政策又称"紧"的财政政策，是指通过财政政策活动减少和抑制社会总需求的政策。在社会总需求规模大于社会总供给的情况下，政府通常采取紧缩性的财政政策，其主要内容是减少政府支出，增加政府税收，最终实现总供给与总需求平衡的目标。减少政府支出包括减少公共工程的开支，减少政府对物品和劳务的购买，减少政府对个人的转移性支付。增加政府税收包括提高税率，设置新税等。财政支出小于财政收入，因而表现为财政盈余。

3. 中性的财政政策

中性的财政政策又称"均衡"的财政政策，是指政府的财政收支活动不对社会总需求施加扩张性或者紧缩性的影响政策。在社会总需求与总供给基本平衡的情况下，政府只需要维持原有的财政收支规模与结构，从而保持财政政策的中性，不对社会总供给产生任何影响。中性的财政政策是在经济发展相对平稳的时期，国家实行的政策使宏观税率基本稳定，财政支出随社会生产力发展，国民生产总值增长，财政收入增加而相应地增加，保持财政收支的相对平衡。中性的财政政策实施的结果表现为财政收支在数量上基本一致。对于中性的财政政策可以有两种相互对立的理解。一方面，可以把中性的财政政策理解为是一种消极的财政政策，因为从一定意义上说，中性的财政政策实际上只是"被动地"迎合了经济的需要，理论上，这种政策不会对经济施加任何影响；另一方面，也可以把中性的财政政策理解为是一种积极的财政政策，因为它是政府为了保持社会总供给与总需求之间的平衡而进行的一种政策调整，是积极的财政政策的延续。

第三节 货币政策

一、商业银行和中央银行

要了解货币政策，必须具备一些西方银行制度的知识，因为货币政策要通过银行制度来实现。在银行制度方面，西方主要国家的金融机构并不完全相同。大体来说，他们的金融机构包括金融中介机构和中央银行两类。金融中介机构中最主要的是商业银行，其他还包括储蓄和贷款协会、信用协会、保险公司、私人养老基金等。商业银行之所以称为商业银行，是因为早先向银行借款的人都经营商业，但后来工业、农业、建筑业的消费者也都来商业银行融通资金，故其客户遍及经济各部门，业务也多种多样，之所以仍叫商业银行，只是沿用旧称呼罢了。商业银行的主要业务是负债业务、资产业务和中间业务。负债业务主要吸收的存款包括活期存款、定期存款和储蓄存款。资产业务主要包括发放贷款和投资两类业务。放款业务是向企业提供短期贷款，包括票据贴现、抵押贷款等。投资业务是指购买有价证券以取得利息收入。中间业务是指代为顾客办理支付事项和其他委托事项，从中收取手续费的业务。

中央银行是一国最高金融管理机构，是国家经济统治地位的体现，它统筹管理全国金融活动，实施货币政策以影响经济。当今世界除了少数地区和国家，几乎所有已独立的国家和地区都设立了中央银行。美国的中央银行称为联邦储备局，英国的中央银行是英格兰银行，法国的中央银行是法兰西银行，德国的中央银行是联邦银行，日本的中央银行是日本银行，中国的中央银行是中国人民银行。

一般认为，中央银行具有三大职能。

（1）中央银行作为发行的银行，发行国家货币。

（2）中央银行作为银行的银行，既为商业银行提供贷款（用票据再贴现、抵押贷款等办法），又为商业银行集中保管存款准备金，还为商业银行集中办理全国的结算业务。

（3）中央银行作为国家的银行，第一，它代理国库，一方面根据国库委托代收各种税款和公债价款等收入作为国库的活期存款，另一方面代理国库拨付各种经费，代为各种付款与转账；第二，提供政府所需资金，既用贴现短期国库券等形式为政府提供短期资金，也用帮助政府发行公债或直接购买公债方式为政府提供长期资金；第三，代表政府与外国发生金融业务关系；第四，执行货币政策；第五，监督、管理全国金融市场活动。

我们知道，狭义的货币供给（M1）是指硬币、纸币和活期存款的总和。在西方经济学中，货币被定义为在商品和劳务的交换及债务清偿中作为交换媒介或者支付工具而被法定普遍接受的物品，最符合这个定义的是硬币、纸币和活期存款。硬币和纸币被称为通货，而活期存款同通货一样随时可用来消除债务，因此也可看做是严格意义上的货币，而且是最重要的货币。因为货币供给量中的大部分是活期存款，同时通过活期存款的派生机制还会创造货币。

（一）存款创造和货币供给

所谓活期存款，是指不用事先通知就可随时提取的银行存款。虽然活期存款可随时提取，但很少会出现所有储户在同一时间里取走全部存款的现象。因此，商业银行可以把绝大部分存款用来从事贷款或购买短期债券等营利活动，只需要留下一部分存款作为应付提款需要的准备金。这种经常保留的为了支付存款提取用的一定金额，称为存款准备金。在现代银行制度中，这种准备金在存款中所占的比率是由政府（具体由中央银行）规定的。这一比率称为法定准备率。按法定准备率提留的准备金是法定准备金。法定准备金一部分是银行现有的库存现金，另一部分存放在中央银行的存款账户上。由于商业银行都想赚取尽可能多的利润，他们会把法定准备金以外的那部分存款当做超额准备金贷放出去或用于短期债券投资。正是这种比较小比率的准备金有支持活期存款的能力，使银行体系得以创造货币。下面举个例子来说明这一点。

假定法定准备金率为20%，银行客户会将其一切货币收入以活期存款形式存入银行。在这种情况下，甲客户将100万美元存入自己有账户的A银行，银行系统就因此增加了

100 万美元的准备金。A 银行按法定准备率保留 20 万美元作为准备金存入中央银行，其余 80 万美元全部贷出。假设这 80 万美元是借给一家公司用来买机器，机器制造厂乙得到这笔从 A 银行开来的支票后又全部存入与自己有往来业务的 B 银行，B 银行得到这 80 万美元支票存款后留下 16 万美元作为存款准备金存入中央银行，然后再贷放出 64 万美元，得到这笔贷款的丙厂商又会把它存入与自己有业务往来的 C 银行，C 银行留存其中 12.8 万美元作为存款准备金存入自己在中央银行的账户上，然后再贷出 51.2 万美元。

由此，不断存贷下去，各银行的存款总和是：

$$100+80+64+51.2+\cdots$$
$$=100\times(1+0.8+0.8^2+0.8^3+\cdots+0.8^n)$$
$$=\frac{100}{1-0.8}=500\text{ 万美元}$$

而贷款总和是：

$$80+64+51.2+\cdots$$
$$=100\times(0.8+0.8^2+0.8^3+\cdots+0.8^n)$$
$$=400\text{ 万美元}$$

从这个例子可见，存款总和（D）同这笔原始存款（R）以及法定准备率（r_d）之间的关系为：$D=\frac{R}{r_d}$。

上述例子中，这笔原始存款假定来自中央银行增加的一笔原始货币供给，则中央银行新增一笔原始货币供给将使活期存款总和扩大为这笔新增原始货币供给量的$\frac{1}{r_d}$倍。

上述例子中的派生存款及贷款情况如表 11-1 所示。

表 11-1 **派生存款来源表**

存款人 (1)	银行存款 (2) = (3) + (4)	银行存款 (3) = (2) ×0.8	存款准备金 (4) = (2) ×0.2
甲	100	80	20
乙	80	64	16
丙	64	51.2	12.8
…	…	…	…
合计	500	400	100

货币的供给不能只看到中央银行起初投放了多少货币，而必须更为重视派生存款或者说派生货币，即由于货币的乘数作用而增加的货币供给量，而货币创造乘数的大小与法定准备率有关，法定存款准备金率越大，乘数就越小。这是因为准备率越大，商业银行吸收的每一轮存款中可用于贷款的份额越小，由于贷款转化为存款，下一轮存款就越少。

商业银行一般没有超额储备，即商业银行得到的存款扣除了法定准备金以后会全部贷放出去。如果银行找不到可靠的贷款对象，或厂商由于预期利润率太低不愿借贷，或银行认为给客户贷款的市场利率太低不愿意贷款，此类原因都会造成银行的实际贷款低于其本身的贷款能力。这部分没有贷放出去的款额就形成了超额准备金，即超过法定准备金要求的准备金。

假设银行客户将所有货币收入存入银行，完全以支票形式进行支付，则不会形成漏出；当客户将得到的贷款不全部存入银行，而取出一定数量的现金，又会形成一种漏出。

二、货币政策及其工具

货币政策就是中央银行通过控制货币供应量以及通过调节利率进而影响投资和市场经济以达到一定经济目标的行为。这主要是凯恩斯主义的观点，也是目前西方国家的主流观点。凯恩斯主义认为，货币政策和财政政策一样，也可以调节国民收入，以此达到稳定物价和充分就业的目标，实现经济稳定增长。二者不同之处在于，财政政策直接影响总需求的规模，这种直接作用是没有任何中间变量的，而货币政策还要通过利率的变动来对总需求发生影响，因而是间接地发挥作用。

货币政策一般也分为扩张性货币政策和紧缩性货币政策。扩张性货币政策是通过增加货币供给量来带动总需求的增长。当货币供给增加时，利息率会降低，取得信贷更为容易，因此经济萧条时多采用扩张性货币政策；反之，紧缩性货币政策是通过削减货币供给的增长来降低总需求水平，在这种情况下，取得信贷比较困难，利率也随之提高，在通货膨胀严重时，多采用紧缩性货币政策。

中央银行运用再贴现率、公开市场业务和法定准备率三种工具来变动货币供给量。

1. 再贴现率政策

再贴现率是中央银行对商业银行及其他金融机构的放款利率。这种贴现是指商业银行把商业票据出售给当地的中央银行，中央银行按贴现率扣除一定利息后再把所贷款项加到商业银行的准备金账户上作为增加的准备金。例如，当前美国采用的主要办法是商业银行用自己持有的政府债券做担保向联邦储备银行（中央银行）借款。在经济领域，现在都把中央银行给商业银行的借款称“贴现”。中央银行作为最后贷款者，主要是为了协助商业银行及其他存款机构对存款备有足够的准备金。如果一家存款机构（主要指商业银行）的准备金临时不足，比如一位银行客户突然要把一大笔存款转到其他银行时，就会临时出现准备金不够的情况，这时该银行就可用所持有的政府债券或合格的客户票据向当地的中央银行的贴现窗口办理再贴现或申请借款。当这种贴现或借款增加时，意味着商业银行准备金增加，进而引起货币供应量多倍增加；当这种贴现减少时，会引起货币供给量多倍减少。贴现率政策是中央银行通过变动给商业银行及其他存款机构的贷款利率来调节货币供应量。贴现率提高，商业银行向中央一行借款就会减少，从而货币供给量就会减少；贴现率降低，向中央银行借款就会增加，从而货币供给量就会增加。实际上，中央银行并不经常使用贴现率来控制货币供给，因为贴现窗口的主要作用是允许商业银行和其他金融机构对其短期的现金压力作出反应，对临时发生的准备金不足作适当调整。正因为贴现窗口主要用于满足银行临时准备金不足，变动贴现率在货币政策中的重要性和早先相比已大大减弱。事实上，银行和其他存款机构也尽量避免去贴现窗口借款，只将它作为紧急求援手段，平时少加利用，以免被人误认为自己财务状况有问题。我们还需要注意，通过变动贴现率控制货币供给本身也存在一些问题，例如，当银行十分缺乏准备金时，即使贴现率很高，银行依然会从联储贴现窗口借款。因此，通过贴现率变动来控制银行准备金的效果是相当有限的。事实上，再贴现率政策往往作为补充手段而和公开市场业务政策结合在一起执行。当公开市场业务成功地把利息率提高或者降低到某一水平，中央银行也必须把贴现率提高或降低到与该水平相协调的数值。

此外，再贴现率政策不是一个具有主动性的政策。因此，中央银行只能等待商业银行向它借款，而不能要求商业银行这样做。如果商业银行不向中央银行借款，那么，贴现率政策便无法执行了。

2. 公开市场业务

中央控制货币供给最重要也是最常用的工具就是公开市场业务，公开市场业务是指中央银行在金融市场上公开买卖政府债券用以控制货币供给和利率的政策行为。以美国为例，货币政策也包括公开市场业务，是由联邦储备体系中的公开市场委员会决定的，由公开市场办公室具体实施。政府债券是政府为筹措弥补财政赤字而发行支付利息的国库券或国家债券，初次被卖出的债券在普通居民、厂商、银行、养老基金等单位中反复不断被买卖。中央银行可参加这种交易，并在这种交易中扩大和收缩货币供给。当中央银行在公开市场上购买政府债券时，商业银行和其他存款机构的准备金将会以两种方式增加：（1）如果央行向个人或公司等非银行机构买进债券，则会开出支票，债券出售者将该支票存入自己的银行账户，该银行则将支票交给中央银行作为自己在联储账户上增加的准备金存款；（2）如果央行直接从各银行买进债券，则可直接按债券金额增加各银行在中央银行体系中的准备金存款。当中央银行售出政府债券时，情况则相反，准备金的变动就会引起货币供给的乘数变动。准备金变动了，银行客户取得信贷变得容易或困难了，这本身就会影响经济，中央银行买卖政府债券的行为，也会引起债券市场上需求和供给的变动，因而影响到债券价格以及市场利率。有价证券的市场是一个竞争性的市场，价格由供求关系决定。当中央银行要购买债券时，对债券的市场需求就会增加，债券价格会上升，而债券价格的上升，就意味着利率下降。

公开市场业务能成为中央银行控制货币供给最主要的手段，主要是因为运用这种政策手段有比用其他手段更多的灵活性和主动性。例如，在公开市场业务中，中央银行可及时地按照一定的目标来买卖政府债券，从而比较易于准确地控制银行体系的准备金。当中央银行希望大量地变动货币供给的时候，就可以根据改变货币供给量的规模来决定买进或卖出政府债券的数量；当中央银行只希望少量地变动货币供给的时候，就可以用少量的债券发行数量来达到目的。由于公开市场操作很灵活，便于为中央银行及时用来改变货币供给变动的方向，只要变买进债券为卖出债券，就有可能使增加货币供给变为减少货币供给。中央银行可以连续灵活地进行公开市场业务，自由决定债券的数量、时间和方向，即使中央银行有时会出现某些政策失误，也可以及时得到纠正，这是贴现政策和准备金率政策无法达到的优点。

3. 法定准备率

商业银行和其他存款机构的法定准备率由中央银行决定，当中央银行认为需要增加货币供给的时候，法定准备率就可以降低，此时所有存款机构对每一笔客户的存款只要留出更少的准备金即可。假定原来法定准备率为20%，则100元存款必须留出20元准备金，可贷金额为80元，增加1万元的准备金就可以派生出5万元的存款。若中央银行把法定准备率降低到10%，则100元存款只需10元准备金就行了，可贷金额为90元，这样，增加1万元的准备金就可以派生出10万元的存款，货币供给就因此增加了一倍。由此，降低法定准备率，实际上等于增加了银行准备金，而提高法定准备率，就等于减少了银行准备金。从理论上说，变动法定准备率是中央银行调整货币供给最简单的办法。与理论不同的是，中央银行一般不轻易使用变动法定准备率这一手段。因为银行向中央银行报告它们的准备金和存款状况时有一个时滞效应，今天变动的准备率一般要过一段时间以后才起作用。而且，变动法定准备率的作用十分猛烈，一旦准备率变动，所有银行的信用都必须扩张或缩减。因此，这一政策手段很少使用，一般几年才改变一次准备率。如果法定准备率变动频繁，会使商业银行和所有金融机构的正常信贷业务受到干扰而感到无所适从。

上述三大货币政策工具常常需要配合使用以达到中央银行最初的目的。例如，当中央银行在公开市场操作中出售政府债券使市场利率上升后，再贴现率必须相应提高，以防止商业银行增加贴现。因而商业银行向其顾客的贷款利率也将提高，以免产生亏损；相反，当中央银行认为需要扩大信用时，在公开市场操作中买进债券的同时，也可同时降低再贴现率。

货币政策除了以上三种主要工具，还有一些其他工具，道义劝告就是其中之一。道义劝告，是指中央银行运用自己在金融体系中的特殊地位和威望，通过对银行及其他金融机构的劝告，影响其贷款和投资方向，以达到控制信用的目的。比如在经济衰退时期，鼓励银行扩大贷款，在通货膨胀时期，劝阻银行不要任意扩大信用，这往往会收到一定的效果。由于道义劝告没有可靠的法律地位，因而并不是强有力的控制措施。

三、货币政策起作用的其他途径

前文所述的货币政策发挥作用是通过货币供给量和利率的变动进而影响投资和产出的途径实现的。然而一些经济学家认为，货币供给对产出的影响是存在的，这种影响并不一定通过利率来实现。

第一种理论认为，货币政策影响产出，利率的改变不一定会影响投资成本，进而改变了投资的需求，而是因为利率变动可能会影响人们对资产组合的选择。较低的利率会导致人们把财产转移到股票上，大多数时候是由于他们感到投资股票会比从银行储蓄获得更多的收益。当众多投资者选择股票时，股票价格上升，根据托宾的“q理论”，当股票价格更高时，企业就会进行更多的投资。

第二种理论是对第一种理论的扩展和延伸，它认为扩张的货币政策造成的较低利率所带来的股票价格和长期债券价格上升，会使人们感觉更富有了，于是消费增多，从而使总需求增加了。

第三种理论认为，政府在实行扩张的货币政策时，债券出售者将从银行得到的支票存入银行，银行的准备金增加了，超额准备金会被用来贷款给企业或购买国库券。如果银行要吸引企业借款，就会降低贷款利率，要购买国库券又会使国库券价格上升即利率下降，利率下降又会使股票价格和债券价格上升，这些都会使企业投资增加。

第四种理论认为，在开放的经济环境中，货币政策还可通过汇率变动从而影响进出口，进而对总需求发生作用。尤其在实行浮动汇率的情况下，当银行收紧银根时，利率上升，国外资金会流入，于是，本币会升值，净出口会下降，本国总需求水平下降。但在固定汇率情况下，中央银行为维持本币不升值，势必抛出本币，按固定汇价收购外币，于是，本国货币市场上货币供给增加，使原本想达到的货币政策目标受到影响。

第五种理论注重可利用的信用规模，认为中央银行的行动可促使银行发放更多或更少的贷款，或者以更宽松或更严格的条件发放贷款。

第四节　相机抉择和政策目标的矛盾与协调

相机抉择是指政府在进行社会需求管理时，根据市场的具体情况和特点，灵活地决定和选择当前究竟应采取哪一种或哪几种政策措施的一种方法。

相机抉择还可以分为财政政策和货币政策这两个不同的方面来单独探讨。相机抉择的财政政策是指政府根据一定时期的经济社会状况，灵活地决定和选择不同类型的反经济周期的财政政策工具，干预经济运行，实现财政目标。相机抉择财政政策具体包括汲水政策和补偿政策。汲水政策是指在经济萧条时期政府进行公共投资，以增加社会有效需求，使经济恢复活力的政策。补偿政策是指政府有意识地从当时经济状态的反方向上调节经济变动的财政政策，以实现稳定经济波动的目的。例如，在 20 世纪 30 年代的世界经济危机中，美国实施的罗斯福—霍普金斯计划、日本实施的时局匡救政策等，都是相机抉择财政政策的范例。相机抉择货币政策又称为权衡性货币政策，是指货币当局或中央银行依据对经济情势的判断，为达成既定的货币政策目标而采取的权衡性措施，即为了调节短期利息率和经济发展水平，而不断改变准备金或者货币流通量的增长率。

除了财政政策和货币政策在相机抉择之间的取舍使用以外，这两种政策还会相互作用。到现在为止，我们是将货币政策和财政政策作为两种不同的政策来论述的。在美国，财政政策是国会和总统的责任，而货币政策由美联储负责。实际上，对经济来说，重要的是两种政策的效果和二者之间的相互作用。如果美联储在刺激经济的同时提高利率，货币政策就会向相反的方向发生作用，部分或全部地抵消财政政策的扩张性效应。20 世纪 80 年代初就出现过这种情况，当时紧缩性货币政策比扩张性财政政策的作用大，经济出现了一次严重衰退。

前文也论述过财政政策的变动如何要求美联储改变其政策规则。如果货币政策的目标之一是在充分就业时保持低而稳定的通货膨胀率，那么中央银行将需要采取行动以抵消财政政策可能会对通货膨胀产生的影响。

财政政策和货币政策都可以用于在短期扩张总需求和增加产出。当通货膨胀的威胁增加时，两种政策都可以用于削弱总需求。但是这两种政策的影响不仅限于总需求。由于它们对投资的影响不同，它们对经济可能会产生不同的长期影响。货币扩张会降低实际利率，刺激投资。相反，财政扩张会降低国民储蓄并造成实际利率的升高和投资的降低。通过减少私人投资以使用财政政策刺激经济，可能会对未来的潜在产出产生不利影响。

财政政策和货币政策对出口和进口的影响也不同。由于外国投资者会在其他地方寻找更高的收益，降低利率的货币扩张也会造成通货贬值。贬值会减少进口，增加出口。相反，使得利率上升的财政扩张会导致通货升值，由于外国商品变得较便宜，净出口会下降。

在美国，货币政策已经成为宏观稳定政策的主要工具，斟酌处置的财政政策几乎不起作用。我们在前文论述过，主要原因是财政政策程序中内在的滞后，特别是内部时滞(inside lag)，即实施必要的支出或税收变动所需要的时间。首先，认识刺激或限制总支出需要花费时间。数据要修正，相互冲突的情况常常会使得确定真实情况的尝试困难重重。例如，2001年经济衰退以后，一项家庭调查表示就业增长表现强劲，而另一项对企业的调查却表示工作机会正在丧失。在对经济的一些变化有所认识以后，由于涉及新税或支出(无论是增加还是削减）的整套提案并使它获得国会通过都需要时间。虽然认识经济状况变化的滞后对不同的方法都是一样的，但财政政策的内部时滞依旧比货币政策长得多。战后经济衰退持续时间平均少于1年。但当税收提案被国会批准时（通常长于一年)，经济已经进入经济周期的不同阶段。一个在最初引进时有意义的政策，在实施时可能很容易被证明是不合时宜的。这一不易使用性限制了斟酌处置的财政政策的有效性。相反，联邦公开市场委员会每6周开一次会，而且如果情况需要，委员会成员可以更频繁地举行电话会议。因此，货币政策可以迅速行动以处理新的经济情况。

货币政策与财政政策的不同还在于政策行动影响经济的速度。货币政策通过降低利率来刺激经济，从而增加对设备和房屋的投资，提高净出口。即使厂商在看到实际利率下降后，厂商进行新投资、生产新订货的产品可能也需要时间。同样，虽然长期较低的利率会导致住房需求的上升，但制订计划、得到许可、开工建设都需要时间。一般来说，货币政策对产出的效果需要6个月或更长时间才能作出反应。相反，政府购买的增加对总支出有直接和即时的影响。政策变动影响经济所需要的时间被称为外部时滞（Outside Lag)，财政政策的外部时滞通常较短。

相机抉择的原则是：(1）当社会总需求小于社会总供给，即总需求低于充分就业产量，失业扩大时，政府就实行扩张性财政政策，减少财政收入，增加财政支出，扩大财政赤字；或者实行扩张性货币政策，即增加货币供应量以降低利率的廉价货币政策；或者同时实行这两种政策，以刺激社会需求，特别是刺激投资需求，使需求与供给均衡，消除失业。(2）当社会总需求大于社会总供给，即总需求高于充分就业产量发生通货膨胀时，政府就实行紧缩性财政政策，增加财政收入，压缩财政支出，减少财政赤字；或者实行紧缩性货币政策，减少货币供应以提高利率；或者同时实行这两种政策，以抑制社会需求，使需求与供给均衡，消除通货膨胀。在反危机的政策措施中，凯恩斯十分重视财政政策的作用，他认为当利率低到一定水平时，人们会无限保存货币，而不用于投资或消费，即所谓流动性陷阱。因此，在一定条件下，增加供应的货币量会被货币流通速度降低所抵消，不继续导致社会有效需求的相应扩大。而财政支出多直接用于投资，由于投资乘数效应，它具有较强的刺激有效需求的作用。

相机抉择的货币政策规范具有三个特点：（1）货币政策本身属于一种能动性的短期经济稳定政策，货币当局之所以要根据经济运行态势相机抉择，其目的是要用货币政策所造成的能动性名义国民收入波动来抵消因总需求扰乱所导致的自发性名义国民收入波动，借以调节经济周期，稳定经济运行；（2）货币政策对因总需求扰乱所导致的名义国民收入的自发性波动的能动抵制作用，从而是对经济运行的稳定作用，是通过“逆对经济风向行事”的“反经济周期”的具体操作方式而实现的；（3）在“逆对经济风向行事”的“反经济周期”的货币政策的具体操作过程中，货币当局被赋予广泛的权力，它可以根据自己的主观判断权衡取舍，从而扮演了一个“货币列车”的“驾驶员”角色。

财政政策的目标，是政府希望通过预定的财政措施的实施所能达到和实现的目的，它既是政府制定财政政策的主要依据，又是考察财政政策实施效果的标准。财政政策的目标与其他宏观经济政策的目标一样，目标是确定与宏观经济周期性的波动紧密相连。此外，政府还肩负着保持社会稳定的基本功能，因此财政政策还应包含社会目标。在现代市场经济条件下，政府通常针对以下几个目标来制定财政政策。

（一）充分就业

充分就业是指在现有工资水平下，凡是愿意工作的人都能够顺利地寻找到工作。充分就业并不意味着所有的失业者都就业，失业主要有四种类型：季节性失业、摩擦性失业、结构性失业和周期性失业。前三种失业都是临时性的，随着季节的变化，失业者主动地寻找就业机会以及通过自我培训等方式，短时期内就能解决。周期性失业是由于经济周期性的变动引起的，而市场本身在克服周期性经济波动方面是无能为力的，由此而导致的失业是市场所不能解决的，财政政策所要解决的失业实际上就是周期性的经济波动所导致的非自愿失业。

充分就业是财政政策的首要目标。市场经济出现严重衰退和经济危机的直接表现就是失业率上升。大量的失业不仅是社会资源严重闲置浪费的直接表现，而且还会引发许多社会问题乃至政治问题。这样，解决就业问题就是政府首先要予以关注的问题。从宏观经济角度看，一旦政府的宏观经济政策运作促进就业率上升，其直接的结果就是经济回升好转。正因为如此，宏观经济政策的首要目标就是解决就业问题。财政政策作为整个宏观经济政策的一个重要组成部分，充分就业也就成为其政策运作的首要目标。

（二）经济增长

衡量经济增长的方式通常有两种。一是一国经济总量的增长。目前国际上通用的衡量经济总量增长的指标是 GDP（国内生产总值）或 GNP（国民生产总值）的增长幅度，该指标反映的是一国经济总量的增长情况。二是一国或一个地区实际的人均 GDP 或人均 GNP 增长状况，这个指标反映的是一国或一个地区居民生活水平的提高状况。从理论上说，最适度的经济增长率是经济增长的边际成本等于边际收益时的经济增长率，但实际上适度的经济增长率不仅是难以确定的，而且在现实中也是不可能实现的。因此，只要经济增长保持一个较为平稳的速度，只要社会资源能够得到较充分的利用，只要本国居民的生活水平可以逐步提高，只要能够避免经济增长出现较大的波动幅度，那么这种经济增长率就属于较为适度和合理的增长率。

（三）物价稳定

保持物价稳定实际上就是控制通货膨胀。通货膨胀是商品价格普遍上涨的价格波动现象，因此，世界各国通常采用各类商品价格上涨的指数来衡量通货膨胀的水平，如美国一般采用消费者物价指数、生产者物价指数和国民生产总值物价指数衡量物价上涨的程度，我国则运用零售物价指数、消费物价指数和批发物价指数反映通货膨胀的水平。

理论研究和实证分析都表明，通货膨胀是伴随着经济增长所特有的一种经济现象，但通货膨胀也会对社会和经济造成很大的危害：（1）通过价格的变化进行收入的再分配，导致新的社会分配不公平，同时又会对普通居民拥有的无形资产的价值造成侵蚀，减少人们手中财富的价值；（2）因商品价格的上涨而使人们的名义工资增加，实际收入减少，导致人们的生活水平下降；（3）工资收入者名义收入的上升容易产生通货膨胀税，使纳税人的税收负担加重；（4）通货膨胀还容易增强人们的投机意识，不利于正常的投资和经济活动等。因此，如果经济增长或其他的原因导致物价不稳或通货膨胀，那么治理通货膨胀以保持物价稳定就成为政府财政政策的重要目标。

（四）收入分配公平

在市场经济条件下，市场机制对经济活动进行调节，市场按照经济效率的原则在收入分配领域进行调节，这样调节的结果可能是：先天条件好的劳动者收入水平提高，而先天条件差的劳动者收入水平很低，甚至没有收入来源。不同的劳动者收入差距会越来越大，导致收入分配的不公平，而这种不公平除了部分是属于市场效率的原因造成的，还有部分原因是起点的不公平，如家庭条件的好坏对未来劳动者受教育程度的高低产生影响，从而使接受不同教育水平的人在不同的行业和领域寻找就业机会，而行业及领域的差距，实际上意味着收入水平的差异。

无论是收入分配起点的不公平，还是分配结果的不公平，都是市场本身所不能解决的问题，而收入分配的巨大差异会引起很多社会问题，甚至成为社会不稳定的因素。因此，政府运用适当的手段对这种不公平的收入进行分配干预，以实现社会收入分配的公平，自然就成为财政政策的重要目标。

财政政策的目标具有多元性和实效性的特点。从理论上讲，财政政策目标既可以是一元的，又可以是多元的。但是，在现代市场经济体制下，由于经济的开放性和经济环境的复杂性，一个国家的财政政策目标往往不止一个，而是多个。财政政策目标具有多层次性，往往可以被分解为若干层次。例如，保持总供给和总需求大体上平衡的财政政策目标，在总需求膨胀的前提下，可以被分解为降低社会总需求水平和增加现实的供给能力这样两个子目标；在总需求不足的前提下，则可以分解为提高社会总需求水平和调整社会供给结构等若干子目标。

从根本上说，财政政策目标的确定与实现，最终取决于一定的社会经济与政治条件，而在不同的时期、在不同的社会历史阶段上，一个国家的社会经济与政治条件是不同的，社会经济与政治条件的阶段性，决定了财政政策目标的约束力和针对性具有一定的实效性。因此，各个国家一般将财政政策目标按照时间划分为长期的财政政策目标、中期的财政政策目标和短期的财政政策目标。

财政政策目标的上述特点，决定了财政政策的目标在方向上可能是一致的，也可能是相互重叠的或者相互交叉的，甚至是相互矛盾的。例如，使社会总供给与总需求大体平衡的目标与稳定物价的目标在大的方向上是一致的，因此可以认为这两个目标之间是相互重叠的，实际上，社会总供给与总需求相平衡也是稳定物价的基本前提条件之一，与此同时，正如菲利普斯曲线所证明的，充分就业目标和稳定物价目标之间又是相互矛盾的。

认识财政政策目标的上述特点，对于政府制定财政政策具有重要的现实意义。任何一项财政政策措施的确定与实施，都是为了实现特定的财政政策目标。财政政策目标的多元性与实效性等特点，决定了为了达到既定的财政政策目标所要采取的财政政策措施必须有若干种。在实践中，如果各个财政政策目标之间是相互矛盾的，那么，为了实现这些目标所采取的措施也会相互抵触、相互削弱，甚至成为抵消其他财政政策措施的力量，最终使既定的财政政策目标无法实现。因此，政府在确定财政政策之前，应当充分了解各个财政政策目标与相应的财政政策措施之间的关系，使之相互协调，从而提高财政政策效率，实现既定的财政政策目标。

本章小结

1. 财政政策是指一国政府为了实现一定的宏观经济理论目标而调整财政收支规模和收支平衡的指导原则及相应的措施。财政政策是国家经济政策的重要组成部分，其制定和实施的过程也是国家进行宏观调控的过程。

2. 财政政策的工具包括预算政策、税收政策、公债政策和支出政策，其中公债政策包括货币效应、挤出效应和收入效应。

3. 财政政策的类型：

（1）根据财政政策在经济中抵消总需求变化的工具作用方式的不同，可以将财政政策分为自动稳定器财政政策和相机抉择的稳定器财政政策。

（2）根据财政政策在调节国民经济总供给方面的不同功能，可以将财政政策分为扩张性的财政政策、紧缩性的财政政策和中性的财政政策。

4. 货币政策就是中央银行通过控制货币供应量以及通过调节利率进而影响投资和市场经济以达到一定经济目标的行为。

5. 货币政策及其工具包括再贴现率政策、公开市场业务和法定准备率。

6. 宏观经济政策的目标一般包括充分就业、物价稳定、经济增长和国际收支平衡。

复习思考题

一、名词解释

1. 自动稳定器

2. 预算政策

3. 相机抉择

4. 法定准备金

5. 挤出效应

二、单项选择题

1. 中央银行最常用的货币政策工具是（　　）。

A. 法定存款准备金率　B. 公开市场业务　C. 再贴现率　D. 道义劝说

2. 如果中央银行采取扩张的货币政策，可以（　　）。

A. 在公开市场上买入债券，商业银行减少准备金，促使利率上升

B. 在公开市场上卖出债券，商业银行增加准备金，促使利率下跌

C. 在公开市场上买入债券，商业银行增加准备金，促使利率下跌

D. 在公开市场上卖出债券，商业银行减少准备金，促使利率上升

3. 如果中央银行在公开市场上购买债券，则（　　）。

A. 商业银行的准备金将会增加　B. 货币供给会增加一个相同的量

C. 货币的需求就会下降　D. 利息率将会上升

4. 货币政策影响经济的渠道之一是（　　）。

A. 直接影响收入　B. 改变资金的周转率

C. 直接影响价格　D. 改变借款的成本

5. 运用财政、货币政策对需求进行调节时，（　　）。

A. 财政政策直接影响总需求

B. 货币政策通过利率变动对总需求发生影响

C. 财政政策间接影响总需求规模

D. 货币政策直接影响总需求规模

6. 中央银行卖出债券导致的结果是（　　）。

A. 商业银行的准备金减少　B. 货币供给增加

C. 商业银行的准备金增多　D. 货币供给减少

7. 当今时代，大多数国家政府都要对市场实行广泛的经济干预，即借助财政政策执行其宏观调控职能。下面哪一项是不明确的财政政策的宏观经济调控目标（　　）。

A. 充分就业　B. 物价稳定

C. 国民经济的长期增长　D. 收入分配合理化

8. 政府货币政策变动对市场利率变动的影响程度，具有如下特点：在其他条件不变情况下，（　　）。

A. 政府实行扩张性货币政策会使市场利率下降

B. 政府实行扩张性货币政策会使市场利率上升

C. 政府实行紧缩性货币政策会使市场利率下降

D. 无论政府实行何种货币政策，市场利率保持不变

9. 哪一项不是组成政府扩张性，或紧缩性财政政策的作用方向保持一致的“内在稳定器”（　　）。

A. 累进制的个人所得税　B. 累进制的公司所得税

C. 预算赤字　　　　　　　　　　　　　　　D. 按收入水平可调节的社会保险缴纳

10. 对政府而言，哪一项不是规避财政风险的主要办法（　　）。

A. 创立新型的政治技术以有效制止政府权力的不断扩大

B. 建立控制财政开支不断扩大的制度

C. 建立更多的国有企业

D. 在公共部门中建立竞争机制

三、简答题

1. 有哪些因素会影响货币乘数？

2. 中央银行实施货币政策的一般性工具有哪些？它们是如何运作的？

3. 试述自动稳定器的内容，并说明其如何对经济进行自动调节。

扩展阅读

欧元区国家的财政政策

使用欧元的欧洲经济货币同盟（Economic and Monetary Union，EMU）的成员国共享一个单一的货币政策，该政策由位于法兰克福的欧洲中央银行（European Central Bank，ECB）负责实施。ECB根据欧盟的总体经济状况制定政策，但是，出台的政策对联盟内的个别国家来说可能不是最好的政策。例如，假定德国和法国，欧盟中最大的两大经济体，正在经历经济繁荣，而葡萄牙则处于经济衰退之中，ECB可以提高利率以减弱德国和法国的繁荣，但会使葡萄牙的经济雪上加霜。由于ECB影响的是整个欧盟的利率，它的政策不能为适应每一个成员国的需要而量体裁衣。

ECB的政策与美国的财政政策有什么不同？美联储是根据整个国家的情况制定政策。一些州可能正处在经济衰退中，因此希望美联储的政策更具扩张性，而一些州可能经济繁荣，因此偏紧的政策对他们更有利。

美国有自动帮助稳定整体经济的联邦财政体系。如果一个州衰退，从该州征收的联邦税款就会下降，给予该州的联邦转移支付则会上升。这一转移支付有助于促进该州需求的增长。联邦系统会把收入从扩张中的州转移到收缩中的州，帮助减弱处在繁荣中的州的需求，同时帮助抵消收缩中的州的衰退。

在EMU的成员国中间不存在这种财政转移支付。尽管所有成员国有着共同的货币政策，但他们没有共同的财政政策。如果德国经济处于繁荣之中，而葡萄牙经济萧条，德国收入增加所增加的税收不会被用于对葡萄牙提供更多的转移支付。

资料来源：http：//www. docin. com/p-1151880485. html.

第十二章 经济增长理论

开篇语

本章是宏观经济学理论分析的进一步延伸。在本章以前，本书是对国民经济发展的短期分析，而本章探讨的是经济长期发展的问题。西方学者对经济长期发展的研究有两种：一是研究发展中国家长期经济发展的发展经济学；二是探讨发达国家经济发展途径的经济增长理论。本章所论述的内容是后者，其目的是使读者进一步了解宏观经济学的长期分析或动态分析，从总体上把握宏观经济学的理论体系，加深对宏观经济学理论的理解。

第一节　经济增长及其决定因素

一、经济增长的含义

在考察国民经济长期发展的问题时，常常涉及两个既密切相关又不完全相同的概念，即经济增长（Economic Growth）和经济发展（Economic Development）。在宏观经济学中，经济增长通常被规定为产量的增加，产量既可以表示为经济的总产量，也可以表示为人均产量。经济增长的程度可以用增长率来描述。

如果用 Y_t 表示 t 时期的总产量，Y_{t-1} 表示（$t-1$）时期的总产量，则总产量意义下的增长率可以表示为：

$$G_t=\frac{Y_t-Y_{t-1}}{Y_{t-1}}$$

经济增长指的是一国在一定时期内国内生产总值或国民收入的增长，即总产出量的增加。

对于经济增长的含义，许多经济学家对此下过定义。而最具有权威性的是美国经济学家 S. 库兹涅茨对经济增长所下的定义："一个国家的经济增长，可以定义为给居民提供种类日益繁多的经济产品的能力长期上升，这种不断增长的能力是建立在先进技术以及所需要的制度和思想意识之相应的调整的基础上的。"这其中包括三层基本含义：

第一，经济增长的集中体现与结果是商品供给总量的不断增加，即国民生产总值的增加，这是经济增长的核心；

第二，技术进步是实现经济增长的必要条件，技术是影响经济增长诸多因素中最为关键的因素，没有技术进步就不能实现现代经济增长；

第三，制度和意识形态的相应调整是实现经济增长的充分条件。技术进步仅仅是为经济增长提供了一种潜在的可能性，而要使这种可能性变为现实，就必须要有社会制度和意识形态与之相适应，才能使技术得到运用，才能正确使用人类的先进知识，从而促进经济增长，否则就会阻碍技术进步，阻碍经济增长。

理解经济增长的含义需要注意以下问题：首先要注意的是时间。其次是经济增长通常用国内生产总值或国民收入变动率作为衡量指标。再次，衡量经济增长不仅要看经济活动的总量增加多少，而且要看某一时期平均每人生产的产量增加多少，因此，还要按人口增长的情况校正实际国内生产总值。最后，经济增长与经济发展是两个含义不同的概念。

西方经济学家通常把经济增长规定为产量的增加，用来衡量这一经济量的尺度通常是国民收入或人均国民收入。如果说经济增长是一个"量"的概念，那么经济发展就是一个比较复杂的"质"的概念。也就是说，经济增长是从"量"的角度来考察一国国民经济的长期发展问题，而经济发展则是从"质"的角度来考察一国国民经济的长期发展问题。从广义上说，经济发展不仅包括经济增长，而且还包括国民的生活质量，以及整个社会经济结构和制度的总体进步。总之，经济发展是反映一个经济社会总体发展水平的综合性概念。鉴于经济发展问题多且比较复杂，经济学中有一门专门研究经济发展问题的学科，被称为"发展经济学"，而宏观经济学则重点分析经济增长问题，尤其是发达国家的经济增长问题。

二、经济增长因素分析

（一）爱德华·丹尼森的分析

丹尼森把影响经济增长的因素归结为六个。即：劳动、资本存量的规模、资源配置状况、规模经济、知识、其他影响单位投入产量的因素。丹尼森在《1929—1982 年美国经济增长趋势》一书中，根据美国历史统计数据，对各个因素进行了考察分析，其结果如表 12-1 所示。

表 12-1　　　　　　　　　　**各因素对于经济增长的影响**

增长因素		增长率（%）
总要素投入		1.90
劳动	1.34	
资本	0.56	
单位投入产量		1.02
知识	0.66	
资源配置效率	0.23	
规模经济	0.26	
其他	-0.03	
国民收入		2.92

（二）库兹涅茨（S. Kuznets）的分析

1. 强调技术进步在经济增长中的作用

美国经济学家库兹涅茨认为经济增长因素主要是知识存量的增加、劳动生产率的提高和经济结构的优化。

第一，知识存量的增加。随着社会的发展与进步，人类社会迅速增加了技术知识和社会知识的存量，当这种存量被利用的时候，它就成为推动经济增长的重要源泉。当然，知识本身并不直接是生产力，它转化为现实生产力需要一系列的中介因素，如劳动力的训练、对适用知识的判断、企业家克服困难的能力等。在这些中介因素的作用下，知识才会转变为现实的生产力。

第二，劳动生产率的提高。现代经济增长的重要特征是人均产值的高增长率，通过对劳动投入和资本投入对经济增长贡献的长期分析，库兹涅茨认为，人均产值的高增长率来自于劳动生产率的提高。

第三，经济结构的优化。发达资本主义国家在经济增长的过程中，经济结构迅速转变。比如，农业转向工业，再由工业转向服务性行业。与此相对应，劳动力的部门分配和社会产值比重也发生变化，第三产业劳动力数量占社会劳动力数量的比例和第三产业产值占国民收入的比重不断上升，特别在 21 世纪，这两个比例迅速变化，这都是经济结构迅速变化的结果。同时，生产规模由家庭企业、独资企业发展到全国性甚至跨国性的大公司。发达国家现在的总体增长率与经济结构的变化速度比其现代化之前的要高得多。库兹涅茨也认为，不发达国家传统的生产技术和组织方式、劳动力在农业部门占有太大的比重、制造业结构不能满足现代经济的要求、需求结构变化缓慢、消费水平低等因素或状况，不能形成对经济增长强有力的刺激。

2. 经济增长与收入分配的“倒 U 形假说”

在经济增长与收入分配的关系上，库兹涅茨提出了“倒 U 形假说”。库兹涅茨认为，随着经济发展而来的“创造”与“破坏”改变着社会、经济结构，并影响收入分配。

第一阶段：经济增长初始阶段，收入差距拉大；

第二阶段：经济增长达到一定阶段，收入差距开始缩小。

库兹涅茨的“倒 U 形假说”如图 12-1 所示。

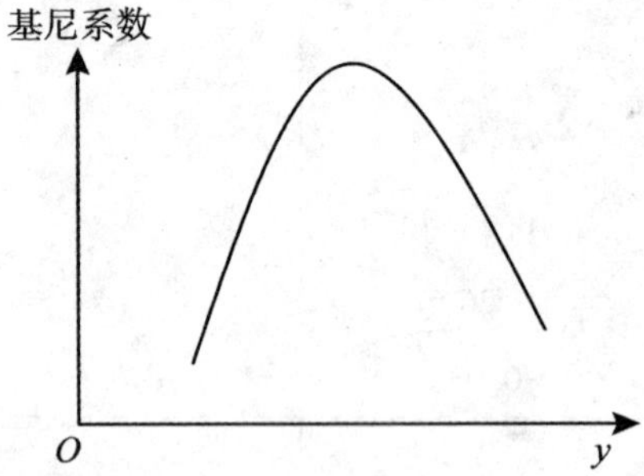

图 12-1　库兹涅茨的“倒 U 形假说”

库兹涅茨在说明这一“倒 U 形假说”时，将收入部门划分为农业与非农业两个部门，再用按部门划分的个体数的比例、部门之间收入的差别、部门内部各方收入的分配不平等程度这三个因素的变化来说明两个部门收入分配平等程度的变化。库兹涅茨推断这三个因素将同经济的发展产生如下作用：(1) 经济发展初期，由于不平等程度较高的非农业部门的比率加大，整个社会的分配趋于不平等。(2) 一旦经济发展到较高水平，由于非农业部门的比率居于支配地位，比率变化所起的作用将缩小。(3) 部门之间的收入差距将缩小。(4) 使不平等程度提高的重要因素财产收入所占的比率将降低、收入再分配的各项政策的实施等，各部门内部的分配将趋于平等，总的来说分配将趋于平等。

第二节　经济增长模型

在经济增长理论中，人们推崇的主要有三大理论：哈罗德-多马经济增长理论、新古典经济增长理论和新经济增长理论，下面针对这三种经济增长理论模型进行相应的分析与说明。

一、哈罗德-多马模型

经济增长模型是要通过分析决定经济增长因素之间量的关系来解决这样三个问题：第一，在长期中是否存在一种稳定状态的增长；第二，实现稳定均衡增长的条件是什么；第三，这种均衡增长是否有稳定性。总而言之，经济增长模型是要寻求经济长期稳定增长的途径。

20 世纪 40 年代，经济学家 R. 哈罗德和 E. 多马分别提出了一个经济增长模型，他们所提的模型基本相似，故称哈罗德-多马模型。哈罗德-多马模型是一种说明经济长期稳定增长所需条件的模型。

（一）假设前提

（1）全社会只生产一种产品；

（2）储蓄是国民收入 Y 的函数，即 $S=sY$；

（3）生产过程中只使用两种生产要素，劳动 L 和资本 K；

（4）劳动力按照一个固定不变的比率增长；

（5）规模报酬不变；

（6）不存在技术进步，资本存量 K 也不存在折旧问题。

（二）模型的基本公式

1. 资本-产出比

资本-产出比是指资本存量与国内生产总值的比率，即每生产一个单位产品所需要的资本量。如果 K 表示资本存量，Y 表示总产出，v 表示资本产出比，则：

$$v=\frac{K}{Y}$$

假定生产的规模报酬不变，当投入增加时，产出与投入等比例增长。资本的增量（ΔK）与产出的增量（ΔY）的比例保持不变，增量的资本-产出比与平均的资本-产出比相等。用公式表示如下：

$$\frac{\Delta K}{\Delta Y}=\frac{K}{Y}=v$$

假设没有折旧，则资本存量的增量等于当期的总投资。将上式两边同时乘以（ΔY）可得到：

$$I=\Delta K=v\Delta Y$$

根据凯恩斯理论，我们知道宏观经济均衡的条件是：$I=S$。也就是说，当投资等于储蓄时，宏观经济达到均衡状态；当投资大于储蓄时，经济扩张；反之，当投资小于储蓄时，经济萎缩。

2. 经济增长率的计算公式

哈罗德根据凯恩斯的均衡条件（$I=S$）得：

$$v\Delta Y=sY$$

将上式两边同时除以 Y 和 v，得到均衡增长率：

$$G=\frac{\Delta Y}{Y}=\frac{s}{v}$$

上式就是哈罗德-多马模型基本公式，其经济意义有如下两点。

第一，经济增长率与储蓄率成正比。在资本-产出比一定的条件下，增长率与储蓄率成正比，储蓄率越高，经济增长率越高；储蓄率越低，经济增长率越低。

第二，经济增长率与资本-产量比率成反比。在储蓄率一定的情况下，资本-产量比率越高，经济增长率越低。

该公式是发展经济学中资本决定论（Capital Fundamentalism）的理论依据之一。在过去的计划经济国家，决策者甚至根据计划确定的经济增长目标，运用这个简单的公式计算特定计划期内积累和消费的比例。哈罗德-多马模型是以凯恩斯收入理论为基础的动态经济分析。哈罗德推导出经济增长率的简单计算公式，更多地是为了说明经济长期稳定均衡增长的条件和经济不稳定的原因。但是，哈罗德-多马经济增长模型与凯恩斯理论又有明显的区别。

首先，方法不同。凯恩斯理论是从短期的角度、静态的方法来说明投资和储蓄的均衡以及由此实现的国民收入均衡。哈罗德-多马经济增长理论则将凯恩斯储蓄-投资的分析加以长期化、动态化。所谓长期化，就是将人口、资本和技术等关系经济增长的因素作为随着时间的推移而变动的量；所谓动态化，就是阐述长期内投资和储蓄的均衡及其对国民收入均衡变动的影响。

其次，强调的重点不同。凯恩斯短期静态的投资-储蓄分析理论，只注意投资对刺激收入增长的重要作用，而哈罗德-多马经济增长理论则强调投资产生了既增加需求又增加供给的双重作用。

（三）稳定均衡增长的路径

在哈罗德-多马模型中，储蓄率是一个外生变量，由消费者的行为决定。消费者的实际消费是根据自身的意愿决定，不受生产者或投资者行为的影响，所以，实际的消费额总是等于意愿的消费额，实际的储蓄额总是等于意愿的储蓄额。只是生产者或厂商可能由于宏观经济不稳定或判断失误而出现实际投资额偏离计划的投资或意愿的投资，以致实际的资本-产出比不等于意愿的资本-产出比。正因为二者可能存在差别，哈罗德提出了与之相对应的两个概念：实际增长率和有保证的增长率。为了说明经济增长的最优状态，他还提出了自然增长率的概念。

如果基本方程中的 v 是实际存在的 v，即资本的实际变化量与产量的实际变化量的比率，那么在一定的储蓄率下，由此而导致的国民收入增长率被称为实际增长率，用 G_A 来表示，即：

$$G_A=\frac{s}{v}$$

假如人们发现现有的资本存量与同期内产量之间的比率是最合适的，不多也不少，则 K/Y 是意愿的资本-产量比 v_r。根据储蓄率与意愿的资本-产量比 v_r 计算出的增长率被称为有保证的增长率，用 G_W 表示，即：

$$G_W=\frac{s_w}{v_r}$$

"有保证"是指由于资本家满意而得到保证。当实际的增长率等于有保证的增长率（即 $G_A=G_W$）时，实际的资本-产出比（v）就等于企业家满意的资本-产出比（v_r），与实际的经济增长相适应的实际资本增量就等于企业家感到满意的资本增量，或者说，经济增长所需要的资本投资正好等于企业家愿意进行的资本投资。

如果经济增长率始终保持这一水平，那么企业家预期的投资需求恰好等于本期的储蓄，储蓄可以全部转化为投资，在长期内实现储蓄与投资的均衡，达到稳定的增长状态。在这样一种稳定的增长状态下，实际的投资与企业家计划的投资相一致，所以这一增长率叫做有保证的增长率。

哈罗德提出有保证的增长率概念，说明在现实经济中存在一条稳定均衡增长的路径。在这样一条稳定均衡增长的路径上，是否能实现充分就业呢？哈罗德认为问题的关键就在于经济增长率是否与自然增长率相一致。

自然增长率（Natural Growth Rate，G_N）指的是由人口、资源等自然因素决定的、社会在人口增长和技术进步允许的范围内所能达到的长期最大的增长率。它反映人口与劳动力增长、技术进步与劳动生产率提高和经济增长之间的关系。从长期的经济发展来看，人口的增长和技术的进步对经济增长的影响是极其重要的。哈罗德-多马增长模型中引进了这两种因素，把人口增长归结为劳动力增长、把技术进步归结为劳动生产率增长。用 n 代表劳动力增长率，ε 代表劳动生产率增长率，则经济的自然增长率（G_N）等于两者之和，即：

$$G_N=\frac{s_n}{v_r}=n+\varepsilon$$

如果劳动力增长率 $n=1\%$，劳动生产率增长率 $\varepsilon=5\%$，则自然增长率为 6%。这样，保证实现长期充分就业的均衡增长率就是 6%。如果均衡增长率偏离自然增长率，就会使经济出现波动。

为了简单起见，我们暂时不考虑技术进步因素，假定技术进步率为 0，劳动生产率增长率也为 0，因此，自然增长率等于人口增长率。如果用 G_N 表示自然增长率，则：

$$G_N=\frac{s_n}{v_r}=n$$

哈罗德认为，要实现充分就业的增长，就必须使实际的增长率等于自然增长率（即 $G_A=G_N$），这只是充分就业的必要条件。

（四）经济的均衡增长路径

当实际增长率大于自然增长率，说明储蓄和投资的增长率超过了人口增长与技术进步所能允许的程度，这时生产的增加受到劳动力的不足与技术水平的限制，将会出现储蓄与投资过度现象，也就是社会总供给大于社会总需求，从而使经济呈现长期停滞的趋势。反之，当实际的增长率小于自然增长率，说明储蓄和投资的增长率还没有达到人口增长同步所允许的程度。这时，生产的增加不会受劳动力不足与技术水平的限制，生产者将增加雇佣工人以扩大再生产，从而使经济出现长期繁荣、扩张的趋势。

从长期来看，由于实际增长率不等于有保证的增长率，实际增长率会不断地上升或下降，最终偏离自然增长率水平，所以，实现长期经济均衡增长的条件是实际增长率、有保证的增长率和自然增长率均等，即

$$G_A=G_W=G_N$$

但是，事实上要达到实际增长率、有保证的增长率、自然增长率三者一致是极其困难

的，因为这三种增长率由各不相同的因素决定，三个增长率常常不一致，就导致了经济的长期波动。

综上所述，根据哈罗德-多马经济增长模型可得出的结论是：尽管经济在长期中均衡增长的可能性是存在的，但经济均衡增长的可能性极小，一般情况下，资本主义经济很难稳定在一个不变的增长速度上，表现出的是连续上升或者连续下降的剧烈波动状态。

（五）哈罗德-多马模型的意义

哈罗德-多马模型的意义表现在以下几个方面。

第一，它将凯恩斯的理论动态化、长期化，并重点阐明了投资的双重作用，从而发展了凯恩斯的理论，并为现代经济增长理论奠定了基础。

第二，它说明了经济波动的原因和实现经济长期、稳定、均衡增长的条件，并将复杂的经济增长理论简单化、模型化，为人们研究经济增长问题提供了新的思路。

第三，它强调了资本积累（表现为储蓄率或投资率）在经济增长中的重要作用。

第四，它阐明了国家干预和实现调控在促进经济增长中的必要性，为政府制定宏观经济政策及经济计划提供了理论依据、方法和手段。

二、新古典经济增长模型

1956年，美国经济学家索洛在《经济增长理论：一种解说》一书中对哈罗德-多马模型进行了修正、补充和完善，这标志着新古典经济增长模型的形成。同年，英国经济学家斯旺在《经济增长与资本积累》一文中也提出了类似的经济增长理论。这种经济增长模型强调了凯恩斯革命以前的新古典经济学中充分就业的必然趋势，所以一般将其称为新古典经济增长模型，有时也称为索洛-斯旺经济增长模型。

（一）新古典经济增长模型的基本假设

（1）整个社会使用劳动和资本进行生产，并且两种生产要素可以相互替代。

（2）人口的增长率 n 为常数。为了使问题简化，假设劳动人口与总人口同步增长，则

$$\frac{\Delta L}{L}=\frac{\Delta N}{N}=n$$

（3）社会总量生产函数为柯布-道格拉斯生产函数，规模报酬不变，总产出与生产要素等比例增长。

$$Y=F\ (K,\ AL)$$

式中，Y 表示总产出，K 表示资本总量，L 表示劳动力总量，A 表示生产技术水平，AL 被称为有效劳动量（Effective Labor）。

在生产技术不变的条件下，如果生产投入增加到原来的 c 倍，则产出也增加到原来的 c 倍，即 $F\ (cK,\ cAL)=cF\ (K,\ AL)=cY$，将等式两边同时除以有效劳动（$AL$），则得到集约型生产函数的公式：

$$y=\frac{Y}{AL}=F\left(\frac{K}{AL},\ 1\right)=f(k)$$

式中，$y=\frac{Y}{AL}$表示单位有效劳动的产出，$k=\frac{K}{AL}$表示平均每单位有效劳动所占用的资本量。该式表明单位有效劳动的产出是单位有效劳动所占用资本量的函数。

（4）劳动和资本的边际产量递减，且大于零，即：

$$f(0)=0,\ f'(k)>0,\ f''(k)<0$$

根据上述假设，我们可以作出单位有效劳动的产出曲线，如图 12-2 所示。

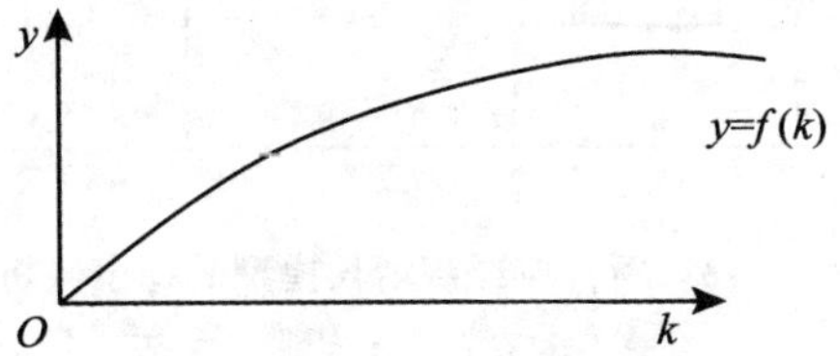

图 12-2　单位有效劳动的产出曲线

（5）储蓄率 s 和资本折旧率 δ 均为常数，则资本存量的增量等于总投资减折旧。在只有居民户和厂商组成的两部门经济中，储蓄恒等于投资，即 $I=S=sY$，则：

$$\Delta K=I-\delta K=sY-\delta K$$

（6）生产技术为外生变量，技术进步率为常数，即：$\frac{\Delta A}{A}=g$

（二）稳态分析

1. 稳态的含义

稳态是指一种长期稳定、均衡的状态，是人均资本与人均产量达到均衡数值并维持在均衡水平不变的状态。在稳态下，k 和 y 达到一个持久的水平。这就是说，要实现稳态，资本深化为零，即人均储蓄全部用于资本广化。因此，稳态条件是：$sy=(n+\delta)k$。稳态时，$\Delta k=0$。

2. 稳态的条件

$$\Delta k=sy-(\delta+n)k=0,\ 即：sy=(\delta+n)k$$

注意：稳态意味着 y 值和 k 值固定，但总产量 Y 和资本存量 K 都在增长。

由于 $y=Y/N$，$k=K/N$，所以，总产量 Y 与总资本存量 K 的增长率必须与劳动力数量 N 的增长率 n 相等。这就是说，在稳态时，总产量与总资本存量的增长率相等，且都与劳动力的增长率 n 相等，即：

$$\frac{\Delta Y}{Y}=\frac{\Delta K}{K}=\frac{\Delta N}{N}=n$$

新古典经济增长模型的稳态分析，如图 12-3 所示。

由于 $0<s<1$，故储蓄曲线 sy 与人均生产函数曲线 y 的形状相同。又由于 $sy<y$，所以储

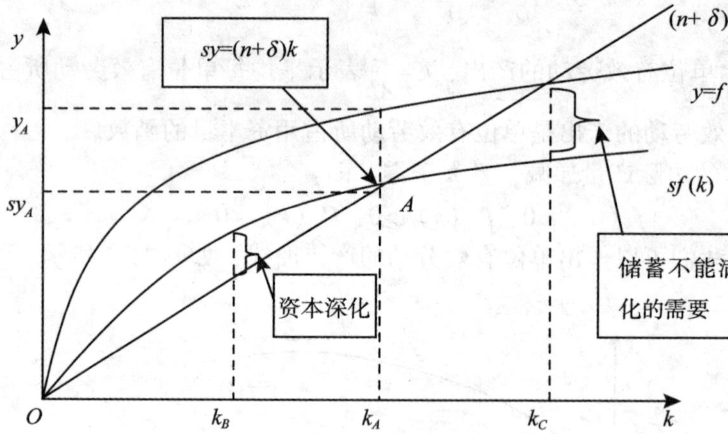

图 12-3　新古典经济增长模型的稳态分析

蓄曲线 sy 位于人均生产函数曲线 y 下方。资本广化曲线（$n+\delta$）k 是通过原点并向右上方倾斜的直线。

由于 $sy=$（$n+\delta$）k 是稳态条件，所以稳态时，sy 曲线与（$n+\delta$）k 曲线一定相交，交点是 A 点。稳态时的人均资本为 kA，人均产量为 yA，人均储蓄量为 syA，此时，$syA=$（$n+\delta$）kA，即人均储蓄正好全部用来为增加的劳动力购买资本品（花费为 nkA）和替换旧的资本品（花费为 δkA），人均资本没有变化（即 $\Delta k=0$）。

从图 12-3 中可以看出，在 A 点左方，sy 曲线高于（$n+\delta$）k 曲线，表明人均储蓄大于资本广化，存在着资本深化，即 $\Delta k>0$。这时，人均资本 k 有增多的趋势，人均资本 k 会逐步增加并逐渐接近于 kA。当 k 的数量为 kA，即 $k=kA$ 时，经济实现稳定状态。反之，在 A 点右方，人均储蓄小于资本广化，即 $sy<$（$n+\delta$）k，此时有 $\Delta k<0$，人均资本 k 有下降趋势。人均资本 k 的下降会一直持续到 kA 的数量上，达到稳态。

综上所述，当经济偏离稳定状态时，无论人均资本是过多还是过少，经济都会在市场力量的作用下恢复到长期、稳定、均衡的状态，解决了哈罗德-多马模型的稳定性问题。

3. 稳态分析的应用

经济在向稳态过渡的过程中，当经济处于资本深化时，y 和 k 都逐步增加。$y=Y/N$ 增加，说明 Y 的增长速度大于 N 的增长速度，即 $\Delta Y/Y>\Delta N/N=n$，表明在资本深化阶段，产量增长率高于稳态增长率 n，意味着在其他条件相同的情况下，资本贫乏的国家经济增长快于资本富裕的国家。

4. 稳态的变化

（1）储蓄率的提高对稳态的影响（见图 12-4）

在图 12-4 中，由于人均储蓄曲线 s_0y_0 与（$n+\delta$）k 曲线相交，所以经济处于稳态均衡状态，E_0 点表示最初的经济稳态均衡，此时的人均储蓄为 E_0k_0，人均资本量为 k_0。当储蓄率由 s_0 提高到 s' 以后，人均储蓄曲线 s_0y_0 上升到 $s'y'$ 的位置。由于人均储蓄曲线 $s'y'$ 与（$n+\delta$）k 曲线相交，所以经济仍然处于稳态均衡状态，新的稳态均衡状态由 E' 表示。

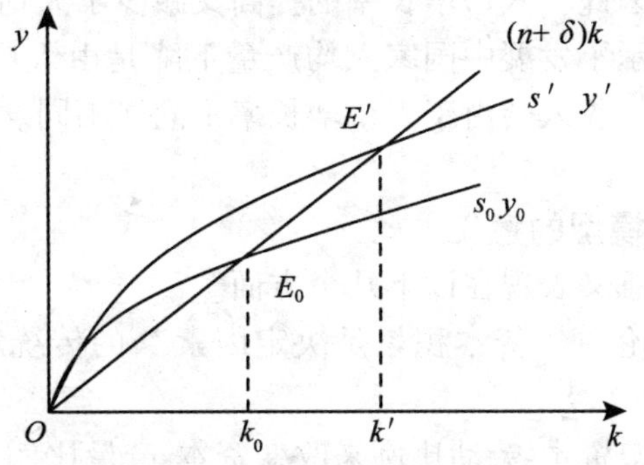

图 12-4　储蓄率的提高对稳态的影响

在新的稳态下，人均储蓄为 $E'k'$，多于旧稳态均衡时的 E_0k_0，人均资本量为 k'，也多于旧稳态均衡时的人均资本量 k_0。显然，储蓄率的提高增加了稳态的人均资本量。新的稳态均衡时的人均收入大于旧稳态均衡时的人均收入。因此，储蓄率的提高还增加了人均收入。

由于 E_0 与 E' 都表示稳态，所以，这里所提到的稳态变化不是指由稳态到非稳态，而是指旧的稳态变化到新的稳态，经济变化前后都是稳态。这就是说，储蓄率的提高不能影响稳态增长率 n，但能提高稳态的人均资本与人均收入水平。

（2）人口增长率变化对稳态的影响（见图 12-5）

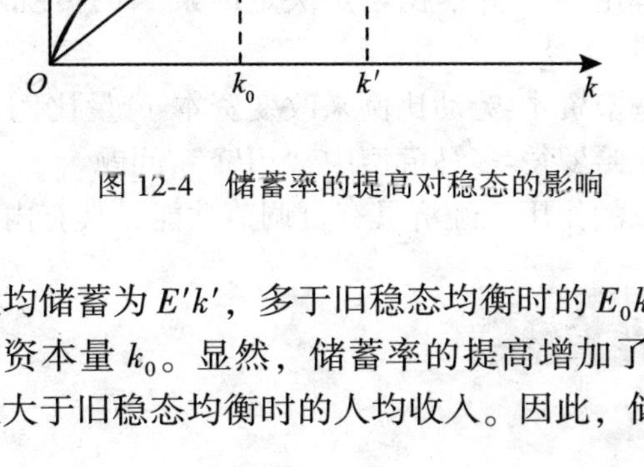

图 12-5　人口增长率变化对稳态的影响

在图 12-5 中，最初的经济位于 N_1 所表示的稳态均衡，此时的人口增长率为 n_1，人均资本量为 k_1。当劳动力的增长率由 n_1 提高到 n_2 以后，$(n_1+\delta)$ k 曲线上升到 $(n_2+\delta)$ k 的位置，$(n_2+\delta)$ k 曲线与 sy 曲线相交于 N_2，实现了新的稳态。由于 sy 曲线向右上方倾斜，$(n_1+\delta)$ k 曲线上升后，新的均衡点 N_2 一定低于 N_1 点。由此可见，人口增长率的增长降低了人均资本的稳态水平，人均资本由 k_1 降低到 k_2。

由于 sy 曲线的上方有一条人均收入曲线，所以，新稳态均衡时的人均收入显然低于旧稳态均衡时的人均收入。因此，人口增长率的提高又减少了人均收入，即降低了人均产量的稳态水平。这一结论揭示了发展中国家人均产量下降是由人口增长率上升所引起的，两个储蓄率相同的国家，人均收入会由于人口增长率不同而不同。

（三）新古典经济增长模型的意义

新古典经济增长模型的意义表现在以下几个方面。

第一，反对经济增长理论中“资本积累是决定因素”的传统观点，提出了技术进步对经济增长产生作用的观点。

第二，由于可以通过调节资本-劳动比例来改变资本-产量比例，以增强经济增长率的调节性和稳定性，从而克服哈罗德-多马模型中“刃锋”问题。

第三，突出了市场调节的作用。经济具有自调节功能，具有内在稳定性。

三、新经济增长理论模型

（一）新古典经济增长理论的缺陷

大多数工业化国家由于资源配置合理、部门协调效率较高、信息传递有效等，其经济资源的利用率高，产生了规模报酬递增的现象，而发展中国家则由于种种原因出现了规模报酬递减的状况。在社会经济发展中，新古典经济增长理论也日益暴露出一些不足或缺陷。

（1）生产规模报酬不变的假定与事实越来越不符合。

（2）新古典经济增长模型无法对劳动力增长率和技术进步率作出解释，也未能对控制人口增长、提高技术进步速度提出相应的建议。在新古典经济增长模型中，稳态增长率即人口增长率是外生变量，但人口增长率与技术进步率对经济增长至关重要。所以，许多西方学者认为增长率的外生化是新古典经济增长模型在理论上的主要缺陷。

（3）新古典经济增长理论在解释现实经济方面显得无力。新古典经济增长理论的一个重要结论是，具有相同的技术和相同人口增长率的不同国家的增长率具有趋同性，但许多国家的增长率存在着较大或相当大的差异的现实却与新古典经济增长理论的趋同论相悖。

（二）罗默的技术内生化经济增长理论

技术内生化经济增长理论是罗默于 1986 年提出来的，该理论是从 20 世纪 60 年代阿罗的干中学模型发展而来的。

1. 阿罗的干中学模型的要点

人们通过学习获得知识，技术进步是知识的产物、学习的结果，而学习又是经验的不断总结，经验来自行动，所以技术进步源自实践中的经验积累。

2. 阿罗的干中学模型的内容

阿罗用累积总投资表示经验和学习。假定经济增长过程中的要素投入分为有形的和无形的，学习和经验本应是无形的要素，在干中学模型中，由于累积总投资表示学习和经验，于是学习与经验这些意味着技术进步的无形要素投入就以有形要素投入的形式表现出来。这样，技术进步内生化的设想得以实现。

3. 阿罗的干中学模型的缺陷

首先，在阿罗的干中学模型中，技术进步是一个渐进的过程，其实，技术进步有时是突变的、跃进式的。

其次，干中学只能反映经验积累的一部分，经验积累应是多方面的，如产品过程中的经验积累对技术进步起着推动作用。

最后，技术研究包括应用部分的研究和基础性的研究，应用部分的研究有递增的收益，而基础性研究的收益是递减的。

4. 罗默的技术内生化经济增长模型

罗默在模型中，除了列入资本和劳动这两个生产要素之外，还将人力资本和技术水平考虑在内。以下是两部门经济模型分析。

假设经济有两个部门，分别是制造业企业和研究性大学。企业生产物品与劳务，这些物品与劳务用于消费和物资资本投资。大学生产被称为“知识”的生产要素，然后这两个部门免费利用知识。企业生产函数、大学生产函数以及资本积累方程如下：

企业的生产函数：$Y=f(K,(1-u)EN)$

大学生产函数：$\Delta E=g(u)E$

资本积累方程：$\Delta K=sY-\delta K$

其中，u 是在大学的劳动力比例，$(1-u)$ 是在企业的劳动力比例，E 是知识存量，函数 $g(u)$ 表明知识增长取决于在大学的劳动力比例的函数。假设企业生产函数的规模收益是不变的，即如果资本存量 K 和有效工人数量，即 $(1-u)EN$ 翻一番，那么物品与劳务产出 Y 也翻一番。

这个模型表明长期增长是内生的产生，因为大学的知识创造不会停止。如果大学的劳动力比例不变，那么，知识存量 E 就按不变的比率 $g(u)$ 增长，E 增长，Y 就增长，Y 增长又引起 K 增长，所以经济会永远增长下去。

5. 技术内生化经济增长模型的启示

（1）知识进步是累积性的过程，人力资本存量是一个国家长期重视教育、发展教育和培养人才的结果，技术水平的提高也是累积性的。为此，一国的经济要得到快速发展就必须重视知识的积累和进步。

（2）加强对知识产权、专利的保护同样是经济增长过程中急需解决的问题。知识的积累与进步、科学技术的创新都需要有相应的激励机制。

6. 罗默的技术内生化经济增长理论的合理性

（1）承认了知识能提高投资收益，这符合许多国家的投资收益率长期持续提高和高速经济增长并没有集中在劳动力与资本同步增长的事实。

（2）认为知识是一种生产要素，在经济活动中必然像投入机器那样投入知识。

（3）认为有可能存在投资促进知识积累、知识积累又促进投资的良性循环，从而得出投资的持续增长能永久性提高一个国家的经济增长率的结论。

（三）新经济增长理论与新古典经济增长理论的区别

（1）新经济增长理论将技术看成是经济系统中的一个中心部分，是内生的；而新古典经济增长理论认为技术是外生的。

（2）新经济增长理论认为技术可以提高投资的收益率，而新古典经济增长理论认为投资收益是递减的。

（3）新经济增长理论认为投资能使技术更有价值，而技术也能使投资更有价值，这是一种良性循环，它能长期促进一国经济的增长。

本章小结

1. 经济增长是一个国家或地区在一定时期内所生产的产品和服务总量不断增多的过程，它是反映一个国家或地区的经济实力和生活水平最重要的指标，这种产出和劳务供给量的增加，既包括经济总量的增加，如国民生产总值，国民收入等，又包括人均产量的增长，如人均国民生产总值、人均国民收入等。

2. 经济增长的要素包括自然资源、人力资源、资本资源以及技术进步状况。

3. 哈罗德-多马模型考察的是一个国家长期的生产问题，即这个时期内具备什么条件才能使劳动产出、资本量和生产技术都能有所增长。由于他们的理论更加重视储蓄对经济增长的作用，也有人称之为后凯恩斯增长理论，其含义是为了说明经济稳定增长的条件和产出经济波动的原因。在发展中国家的计划工作中，哈罗德-多马模型也常被采用，以预定经济增长目标。

4. 新古典经济增长模型反对经济增长理论中“资本积累是决定因素”的传统观点，提出了技术进步对经济增长产生作用的观点。由于可以通过调节资本-劳动比例来改变资本-产量比例，以增强经济增长率的调节性和稳定性，从而克服哈罗德-多马模型中的“刃锋”问题，并且突出了市场调节的作用，经济具有自调节功能，具有内在稳定性。新经济增长理论在新古典经济理论的基础上提出了新的增长理论，它与新古典经济理论具有本质的区别，将技术看成是经济系统中的一个中心部分，是内生的。新经济增长理论认为投资能使技术更有价值，而技术也能使投资更有价值，这是一种良性循环，它能长期促进一国经济的增长。

复习思考题

一、选择题

1. 经济增长最基本的特征是（　）。

A. 国内生产总值的增加　　B. 技术进步

C. 制度和意识的调整　　D 社会福利的增加

2. 经济周期中两个主要阶段是（　）。

A. 繁荣和萧条　B. 萧条和复苏　C. 繁荣和衰退　D. 衰退和复苏

3. 经济周期的四个阶段依次是（　　）。

A. 繁荣、衰退、萧条、复苏　B. 衰退、萧条、复苏、繁荣

C. 萧条、复苏、繁荣、衰退　D. 复苏、繁荣、衰退、萧条

4. 经济周期的中心是（　　）。

A. 价格的波动　B. 利率的波动　C. 国民收入的波动　D. 就业的波动

5. 持续时间为15~25年的经济周期是由经济学家（　　）提出的。

A. 基钦　B. 朱格拉　C. 库兹涅茨　D. 康德拉季耶夫

6. 下列各项中，属于外生经济周期理论的是（　　）。

A. 投资过度论　B. 心理周期论　C. 消费不足论　D. 太阳黑子周期论

7. 根据哈罗德-多马模型，当资本-产量比率为4，储蓄率为20%时，则经济增长率为（　　）。

A. 5%　B. 20%　C. 25%　D. 80%

二、简答题

1. 经济增长的含义和要素分别是什么？

2. 哈罗德-多马经济增长模型的结论是什么？

3. 新古典经济增长模型的意义是什么？

4. 新经济增长理论与新古典经济增长理论的区别是什么？

扩展阅读

美国经济2015年五大预期：增长率将达3%

北京时间2015年1月3日凌晨消息，在经历了自第二次世界大战以来最缓慢的经济复苏进程，美国经济终于在近几年获得了重大动力。而在2015年中，看起来美国经济表现会变得更好。

以下是消费者和投资者能在2015年中期盼发生的五件事情。

(1) 美国经济增长率近10年来首次达到3%。

2014年，美国的就业岗位数量增加了近300万个，创下自1999年以来的最大增幅。2015年，就业岗位应该会继续增加，这肯定将起到促进消费者支出增长的作用。与此同时，汽油价格的大幅下跌则将令美国家庭省下更多的现金，用于购买其他产品和服务。2014年，美国人因汽油价格下跌而省下的钱估计有140亿美元。

消费的增长将促使美国企业聘用更多员工，并开展更多的投资活动来跟上销售增长的步伐。其结果是，美国经济增长率很可能自2005年以来首次超过3%。

经济展望集团（Economic Outlook Group）的首席经济学家伯纳德·鲍莫尔（Bernard Baumohl）表示，他对美国经济的前景更加乐观。“未来两年中，美国经济可能会创下至少十年以来的最好表现。”他说道，“很明显，现在有很多证据表明美国经济的增长动能正在大幅增强。”

在美国国内，经济增长率达到3%将面临的最大威胁很可能是，美联储的加息速度超出经济学家预期。但从现有的经济指标来看，美联储很可能在2016年采取激进的加息行动。

(2) 在经历了多年以来的停滞状态后，工资的增长速度将开始加快。

在过去四年时间里，美国经济所面临的主要桎梏之一是工资增长陷入停滞状态。美国工人时薪的平均年增长速度一直都在2%，仅相当于长期平均值的2/3。

但这种情况很可能发生变化。随着企业聘用活动的增加和失业率的下降，美国企业将不得不聘用更多的员工，否则就将面临被竞争对手抢走业务的风险，原因是其缺少足够的员工来提高生产。

“不管是在哪里，企业业主都看到其产品的需求正在增长。”PNG金融服务公司的高级经济学家格斯·福谢（Gus Faucher）说道，“企业将不得不调高工资以吸引或留住员工。”

企业已经在作出回应：在11月份，美国的空缺岗位数量创下14年以来的第二高水平。另一种迹象则是美国人正在以近五年以来最快的速度辞职。据研究报告显示，通常来说人们放弃一个工作并转投另一个工作，是因为新的工作能带来更高的薪酬。

(3) 失业率的大幅下降将开始变得更加真实。

在过去三年时间里，美国的失业率已经从8.6%大幅下降至5.8%，但包括美联储在内，几乎没人认为美国就业市场已经真正变得很健康。

例如，现在有大约1810万美国人想要找到一份不错的全职工作，但却没办法找到。对于已经持续了五年半的经济复苏进程而言，这一数字处于反常的水平。与此同时，尽管失业六个月或以上的失业人数已经大幅减少，但仍旧高于2007—2009年经济衰退周期以前任何时候的水平。

根据经济学家作出的预测，2016年美国的失业率很可能不会迅速下降，但是，如果企业员工人数的增长速度达到与2015年类似的水平，那么低失业率就会变得更具可信性。

“到明年年底，美国的失业率将在5%~5.5%，而且这种失业率将是很合理的。”福斯说道。

(4) 通货膨胀和通货紧缩都不会抬头。

在全球经济增长速度放缓的形势下，原油产量则正在大幅增长，这已经导致原油价格从去年夏天的每桶100美元下跌至近期每桶50美元左右。其结果是，美国的通货膨胀率曾在2014年早些时候上升，但2015年情况则已经发生了逆转。

同样重要的是，稳定或下降的价格可提高美国工人的工资，使其有更多钱能用于消费。“这对于家庭需求来说是一种很明显的有利因素。”市场研究公司的首席经济学家尼尔·杜塔（Neil Dutta）说道，“人们将有更多的钱用来消费。”

虽然原油价格可能会回弹，但几乎肯定不可能在近期内回升至每桶100美元，除非主要的原油生产地区发生地缘政治危机。因此，今年油价仍将继续处于较低水平，并起到进一步刺激美国经济增长的作用。

与此同时，经济增长速度加快还将驱散美联储担心的另一件事情，那就是通货紧缩。“对一个经济体来说，不可能在通货紧缩的环境下实现3%以上的经济增长率，也不可能创造出自20世纪90年代以来最多的就业岗位。”鲍莫尔说道。

(5) 即便全球其他国家的经济表现不佳，美国经济仍旧表现良好。

尽管全球经济增长速度都在放缓，但不会对美国经济造成很大影响。美国的出口可能持平，甚至有可能会出现下降，但将被油价下跌所带来的原油进口下滑所抵消，因此美国的贸易赤字不太可能会发生很大变化。

虽然目前国际贸易在美国经济中所占比重比以往任何时候都要大，但与欧洲和亚洲的主要经济体相比，美国经济仍处于相对“绝缘”的状态。因此，理发、干洗、金融顾问和餐饮等日常消费活动实际上并未受到海外竞争的影响，美国经济仍可像沙漠中的绿洲那样运作。

资料来源：腾讯财经.

第十三章 经济周期理论

开篇语

在之前的章节里，我们了解到政府会利用一些工具来控制经济、维持低失业率和低通货膨胀率。然而，尽管已经付出这些努力，依旧躲不过高涨与萧条这样往复循环的、不断波动的经济周期。经济周期理论的重点是研究国民收入的周期性波动以及其产生的原因，是宏观经济学的重要基本理论之一。

本章共分为三个部分：第一部分主要介绍经济周期的含义、类型及其特点，第二部分探究经济周期形成的原因，最后一部分重点研究乘数-加速模型对经济周期分析的作用。

第一节　经济周期概述

依据著名经济学家托宾的观点，宏观经济学中有两个永恒的基本命题。一个是代表经济行为及活动的短期波动，这样的变动又被人们称为周期，如此周而复始的变化，整体上看就会出现通货膨胀或通货紧缩，形成了经济繁荣或萧条的情况。另一个是代表经济长期发展的趋势，也就是说在固定时限（十几年或几十年）内某一经济的增长情况。显而易见，我们要研究的便是宏观经济学中不变的基本命题之一——经济周期。

历史上第一次经济危机爆发在 1825 年的英国，其表现为普遍生产过剩（相对于劳动人民的支付能力而言），导致商品积压、物价下跌、失业剧增。自此以后，西方资本主义国家的社会经济便始终在扩张与衰退、萧条与繁荣中进行交替往复的循环。因此，市场经济的一大重要特征是经济周期的波动性。

一、经济周期的含义

经济周期是指总体经济活动的扩张和收缩周而复始、交替反复出现的过程。古典经济学将经济周期定义为GNP上升和下降的交替过程，现代经济学则将它定义为经济增长率上升和下降的交替过程。

美国经济学家韦斯利·米切尔和亚瑟·伯恩斯在统计美国经济几十年的数据资料后，给经济周期下了一个经典的定义：经济周期是一种基于按商业企业来组织活动的一国总体经济活动的波动。一个周期包括许多经济活动的同时扩张，然后同时衰退、收缩和复苏，复苏是下一轮周期扩张阶段的前奏，这一变化次序是重复发生的，但并不是阶段性的。

诺贝尔经济学奖获得者保罗·萨缪尔森曾指出经济周期是国内生产总值、总收入、总就业量的波动，持续时间通常为1~12年，它以大多数经济部门的扩张和收缩为标志，但无法划分成具有同样特征、同样波幅的若干个短周期。

因此，所谓经济周期，或称商业周期（商业循环），是指经济运行中周期性出现的经济扩张与经济紧缩交替更迭、循环往复的一种现象，是国民总产出、总收入和总就业的波动。

二、经济周期的阶段和特点

对经济周期含义的理解应该注意以下几点：首先，经济周期是现代经济社会中不可避免的经济波动；其次，经济周期是总体经济活动的波动，以国民收入的波动为代表的失业率、物价水平、利率等方面的波动；再次，一个完整的经济周期可以分为繁荣、衰退、收缩和复苏四个阶段；最后，经济周期出现波动也是有规律的，然而每一周期又都有自己的特点，在表现形式、时间长短、波动程度上并不完全一致。

经济周期的阶段如图13-1所示，其中横轴 t 代表时间（年份），纵轴 Y 代表国民收入，曲线代表总体经济活动水平，潜在GNP代表正常的经济活动状况。我们可以看到，经济在 t_1 即 A 点时达到波峰，$t_1 \sim t_2$ 即 $A \sim B$ 为衰退期，$t_2 \sim t_3$ 即 $B \sim C$ 为萧条期，在 t_3 即 C 点时达到波谷，$t_3 \sim t_4$ 即 $C \sim D$ 为复苏期，$t_4 \sim t_5$ 即 $D \sim E$ 为繁荣期，而后在 t_5 即 E 点时又达到顶峰。从 $t_1 \sim t_5$ 即从一个顶峰到达另一个顶峰，经济活动经历了四个阶段而完成了一个周期。

经济周期的每个阶段都各有自己的特点。

（一）繁荣阶段

该阶段下的国民收入与经济活动高于正常水平。其特征表现为经济活动十分活跃，社会有效需求持续且不断增加，生产迅速扩张，产品畅销，投资增大，产量增产，就业充分，价格水平上升，公众对未来乐观，生活水平不断上升，社会总产出渐渐达到最高水平，经济处于扩张的状态。繁荣阶段的最高点称为顶峰，此时就业与产量水平达到最高。但繁荣阶段不可能长期维持，当存活水平过高，消费增长放慢而引起商品价格下跌、投资

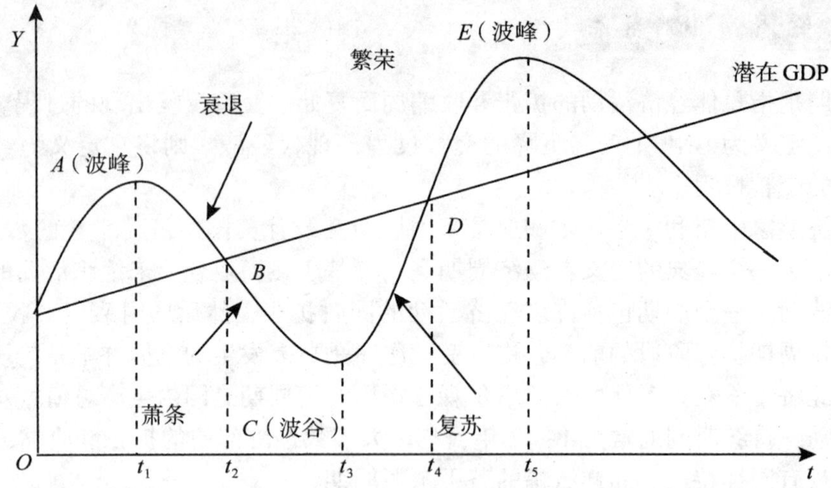

图 13-1　经济周期的阶段

减少以及股价下滑时，经济状况开始走下坡路，公众的情绪由乐观转为悲观，这也是从繁荣阶段走向衰退阶段的开始。一般认为顶峰期为 1～2 个月，而 GDP 连续下降两个季度，则可视经济处于衰退期。

（二）衰退阶段

此时的经济状况处于温和性的收缩时期。具体表现为经济活动水平缓慢下降，生产能力和消费需求出现不对称。因为消费增长放慢乃至停止，会导致产品滞销、价格下降，进而致使企业盈利大幅减少，企业投资也会随之减少，产量增速受到抑制。此外，由于投资量、产量的下降，失业率会上升，这样会进一步导致社会整体收入水平以及有效需求下降，最终将使经济水平跌落到萧条阶段。

（三）萧条阶段

此时经济状况处于最低谷，也是收缩最剧烈的时期，经济活动处于最低水平。在这个阶段大量工人会失业，生产能力出现严重闲置，存货积压企业盈利能力低下乃至利润亏损，企业对未来前景失去信心，不愿冒险投资，公众消费水平下降，对未来悲观，经济动荡，社会不稳。然而，与繁荣阶段一样，经济也不可能无限期萧条下去，随着现有设备损耗以及由消费引起的企业存货减少，会促使企业考虑加大投资，一旦投资需求增长，经济便走向复苏之路。

（四）复苏阶段

这是经济活动的扩张阶段，也是从萧条到繁荣的过渡时期。在这段时期，经济水平由最低谷开始回升，经济活动日渐活跃。由于投资的不断增大，产量逐步提高，就业水平开始上升，国民收入开始增加，物价渐渐上涨。随着需求量的进一步增加，整个经济活动处于调整阶段。经济增长速度不会很快，但会随着经济状况逐步恢复，经济活动水平不断提高，当达到一定程度后，经济活动便会进入下一个顶峰（繁荣阶段），开始新一轮的经济周期。

一个完整的经济周期有四个阶段，并存在一个波峰（peak）和一个波谷（trough），两者被称为经济周期的转折点。波峰出现象征繁荣阶段，是整个经济周期中经济活动水平的最高峰；波谷出现象征萧条时期，是整个经济周期中经济活动水平的最低谷。波峰（顶峰点）是经济水平由繁荣跌至萧条的转折点，波谷（低谷点）是经济水平由萧条走向繁荣的转折点。在经济周期的四个阶段中，两个最主要的阶段是繁荣和萧条，衰退是繁荣到萧条的过渡阶段，复苏是由萧条到繁荣的过渡阶段。不论以哪个阶段为起点，只有经历了这四个阶段，才算完成了一个完整的经济周期。

此外，经济周期还包括以下几个特征。

（1）经济周期的出现是不可避免的。经济周期波动是由经济运行的特殊机制造成，而不是偶然因素造成。

（2）经济周期不是固定的经济活动波动，而是一系列独立的冲击因素随机对经济进行冲击的结果。经济周期持续的时间有长有短，差异很大。

（3）经济周期是总体经济活动的波动。它不是发生在一个或几个部门，而是同时发生在几乎所有的经济部门，因而不是局部的波动，而是整个经济的波动。

三、经济周期的分类

相邻经济周期波动的持续时间是有差异的，短则几十个月，长则要几十年。经济学家们为了更好地研究经济周期波动的规律，根据每个经济周期经历时间长短的不同，将经济周期分为了以下几个主要类型。

（一）基钦周期（Kitchin Cycle）

基钦周期是短周期，平均长度约 40 个月，又称“短波理论”。

英国经济学家约瑟夫·基钦根据美国和英国 1890—1922 年的利率、物价、生产和就业等统计资料，从厂商生产过多时会形成存货，从而减少生产的现象出发，于 1923 年提出了存在着一种 40 个月（3~4 年）左右的小周期，而一个大周期则包括 2~3 个小周期，故称为“基钦周期”。基钦提到，这种小周期是心理原因所引起的有节奏的运动的结果，而这种心理原因又是受农业丰歉影响食物价格所造成的。

美国经济学家阿尔文·汉森根据统计资料计算出美国在 1807—1937 年共有 37 个这样的周期，其平均长度为 42 个月。

（二）朱格拉周期（Juglar Cycle）

朱格拉周期是中周期，针对资本主义经济中一种为期约 10 年的周期性波动而提出的理论。

法国经济学家克里门特·朱格拉于 1862 年出版了《法国、英国及美国的商业危机及其周期》一书，提出了资本主义经济存在着9~10年的周期波动。朱格拉在研究人口、结婚、出生、死亡等问题时开始注意到经济事物存在着有规律的波动现象。他认为，存在着危机或恐慌并不是一种独立的现象，而是社会经济运动三个阶段中的一个，这三个阶段是繁荣、危机与萧条。三个阶段的反复出现就形成了周期现象。他又指出，危机好像疫病一样，是发达的工商业中的一种社会现象，在某种程度上这种周期波动是可以被预见或通过采取某种措施缓和，但并非可以完全抑制。朱格拉认为，政治、战争、农业歉收以及气候恶化等因素并非周期波动的主要根源，它们只能加重经济恶化的趋势。周期波动是经济自动发生的现象，与人们的行为、储蓄习惯以及他们对可利用的资本与信用的运用方式有直接联系。

经济学家熊彼特把这种周期称为中周期或朱格拉周期。汉森则把这种周期称为主要经济周期。

（三）库兹涅茨周期（Kuznets Cycle）

库兹涅茨周期是中长周期，是一种从生产和价格的长期运动中揭示主要资本主义国家经济周期的理论。

1930年，美国经济学家西蒙·库兹涅兹在《生产和价格的长期运动》一书中提出经济中存在长度为15~25年不等的长期波动。这种波动在美国的许多经济活动中，尤其是建筑业中表现得特别明显，所以库兹涅茨周期也被称为建筑业周期。

（四）康德拉季耶夫周期（Kondratieff Cycle）

康德拉季耶夫周期是长周期，又称"长波理论"，是考察资本主义经济中历时50~60年的周期性波动的理论。

该理论由前苏联经济学家尼古拉·康德拉季耶夫于1925年在《经济生活中的长波》一文中首先提出。他分析了法国、英国、美国、德国等资本主义国家的价格、利率、工资、对外贸易量、煤炭和生铁的产量等时间序列统计资料对经济发展的影响，并得出了一个结论：经济中存在着平均长50~60年的长期波动。

（五）熊彼特周期（Schumpeter Cycle）

熊彼特周期是一种以技术创新为基础研究的综合性经济周期理论。

该理论是奥地利经济学家约瑟夫·熊彼特于1939年在《经济周期》一书中，以他的"创新理论"为基础，对各种周期理论进行了综合分析后提出的。熊彼特认为，每一个长周期包括6个中周期，每一个中周期包括3个短周期。短周期约为40个月，中周期约为9~10年，长周期为48~60年。熊彼特以重大的创新为标志，划分了三个长周期。第一个长周期从1780年到1842年，是"产业革命时期"；第二个长周期从1842年到1897年，是"蒸汽和钢铁时期"；第三个长周期从1897年开始至今，是"电气、化学和汽车时期"。在每个长周期中仍有中等创新所引起的波动，这就形成若干个中周期。在每个中周期中还有小创新所引起的波动，形成若干个短周期。

第二节　经济周期形成的原因

有关经济周期形成的原因，西方经济学家从多角度进行了探讨，提出了一系列的经济周期成因理论，这些理论可以归纳为内生因素和外生因素两类。

一、内生因素论

内生因素理论认为，经济波动与经济周期的产生是经济体内部矛盾运动的结果，是源于经济体系内部——收入、成本、投资在市场机制作用下的必然现象。众所周知，经济运行过程中的各种内生变量是相互联系的。一旦某一变量发生变化，会导致其他变量也发生变化，这些变量变化的集合力量会迫使经济向某一方向运动，从而产生经济波动。下面将介绍几种较为典型的内生经济周期理论。

（一）纯货币理论

纯货币理论主要由英国经济学家拉尔夫·霍特里在其1913—1933年的一系列著作中提出的，并用货币信用体系的不稳定来说明经济波动的原因。该理论认为货币供应量和货币流通度直接决定了名义国民收入的波动，经济波动完全是银行体系交替地扩张和信用紧缩所造成的，尤其是短期利率起着重要的作用。

在西方国家，流通工具主要是银行信用。当银行降低利率、扩大信用时，就会引起生产的扩张，并导致收入的增加，刺激需求的增加。经济活动的累积性扩张，使经济进入繁荣阶段。而现代的信用制度是建立在准备金制度上的，由于货币的乘数作用，这种信用的扩张就会过度，形成虚假的购买力。而在金本位制下，银行体系的信用扩张是有限的，当银行体系被迫紧缩货币信用而提高利率时，生产也随之收缩，收入减少，需求减弱，形成过剩。然而银行信用的收缩也会过度，经济活动的累积性收缩使经济进入萧条阶段。在萧条时期，资金又逐渐回到银行，银行可以通过贴现等方式再扩大信用，从而使经济又进入复苏阶段，经济又开始下一个周期。

纯货币理论将经济周期产生的原因完全归于现代货币的信用制度，认为只要改革货币信用制度，就能消除经济周期。现代货币主义者在分析经济的周期性波动时，几乎一脉相承地接受了霍特里的观点。但应该明确的是，把经济周期循环唯一的原因归结为货币信用扩张与收缩是欠妥的。

（二）投资过度理论

投资过度理论是把经济的周期性循环归因于投资过度。投资过多，即生产资料的生产过多，而消费资料的生产则相对不足。由于投资过多，与消费品生产相比，资本品生产发展过快。资本品生产的过度发展促使经济进入繁荣阶段，但资本品过度生产从而导致的过剩又会促使经济进入萧条阶段。

投资过多论者一般根据经济周期的固有特征，即固定资本的生产在繁荣阶段有很大增加，在萧条阶段减缩很多，而消费资料的生产在经济周期各阶段则变动不多。他们一般把经济高涨的动因，归结为新技术的发明、新市场的开拓以及萧条阶段的利率很低。至于危机的产生，则认为是繁荣阶段生产资料的生产过多或供给过多造成的。所谓生产资料的供给过多，可看做是生产资料的需求不足，生产资料的需求不足则可看做是储蓄不足，而储蓄不足则可看做是消费过多。所以这种理论又可称为资本短缺理论或消费过多理论。

由于对引起投资过度的原因有很多不同的理论解释，大致上可分为货币投资过度理论、非货币投资过度理论和加速原理理论这三种。

（三）消费不足理论

消费不足理论是一种把经济危机的原因归结为消费品的生产超过了人们对消费品需求的理论。其代表人物是英国经济学家马尔萨斯、法国经济学家西斯蒙第和近代英国经济学家霍布森等。这是一种历史悠久的理论，主要用于解释经济周期中危机阶段的出现以及生产过剩的原因，并没有形成为解释经济周期整个过程的理论。

该理论认为，经济中出现萧条与危机是因为社会对消费品的供求不等，需求量赶不上供应的增长。而消费品需求不足又引起资本品需求不足，进而使整个经济出现生产过剩性危机。从 19 世纪初西斯蒙第提出这一学说以来，马尔萨斯、霍布森等人又在此基础上有所发展。消费不足理论认为由于国民收入的一部分用于储蓄，造成对消费资料需求的不足，从而造成生产过剩的经济危机。霍布森认为资本主义体制最根本的缺陷就是国民收入分配不均，造成穷人购买力不足，而富裕者储蓄过度，因而造成消费不足。

消费不足理论与投资过度理论构成了经济周期理论的两大主流学说。消费不足理论一个很大的缺陷是只解释了经济周期危机产生的原因，而未说明其他三个阶段。

（四）心理自生周期理论

心理自生周期理论和投资过度理论是紧密联系的，该理论是由英国经济学家庇古和沃尔特·巴奇霍特提出的。心理自生周期理论认为人在心理上都有一种"自生的周期"，使人的情绪在乐观和悲观之间反复交替出现，这种周而复始的情绪变动难以控制，它会对人们的消费行为和投资行为产生影响。

经济的循环周期取决于投资，而投资大小主要取决于业主对未来的预期。预期却是一种心理现象，而心理现象又具有不确定性的特点。因此，经济波动的最终原因取决于人们对未来的预期。当预期乐观时，增加投资，经济步入复苏与繁荣，当预期悲观时，减少投资，经济则陷入衰退与萧条。随着人们情绪的变化，经济也就发生周期性波动。

二、外生因素论

如果内生经济周期理论是将产生经济周期的原因归咎于经济运行中的内生变量，那么外生因素论则认为，周期源于经济体系之外的因素——太阳黑子、战争、革命、选举、金矿或新资源的发现、科学突破或技术创新等。

（一）太阳黑子理论

太阳黑子理论把经济的周期性波动归因于太阳黑子的周期性变化。据说太阳黑子的周期性变化会影响气候的周期变化，而气候的周期变化又会影响农业收成，而农业收成的丰歉又会影响整个经济。太阳黑子理论是由英国经济学家威廉姆·杰文斯于1875年提出的。他认为太阳黑子周期性地出现会造成恶劣气候，使农业收成不好，从而影响以农业产品为原料的工业。而农产品的价格波动会影响实际工资水平，影响不以农业产品为原料的工业，影响农民的购买力以及投资，进而影响到整个经济活动。当气候正常、农业丰收时，农产品的丰富造成农产品的价格下跌，致使以农产品为原料及不以农产品为原料的工业的利润增加，工人的实际工资水平提高，农民的购买力也增加，使得工业品价格上涨，促进投资，引起经济繁荣。反之，太阳黑子出现使农业歉收，就会导致经济进入萧条阶段。

太阳黑子的出现是有规律的，每10年左右出现一次，因而经济周期大约也是每10年一次。

（二）创新理论

创新理论是奥地利经济学家约瑟夫·熊彼特提出的用以解释经济波动与发展的一个概念。所谓“创新”并不是指科学家的发明创造，而是指把已发现的科学技术引入企业中，形成一种新的生产能力，是一个经济范畴。企业家对生产要素进行新的组合，即是把一种从来没有过的生产要素和生产条件的“新组合”引入生产体系。创新是一种新的生产函数，或者说是生产要素的一种“新组合”。“新组合”的出现会刺激经济的发展与繁荣。当“新组合”出现时，老的生产要素组合仍然在市场上存在。“新老组合”的共存必然给“新组合”的创新者提供获利条件。而一旦“新组合”的技术被大多数企业获得，最后的阶段——停滞阶段也就临近了。在停滞阶段，因为没有新的技术创新，因而很难刺激大规模投资，从而难以摆脱萧条。这种情况直到出现新的创新才会被打破，才会出现新的繁荣。

总之，该理论把经济周期性的原因归结为科学技术的创新，而科学技术的创新不可能持续不断地出现，从而必然有经济的周期性波动。

（三）政治性周期理论

政治性周期理论将经济周期的原因归结为政府对通货膨胀采取的周期性制止政策。该理论的代表人物是波兰经济学家米哈尔·卡莱斯基，他认为是政府交替执行扩张性政策和收缩性政策造成了经济扩张和收缩的交替出现，形成了经济周期。政府为了维持较高的经济增长速度，往往扩大总需求，从而导致通货膨胀。政府制止通货膨胀的唯一方法是人为地制造一次衰退。当经济出现衰退后，政府在人民的压力下又不得不再次执行充分就业政策，结果又推动了新的通货膨胀，也就不可避免地会出现第二次人为衰退。为了循环解决通胀与失业问题，政府会做出周期性的决策。

第三节　乘数-加速数模型与经济周期

上一节我们谈到了经济周期的成因，但经济周期产生波动的原因也是经济学家研究的重点。许多经济学家结合乘数与加速数原理并构建模型来研究投资和收入之间存在的关系，并考察这样的关系是如何导致经济周期的波动。著名经济学家罗伊·哈罗德、萨缪尔森、约翰·希克斯等是这一理论模型的主要贡献者。

一、乘数原理

乘数的概念最初由俄国经济学家图干·巴拉洛夫斯基提出，凯恩斯在通论中把乘数和边际消费倾向联系起来，说明总支出变动与国民收入变动的关系，所以乘数原理在凯恩斯的国民收入决定理论中占重要地位。之后，美国经济学家汉森和萨缪尔森把乘数原理同加速原理结合起来，用以解释经济周期。

乘数是指总支出的增加所引起的国民收入增加的倍数。如果是投资的增加，则乘数是投资乘数；如果是政府支出的增加，则乘数是政府支出乘数，以此类推。乘数原理说明了各种支出对国民收入的影响。因为国民经济各部门之间是相互联系的，所以，对某一部门的支出增加，不仅会使该部门的生产和收入相应增加，而且还会引起其他部门生产、收入和支出的增加，从而使国民收入的增长量是最初支出的倍数。

然而在现实生活中，乘数作用的大小会受到以下一系列条件的制约。

（1）社会存在闲置资源。如果没有闲置资源，则投资增加及由此造成的消费支出增加并不引起生产的增加，只会刺激物价上升。

（2）投资和储蓄的决定相互独立。增加的投资会引起对货币需求的增加从而使利率上升，利率上升会鼓励储蓄、削弱消费，从而部分削弱由投资增加引起的收入增加进而使消费增加的趋势。

（3）货币供给量增加能适应支出增加的需要。假使货币供给受到限制，则投资和消费支出增加时，货币需求的增加就得不到货币相应增加的支持，利率会上升，不但会抑制消费，还会抑制投资，使总需求降低。

（4）增加的收入不能用于购买进口货物，否则 GDP 不会增加。

（5）此外，一些西方学者认为挤出效应和税收都会使乘数作用被部分削弱。

二、加速数原理

加速原理是收入变动或消费变动引起投资变动的理论。当满足不存在闲置资源和资本-产出比不变这两个假定时，产品需求增加导致产品生产扩大，为了增加产量，就要增加资本存量，要求有新的投资。也就是说，收入或消费需求的变动导致投资的数倍变动。

投资不是收入绝对量的函数，而是产量变动率的函数，即投资变动取决于产量的变动率，若产量的增加逐期不变，则投资总额不变。

投资率变动的幅度大于产量的变动率，产量的微小变化会引起投资率较大幅度的变化。

若要保持增长率不下降，产量必须保持一定比率的增长。因为产量的增长率变缓，投资增长率就会停止或下降。即使产量不是绝对下降而只是相对放缓了增长速度，也可能引起投资的缩减。

与乘数一样，加速数原理也是从两个方向发挥作用的。当产量增加时，投资量的增长是加速的。当产量减少或停止增加时，投资的减少也是加速的。

要使加速数原理发挥正常作用，只有在过剩生产力全部消除时，才能实现。然而加速数原理发挥作用的同时，也存在以下限制条件：

（1）生产能力是否全部运转。在实际生活中，经常出现设备闲置现象，即使消费需求提高了，也可以通过利用现有设备的过剩能力来解决，而不一定要增加投资，从而使加速数作用大为削弱。

（2）预期的影响。企业通常会出于预期主动增加或减少存货，当需求消费随收入增加而增加时，就不一定引起生产的扩张。

（3）时滞的影响。考虑到设备生产时间，消费对投资的带动并非像加速数原理描述那样立竿见影，使加速数作用大打折扣。

（4）资本-产出比率的变动。在现实生活中，随着这一比率的下降，投资波动的幅度也会变小。

三、乘数-加速数模型

在凯恩斯主义的经济周期理论中，乘数-加速数模型是一个有代表性和有影响力的模型，它是乘数原理和加速数原理相结合的产物。凯恩斯主义认为引起经济周期波动的因素是总需求，在总需求中起决定作用的是投资。这种理论正是把乘数原理和加速数原理结合起来，说明投资如何自发地引起周期性经济波动，是把投资水平和国民收入变化率联系起来解释国民收入周期波动的一种理论。

乘数-加速数模型将乘数和加速数结合起来，用以解释在国民收入中，投资、消费和收入的相互影响、相互加速，进而解释了经济周期出现波动的原因。由萨缪尔森提出来的乘数-加速数模型的基本方程如下。

产品市场的均衡式：$y_t=C_t+I_t+G_t$

简单的消费函数：$C_t=bYt-1$

加速原理：$I_t=I_0+V\ (C_t-C_{t-1})\quad V>0$

其中，V 为加速数 K/Y（即资本-产出比率），即一定时期生产每单位货币产量所需求的资本存量的货币额。K 代表一定时期的资本存量，Y 代表一定时期的平均产量水平，b 为边际消费倾向，Y_t 为现期收入，Y_{t-1} 为前期收入，G_t 为现期的政府购买，I_t 为现期的投资，I_0 为自发投资，$V\ (C_t-C_{t-1})$ 为引致投资。将乘数-加速数模型的基本方程合并，可以得到经济周期波动的描述方程：$Y_t=bY_{t-1}+I_0+V\ (C_t-C_{t-1})\ +G_t$。

四、乘数-加速数模型对经济周期的解释

依据乘数-加速数模型，在乘数作用下，投资变动会导致收入多倍地变动；而在加速数作用下，收入的变动又会引起投资的多倍变动。正是这种双重作用引起了经济周期的波动。由于出现新的发明则投资的数量增加，投资的数量增加会通过成数作用引起收入的多倍增加。假定边际消费倾向不变，当收入增加时，人们会购买更多的物品，从而使整个社会的物品销售增加。通过加速数的作用，销售量的增加会促进投资以更快的速度增长，投资的增长又使国民收入增长，从而使销售量再次上升。如此循环往复，国民收入不断增加，于是整个社会处于经济周期的扩张阶段。

然而，社会资源是有限的，收入的增长会遇到资源的限制。当经济达到峰顶时，收入不再增加，销售也不再增加。根据加速数原理，这意味着净投资下降为零。由于投资的下降减少，导致收入和销售量也减少。又根据加速数原理，这使得投资进一步减少，而投资的减少又使国民收入进一步减少。如此循环往复，国民收入会持续下降。这样，社会便处于经济周期的衰退阶段。

收入的持续下降使社会达到经济周期的谷底，这样，总投资为零。部分企业感到有必要更新设备，进行重置投资。随着投资的增加，收入又开始上升。上升的国民收入通过加速数的作用又一次使经济进入扩张阶段。于是，一轮新的经济周期又开始了。

本章小结

1. 经济周期是指一国总经济的波动，即经济活动的扩张、收缩是一个循环往复的过程。经济周期一般分为繁荣、衰退、萧条、复苏四个阶段。

2. 长期以来，经济学家对经济周期现象进行了广泛而深入的研究，形成了众多经济周期理论。归纳起来大致有外生经济周期理论和内生经济周期理论。外生经济周期理论将产生经济周期的原因归结为外生变量的作用，如产业创新理论、太阳黑子理论、政治周期理论等。内生经济周期理论将产生经济周期的原因归结为经济中内生变量变动的结果，如货币因素理论、投资过度理论、消费不足理论等。

3. 乘数-加速数模型是凯恩斯主义学派对经济周期出现波动最典型的解释。

复习思考题

一、名词解释

1. 经济周期
2. 加速数
3. 内生因素论
4. 基钦周期

二、选择题

1. 经济波动周期的四个阶段依次是（　　）。

A. 危机、萧条、复苏、高涨　　B. 危机、复苏、高涨、萧条

C. 高涨、萧条、复苏、危机　　D. 高涨、危机、萧条、复苏

2. 朱格拉周期是一种（　　）。

A. 短周期　B. 中周期　C. 长周期　D. 不能确定

3. 按照萨缪尔森的理论，经济之所以发生周期性波动，是因为（　　）。

A. 乘数作用　　B. 加速数作用

C. 乘数和加速数的交织作用　　D. 外部经济因素作用

4. 经济周期的中心是（　　）。

A. 价格的被动　B. 利率的波动　C. 收入的波动　D. 工资的波动

5. 乘数原理和加速原理的联系是（　　）。

A. 前者说明投资的变化对国民收入的影响，后者说明国民收入的变化对投资产生的影响

B. 两者都说明投资是怎样产生的

C. 前者说明了经济如何走向繁荣，后者说明了经济怎样陷入萧条

D. 前者说明了经济怎样陷入萧条，或者说明了经济如何走向繁荣

三、问答题

1. 经济学家从哪些角度去研究与解释经济周期现象？

2. 对经济波动的内在根源有哪些不同的解释？关于经济波动性质的观点和关于政府作用的观点之间是什么关系？

3. 乘数原理与加速数原理之间有何联系与区别？

扩展阅读

经济复苏了，工资为啥还是老样子

美国劳工部在初春时节发布了出人意料的职场乐观消息：一月份的失业率为5.7%，相比2009年10月金融危机后大幅下降。过去3个月的职场招聘达1997年以来的最快速度。还有一个好现象：多年来维持不变的平均时薪目前增长了0.5%，为6年来最高。

此次工资上涨的幅度尽管很小，却引出了经济复苏是否能最终带来薪酬增长的问题。今年2月，沃尔玛宣布将美国员工的时薪提高至10美元，联邦政府规定的最低工资标准为7.25美元，星巴克、帕尼罗面包和安泰保险等公司也提高了最低工资标准。这确实是好消息，经济合作与发展组织、国际劳工组织和世界银行2014年的一份报告显示发达国家的实际工资增长自金融危机后一直止步不前。报告指出，G20集团年实际工资增长率仅为1%~2%，绝大部分来自中国。

然而，员工应当对工资水平的大幅变化持保守态度。发达国家经济开始复苏，至少美国如此，这也许能让待业人群重回职场，但工资水平的大幅增长却不可预见。专

家表示，美国仍有许多待业人员，美国的贸易伙伴急切想将商品出口到美国，科技持续代替人工劳动以及劳工法保护不力等因素都会使雇主在一段时间内占主导地位。

因此，奥巴马政府美国前劳工部部副部长和康奈尔大学产业与劳动关系学院知名学者塞斯·哈里斯（Seth Harris）认为，“近期我们能看到实际工资的小幅增长，这没什么值得庆祝的，不光是因为工薪阶层大多数人都买不起香槟。我们得在一段时间内看到经济所有领域内都出现明显的实际工资增长时，才能确定形势在好转。”

尽管失业率下降，还是存在一些问题。沃顿商学院经济与公共政策学院教授肯特·斯迈特斯（Kent Smetters）认为，“市场上还有很多剩余劳动力，因此公司能够更快更容易地以目前薪资水平招到新员工。”

位于华盛顿特区的经济与政策研究中心的联合主任迪安·贝克尔（Dean Baker）持相同观点，“与经济衰退前相比，现在仍有四五百万人失业。兼职工作的人数比例在经济衰退后升高到50%，很少有人自愿辞职。员工没有安全感，不能指望大幅的工资增长。”

确实，如今5.7%的失业率还是比20世纪90年代后期的4%高出许多，当时的所有收入水平自20世纪70年代后期首次实现大幅增长。哈里斯指出，工资增长的原因在于供需不平衡导致的劳动力稀缺，或劳动力相对于经济繁荣时期的大量工作岗位的减少。经济繁荣时期的特点是失业率极低或为零，或存在拥有工作技能但不工作而未统计为失业的人群。目前的劳动力就业率自1978年以来最低。

除20世纪90年代后期的短暂乐观形势外，美国实际平均时薪几十年来都没有改观。据美国劳工统计局报道，排除通货膨胀影响后，2015年1月统计的20.80美元的美国平均时薪与1973年1月的水平相当。

显然，影响工资增长的不只是经济周期，还有长期存在的经济问题。沃顿商学院管理学教授及人力资源中心主任彼得·卡佩利（Peter Cappelli）指出，“自经济大萧条以来，过去几十年美国经济中最大的变化是经济利益的分配。顾客受益颇丰，他们以更便宜的价格或小幅增长的价格获得质量提高的商品和服务。股东也从繁荣的股市赚了不少，但职员的收入却不乐观。”

这一发展的后果就是社会不平等加剧。法国经济学家托马斯·皮凯蒂（Thomas Piketty）2014年出版的图书《21世纪资本论》指出，美国收入最高的10%人群占有全国收入的40%~45%，比20世纪70年代的30%~35%有所增加，而收入最低的一半人只占有全国收入的四分之一。

而且，这10%中的大部分收入都集中于“金字塔尖”的1%，这1%获得10%人群收入的四分之三，而余下的9%人群的工资收入只比低收入阶层稍高。皮凯蒂将“金字塔尖”不平均的收入归因于“超级经理人”或顶级企业高管的出现，他们能够要求非常高的报酬。

据《纽约时报》报道，高收入人群分到“大份蛋糕”的同时，家庭年收入从3.5万美元到10万美元的美国中产阶级群体缩小，更多的人落入下一个收入阶级。在20世纪60年代后期，一半以上的美国家庭是中产阶级，而现在这一比例只有40%。

这些现象使人们对以往的经济学理论产生质疑。沃顿商学院法律研究和商业伦理教授贾尼丝·贝拉丝（Janice Bellace）指出，“需要采取额外的行动来实现收入平均分配。”根据经济合作与发展组织的一份报告，自2010年起，G20集团的生产力自经济衰退后开始提高，但工资水平仍保持不变。的确如此，卡佩利认为，“生产力提高所增加的收入未必与普通员工共享。谁得到这些收入取决于谁有议价权，而员工没有。”

皮凯蒂在书中讨论了已故诺贝尔奖得主、沃顿商学院前教授西蒙·库兹涅茨（Simon Kuznets）的库兹涅茨曲线，该曲线预测不平等在经济发展早期会加剧，而在经济继续发展过程中下降。但国际劳工办公室的政策副主任李明宪（Sangheon Lee）在近期的一篇文章中指出库兹涅茨并不认为不平等会随经济规律自动下降，而是需要通过政治抉择，让低收入的城市工作人士获得更多权力。

过去四十年内，政治选择和全球经济趋势都往相反的方向来共同削弱劳动者的势力。工会影响力衰退，最低工资贬值，全球化和科技都在让美国的工作机会减少。经济和政策研究中心的贝克尔认为，“我们的贸易政策有意使制造业工人直接与发展中国家的低薪工人竞争，可以预料这样的效果是他们的工资下降。”

重塑中产阶级的美国梦将成为未来总统选举中两党的主要议题。政治家和政策制定者将对许多想法进行讨论。这些想法包括大幅提高最低工资标准、超时工作保护、给员工加入工会的自由选择权以及移民工作中心等其他形式的劳工组织。奥巴马在其国情咨文中提到的政府对高等教育提供的财政支持，如免费社区大学教育等，也有望提高劳工待遇。此外，沃顿教授斯迈特斯认为，联邦政府拨款让工人重建老化的基础设施也能够满足许多需求。

但哈里斯认为提高薪资水平最终还是要靠提高就业率。为此，美联储委员会今年下半年将面临一个艰难决策：经济开始复苏后何时开始提高利率以防止通货膨胀。有人预测由于失业率的不断降低，美联储将在半年内提高利率。但沃顿教授卡佩利认为，棘手的薪酬状况可能意味着美联储会改变货币政策策略。他说，既然薪酬水平上涨不太可能，“排除对通货膨胀的考虑能让经济发展得更繁荣。因此美联储会减少对缓和扩张性财政政策的顾虑。”

资料来源：沃顿知识在线，http：//www.ceconline.com/hr/ma/8800073647/01/，2015-3-12.

参考文献

[1] 鲁迪格·多恩布什，斯坦利·费希尔，理查德·斯坦兹．宏观经济学（第十版）．王志伟，译．北京：中国人民大学出版社，2009.

[2] 高鸿业．宏观经济学（第四版）．北京：中国人民大学出版社，2007.

[3] 约瑟夫·E. 斯蒂格利茨，卡尔·E. 沃尔什．经济学（第四版）．黄险峰、张帆，译．北京：中国人民大学出版社，2010.

[4] 陈共．财政学．北京：中国人民大学出版社，2009.

[5] 萨缪尔森，诺德豪斯．萨缪尔森微观经济学学习指南（第十七版）．北京：人民邮电出版社，2004.

[6] 萨缪尔森，诺德豪斯．萨缪尔森宏观经济学学习指南（第十七版）．北京：人民邮电出版社，2004.

[7] 约瑟夫·斯蒂格利茨．经济学（第二版）．北京：中国人民大学出版社，2000.

[8] 高鸿业．西方经济学（第四版）．北京：中国人民大学出版社，2007.

[9] 杨伯华等．西方经济学原理．成都：西南财经大学出版社，2003.

[10] N. 格里高利·曼昆．经济学原理．北京：北京大学出版社，2015.

[11] 阿瑟·刘易斯．经济增长理论．北京：机械工业出版社，2015.

[12] 厉以宁．西方经济学（第四版）．北京：高等教育出版社，2015.